Perspektiven des Weltsystems

Die Debatte um Entstehung und Perspektiven des „modernen Weltsystems" ist nicht nur von historischem Interesse. Sie überschreitet eine an den nationalen Grenzen orientierte Soziologie und analysiert die politischen und ökonomischen Möglichkeiten von Gesellschaften in einem System globaler Abhängigkeiten. Damit problematisiert diese Debatte gleichermaßen die Perspektiven der alten industriekapitalistischen Zentren und jener Peripherien, die sich von der Herrschaft der Metropolen zu lösen versuchen. Einen entscheidenden Beitrag zur Aufnahme dieser Debatte hat in der Mitte der siebziger Jahre der amerikanische Historiker und Soziologe Wallerstein geleistet. Im vorliegenden Band wird einerseits die Auseinandersetzung um Wallersteins Konzeption von Historikern und Soziologen weitergeführt, andererseits werden neue Paradigmen eingebracht, die die politische und historische Dimension des Wallersteinschen Zentrum-Peripherie-Modells überschreiten.

Jochen *Blaschke*, c/o Berliner Institut für Vergleichende Sozialforschung, Postfach 1125, D-1000 Berlin 30. Jochen Blaschke arbeitet zur vergleichenden Analyse ethnisch-sozialer Bewegungen und Organisationen. Publikationen: „Handbuch der westeuropäischen Regionalbewegungen" (1980); „Bruchstellen. Industrialisierung und Planung in der Dritten Welt" (1981).

Jochen Blaschke (Hg.)

Perspektiven des Weltsystems

Materialien zu Immanuel Wallerstein, »Das moderne Weltsystem«

Campus Verlag
Frankfurt/New York

Eine Veröffentlichung des
BERLINER INSTITUTS FÜR VERGLEICHENDE SOZIALFORSCHUNG
(Postfach 1125, D-1000 Berlin 30)

Susanne Neustädter gewidmet, gest. in Kenia 1980

CIP-Kurztitelaufnahme der Deutschen Bibliothek

Perspektiven des Weltsystems : Materialien zu Imma=
nuel Wallerstein, „Das moderne Weltsystem" /
[e. Veröff. d. Berliner Inst. für Vergleichende
Sozialforschung]. Jochen Blaschke (Hg.). –
Frankfurt am Main ; New York : Campus Verlag,
1983.
ISBN 3-593-33181-0

NE: Blaschke, Jochen [Hrsg.]; Berliner Institut
für Vergleichende Sozialforschung

Umschlaggestaltung: Eckard Warminski, Frankfurt/Main
Druck und Bindung: Beltz Offsetdruck, Hemsbach
Printed in Germany

Inhalt

NACHWEISE

Die vorläufigen Fassungen der Beiträge von Robert Brenner, Andre Gunder Frank, Ludolf Kuchenbuch, Immanuel Wallerstein und Peter Worsley wurden auf der 1979 vom Berliner Institut für Vergleichende Sozialforschung veranstalteten Konferenz "Drei Welten oder eine?" referiert. Der Aufsatz von Peter Worsley ist im "Socialist Register", der von Immanuel Wallerstein in "Review" und der von Andre Gunder Frank in seinem Buch "Reflections on the World Economic Crisis" in englischer Sprache veröffentlicht worden. Wir danken den Autoren für die Abdruckrechte.

Für ihre Mitarbeit bei der Fertigstellung dieses Bandes möchte ich mich bei Chris Perks, Kurt Greussing, Dieter Romann und Thomas Schwarz - und bei den Autoren der Beiträge - bedanken.

Berlin, im Frühjahr 1982
Jochen Blaschke

Einleitung: Strukturen der Weltökonomie und soziale Bewegungen – Perspektiven eines sozialwissenschaftlichen Programms

Jochen Blaschke

Der vorliegende Band stellt Beiträge zu einer Diskussion vor, die im angelsächsischen Sprachraum schon durch die Entstehung neuer Publikationsreihen (1) ein weites Echo gefunden hat; in Deutschland ist sie seit Ende der siebziger Jahre aufgenommen worden. Ausgelöst wurde diese Debatte durch den groß angelegten Versuch des amerikanischen Soziologen Immanuel Wallerstein (1974; 1980), eine Geschichte der Neuzeit unter gesellschaftswissenschaftlicher Perspektive zu schreiben, um die Gesetze der weltweiten kapitalistischen Entwicklung und Unterentwicklung zu rekonstruieren. Parallel zu Wallerstein arbeiteten besonders Andre Gunder Franks und Samir Amins zu Problemen der kapitalistischen Akkumulation im Weltmaßstab (2).
Wallersteins Weltsystemmodell geht theoretisch von folgenden Prämissen aus: Im Spätmittelalter wäre ein soziales System entstanden, das sich im sechzehnten Jahrhundert zu einer kapitalistischen Weltwirtschaft auszuformen begann. Die für das feudale Europa typische tributäre und redistributive Produktionsweise wandelte sich - mit dem "Modernen Weltsystem" entstand eine qualitativ vollkommen neue Formation, die kapitalistische Weltökonomie, die sich seither über den gesamten Globus ausgedehnt hat.
Sie zeichnet sich durch zyklische Aufschwungs- und Schrumpfungsphasen aus und verändert im Laufe dieser Zyklen ihre Struktur (3). Vor allem wandelt sie dabei die Hierarchie der geographischen Arbeitsteilung zwischen dem Zentrum, der Semiperipherie und der Peripherie des Weltsystems. Bestimmte Teile des Zentrums verlieren im Laufe der Zeit ihre beherrschende Bedeutung für die Welthierarchie der Arbeitskontrolle, nämlich die weltweite Verteilung bestimmter Produktionstypen und die Ausbeutung durch ungleichen Tausch. Bestimmte Zentren sinken zu Semiperipherien herab, Semiperipherien steigen zu Zentren auf oder zu Peripherien ab, Peripherien steigen zu Semiperipherien auf.
Daneben unterliegt das Weltsystem langfristigen, säkularen Trends - dem technischen Fortschritt, der Industrialisierung, der Verproletarisierung, der Einverleibung externer Regionen (Wallerstein: 1980, 7f.), aber auch der Herausbildung systemüberwindender Widerstandsformen. Und dieser langfristige Wandel des modernen Weltsystems, der selbst zyklische Formen aufweist, ist noch nicht abgeschlossen.

Mit seiner Konzeption der Weltsystemtheorie versuchte Wallerstein, einem Dilemma der modernen Soziologie zu begegnen: der Fixierung auf den Nationalstaaat, das heißt auf nationale Grenzen als Grenzen sozialer Systeme. Nach seiner Ansicht kann nur dann sinnvoll von sozialen Systemen gesprochen werden, wenn diese - wie auch für biologische Systeme typisch - ihre Entwicklungsdynamik hauptsächlich aus sich heraus bestimmen und wenn sie sich im großen und ganzen selbst erhalten können. Und das gilt für die meisten Nationalstaaten aufgrund ihrer Abhängigkeit vom Weltmarkt gerade nicht.
Wallerstein (1974, 347f.) argumentiert in diesem Zusammenhang radikal als ein Systemfunktionalist: Ein soziales System hat Grenzen, Strukturen, Teilgruppen, Legitimationsnormen und einen inneren Zusammenhang. In Anlehnung an die biologistische Tradition dieses Systemdenkens spricht Wallerstein vom Leben des sozialen Systems, das aus rivalisierenden Kräften gebildet ist und durch deren Spannungen zusammengehalten wird. Gleichzeitig bedrohen jedoch die dauernden Versuche jeder Teilgruppe, das Gesamtsystem zu ihrem Vorteil zu verändern, diesen konfliktreichen Zusammenhalt. Die Veränderungen der Teile des Systems erklären sich aus dem Gesamtsystem, aus den Funktionen, die sie für seinen Erhalt oder sein Auseinanderbrechen haben. Das soziale System im Sinne Wallersteins hat wie ein Organismus eine bestimmte Lebensdauer, während der es sich sowohl partiell verändern als auch teilweise gleichbleiben kann (Wallerstein: 1974, 347).
Für Wallerstein gibt es folglich nur sehr wenige Varianten sozialer Systeme, nämlich Minisysteme und Weltsysteme. Bei ersteren handelt es sich um auch politisch abgeschlossene Subsistenzökonomien; letztere hat es bislang in zwei Formen gegeben - als Weltökonomien und als Weltreiche. Weltökonomien überschreiten im Gegensatz zu Weltreichen die Grenzen politischer Systeme. Sie sind gerade nicht durch politische Grenzen bestimmt, sondern zeichnen sich durch das Zusammenspiel verschiedener Staatsapparate aus, das für die Existenz solcher Weltökonomien funktional notwendig ist. Bis zur Entfaltung des kapitalistischen "Modernen Weltsystems" hat es Wallerstein zufolge allerdings nur Ansätze von Weltökonomien gegeben - im Mittelmeerraum und im Bereich des Indischen Ozeans.

DER WELTSYSTEM-ANSATZ GESCHICHTSPHILOSOPHIE ODER SOZIALTHEORIE?

Aus diesem theoretischen Ansatz und seiner Anwendung auf das historische Material in den beiden bislang erschienenen Bänden zum "Modernen Weltsystem" (Wallerstein: 1974; 1980) ergeben sich wichtige Fragen, die auch ältere sozialwissenschaftliche Diskussionszusammenhänge wieder aufnehmen:

Ist die Entfaltung des modernen Weltsystems mit der Entstehung des Kapitalismus gleichzusetzen? Welchen Beitrag leisteten vorkapitalistische Gesellschaften zur Herausbildung des Kapitalismus, und was sind die Charakteristika dieses spezifischen Gesellschaftstyps? Welche Perspektiven ergeben sich daraus für die Dritte Welt? Diese Frage ist mit der ersten eng verwandt. Sie läßt sich auf das Problem zuspitzen, ob die globale Einbindung der Länder der Dritten Welt die entscheidende Analyseebene ist, um die entwicklungspolitische Strategie dieser Länder zu bestimmen, oder ob es sich als notwendig erweist, eher von den internen ökonomischen und kulturellen Verhältnissen in diesen Ländern selbst auszugehen. Und schließlich: Wer sind die Träger zukünftiger sozialer Entwicklungen, wer die historischen Subjekte? Sind sie nur die Ausführungsorgane der Entwicklungsgesetze, der langen Wellen der Konjunktur auf dem Weltmarkt?
Vor allem in diesem Problembereich bewegt sich die Kritik, die Peter Worsley im vorliegenden Band gegen Wallerstein formuliert: Dieser argumentiere monistisch und vertrete eine deterministische Geschichtsphilosophie. Das Weltsystem, wie es sich seit dem 16. Jahrhundert entwickelt hat, könne schon darum nicht einfach kapitalistisch genannt werden, weil die einzelnen Gesellschaften, die von Europa aus kolonisiert wurden, selbst zu unterschiedlich und vielfältig waren.
Während der Kolonisierung trafen feudale Strukturen, wie sie in Europa noch bis in das 20. Jahrhundert hinein dominant waren, auf vorkapitalistische Produktionsweisen und Kulturen. Die einzelnen imperialistischen Mächte wurden aber auch mit unterschiedlichen Formen von Widerstand und Kooperation konfrontiert. Daraus entstanden in der Dritten Welt äußerst verschiedene Typen kolonialer Produktionsweisen. Die Dritte Welt, so Worsley, zeichne sich gerade durch die Vielfalt ihrer Welten aus - durch die Unterschiedlichkeit ihrer nationalen Kulturen und ihrer Koalitionen von Klassen und Gruppen. Die Vielfalt der unterworfenen Gesellschaften, die nicht einfach nur mit dem Begriff "vorkapitalistisch" erfaßt werden können, reichte von Sammeln und Jagen über Ackerbau und Nomadenkulturen bis hin zu städtischen Gesellschaften, die kurz vor dem Durchbruch zur Industrialisierung standen. Ebenso vielfältig waren auch die Formen des Widerstands gegen Ausbeutung und Fremdherrschaft und die Formen der Kollaboration mit den Kolonialmächten. Auch die Veränderungen der Eigentumsverhältnisse und damit die Etablierung neuer Herrschaftsverhältnisse im Produktionsbereich - Wallersteins Systeme der Arbeitskontrolle - wiesen von Region zu Region und Land zu Land durchaus bedeutende Unterschiede auf. Diese Unterschiede können nicht einfach, wie Wallerstein nahelegt, als Ausdruck der hierarchischen Gliederung des Weltsystems begriffen werden (4).
Die Einteilung der Welt in Zentrum, Semiperipherie und Peripherie erscheint Worsley allzu schematisch, sie habe kaum einen Erklärungswert, und im Grunde sei sie nur geschichtsphilosophisch relevant.

Oder - so Worsleys rhetorische Frage - macht es etwa Sinn, Saudi-Arabien, Nordkorea, Hongkong, Singapur, Brasilien und Spanien allesamt in den Topf "Semiperipherie" zu werfen? Und passen Ruanda, Chile, Afghanistan, das westliche Schottland und die Mongolei in eine Schublade "Peripherie"?
Eine gründlichere Differenzierung ist offenbar nötig: In der spät- und nachkolonialen Ära haben wir es einerseits mit jeweils besonders strukturierten Gesellschaften zu tun, die nur aus den Bedingungen ihrer Entstehung und aus den Formen ihrer Abhängigkeit angemessen verstanden werden können. Andererseits müsse das Weltsystem durch eine Zuordnung der einzelnen Gesellschaften zu den zwei Supermächten, den USA und der UdSSR, differenziert werden. Heute lasse sich die Entwicklungsdynamik einzelner Gesellschaften nicht allein aus ihrer Einbindung in den Weltmarkt begreifen. Die These Wallersteins, die staatssozialistischen Länder verfügten zwar intern über eigene Systeme der Verteilung von Produktionserträgen, operierten jedoch innerhalb einer einzigen kapitalistischen Weltökonomie wie "Großfirmen" (Wallerstein: 1974b, 16), hält Worsley lediglich für eine neue Version der Konvergenztheorie. In Wirklichkeit sei mit der UdSSR der kapitalistischen Welt ein Gegner entstanden - die kommunistische Welt. Da sich Handlungsparameter der kommunistischen Länder vollkommen von denen der kapitalistischen unterschieden, habe sich das Weltsystem, das bis dahin von den unterschiedlichen Imperialismen und kolonialen Produktionsweisen gekennzeichnet war, in entscheidender Weise weiter differenziert. Auch die neuen sozialistischen Staaten der Dritten Welt, die sich stark an die UdSSR anlehnen, bildeten eine eigene Welt innerhalb des "Weltsystems".
In diesen Ländern eines "nationalen Sozialismus" befinden sich die Produktionsmittel nicht mehr in privater Hand. Die kollektivistisch produzierenden Planwirtschaften - so Worsley - orientieren sich nach innen an den Prinzipien der Industrialisierung und nach außen am Nationalismus. Die Eliten steuern über die allmächtigen Parteien die Produktion, sie monopolisieren die Massenkommunikationsmittel und damit die Formulierung gesellschaftlicher Normen, die im Gegensatz zur Ethik der kapitalistischen Welt eine gleiche soziale Verteilung zum zentralen Wert erklärt. Die Zuordnung zur Weltökonomie spiele dagegen nur eine untergeordnete Rolle. Worsley kritisiert also Wallersteins Dreiteilung der Welt innerhalb eines einzigen kapitalistischen Weltsystems. Er spricht sich dagegen für eine Vierteilung der Welt aus, die durch die Pole "entwickelt - unterentwickelt" und "kapitalistisch - kommunistisch" gekennzeichnet ist.
Die zweite Kritik Worsleys an der Weltsystemtheorie richtet sich gegen deren methodischen Determinismus. Wallerstein erkläre die Entstehung des Weltsystems nicht kausal, sondern funktional. Soziales Handeln beziehe sich bloß auf den jeweiligen Trend und Zyklus des Weltsystems. Da Wallerstein alles aus der "Logik" des Weltsystems ableite, bleibe er im Grunde bloßer Ökonomist. In Wirklichkeit sei die Entste-

hung des Kapitalismus ein komplexerer Prozeß als der Wandel ökonomischer Austauschbeziehungen und Aneignungsverhältnisse gewesen. Sie ging mit einer Veränderung kultureller Orientierungssysteme und staatlichen Handelns einher. Für Worsley bleiben auch die imperialistischen Staaten Westeuropas bis ins 20. Jahrhundert hinein wesentlich feudalistisch. Erst die politischen Revolutionen der Neuzeit schufen die prädisponierenden Faktoren zur endgültigen Transformation dieser Gesellschaften in dominant kapitalistische. Erst als sich der Staat und die Orientierungssysteme geändert hatten, war die Basis des Kapitalismus geschaffen, die Worsley unmittelbar mit der Industrialisierung in Verbindung bringt. Diesen Zusammenhang unterschiedlicher autonomer Entwicklungen versucht Worsley mit Webers Konzept der "Wahlverwandtschaft", wie es in der "Protestantischen Ethik" (Weber: 1968, 77) entwickelt worden ist, methodisch zu begreifen. Hier setzt sich Weber mit möglichen Kritikern seiner Analyse der Entstehung des Kapitalismus auseinander. Er stellt dabei die These infrage, man könne die Reformation allein aus ökonomischen Verschiebungen ableiten, andererseits aber solle nicht eine "so töricht-doktrinäre These" verfochten werden, "wie etwa die, daß der 'kapitalistische Geist' (immer in dem provisorisch hier verwendeten Sinn des Wortes) nur als Ausfluß bestimmter Einflüsse der Reformation habe entstehen können, oder wohl gar: daß der Kapitalismus als Wirtschaftssystem ein Erzeugnis der Reformation sei. ... Angesichts des ungeheuren Gewirrs gegenseitiger Beeinflussungen zwischen den materiellen Unterlagen, den sozialen und politischen Organisationsformen und dem geistigen Gehalte der reformatorischen Kulturepochen (kann) nur so verfahren werden, daß zunächst untersucht wird, ob und in welchen Punkten bestimmte 'Wahlverwandtschaften' zwischen gewissen Formen des religiösen Glaubens und der Berufsethik erkennbar sind. Damit wird zugleich die Art und allgemeine Richtung, in welcher infolge solcher Wahlverwandtschaften die religiöse Bewegung auf die Entwicklung der materiellen Kultur einwirkte, nach Möglichkeit verdeutlicht. Alsdann erst, wenn dies leidlich eindeutig feststeht, könnte der Versuch gemacht werden, abzuschätzen, in welchem Maße moderne Kulturinhalte in ihrer geschichtlichen Entstehung jenen religiösen Motiven und inwieweit sie anderen zuzurechnen sind" (Weber: 1968, 77).
Dieser Ansatz der Zusammenschau unterschiedlicher, aber wahlverwandter historischer Entwicklungen kann sich für eine kritische Analyse der Geschichte des Kapitalismus methodisch produktiv erweisen. Worsleys Vorschlag ist im Grunde ein weiterer Versuch einer Versöhnung von Marx und Weber, und er geht über beide hinaus (5). Marx zeigte noch in seinen Jugendschriften, und hier besonders in seiner Kritik an Feuerbach (vgl. Giddens: 1973, 83ff.), deutliche Ansätze einer - wenn auch mit hegelianischer Dialektik versetzten - pluralistischen Interpretation des Verhältnisses von Ideen und materieller (ökonomischer) Entwicklung; später aber ging er, auch zur Aufrechterhaltung seines hegelianischen Geschichtsverständnisses, zu

einer monistisch-teleologischen Geschichtsinterpretation über. Weber dagegen durchbrach mit seiner Ablehnung eines jeden Determinismus historischer Entwicklung ein Tabu der kritischen sozialwissenschaftlichen Diskussion des 19. Jahrhunderts, das zu seiner Zeit sicherlich eher ein Tabu der sozialdemokratischen Bewegung war, denn eine Position, die Marx bis zum letzten verteidigt hätte.
Das Konzept der "Wahlverwandtschaft" sozialer Entwicklungslinien und gesellschaftlicher Institutionen in bestimmten historischen Situationen wird sicherlich in den nächsten Jahren stärker diskutiert werden, und auch in der deutschen Soziologie wird man auf die Weber-Debatte der sechziger Jahre zurückgreifen. Für die Auseinandersetzung um die Weltsystemtheorie heißt das: Neben der wichtigen Bedeutung des internationalen Handels für die Entstehung des Kapitalismus müssen auch andere Entwicklungen berücksichtigt werden, die zu diesem Prozeß beigetragen haben - Entstehung des Staates, staatliches Handeln, Privateigentum an Produktionsmitteln, kulturelle Traditionen und Umbrüche, wissenschaftliche und technologische Neuerungen sind für die Entstehung des Kapitalismus Faktoren, die der handelskapitalistischen Ausweitung der Weltökonomie und ihren Rückwirkungen auf einzelne Gesellschaftsformationen ebenbürtig sind. Die Subsysteme - so Worsley - haben in einem System eben eine größere Autonomie, als Systemfunktionalisten annehmen.
Gewiß richtig ist Worsleys Feststellung, daß die Behauptung der Eigenständigkeit ökonomischer Entwicklungen ein intellektueller Mythos sei. Und in diesem Zusammenhang ist seine Kritik zu verstehen, Wallerstein gehe im Grunde genommen - trotz häufiger anders zu deutender Textstellen - vom Modell einer "verallgemeinerten ausbeuterischen Klassengesellschaft" aus, deren Aneignungsmechanismen im Modernen Weltsystem über den Markt vermittelt sind. Wallerstein leugne so die Eigenständigkeit historischer Subjekte und ordne sie der funktionalistischen Logik des Weltsystems unter. Geschichte werde nicht mehr von handelnden Menschen gemacht, sondern von den Zyklen und Trends des "Weltsystems" bestimmt.

KAPITALISMUS ALS WELTSYSTEM?
PROBLEME DER TRANSFORMATIONSPERIODE

Im Mittelpunkt von Worsleys Kritik an Wallerstein steht letztlich der Vorwurf, die komplexen und sehr unterschiedlichen Produktionsverhältnisse des Kapitalismus im Weltmaßstab würden lediglich als Funktion der Zentrum-Peripherie-Beziehungen gesehen und damit unzulässig vereinfacht. An diesem Punkt setzt auch der Beitrag von Robert Brenner an, der die historische Argumentation Worsleys aufnimmt und weiterführt: das Weltsystem der frühen Neuzeit könne - im Gegensatz zu Wallersteins Verständnis - noch nicht als kapitalistisch be-

zeichnet werden, sondern es habe sich dabei um ein merkantiles System gehandelt.
Brenner unterscheidet im Anschluß an Marx (6) zwischen Kaufmanns- und Handelskapital. Ersteres sei noch eng mit nichtkapitalistischen Produktionsverhältnissen verbunden gewesen, letzteres hingegen trete erst mit schon existierenden kapitalistischen Produktions- und Tauschverhältnissen auf. Das Kaufmannskapital sei - auch wenn es in der Tat in der Frühen Neuzeit seine weltweite Expansion erlebte - gar nicht fähig gewesen, aus sich selbst heraus kapitalistische Verhältnisse einzuleiten. Da aber Wallerstein annehme, das sich ausbreitende Kaufmannskapital sei der Auslöser kapitalistischer Entwicklung gewesen, könne er die Frage nach dem Entstehungszusammenhang und der Entwicklungsdynamik des kapitalistischen Systems nicht beantworten.
Brenner verweist - in Übereinstimmung mit Wallerstein - auf eine einfache Bestimmung des kapitalistischen Wirtschaftssystems als profitorientierte Produktion für den Markt und Kapitalakkumulation durch dauernde Innovation, also über die Aneignung relativen Mehrwerts. Brenner unterscheidet sich jedoch von Wallerstein, indem er in dieser simplen Definition schon das Hauptproblem der Weltsystemtheorie sieht. Diese könne nicht erklären, warum Gebrauchswerte plötzlich nur noch als Tauschwerte für die Konkurrenz des Marktes produziert werden, oder anders: unter welchen Bedingungen die bäuerlichen Produzenten ihre Subsistenzproduktion zugunsten einer arbeitsteiligen Produktion für den Markt definitiv aufgeben. Gehandelt wurde nämlich hauptsächlich mit dem Surplus bäuerlicher Produktion und mit Luxuswaren zum Konsum der Oberschichten. Die Produktionsverhältnisse blieben im großen und ganzen von Subsistenzreproduktion gekennzeichnet.
Subsistenzwirtschaften können kaum, so Brenner, aus sich heraus kapitalistische Produktionsstrukturen entwickeln. Solange die unmittelbaren Produzenten und Organisatoren der Produktion von ihren Reproduktionsmitteln nicht getrennt sind, überleben sie auch ohne Zugang zum Markt. Mehrarbeit und zusätzliche Produkte können also nur durch außerökonomischen Zwang herausgepreßt werden, ein Zwang allerdings, der durch Militarisierung und Erweiterung der Verwaltung zu zusätzlichen Kosten führt. Ein solches System ist nur schwer aufzubrechen und das Kaufmannskapital ist hier - wie Brenner zu zeigen versucht - dem Reproduktionssystem nur äußerlich. Es sei also - im Gegensatz zu Wallersteins Ansatz - nicht der Handel, der die subsistenzorientierte Produktion in eine marktorientierte verwandelt. Die Auflösung vorkapitalistischer Reproduktionsformen bleibe vielmehr zuerst ein politisches Problem: nämlich die Anwendung außerökonomischen Zwangs auch bei der Trennung der unmittelbaren Produzenten von ihren Produktionsmitteln. Die surplusabschöpfenden Herren verbindet mit den Fernkaufleuten zwar das Interesse, das Surplus zu steigern. Wie sich eine derartige Koalition jedoch auswirkt, ob sich

daraus entweder eine Verfestigung vorkapitalistischer Reproduktionsverhältnisse oder ein Übergang zu neuen Formen der Produktions- und Herrschaftsverhältnisse ergeben, ist von den jeweiligen gesellschaftlichen und politischen Verhältnissen abhängig. Kaufmannskapital bewirkt aus sich heraus noch keine soziale Transformation (7).

Ludolf Kuchenbuch stellt in diesem Zusammenhang die Frage nach der "Physiognomie" der bäuerlichen Ökonomie im Feudalismus des europäischen Mittelalters. In ihrer spezifischen Produktionsstruktur, in ihren Aneignungs- und Austauschbeziehungen seien schon Charakteristika zu erkennen gewesen, die später die Grundlage des sich entfaltenden industriellen Kapitalismus in Westeuropa geworden sind. Die bäuerlichen Familienwirtschaften des europäischen Mittelalters können als autonome Produktionsorganismen bezeichnet werden. Sie sind sowohl hinsichtlich ihrer Produktpalette und Produktionszyklen als auch im Hinblick auf die Arbeitsteilung innerhalb des Haushalts und im Rahmen des Dorfes vielfach flexibel. Die einzelnen Haushalte und der lokale Verbund, das Dorf, produzieren unabhängig voneinander zur lokalen Reproduktion. Andererseits sind diese ökonomisch eigenständigen Einheiten in eine monetär geprägte Umwelt eingebettet. Auf dem Markt wird in Geldquanta gehandelt, und die Eigentümer der Rententitel schöpfen das Surplus zum Teil als Geldrente ab.

Diese Rententitel sind genauso vielfältig wie die Verbundsformen der Produktion. Sie existieren als dingliche, persönliche und als zeitgebundene Verpflichtungen, und sie sind - wenn auch sehr unterschiedlich - übertragbar. Der bäuerliche Haushalt ist für variable Formen des Zugriffs "offen", kann sich aber auch unterschiedlichen Verhältnissen leichter anpassen. Der komplexe Zusammenhang von Verrechtlichung, Produktion und Marktorientierung des mittelalterlichen bäuerlichen Produktionsbetriebs hat zur Folge, daß sich die Auseinandersetzungen zwischen den Rentenbeziehern und den Rentenproduzenten vervielfachen - die möglichen politischen Koalitionen sind äußerst variabel.

Nach Kuchenbuch kann trotz der "Vielfalt der Rentenlandschaften" im mittelalterlichen Europa von einer dem europäischen Feudalismus spezifischen Form der Produktion gesprochen werden. Sie war von einer einzelbetrieblichen Orientierung der Rentenabgaben gekennzeichnet: Nicht das Dorf, sondern der bäuerliche Betrieb bildete die Bezugseinheit der Surplusabschöpfung. Die einzelnen Bauernwirtschaften waren den jeweiligen Rentenberechtigten verpflichtet, und deren Rentenansprüche nach variablen Verteilungsregeln parzelliert. Damit war die Grundlage zu einer Produktionsweise gegeben, die dem ökonomischen Kalkül von Produzenten und Rentenempfängern gehorchte und damit wirtschaftlicher Rationalität. Die einzelnen Haushalte unterwarfen sich mehr und mehr der Marktrationalität, soweit es ihren persönlichen, dinglichen und natürlichen Voraussetzungen entsprach. Erzielte der Bauer längerfristig eine Steigerung der Produktion, so versuchte er das in seinem Rechtsstatus festzuschreiben.

Dadurch differenzierten sich auch die Betriebsgrößen. Im Vergleich zu

anderen Produktionsweisen war die bäuerliche Ökonomie des europäischen Mittelalters hinsichtlich der natürlichen Umweltbedingungen wohl weniger krisenanfällig. Aufgrund der monetär geprägten Regionalmärkte konnten sich die einzelnen Betriebe spezialisieren und ausdifferenzieren. Das garantierte auch im Hinblick auf die Diversifikation der Produkte innerhalb der Betriebe und innerhalb des Dorfes eine gewisse Stabilität, begünstigte jedoch schon prosperierende Betriebe. Die Monetarisierung der Renten und die Möglichkeiten der individualisierten Unter- und Überausbeutung aufgrund der Vielfalt der "Rentenlandschaft" führten zu einer Akkumulation von Reichtum in vielen Bauernwirtschaften, aber auch zur Verarmung großer Teile der Bauernschaft.
Das Nebeneinander subsistenzorientierter Produktion, individueller Risikoorientierung und geldwirtschaftlicher Einbindung erleichterte eine ungleiche Entwicklung innerhalb der bäuerlichen Gesellschaft: Einerseits entfalteten sich marktorientierte prosperierende Betriebe, andererseits wurden Bauernwirtschaften ruiniert. Nach der vollständigen Durchsetzung der Geldrente trägt das "Risiko" allein der Bauer: Er wird zum Unternehmer. Die Kapitalisierung der Agrarverhältnisse wird somit zum Auslöser der endgültigen sozialen Polarisierung auf dem Lande und damit der industriell-kapitalistischen Revolution.
In seinem Versuch der Rekonstruktion einer "Physiognomie" der bäuerlichen Ökonomie im mittelalterlichen Europa beschränkt sich Kuchenbuch auf die unmittelbare Sphäre der bäuerlichen Reproduktion und Abschöpfung. Andere Aspekte, wie die Rolle der Kirche, die Bedeutung der Tradition des Römischen Rechts, die Entwicklung der Städte, die Herausbildung des Ständewesens etc., werden ausgeklammert. Diese Eingrenzung hat den Vorteil, das Feudalismusproblem mit den Kategorien der "Soziologie von Bauerngesellschaften" erarbeiten zu können. Gerade in diesem Rahmen bleibt aber auch bei Kuchenbuch die Frage offen, ob die Entwicklung zum industriellen Kapitalismus allein aus den Differenzierungen der bäuerlichen Gesellschaft in prosperierende und verarmende Betriebe im Rahmen der besonderen feudalistisch-mitteleuropäischen Produktionsformen zu erklären sei. Hier müßte die Analyse der Umwandlung von Subsistenzproduktion in protokapitalistische Produktionsformen neben den Klassenauseinandersetzungen um die Aneignungstitel gerade auch den monetären Sog überregionaler Märkte berücksichtigen - und damit die Rolle des Weltsystems im Sinne Wallersteins.
Kuchenbuch erklärt sich in seinem Beitrag ausdrücklich - und im Anschluß an die Debatte um den Übergang vom Feudalismus zum Kapitalismus (Sweezy/et al.: 1978, 139ff.) - als "Internalist": Er begreift im Gegensatz zu den "Externalisten" den Übergang zum Kapitalismus als einen Mechanismus der feudalen Produktionsweise. Damit steht er den Produktionsweisentheoretikern innerhalb der Weltsystemdebatte nahe, wie sie Brenner in diesem Band repräsentiert. Im Sprachgebrauch der Übergangsdebatte wäre das Wallersteinsche Modell als "externalisti-

sches" zu bezeichnen. Die Kräfte, die den historischen Transformationsprozeß in Gang setzen, sind in diesem Modell vorrangig im sich weltweit ausdehnenden Handelssystem zu suchen. Dieses gliedert sich zyklenweise immer entfernter liegende Regionen ein und ordnet sie der weltweiten Hierarchie von Arbeitsteilung und unterschiedlicher Kontrolle der Arbeitskraft unter.
Für Kuchenbuch dagegen ist die Haupttriebkraft die für die parzellierte Produktionsstruktur der europäisch-feudalistischen Gesellschaften typische sozio-ökonomische Dynamik. Der Prozeß der Kapitalakkumulation durch die Produktion relativen Mehrwerts - Brenners "Akkumulation via Innovation" - ergibt sich hier aus der Entstehung rational wirtschaftender ländlicher Einzelbetriebe und Protoindustrien im Rahmen monetarisierter Abschöpfungsprozesse und regionaler Marktorientierungen. Es ist also keineswegs der Handel, der in diesem Modell die einzelnen Haushalte und Regionen Europas in das Weltsystem eingliedert - vielmehr ist es nur ein Faktor der Herausbildung von Arbeitsteilung im regionalen Rahmen.

"PRODUKTIONSWEISE" UND "WELTSYSTEM" MÖGLICHKEITEN EINER ANNÄHERUNG

Rekapitulieren wir: Das Kaufmannskapital kann die Transformation von vorkapitalistischen Produktionsweisen nicht in Gang setzen, da es nicht das gesamte bäuerliche Produkt erfaßt, sondern nur das abgeschöpfte Mehrprodukt. Zu einer Vermehrung des Surplus zwecks Ausweitung des Handelsvolumens müssen die Bauern mit außerökonomischer Gewalt gezwungen werden. Das erfordert jedoch erhöhte Investitionen in die Gewaltapparate und damit eine meist überdimensionale Verteuerung des Surplus. Gleichzeitig bedeutet verstärkte Surplusabschöpfung eine Bedrohung des bäuerlichen Reproduktionsniveaus. Im Fall einer solche Verteilungskrise muß der Bauer politisch und wirtschaftlich reagieren. Er kann versuchen, sich der Rentenverpflichtung durch die Verringerung oder Aufgabe der Produktion zu entziehen, die Abgabe des Surplus durch aktiven Widerstand zu verweigern oder sich mit der Herrschaft unter neuen Bedingungen zu arrangieren. Jede Reaktion des Bauern bedeutet eine Krise der Abschöpfung für den Inhaber der Rententitel und zumindest kurzfristig einen Rückgang, wenn nicht den Verlust der Produktion überhaupt (8).
Die Verteilungskrise ist eine Krise des alten Systems. Die Reaktionen der Bauern entsprechen den traditionellen Mustern. Für sie stellt sich vorerst das Problem, den Besitz ihrer Reproduktionsmittel zu sichern. Sind sie dazu nicht fähig, müssen die Herren in der Lage sein, sie von ihrem Land zu vertreiben und durch neue Produzenten - wenn vorhanden - zu ersetzen oder ihnen mittels einer effektiveren Zwangsin-

stitution eine Landreform bzw. Umstellung auf eine marktorientierte Produktion aufzuzwingen. Ob dieser Weg von den "fortschrittlicheren" Gruppen der Herrschaftselite oder vom Staat eingeschlagen wird, ob sich andere Agenten des Wandels, wie zum Beispiel Verleger im Bereich der Protoindustrie dazwischenschalten, hängt von den einzelnen Gesellschaften ab. Jedenfalls kommt es nach den Erhöhungen der Surplusraten aufgrund einer verstärkten Marktorientierung der Herren zuerst einmal zur Stagnation der Produktion und sicher nicht automatisch zur funktionalen Anpassung des jeweiligen Wirtschaftssystems an die arbeitsteilige Hierarchie der Weltökonomie. Der Handel scheint die Produktionsweise je nach den politischen Machtverhältnissen und der Verteilung ökonomischer Ressourcen lediglich graduell zu verändern. Wenn die Rentenbezieher gezwungen und in der Lage sind, so investieren sie in die Institutionen außerökonomischen Zwangs bis zu einem Punkt, da die einfache Reproduktion der Bauern aufgrund der Höhe des abgeschöpften Surplus nicht mehr gesichert ist und das System in eine Krise gerät. Die Krise und die damit einhergehenden Konflikte, die sich ja im Rahmen der hergebrachten Ordnung abspielen, können sich langfristig hinziehen. Die Produktionsverhältnisse werden durch den Handel gerade nicht - wie Wallerstein unterstellt - automatisch auf ein effizienteres System der Kontrolle von Arbeitskraft umgepolt und dem Gebot der Profitmaximierung unterworfen, sondern nur von einer Krisensituation bedroht.
Der Handel führt auch nicht allgemein zu einer Krise der vorkapitalistischen Produktions- und Aneignungsverhältnisse. Denn die neu eröffneten Marktchancen bedeuten nicht unmittelbar eine vermehrte Surplusabschöpfung der Herren. Ob diese überhaupt reagieren und ob sie die Instrumente außerökonomischen Zwangs in stärkerem Maße anwenden, hängt von den politischen und sozialen Verhältnissen zwischen den Klassen ab. Die wirksame Bindung der Produzenten an ihre Reproduktionsmittel durch Besitzrechte ist bloß der markanteste Faktor in dieser Auseinandersetzung. Hinzu kommen etablierte Verhältnisse, Gegenseitigkeitssysteme und andere Loyalitäts- und Solidaritätsverbindungen zwischen den Produzenten und zwischen diesen und den Herren, außerdem naturräumliche Verhältnisse - z.B. eine geringe Bevölkerung bei brachliegenden Böden, die eine Flucht der Bauern von ihrem Land erlaubt. Naturräumliche Verhältnisse, nämlich Transportwege, geeignete Böden und angemessene Klimata zum Anbau vermarktungsfähiger Produkte, entschieden auch darüber, ob der Welthandel überhaupt das betreffende Gebiet einbezog. So wurde etwa nicht überall Getreide angebaut - aber gerade das wäre nach Wallerstein ein wichtiger Faktor zur Peripherisierung in der Frühen Neuzeit. Je nach den sozialen, politischen und naturräumlichen Verhältnissen bedeutet der Handel nur ein Krisenpotential des alten Systems, das sich über lange Zeiträume aktualisiert.
Ist bereits der Verlauf der politischen Krisen recht vielfältig, so gilt das erst recht für den mit der Krise verbundenen Reproduktionsprozeß.

Die ökonomisch-sozialen und politischen Reaktionsmöglichkeiten reichen von der Abschnürung der Produzenten - unter Umständen zusammen mit den Herren - vom Markt und damit dem Rückschritt auf ein ausschließliches Subsistenzsystem bis zur Entwicklung neuer Pachtsysteme oder zur Errichtung von Plantagen, die ausschließlich für den Markt produzieren und die Mehrzahl der Bauern verproletarisieren.

Der Einfluß einer Vielzahl von sozialen, ökonomischen, politischen und kulturellen Faktoren führt somit zu unterschiedlichen Typen kapitalistischer Entwicklung: von schwachen, mit vorkapitalistischen Elementen vermengten sozialen Formationen, in denen kapitalistische Produktionsweisen aber schon dominant sind bis zu "reinen" Kapitalismen, die selbst zu Prozessen der Kapitalakkumulation durch Innovationen fähig sind. Aus der Unterschiedlichkeit dieser Entwicklungstypen erklärt sich die Herausbildung von Zentren und Peripherien - keineswegs lediglich aus der Durchsetzung des ungleichen Tauschs durch starke Staaten gegenüber schwachen innerhalb des modernen Weltsystems. Die Entwicklung der kapitalistischen Weltökonomie läßt sich also kaum aus der Zuweisung von Funktionen innerhalb der Hierarchie der internationalen Kontrolle von Arbeitskraft erklären, sondern sie ist vielmehr ein historisch-struktureller Prozeß, der sich sowohl aus einer Vielzahl von Entwicklungsfaktoren innerhalb der einzelnen Gesellschaftsformationen und ihrer Produktionsweisen als auch aus den Bewegungen und Zyklen des Weltmarkts ergibt.

Die Produktionsformen und die Eingriffe des Kaufmannskapitals sind also unabhängige, doch aufeinander einwirkende Faktoren bei der Öffnung bestimmter Gebiete für kapitalistische Produktions- und Austauschverhältnisse. Sicher ist das System der Arbeitskontrolle weder nur eine Funktion des sich ausdehnenden Fernhandels, wie Wallerstein vorgibt, noch ist der Handel einfach von den Entwicklungen bestimmter Produktionsweisen abhängig, wie Brenner suggeriert. Vielmehr scheint Handel in der Produktionsweise institutionalisierte Formen der Arbeitsorganisation und des Austauschs je nach den Klassenverhältnissen in bestimmte Richtungen zu drängen.

Die Komplexität dieses Prozesses ist der Grund für die Vielfalt der Typen kapitalistischer Entwicklung, die zu einem breiten Fächer gesellschaftlicher Formationen geführt hat - auf der einen Seite fast "reine" Kapitalismen mit starken ökonomischen Strukturen und robustem Staatsapparat, auf der anderen Seite eher schwache Gesellschaften mit einem wenig dominanten kapitalistischen Sektor.

Für diese These spricht auch Kuchenbuchs Feststellung, daß in allen Ausformungen des mitteleuropäischen Feudalismus ein auf die spätere Kapitalisierung ausgerichteter Individualismus schon angelegt gewesen sei. Doch erst die spezifischen Bedingungen gesellschaftlicher Entwicklungen, die nicht allein aus der Dominanz der feudalistischen Produktionsverhältnisse in Großbritannien abgeleitet werden können, erklären den frühen Aufstieg des britischen Kerngebietes zum ersten

Zentrum der industriekapitalistischen Entwicklung. Englands Aufstieg zur dominanten Macht im kapitalistischen Weltsystem des 19. Jahrhunderts war ein Ergebnis der frühen Niederlage der bäuerlichen Produzenten und der damit einhergegangenen Schwäche der Bauernklasse. Diese konnten ihre vorkapitalistischen Produktionsmittel, vor allem ihr Land, nicht gegen die mit der Ausweitung des Wollhandels einhergehenden Einhegungen und Aufkäufe durch stadtsässige, kapitalistisch produzierende Investoren verteidigen. Im Gegensatz zu Regionen mit starken bäuerlichen Produzenten, in denen diese ihre Reproduktionsmittel lange Zeit aufbewahren konnten, wurde England nicht zur Peripherie, sondern machte eine kapitalistische Transformation durch. Die Niederlage der Bauern zugunsten des protoindustriellen Kapitals aufgestiegener Großbauern und Investoren aus dem Handelsbereich ließ den englischen Kapitalismus erblühen. Der Handel spielte dabei die wichtigste Rolle als richtungweisender kapitalakkumulierender Sektor.
Es war aber ein Handel, der nicht ein Ausdruck der starken Abhängigkeit Englands vom Weltmarkt war, sondern eher - wie auch Brenner darlegt - Ausdruck seiner relativen Autarkie gegenüber der damaligen Semiperipherie und Peripherie. England selbst war ja der größte Getreideexporteur jener Zeit. Die Agrarrevolution nahm ihren Gang, weil in England selbst Mechanismen entstanden waren, die zur Kapitalisierung der landwirtschaftlichen Produktion führten. Die Industrialisierung war eng mit den Produktivitätssteigerungen der Landwirtschaft verbunden, die wiederum mit den sich entwickelnden Differenzierungen der Regionen in England selbst zusammenhängen. Für England war die Ausweitung des merkantilistischen Weltsystems zuerst einmal ein Faktor, der zur Entwicklung industriekapitalistischer Verhältnisse beitrug, jedoch als Handelssystem noch Teil der untergehenden Welt des feudalistischen Herrschaftssystems und seiner mit Monopolrechten ausgestatteten Handelsgesellschaften war. Erst mit der Umwandlung der Produktions- und Herrschaftsverhältnisse begann sich auch das Handelssystem zu wandeln, und es setzte die Zeit des klassischen Imperialismus ein.

DER NATIONALSTAAT IM WELTSYSTEM
WEGE DER INDUSTRIALISIERUNG

Der Aufstieg Englands zur dominanten industriekapitalistischen Macht im sich wandelnden Weltsystem veränderte die Transformationsmuster anderer sozialer Formationen ganz erheblich. Neben der Zuordnung zu überregionalen Märkten und der inneren gesellschaftlichen und politischen Verfassung waren in den zurückgebliebenen Gebieten jetzt auch die Dynamik der wirtschaftlichen Entwicklung in England und die Umstrukturierungen des weltweiten Austauschsystems durch das briti-

sche Handelskapital spürbar. Nach der Etablierung industriekapitalistischer Produktionsverhältnisse in England müssen die zeitlichen und regionalen Ungleichheiten sozialer Verhältnisse im Weltmaßstab auf diesen Prototyp eines industrialisierten Landes bezogen werden. Das gilt vor allem für Westeuropa, wo sich der Industriekapitalismus - wenn auch ungleichzeitig, und zum Teil erst in diesem Jahrhundert - überall durchsetzen konnte.
Am Beispiel Westeuropas lassen sich immer noch am besten die Faktoren aufzeigen, die in dem komplexen Prozeß der kapitalistisch-industriellen Transformation zu zeitlichen und regionalen Ungleichheiten geführt haben. Deren Analyse war natürlich ein grundlegendes Anliegen der Modernisierungstheorien, die sich fast alle in ihren Prämissen auf den europäischen Entwicklungsweg berufen haben. Eine systematische und entwicklungstheoretisch orientierte Darstellung anhand wirtschaftsgeschichtlichen Materials fehlt bislang jedoch. Erst mit dem groß angelegten Projekt zur "autozentrierten Entwicklung im Weltsystem", dessen Ergebnisse Ulrich Menzel und Dieter Senghaas in diesem Band vortragen, liegen Erkenntnisse vor, die aus einer vergleichenden sozialwissenschaftlichen Perspektive und auf der Basis umfangreicher empirischer Daten zumindest Grundlinie des Wandels einzelner Agrar- zu Industriegesellschaften deutlich machen.
In seinem Aufsatz "Probleme autozentrierter Entwicklung" (1981) hat sich Dieter Senghaas noch eher unter normativen Gesichtspunkten mit dem Postulat der Abkopplung vom Weltmarkt als entwicklungspolitischer Strategie auseinandergesetzt. Der hier vorliegende "Werkstattbericht" zielt hingegen vor allem darauf ab, die unterschiedlichen Entwicklungswege der heutigen Industriestaaten "trotz internationalem Kompetenzgefälle gegenüber Großbritannien" in eine Typologie einzubringen.
Wie schon in seinen früheren Schriften geht Senghaas von dem Aminschen Konzept autozentrierter Entwicklung aus (Amin: 1975), das sich auf ein schon fortgeschritteneres Stadium des jeweiligen Entwicklungsprozesses bezieht: auf ein sich selbst tragendes Wirtschaftswachstum mit einer breitgefächerten sozialen Entwicklung und "organischen" Strukturzusammenhängen. Ein solches Stadium können "periphere" soziale Formationen nur mit geringen Chancen erreichen.
In der von Menzel und Senghaas entwickelten Typologie geht es nun um eine Systematisierung der historischen industriekapitalistischen Entwicklungswege nach den entscheidenden Faktoren bei der autozentrierten "Dynamisierung des Marktes". Diese Typologie autozentrischer Entwicklung orientiert sich an zwei Dualismen: Assoziation und Dissoziation einerseits, Privataktivität und Staatsaktivität andererseits. Assoziation heißt Dynamisierung des inneren Marktes durch Freihandel sowie den Ausbau der Industrie und des Agrarsektors nach den jeweiligen komparativen Kosten auf dem Weltmarkt, Dissoziation bedeutet Entwicklung durch eine Abkopplung der jeweiligen Nationalökonomie vom Weltmarkt. In beiden Fällen wirkt der Staatseingriff als

entscheidende Variable. Diese Problemstellung ist auf die Herausbildung der Nationalstaaten und ihrer Wirtschaftssysteme fixiert - ein Blickwinkel, der in einem ausgesprochenen Gegensatz zur Perspektive Wallersteins steht. Denn dieser stellt die Konjunkturen und Krisen der kapitalistischen Weltökonomie in den Mittelpunkt seiner Analyse; nationalstaatliche Apparate und ihre Interventionsmöglichkeiten bleiben nur eine Variable unter anderen (9).

Senghaas und Menzel stellen ausdrücklich fest, daß die von ihnen bestimmten Typen autozentrischer Entwicklung nicht nur einzelnen Nationalstaaten zuzuordnen sind, sondern auch einzelnen historischen Perioden. Es gebe eine Abfolge von Entwicklungstypen, die deutlich mache, daß eine autozentrierte Entwicklung im 19. Jahrhundert weitaus leichter gewesen sei, als heute.

Den Autoren stellt sich eine autozentrierte Entwicklungsstrategie zunehmend als Problem des staatlichen Eingriffs, und nicht mehr bloß als ökonomische Frage dar. England, die "économie dominante" der Weltökonomie, nutzte in den verschiedenen Phasen seiner Entwicklung gemäß seinen jeweiligen Interessen noch eine weite Palette außenwirtschaftlicher Strategien, die vom Freihandel über Protektionismus bis zur Dissoziation reichten. Noch vor 150 Jahren war es Belgien und der Schweiz gelungen, sich trotz vollkommener Assoziation an den Weltmarkt parallel zu Großbritannien zu entwickeln. Seit dem Zweiten Weltkrieg hat es jedoch keine soziale Entwicklung ohne staatlich initiierte Abkopplung vom Weltmarkt mehr gegeben. Im Gegensatz zu den Annahmen der Modernisierungstheoretiker war nur in wenigen Fällen eine Entwicklung über die Verwirklichung des Freihandelsprinzips möglich. Freihandel wird und wurde nur von solchen Staaten vertreten, die vergleichsweise fortgeschritten und dominant waren. Die Ergebnisse des Projekts zur autozentrierten Entwicklung im Weltmaßstab entsprechen somit den Ansichten des theoretischen Stammvaters dieser "Schule": Friedrich List bestand schon in seinem auf die deutsche Entwicklung im 19. Jahrhundert ausgerichteten Modell der "Produktion produktiver Kräfte" darauf, daß Freihandel oder Protektionismus für einen Ausbau kohärenter agroindustrieller Strukturen nicht Prinzipien, sondern bloß wirtschaftspolitische Instrumente seien.

Was damals auf Deutschland zutraf, gilt inzwischen sicherlich für weite Teile der Dritten Welt. Senghaas hat heute einer normativen Interpretation des Dissoziationspostulats offensichtlich abgesagt. Menzel und Senghaas fragen mehr als früher nach den internen Strukturen eines Landes und nach den innerhalb der jeweiligen sozialen Formationen vorhandehen Entwicklungsmöglichkeiten. Diese Wendung der Autozentrismus-Theoretiker von der bloßen Orientierung auf Analysen der Weltmarktabhängigkeit und von der Postulierung dissoziativer Entwicklungsstrategien zu einer stärker auf die internen Entwicklungsfaktoren eingehenden Untersuchungsebene ergibt sich nicht nur aus der typologischen, fallorientierten Vorgehensweise im Rahmen des Senghaasschen Forschungsprogramms, sondern auch aus dem Prinzip der

Orientierung an Entwicklungen im nationalstaatlichen Rahmen. Blieben die Abhängigkeitsanalyse und die Darstellung der Kapitalakkumulation im Weltmaßstab noch notgedrungen auf einem hohem Abstraktionsniveau, so bedeutet die Analyse auf der Ebene einzelner Länder auf jeden Fall ein stärkeres Maß an Konkretion. Erst auf dieser Stufe lassen sich spezifische Deformationen der Entwicklung durch den Eingriff der Kolonialmächte, durch herrschende Machtblöcke oder durch spezifische regionale Bedingungen erklären und in politische und entwicklungspolitische Strategiediskussionen einbringen.

Senghaas und Menzel haben nicht nur das Verdienst, mit ihrem Konzept der dissoziativen Entwicklung eine alternative und durchspielbare entwicklungspolitische Theorie vorgelegt zu haben; in dem an dieser Stelle veröffentlichten Beitrag wird die weltsystemtheoretische Diskussion um einen Gesichtspunkt erweitert, den Wallerstein als Nebenproblem abtut: die vergleichende sozialwissenschaftliche Analyse der industriekapitalistischen Transformation von nationalstaatlichen sozialen Formationen. Beide Autoren stellen sich damit in eine neuere Tradition, die besonders durch die Arbeiten von Perry Anderson (1974) und Theda Skocpol (1979) begründet worden ist. Anderson hebt in seinen Arbeiten die Bedeutung des Wandels der Machtapparate und Skocpol jene politischer Revolutionen für die Transformation von Produktions- und Herrschaftsverhältnissen hervor. Beide wählen die nationalstaatliche Geschichte als Bezugsgröße. Durch diese Perspektive wird die Vielfalt und Komplexität gesellschaftlicher und ökonomischer Faktoren für die Herausbildung industriekapitalistischer Handelsbeziehungen und Produktionsverhältnisse erst deutlich.

Der Weltsystemansatz ist in Deutschland, und zwar unabhängig von der Debatte im angelsächsischen Sprachbereich, besonders von Ekkehart Krippendorff entwickelt worden. Im vorliegenden Aufsatz arbeitet er den Beitrag von Krieg, Militär und Rüstung zur Entwicklung des kapitalistischen Weltsystems heraus. Dessen Entwicklung wird aus dem Blickwinkel staatlicher Gewaltsamkeit untersucht. Krieg war nicht nur ein Instrument der neuen dominanten Staaten zur Sicherung ihrer Vorherrschaft, nachdem das Weltsystem einmal etabliert war. Rüstung und militärische Konflikte haben auch hervorragend zur Entstehung des modernen Weltsystems und zur Verbreitung der kapitalistiscchen Produktionsweise beigetragen. War der Ritter des Mittelalters noch eher ein räuberischer Kämpfer um einen zusätzlichen Anteil am wirtschaftlichen Surplus denn ein in großräumigen Konflikten engagierter Krieger, so begannen im Zuge der Herausbildung des Absolutismus sich Söldnerheere zu entwickeln, die schon sehr früh nach den Prinzipien der Lohnarbeit tätig waren. Es entstand sehr schnell die erste Symbiose zwischen Manufaktur und Krieg. Einerseits konnten Kriege noch den Ruin einer Volkswirtschaft bedeuten, andererseits wurden sie jedoch durch die technischen Instrumente und deren Fertigung zu den "Motoren der Manufaktur" und damit zu den Triebkräften

der industriellen Entwicklung. Das gilt insbesondere für die industrielle Revolution in Großbritannien.
Kriegerische Auseinandersetzungen hatte es zwar immer gegeben - doch entscheidend seit dem 16. Jahrhundert war die zunehmende Einbindung verschiedener Wirtschaftssektoren in die Rüstung. Andererseits wurde die Herausbildung einer großen Industrie mehr und mehr zur Voraussetzung des Krieges und damit des militärischen Überlebens. Durch die Kriegsanstrengungen wird den alten handwerklichen Produktionsverhältnissen der Todesstoß versetzt, und die neue Industrie zum Leben erweckt. Kapitalistische Industrie und Militär waren jedoch nicht nur über ökonomische Interessen miteinander verbunden. Die Militarisierung des Weltsystems fand, um mit Peter Worsley zu sprechen, im kulturellen Bereich ihre Wahlverwandten: Die großen Rüstungsarsenale wurden zu Modellen der modernen Fabrik. Das Militär wurde zum Vorbild gesellschaftlicher Organisation. Schon Sombart stellte fest, daß das militärische "Streben nach Ausweitung und Anderssein" das "statisch ruhige Verhalten der mittelalterlichen Welt" abgelöst hatte. Und sicherlich ist die militärische Disziplinierung ein zentraler Beitrag zur industriekapitalistischen Sozialisierung der bäuerlichen Arbeiter gewesen. Denn die Proletarisierung der europäischen Bauernschaft wurde auch von den militärischen Institutionen übernommen: Kasernenhof und Werkhalle in der großen Industrie gingen eine historische Symbiose ein.
Die enge Verbindung von industriekapitalistischer Entwicklung und Militarisierung trug entscheidend zum Aufstieg des kapitalistischen Weltsystems bei. Sie setzte kulturelle Maßstäbe für die Organisation der Fabrik, sie stabilisierte durch ihre Massennachfrage die fabrikmäßige Produktion, sie trug zur Eroberung der kolonialen Weltreiche bei und sicherte diese den dominanten Ökonomien.
Am Beginn des 20. Jahrhunderts trat der kapitalistische Staat dann endgültig als "Kriegsstaat" auf die politische Bühne. Die Rüstungsindustrie war nicht mehr nur die Produktionsstätte zur Unterstützung des politischen Gewaltapparates des europäischen Bürgertums. Sie wurde zum wichtigsten Instrument der Überwindung der großen kapitalistischen Produktionskrisen. Und das kapitalistische Weltsystem entwickelte eine neue Form des Krieges - den Weltkrieg.
Nach der nationalen Befreiung der alten Kolonialgebiete wurden die militärischen Apparate in den Peripherien weiterhin zur Bekämpfung emanzipativer Bewegungen eingesetzt und leisteten so ihren Beitrag zur politischen Stabilisierung des kapitalistischen Weltsystems. Sie stabilisierten aber auch die Einbindung der Dritten Welt in den kapitalistisch organisierten Weltmarkt. Abhängige Militarisierung und Weltarbeitsteilung bei der Rüstung sind neue Aspekte der Symbiose von Militarisierung und industriekapitalistischer Entwicklung.
Krippendorff sieht in der Entstehung neuer Staaten mit eigener militärischer Dynamik einen Krisenkomplex, der allerdings neben der weltweiten, mit militärischen Drohmitteln ausgetragenen Konfrontation

zwischen den beiden politischen Führungsmächten der Gegenwart, den USA und der UdSSR, verblaßt. Erst wenn nationalstaatliche Strukturen keine Rolle mehr spielen, so Krippendorff, wird die im 16. Jahrhundert begonnene historische Periode des Krieges im kapitalistischen Weltsystem abgeschlossen sein.

SOZIALE AKTEURE UND PERSPEKTIVEN DES WELTSYSTEMS

Im Mittelpunkt des hier vorliegenden Beitrags von Immanuel Wallerstein stehen weniger die strukturellen als die handlungstheoretischen Aspekte des Weltsystemansatzes, die von den Kritikern dieses Erklärungsmodells sozialen Wandels oft unter den Tisch gekehrt werden. Es sind die sozialen Bewegungen, die die Bruchstellen, "den Zusammenhang von Selbstzerstörung und Selbsterhaltung innerhalb der kapitalistischen Weltökonomie" (Wallerstein), markieren. Sie erscheinen erst mit dem ausgebildeten Industriekapitalismus im 19. Jahrhundert auf der welthistorischen Bühne. Ihr Auftritt setzte einerseits die Konzentration proletarisierter Haushalte und andererseits die Formierung des modernen Systems der Nationalstaaten im Zentrum der Weltökonomie voraus. Proletarische Klassen forderten in sozialistischen Bewegungen soziale Gleichheit, nationalistische Bewegungen setzten sich für eine Veränderung des auf Ungleichheit beruhenden Verhältnisses zwischen Zentren und Peripherien ein.
Damit können auch die drei sozialen Institutionen benannt werden, die für Wallerstein gesellschaftliche Systeme konstituieren: Haushalte, die untersten ökonomischen Reproduktionseinheiten, die sich je nach den Erfordernissen der zyklischen Entwicklungen des Weltsystems verändern; Staaten, die innerhalb der Weltökonomie sich konstituieren, um eine bestimmte Region und die darin wirtschaftenden Produzenten und Unternehmer vor den Unberechenbarkeiten des Weltmarkts zu schützen und um innerhalb ihrer Gebiete Verteilungsregeln für das "Nationaleinkommen" festzulegen; Klassen, die im nationalen Rahmen auftreten, jedoch im Weltsystem das Gegeneinander von proletarisierten Haushalten (die einen Teil ihres Produktes abgeben müssen) und verbürgerlichten Haushalten (die sich einen Teil ihres Einkommens außerhalb ihres Haushalts aneignen) ausdrücken. Wir haben es also nach Wallerstein mit einer Dichotomie der Klassenstruktur im Weltmaßstab zu tun, die sich nach den quantitativen Aspekten der Ausbeutung bestimmt. Die Komplexität der Klassenstruktur ergibt sich somit nicht aus den unterschiedlichen Verhältnissen von Produktion und Herrschaft, sondern auf der Ebene der politischen Auseinandersetzung. Hier unterscheidet Wallerstein zwischen Klassen und Statusgruppen. Klassen agieren entsprechend ihren objektiven Gesamtinteressen. Die proletarische Klasse etwa gründet sozialistische Bewegungen, wie Gewerkschaften, Parteien etc. Statusgruppen dagegen bestimmen

sich entlang ethnischer, religiöser oder nationaler Linie. Sie wirken mittelbar für Sonderinteressen aus dem bürgerlichen oder proletarischen Lager und versuchen, insbesondere in weltwirtschaftlichen Stagnationsphasen Extraanteile am Nationaleinkommen zu sichern.
Standen im 19. Jahrhundert noch sozialistische Bewegungen als Organe des Proletariats den weitaus vielfältigeren nationalistischen Bewegungen gegenüber, so kann nach Wallerstein heute von einer Konvergenz dieser beiden sozialen Bewegungen gesprochen werden. Sowohl sozialistische als auch nationalistische Bewegungen sind in allen Regionen der Erde zu finden - sozialistische Bewegungen vertreten nationalistisches Gedankengut, nationalistische Bewegungen erheben sozialistische Forderungen. Das verführte bei einer oberflächlichen Betrachtung zum Schluß, solche sozialen Bewegungen bedrohten in einem linearen Trend die Struktur der Weltökonomie. Nach Wallerstein ist dem jedoch nicht so: Sie vertreten zur Zeit ihrer Konstitution und während der Massenmobilisierung zwar revolutionäre Ziele, nach der Machteroberung werden sie jedoch zu Kompromissen gezwungen, die sie ihre ursprünglichen Ziele "verraten" oder "revidieren" lassen. Der sich daraus ergebende Wandel der Bewegung und ihrer Umgebung ist der notwendige Thermidor in diesem "Zyklus der Machtergreifung". In der Realität erscheint dieses zyklische Modell - so auch Wallerstein - in vielfältigen Variationen. Grundsätzlich bleibt es jedoch das Dilemma dieser sozialen Bewegungen.
Neben solchen Systemgrenzen fundamentaloppositioneller Politik haben wir es natürlich mit den allgemeinen Zwängen des kapitalistischen Weltsystems zu tun. Insbesondere eine Politik der Abkopplung, bei Wallerstein "merkantilistische Politik" genannt, hat seiner Meinung nach wenig Chancen auf Erfolg. Sozialistische Staaten konnten sich somit nur begrenzt von den Restriktionen des Welthandels abkoppeln - sie bleiben immer noch in internationale Verteilungs- und nationale Klassenkämpfe verstrickt.
Diese Zwänge des Weltsystems und "Zyklen der Machtergreifung" - Aktionsgrenzen sozialer Bewegungen - bedeuten für Wallerstein jedoch nicht, bei der Formulierung seiner Utopie zu resignieren. Er entwirft ein optimistisches Bild: Die Immitation alter sozialer Bewegungen durch neue, die Nutzung von fundamentaloppositionellen Traditionen als Handlungsanweisungen führen in zyklischen Trends zur Überwindung des kapitalistischen Weltsystems und schließlich zur Etablierung einer sozialistischen Weltregierung.
Heute befinden wir uns zwar - so Wallerstein - in der Spätphase der historischen Entwicklung der Weltökonomie, von ihrem Ende kann jedoch noch keine Rede sein. Ende der sechziger Jahre begann jedenfalls der Abschwung einer langen zyklischen Phase mit entsprechenden sozialen Veränderungen. In Ost und West kam es zu ethnischen, nationalen und sozialistischen Mobilisierungen, die jedoch noch zurückgedrängt werden konnten. Im ersten Abschnitt der gegenwärtigen Stagnationsphase waren jedoch wahrscheinlich die Umstrukturierun-

gen des Weltsystems selbst von nachhaltiger Wirkung. Die Staaten des Zentrums erlebten ihren ersten Schwächeanfall: die Pax Americana war bedroht, die USA mußten sich aus Vietnam, das NATO-Land Portugal mußte sich aus Afrika zurückziehen. Ausnutzen konnten die Situation die erdölproduzierenden Staaten, die zu einer weiteren Umverteilung des weltweiten Mehrprodukts beitrugen. In der Peripherie kam es zu verstärkten Hungersnöten, zur Entvölkerung der Agrargebiete und damit zur Marginalisierung wachsender Bevölkerungsteile in den Städten.

In der gegenwärtigen zweiten Phase der Stagnation wird es - so Wallerstein - zu stärkeren internationalen Auseinandersetzungen um das knapper werdende Sozialprodukt kommen. In allen Industriestaaten entwickeln sich Klassenkämpfe - häufig unter ethnischen Vorzeichen. In der nach Meinung des Autors durch die weltweite Stagnation bevorzugten Semiperipherie werden soziale Unruhen häufig die objektiven Chancen dieser Länder auf dem Weltmarkt wieder zerstören. Das internationale System wird sich neu konstituieren müssen.

Trotz alledem sieht Wallerstein in den Möglichkeiten der wissenschaftlich-technischen Revolution, der weiteren Proletarisierung in der Semiperipherie und in der Mobilisierung neuer Arbeitskräfteressourcen, besonders im Bereich der Dienstleistungen, eine Chance zur Konsolidierung der Weltökonomie in den neunziger Jahren.

Auch Andre Gunder Frank beschäftigt sich in seinem Beitrag mit der gegenwärtigen Krise des Weltsystems. Diese zeichnet sich durch Überinvestitionen im industriellen Bereich bei gleichzeitigen Unterinvestitionen im Bergbau und in der Landwirtschaft aus. Der wachsende Einsatz von Kapital im Verhältnis zur eingesetzten Arbeit geht mit einer steigenden Militanz der Lohnkämpfe einher. Diese Entwicklungen sind Ausdruck und Ursache der gegenwärtigen Akkumulationskrise.

Daneben haben wir es mit den ersten Erscheinungsformen einer neuen wissenschaftlich-technischen Revolution zu tun. Im zentralen Sektor dieser Transformationsphase, der Mikroelektronik und ihrer Anwendung, dienen jedoch die neuen Technologien bislang nur zur Senkung der Arbeitskosten durch Reduzierung der Beschäftigung, nicht aber zu einer realen Erhöhung der Produktion.

Strategien zur Überwindung dieser Krise haben zwei Ziele: die Ankurbelung der Kapitalakkumulation und die allgemeine Durchsetzung der neuen Technologien. Voraussetzung hierfür wäre eine "Niederlage der Arbeiterschaft", wie sie schon in den Jahren 1920 bis 1940 erlebt wurde. Die Versuche zur Stabilisierung der Weltökonomie gehen Frank zufolge mit einer allgemeinen Krise der herrschenden Ideologien einher. Denn die Regierungen der westlichen Länder verstärken ihre Macht- und Gewaltapparate zur Durchsetzung einer energischen Sparpolitik. Die Ablösung keynesianischer Wirtschaftspolitik durch monetaristische Strategien soll dazu beitragen, zugunsten der Akkumulation von Kapital den Anteil der abhängig Beschäftigten am Volksvermögen zu senken. Sozialdemokratische und kommunistische Parteien

unterstützen diese Politik: Die Periode der Wohlfahrtsideologie ist vorüber. Zweitens untersucht Frank die Wende im politischen Denken zum Neokonservatismus. Nicht nur die wirtschaftspolitischen, sondern sämtliche politischen Theorien in Ost und West tendieren in eine affirmative und Ungleichheit akzeptierende Richtung. Drittens stehen fast sämtliche systemüberwindende Theorien vor dem Bankrott. Die entwicklungspolitische Theorie der "self-reliance" stellt sich als Mythos heraus. Die chinesische Dreiweltentheorie wird nicht mehr diskutiert, der sowjetische Weg nationaler Befreiung und alle Varianten stalinistischer Industrialisierungstheorien werden nicht mehr ernst genommen. Der Ostblock selbst hat sich allein durch seine Technologieimporte vollständig in den Weltmarkt eingegliedert. Die sozialistischen Länder müssen sich, wie andere Länder auch, der Weltkrise stellen.
Nach Frank macht es die gegenwärtige Weltkrise also notwendig, auch die theoretischen Standpunkte neu zu bestimmen. Entstehen in diesem Krisenzyklus politische Bewegungen und Kräfte, die die alten sozialen Bewegungen ablösen? Widerstände von Arbeitern, Sozialisten, Umweltschützern, Frauen, aber auch von nationalen und religiösen Bewegungen deuten auf neue Entwicklungen hin. Frank verweist hier auf die Rolle der katholischen Kirche im polnischen Widerstand und auf die nationalreligiösen Ideen und Bewegungen während der Erhebung gegen das Regime des Schah in Iran. Es ist offensichtlich die Ablösung dieser neuen sozialen Bewegungen von den hergebrachten fundamentaloppositionellen Traditionen, die es schwer macht, ihre Handlungsorientierung analytisch auf die strukturellen Entwicklungen der Weltökonomie zu beziehen und somit ihr Transformationspotential im weltweiten Maßstab zu bestimmen.
Bei Wallerstein liegen die Beziehungen zwischen der Funktion sozialen Handelns und den Strukturen des Weltsystems offener. Soziales Handeln bei ihm resultiert grundsätzlich aus der Strukturorientierung sozialer Institutionen und sozialer Bewegungen. Allein die Funktion der Akteure im Rahmen der Weltökonomie entscheidet über gesellschaftlich relevantes Handeln. Damit begibt sich Wallerstein bei der Beurteilung politischer Aktionen jedoch auf ein gefährliches Gleis. Er muß eine Dichotomie von subjektivem und objektivem Bewußtsein als Voraussetzung politischer Aktion unterstellen. Erst wenn die "sozialen Schleier" gelüftet werden, ist richtiges - nämlich auf die Zyklen und Trends des Weltsystems bezogenes - Handeln möglich. Wallerstein folgt hier, wie schon in seinem Entwurf der Totalität gesellschaftlicher Systeme, dem Altmeister der Bestimmung geschichtlich richtigen Klassenbewußtseins, nämlich Georg Lukács. Neben der Lüftung "sozialer Schleier" bleibt Wallerstein zur Analyse der Herausbildung sozialer Bewegungen nur die Kategorie des Interesses, die notwendig ist, um politisches Handeln zu erklären, aber sicherlich nicht ausreicht.
Das Verdienst Wallersteins liegt in der Bestimmung grundlegender sozialer Institutionen, die im Weltmaßstab als Handlungsträger auftreten: Haushalte, Klassen, Statusgruppen und Staaten. Damit leistet er einen

- wenn auch nicht unbedingt neuen - Beitrag zur grundlegenden Systematisierung von Fragestellungen im Bereich vergleichender Sozialwissenschaft. Abgesehen von dem spezifischen Problem der Entstehung des Kapitalismus und seiner Definition öffnet die Weltsystemtheorie damit eine Perspektive sozialwissenschaftlicher Forschung, die besonders bei makrosoziologischen Untersuchungen von gesellschaftlicher Entwicklung bisher weitgehend ausgeblendet worden ist. Die Interdependenz der zentralen Handlungsträger im Weltmaßstab und der instrumentale Charakter von Staatsapparaten - wahrscheinlich weniger für die Funktionen des Weltsystems als für die sozial agierenden Einheiten - sind Größen, die auch Gegner der Weltsystemtheorie nicht mehr außer acht lassen können. Ob jedoch das Weltsystem sowie politisches und kulturelles Handeln nur durch die ökonomistische Brille gesehen werden können, ist fraglich. Denn die schon von Worsley ins Feld geführte zentrale Bedeutung des Ost-West-Konflikts, die regionalen Zusammenschlüsse von Staaten aufgrund kulturell-politischer Gemeinsamkeiten und ideologische Hegemonien tragen sicherlich genauso zu internationalen Konflikten bei, wie Krisen im sozio-ökonomischen Zyklus oder breite Erfolge fundamentaloppositioneller Bewegungen. Auch die von Wallerstein nur im Nebensatz angesprochene Frage von Krieg und Ökonomie hat sicherlich eine komplexere Funktion, als aus dem Zusammenhang der Wallersteinschen Argumentation deutlich wird.
Reicht also Wallersteins Weltsystementwurf wirklich zur Erklärung sozialen Wandels und zum Entwurf einer politischen Futurologie aus? Das Weltsystemkonzept zwängt die Probleme einzelner sozialer Formationen in ein Korsett, das zwar eine gewisse Eleganz nicht vermissen läßt, jedoch auch regionale Besonderheiten zur Seite drängt, die für Reproduktions- und Herrschaftsbedingungen, für die Konstitution sozialer Bewegungen und für ein Verständnis konkreter Entwicklungswege sicherlich erforderlich wären. Wallerstein sieht zum Beispiel sehr richtig die Dominanz von Ideen der Herrschenden und die Bedeutung von Ideenwelten für politische Bewegungen, wenn er auch diese jedoch wieder im Weltmaßstab ansiedelt, dann gerät ihm die Vielfalt dieser Vorstellungen, ihre regional und historisch unterschiedliche Ausprägung, aus dem Blick. Doch erst wenn konkrete Interessen durch Ideen kollektiv interpretierbar werden, können soziale Bewegungen entstehen. Nicht die Objektivierung bestimmter, hinter dem Rücken der Beteiligten schon vorgegebener historischer Abläufe bestimmt soziales Handeln, sondern die konkrete Wahlverwandtschaft von Interesse und Weltbild in einem historischen Augenblick.
Um Wallersteins Modell in sozialwissenschaftlichen Untersuchungen einzubringen, und so die vorgegebenen staatlichen und herrschaftlichen Einrichtungen - zumal den Nationalstaat - gerade nicht als analytisches Apriori zu setzen, gibt es wahrscheinlich nur einen Ausweg: sich mit soziologischer Phantasie in den Interessenzusammenhang des Untersuchungsfeldes einzubinden. Erst so ist es möglich, sich in die

vielschichtige kooperative Dynamik von Haushalten, Statusgruppen und sozialen Klassen hineinzudenken. Und erst aus einer solchen Perspektive - ergänzt und "objektiviert" durch eine komparatistische, die Zyklen der Weltökonomie berücksichtigende Untersuchung der Rahmenbedingungen - ließe sich ein sozialwissenschaftliches Programm formulieren, das die Realität begreift, ohne in der Konkretion die historischen und globalen Zusammenhänge zu verlieren.

ANMERKUNGEN

1) Die Zeitschrift "Review", das Jahrbuch "Political Economy of the World-System Annuals" und die Schriftenreihe "Studies in Modern Capitalism".

2) Siehe die Arbeiten Franks und Amins im Literaturverzeichnis. Eine gute Einführung in den Gesamtzusammenhang der Debatte bietet Dieter Senghaas (1979). Sehr früh hat Ekkehart Krippendorff (1975) eine Einführung in die internationalen Beziehungen veröffentlicht, deren zentrale Argumentation eine stärkere Orientierung auf die Herausbildung eines kapitalistischen Weltsystems zum Inhalt hatte.

3) Zur Diskussion um die zyklische Entwicklung der Weltwirtschaft siehe besonders die Beiträge in dem von Folker Fröbel et al. (1981) herausgegebenen Band sowie die Sondernummer der Zeitschrift Review II, 4 (1979).

4) Als Beitrag zu dieser Debatte siehe Jan-Heeren Grevemeyer (1981).

5) Es ist sicherlich nicht sehr sinnvoll, weiterhin einen Gegensatz zwischen Marx und Weber in einer Weise zu konstruieren, wie es noch A.G. Frank (1975) vorgeführt hat. Der mögliche Beitrag der theoretischen Arbeiten Max Webers zur Weltsystemdebatte wird in einem gerade erschienenen Aufsatz von Günther Roth (1981) hervorgehoben.

6) Die Ausführungen von Karl Marx zur historischen Rolle des Kaufmannskapitals (1894) sind ein gutes Beispiel für eine stringente, aber undogmatische Darstellung des Transformationsproblems; siehe auch Friedrich Engels (1895/96). Eine überblicksartige Darstellung der Transformationsphase bietet Peter Kriedte (1980).

7) Zu Brenner siehe die Auseinandersetzung um seinen Artikel "Agrarian Class Structure and Economic Development in Preindustrial Europe" (1976) und die darauf folgende Auseinandersetzung in der Zeitschrift "Past & Present" sowie seinen Beitrag in der Zeitschrift "New Left Review" (1977). Siehe auch die Aufsätze in "Sozialwissenschaftliche Informationen für Unterricht und Studium" 8/3 (Juli 1979).

8) Als Einführung in die Probleme der Analyse von Bauerngesellschaften siehe neben dem Klassiker von Eric Wolf (1966) und dem Reader von Teodor Shanin (1971) die kurze Einführung von Greussing und Grevemeyer (1977); zur Literaturauswahl siehe den Anhang zu dem Band von Winfried Schulze (1980).

9) Eine eher "marxologische" Analyse des Verhältnisses von nationalstaatlicher Entwicklung und Herausbildung eines kapitalistischen Weltsystems gibt Tilla Siegel (1980).

LITERATUR

Amin, Samir: 1970,
L'Accumulation à l'échelle mondiale. Paris.

Amin, Samir: 1975,
Die ungleiche Entwicklung. Essay über die Gesellschaftsformationen des peripheren Kapitalismus. Hamburg.

Anderson, Perry: 1974,
Lineages of the Absolutist State. London.

Brenner, Robert: 1976,
Agrarian Class Structure and Economic Development in PreIndustrial Europe, in: Past & Present 70, 30-75.

Brenner, Robert: 1977,
The Origins of Capitalist Development: a Critique of Neo-Smithian Marxism, in: New Left Review 104, 25-92.

Engels, Friedrich: 1895/96,
Ergänzung und Nachtrag zum III. Buche des "Kapital", in: MEW 25 (1968), 895-919.

Frank, Andre Gunder: 1975,
Development and Underdevelopment in the New World: Smith and Marx vs. the Weberians, in: Theory and Society 2, 431-466.

Frank, Andre Gunder: 1980,
Abhängige Akkumulation und Unterentwicklung. Frankfurt/M.

Fröbel, Folker/Heinrichs, Jürgen/Kreye, Otto (Hg.): 1981,
Krisen in der kapitalistischen Weltökonomie. Reinbek.

Giddens, Anthony: 1973,
Marx, Weber und die Entwicklung des Kapitalismus, in: Seyfarth, Constans/Sprondel, Walter M., Seminar: Religion und gesellschaftliche Entwicklung. Studien zur Protestantismus-Kapitalismus-These Max Webers. Frankfurt/M., 65-96.

Greussing, Kurt/Grevemeyer, Jan-Heeren: 1977,
Peasant society: Organisation - Krise - Widerstand, in: mardom nameh - Hefte zur Geschichte und Gesellschaft des Mittleren Orients 3, 86-111.

Grevemeyer, Jan-Heeren (Hg.): 1981,
Traditionale Gesellschaften und europäischer Kapitalismus. Frankfurt/M.

Kriedte, Peter: 1980,
Spätfeudalismus und Handelskapital. Grundlinien der europäischen Wirtschaftsgeschichte vom 16. bis zum Ausgang des 18. Jahrhunderts. Göttingen.

Marx, Karl: 1894,
Geschichtliches über das Kaufmannskapital. Das Kapital, dritter Band, zwanzigstes Kapitel,in: MEW 25 (1968), 335-349.

Roth, Günther: 1981,
Geist des Kapitalismus und kapitalistische Weltwirtschaft. Zu neuen Interpretationen des siebzehnten Jahrhunderts, in: KZSS 33/4, 735-751.

Schulze, Winfried: 1980,
Bäuerlicher Widerstand und feudale Herrschaft in der frühen Neuzeit. Stuttgart.
Senghaas, Dieter (Hg.): 1979,
Kapitalistische Weltökonomie. Kontroversen über ihren Ursprung und ihre Entwicklungsdynamik. Frankfurt/M.
Senghaas, Dieter: 1981,
Probleme autozentrierter Entwicklung - Gibt es eine entwicklungspolitische Alternative für die Dritte Welt?, in: Berliner Institut für Vergleichende Sozialforschung (Hg.), Bruchstellen. Industrialisierung und Planung in der Dritten Welt. Frankfurt/M., 147-171.
Shanin, Teodor (Hg.): 1971,
Peasants and Peasant Societies. Harmondsworth.
Siegel, Tilla: 1980,
Kapitalismus als Weltsystem. Frankfurt/M.
Skocpol, Theda: 1979,
States and Social Revolutions. A Comparative Analysis of France, Russia and China. London.
Sweezy, Paul/et al.: 1978,
Der Übergang vom Feudalismus zum Kapitalismus. Mit einer Einführung und einem Postskript von Rodney Hilton. Frankfurt/M.
Wallerstein, Immanuel: 1974,
The Modern World-System. Capitalist Agriculture and the Origins of the European World-Economy in the Sixteenth Century. London.
Wallerstein, Immanuel: 1974b,
Trends in World Capitalism, in: Monthly Review 26/1, 12-18.
Wallerstein, Immanuel: 1980,
The Modern World-System II. Mercantilism and the Consolidation of the European World-Economy, 1600-1750. London.
Weber, Max: 1969,
Die protestantische Ethik I. Eine Aufsatzsammlung. München.
Wolf, Eric R.: 1966,
Peasants. Englewood Cliffs, N.J.

Drei Welten oder eine?
– Eine Kritik der Weltsystemtheorie

Peter Worsley

Unser Denken über den Entwicklungsprozeß hat sich in den vergangenen Jahren durch die Herausbildung einer Weltsystemtheorie, besonders in den Schriften von Andre Gunder Frank, Immanuel Wallerstein und Samir Amin, grundlegend geändert. Es sind die Gedanken der ersten beiden, und in erster Linie die Wallersteins, die mich hier beschäftigen. Wir alle verdanken ihnen sehr viel, nicht allein wegen der klaren Darlegung ihres theoretischen Gerüsts, sondern ebenso wegen ihrer seriösen Aufarbeitung des historischen Materials. Um zu sehen, welchen Fortschritt ihr Werk in bezug auf theoretische Genauigkeit und empirische Forschung bedeutet, vergleiche man zum Beispiel nur mein "impressionistisches" Bild von der "Entstehung der Welt", wie ich es im ersten Kapitel meines Buches "The Third World" im Jahre 1964 gezeichnet habe (Worsley: 1964).
Weltsystemtheorie wurde anfänglich als Reaktion auf "dualistische" Konzepte entwickelt, die die Grundlage für die meisten entwicklungstheoretischen Ansätze der Nachkriegsperiode gebildet hatten. Die wichtigste theoretische Formulierung dieses dualistischen Ansatzes war Arthur Lewis' "Theorie des ökonomischen Wachstums" (1955), wofür er den Nobelpreis erhielt. Betrachtet man aber den Einfluß auf die praktische Politik, so war die Wirtschaftskommission für Lateinamerika (ECLA) viel erfolgreicher als Lewis mit seinen glücklosen Planungsaktivitäten in Afrika und anderswo. Die grundlegende Annahme dieser Theorie bestand darin, daß die ökonomischen Systeme der rückständigen Länder in einen modernen und einen traditionellen Sektor unterteilt werden können. Die Aufgabe der "Modernisierung" bestehe nun darin, die Ressourcen vom letzteren zum ersten zu verschieben; die entsprechende Strategie setzte auf Importsubstitution.
Die folgende Debatte war voll politischer Brisanz. Der Gegenstoß der Weltsystemtheoretiker richtete sich nicht nur gegen die Befürworter einer solchen kapitalistischen Modernisierung, sondern auch gegen eine andere Spielart der Dualisten, nämlich die kommunistischen Parteien. Denn diese befürworteten eine Politik der Allianz mit den "nationalen" Bourgeoisien, die sich sowohl gegen die reaktionäre, vermeintlich "feudale", einheimische Landbesitzeroligarchie als auch gegen deren neue Helfershelfer, die ausländischen multinationalen Konzerne, wenden sollte. Gegen beide – die ECLA und die Kommunisten – argumentierte die Weltsystemkritik, die beiden Sektoren existierten nicht getrennt voneinander, sondern seien lediglich Teil eines größeren Ganzen: des kapitalistischen Weltsystems. Entsprechend

seien die Grundbesitzer nicht "Feudalherren", sondern eine agrarexportierende Bourgeoisie, und dies schon seit Jahrhunderten. Genausowenig sei die industrielle Bourgeoisie noch irgendwie "national" oder progressiv: Sie würde sich niemals prinzipiell gegen das Auslandskapital stellen, weil sie selber nur der Juniorpartner in einer Allianz mit den ausländischen, multinationalen Konzernen sei. Diese beiden kontrollierten den Staat, der als Brücke zwischen ausländischem und einheimischem Kapital fungiere, Kapital mobilisiere und die Arbeiter beherrsche. In dieser Allianz hätten die multinationalen Konzerne ein starkes Übergewicht. Unter ihrer Ägide sei der industrielle Sektor - da kapitalintensiv - nicht in der Lage, die wachsende Bevölkerung zu absorbieren, die vor allem durch die kapitalistische Durchdringung der Landwirtschaft aus den ländlichen Gebieten vertrieben werde. Wer Beschäftigung finde, werde einer immer intensiveren Ausbeutung unterworfen, während die, die Widerstand leisteten, damit rechnen könnten, daß gegen sie die äußerste Form von Repression eingesetzt werde - der staatliche Terror (vgl. O'Brien: 1975; Booth: 1975).
In größeren historischen Dimensionen arbeiteten Weltsystemtheoretiker detaillierte Analysen jenes Prozesses aus, in dem sich der Kapitalismus über die Welt verbreitet hatte: sein Wachstum und seine Reife in Europa und seine anschließende Expansion nach außen. Ab dem 16. Jahrhundert sei die Welt zu einem "System" geworden. Was von da an in den peruanischen und mexikanischen Silberminen, im indischen Textilgewerbe oder in den südafrikanischen Goldminen geschehen sei, habe unmittelbare und schicksalhafte Folgen für Madrid und Lancashire, für Polen und Portugal gehabt - und umgekehrt: Ganze Staatsgebilde wurden zerstört, andere begründet; alte politische Gemeinwesen verschmolzen miteinander, auch ihre Wirtschaftssysteme wurden umgeformt. Burma wurde, nach einem Schlagwort von Furnivall, eine "Fabrik ohne Schornstein", Java ein "gewaltiges Kaffeefeld" (Panikkar: 1954, 88), Ägypten eine Baumwollplantage.
So bestechend wirkte dieses Modell, vor allem, da seine Prophezeiungen von den Ereignissen bestätigt zu werden schienen, daß es schließlich das Denken einer ganzen Generation beherrschte, die eine intellektuelle Alternative zu den damals vorherrschenden - vor allem in den USA entwickelten - funktionalistischen, diffusionistischen und evolutionistischen Schulen der Modernisierungstheorie und außerdem eine politische Alternative zu den kapitalistischen Wachstumsstrategien beziehungszweise zum kommunistischen Dogma suchte. Der entsprechende Wendepunkt, den Foster-Carter als "klassischen Paradigmenwechsel" bezeichnete, war die vernichtende Kritik in Franks 1967 erschienener "Sociology of Development and the Underdevelopment of Sociology".
Es ergab sich zwar die Frage, wie man von einem kapitalistischen Weltsystem sprechen könne, wenn die Expansion Europas erst im 16. Jahrhundert begonnen habe und bis zum 19. Jahrhundert noch nicht endgültig abgeschlossen gewesen sei. Darauf antwortete Wallerstein,

daß ein "Weltsystem" durchaus nicht weltweit sein, sondern daß es lediglich auf einer Ebene, die "größer als jede juristisch definierte politische Einheit" ist, funktionieren müsse (Wallerstein: 1974, 15). Im ersten Band seines auf vier Bände angelegten "Modernen Weltsystems" unternahm er es, die Entstehung und die Weiterentwicklung des Kapitalismus im Zentrum dieses Systems, nämlich in Westeuropa, und die folgende Ausdehnung seiner Handelsbeziehungen über die ganze Welt während der merkantilistischen Phase im 16. Jahrhundert nachzuzeichnen.

Andere wieder hatten Schwierigkeiten mit der Vorstellung, die Welt sei so früh schon kapitalistisch geworden. Sie verwiesen auf das Weiterbestehen vorkapitalistischer Verhältnisse in den Kolonialgebieten und kritisierten den Gebrauch des Wortes "kapitalistisch" zur Beschreibung eines Sachverhaltes, den andere einfach "Handel" genannt hätten. Die Kolonien erschienen ihnen weder hinsichtlich ihrer Produktionsweise noch ihres politischen Systems besonders kapitalistisch. Und angesichts der heute bestehenden Verhältnisse schien ihnen die Idee von einem einzigen Weltsystem - die ich mit dem Kürzel "monistisch" bezeichnen möchte - nur schwer vereinbar mit der Vorstellung, daß es nicht nur eine, sondern drei - oder vier - Welten gibt.

Wenn diese Leute deshalb gefragt wurden, wie diese verschiedenen Modelle in Einklang zu bringen seien, waren sie meist überrascht. Bis vor kurzem wurde diese Frage auch gar nicht sehr oft gestellt. Die meisten von uns arbeiteten nicht nur gleichzeitig sowohl mit dem monistischen als auch dem "pluralistischen" Modell, sondern sogar mit verschiedenen Versionen des pluralistischen Modells. Ich möchte hier nachweisen, daß dies ein durchaus vertretbares heuristisches Verfahren ist - und nicht bloßer Eklektizismus oder konfuser Empirizismus -, und daß es eine sehr viel adäquatere Antwort auf die Komplexität der realen Welt liefert als die Weltsystemtheorie. Wie Foster-Carter jedoch habe ich keinerlei Bedürfnis, mich auf "sektiererische" Denunziationen der Weltsystemtheoretiker einzulassen, vor allem weil ich mit ihnen bestimmte grundlegende Annahmen teile: Alle Länder sind heute Teil einer internationalen Weltordnung, in der eine Handvoll von ihnen, mit ihrer frühen Industrialisierung, die Fähigkeit besitzt, die übrigen "abhängig" zu halten.

Die Weltsystemtheoretiker selber bestehen ebenfalls nicht einfach darauf, daß es ein Weltsystem "tout court" gebe. Aber sie gehen von der Annahme aus, daß die Welt den einzig sinnvollen Rahmen darstellt, innerhalb dessen die Geschichte eines einzelnen Landes oder einer Gruppe verstanden werden kann. Was ein System von einer bloßen Ansammlung oder Anhäufung unterscheidet - so auch schon H. Spencers klassische Beobachtung im 19. Jahrhundert - ist nicht die einfache Tatsache, daß es aus einzelnen Teilen besteht, sondern daß die Beziehungen zwischen diesen Teilen selbst wiederum solcherart systematisch sind, daß Veränderungen in einem Teil Auswirkungen auf die anderen Teile des Systems haben. (Wir werden später die Frage

nach dem Grad der Systemgebundenheit oder, anders ausgedrückt, nach dem Grad der Autonomie der einzelnen Teile aufnehmen.)
Somit müssen wir nach Meinung der Systemtheoretiker die Vorstellung aufgeben, die Welt sei aus vielen Nationalstaaten zusammengesetzt, jeder mit "einem zeitlich parallelen, aber separaten Geschichtsablauf"; "Gesellschaften" sind vielmehr nur "Teile eines Ganzen und spiegeln das Ganze wider". Und dieses Ganze - "ein einziges kapitalistisches Wirtschaftssystem mit verschiedenen Sektoren, die verschiedene Funktionen erfüllen" - muß als grundlegender logischer und historisch-soziologischer Rahmen benutzt werden, in dem die "Gesellschaft" dann angesiedelt werden kann. "Ein Staat", beobachtet Wallerstein richtig, "hat genausowenig eine eigene Produktionsweise wie eine Firma. Das Konzept 'Produktionsweise' beschreibt eine Ökonomie, deren Grenzen ... eine empirische Frage sind" (Wallerstein: 1979, 220). Im Falle der kapitalistischen Produktionsweise sind die Grenzen weltweit. "Um den internen Klassenwiderspruch und die politischen Auseinandersetzungen eines einzelnen Staates zu verstehen, müssen wir ihn zunächst in die Weltökonomie einordnen." Und diese Ökonomie ist "eine einzige kapitalistische Weltökonomie, die historisch im 16. Jahrhundert entstanden ist und noch heute existiert" (Wallerstein: 1979, 53, 68).
Die Zentrumsländer sind jene, denen es anfangs gelang, "eine komplexe Bandbreite von ökonomischen Aktivitäten - Industrieproduktion für den Massenbedarf ..., internationalen und lokalen Handel in den Händen einer einheimischen Bourgeoisie und relativ fortgeschrittene Formen der Landwirtschaft ... mit einem hohen Anteil von Land im Besitz von unabhängigen Kleinbauern -" zu entwickeln. Die peripheren Länder hingegen wurden ökonomisch zu Monokulturen, spezialisiert auf einzelne landwirtschaftliche Exportprodukte, die mittels Zwangsarbeit hergestellt wurden. Schließlich gibt es die semiperipheren Länder, die sich durch einen Verfall ihrer Industrie und den Verlust ihres früheren Status als Zentrum zurückentwickelten. In peripheren und semiperipheren Ländern bewegen sich die Formen der Arbeit typischerweise zwischen "der Freiheit des Pachtsystems und dem Zwang von Sklaverei und Leibeigenschaft ..., in den meisten Fällen (ist es) Teilpachtwirtschaft" (Wallerstein: 1979, 38).
Nun akzeptieren auch Pluralisten, daß die drei oder mehr Welten, die sie identifizieren, ökonomisch, politisch oder kulturell nicht voneinander abgeschottet, sondern Teil einer übergreifenden Weltordnung sind. Aber diese Weltordnung ist keine kapitalistische. Sie enthält nur einen kapitalistischen Sektor, der allerdings der mächtigste ist. Innerhalb dieses kapitalistischen Sektors gibt es zwei verschiedene Untersektoren: den entwickelten, bestehend aus den Industrieländern, und den abhängigen, bestehend aus den Agrarländern. Aber die "Welt" ist nicht mehr nur eine kapitalistische Welt, gleichgültig, ob dies in der Vergangenheit der Fall war oder nicht. Vielmehr hat die kapitalistische "Welt" eine bedeutende Systemalternative und einen Rivalen bekommen, den

Kommunismus. Deshalb ist das System als Ganzes weder kapitalistisch noch kommunistisch, sondern ein System von Gegensätzen, das auf zwei bedeutenden Polen basiert: entwickelt/unterentwickelt, kapitalistisch/kommunistisch. Die Welt wird durch die Allianzen und Antagonismen zwischen diesen Ländergruppen bestimmt. Jede Gruppe kennt als ihre wichtigste Einheit "das Land" (den Nationalstaat), obwohl jedes Land noch einmal durch die mächtigsten Mitglieder seiner Gruppe, die Supermächte, besonders beeinflußt wird und obwohl es wegen der ungleichen Entwicklung seiner Teilgebiete intern auch nicht homogen ist. Daher münden diese sich überschneidenden Gegensatzpaare logischerweise in vier Abteilungen - vier "Welten", nicht drei. Ein Großteil der Konfusion in der Literatur kommt vom Versuch, diese vier Ländertypen in drei Abteilungen zu pressen, oder von der nicht minder irreführenden Methode, die Länder lediglich "linear" - nach den Indikatoren ihres Entwicklungsstandes - aufzulisten (vgl. Worsley: 1979).
Für die Weltsystemtheorie gibt es nur eine einzige Welt, die aus drei Bestandteilen gebildet ist (die wiederum total verschieden von den drei vorher diskutierten "Welten" sind): Zentrumsländer, periphere und semiperiphere Länder. Kommunistische Gesellschaften unterscheiden sich in diesem Modell nicht grundsätzlich von kapitalistischen, obwohl sie durchaus eigene Merkmale haben, durch die sie sich von den kapitalistischen Ländern absetzen. In diesem Modell ist also die kommunistische "Welt" keine einheitliche Größe, sondern ihre Einzelländer werden je nachdem als Zentrum, Peripherie oder Semiperipherie behandelt.

DIE ENTWICKLUNG DES WELTSYSTEMS

Differenzen zwischen Monisten und Pluralisten entstehen nun auf allen Ebenen und an allen Punkten: über die Konzeptualisierung des Ganzen und seiner Teile, über die Natur der Beziehung zwischen den Teilen und dem Ganzen.
Der zentrale Streitpunkt ist die Annahme der Monisten, daß das Weltsystem ein kapitalistisches Weltsystem ist. Nun, auch ich akzeptiere, daß die Welt in der Tat erst während jener Zeit, die mit der europäischen merkantilistischen Expansion begann und mit dem modernen Imperialismus endet, zu einem einzigen sozialen System wurde. Doch tat sie dies nach meiner Ansicht als ein System, in dem die Produktion für den Markt auf der Basis von nichtkapitalistischen Verhältnissen geschah. Denn der merkantilistische Kolonialismus zeichnete sich durch die Errichtung einer Produktionsweise aus, in der Formen von Zwangsarbeit weiterbestanden oder neu eingeführt wurden. Diese wiederum waren von direkter Gewaltanwendung und insbesondere von der Staatsmacht abhängig, die sowohl in den Aufbau als auch in die Weiterentwicklung der Wirtschaft eingriff.

Ich hätte dies gerne die "koloniale" Produktionsweise genannt, wäre dieser Begriff nicht schon von Alavi (1975) eingeführt und in einem anderen Sinne benutzt worden: Alavi nennt die anfängliche "politische" Phase des Kolonialismus, die ich beschreibe, "vorkapitalistisch". Da dies eine negative oder residuale Kategorie ist - und um Verwirrung zu vermeiden -, will ich sie lieber "merkantilistisch" nennen. Diese merkantilistische Produktionsweise ist später durch einen abhängigen Kapitalismus, den Alavi als "koloniale" Produktionsweise bezeichnet, abgelöst worden - zu unterschiedlichen Zeiten, die vom späten 17. Jahrhundert für Indien bis zur Unabhängigkeitsperiode für Lateinamerika am Anfang des 19. Jahrhunderts reichten. In seiner Diskussion zu Indien zeigt Alavi sehr klar die zentrale Bedeutung des außerökonomischen (politischen) Zwanges zur Arbeit in der "merkantilistischen" Phase: "Der Grundherr wurde zum Grundeigentümer", und die Fügsamkeit der Produzenten wurde durch einen Diener der Ostindischen Kompanie sichergestellt. "Damit das geschah, versah der Wachmann seinen Dienst mit einem Rohrstock in der Hand, den er auch zu gebrauchen pflegte" (Alavi: 1981, 185).
Panikkar zeichnete vor 25 Jahren ein ähnliches Bild von Java: "Es war eine stille, aber weitreichende Revolution, die durch das Plantagensystem eingeleitet wurde. ... Früher waren die Holländer nur Kaufleute gewesen, die Gewürze und Reis erwarben ... und sie mit Gewinn verkauften. Zwar benutzten sie ihre Macht, um ein Monopol zu errichten, aber darüberhinaus störten diese Handelsaktivitäten nicht das Leben der Bevölkerung. Doch der Wechsel zu einer Plantagenökonomie bedeutete die wirkliche Ausbeutung der Arbeit, eine Kontrolle der Wirtschaftstätigkeit der Bevölkerung und eine effektive Beaufsichtigung ... - faktisch eine 'Gutsverwaltung' für ein ganzes Land. Die Insel Java wurde eine einzige Plantage der Holländischen Vereinigten Ostindien-Kompanie. ... Die Beziehungen zwischem dem Souverän (der Kompanie; d.Verf.) und seinen Untertanen waren im Grunde die zwischen Pflanzer und Kuli, in denen der erstere nicht nur Arbeitgeber war, sondern auch Richter über Leben und Tod. Ein ganzes Volk wurde durch die Ausübung unumschränkter Gewalt in eine Nation von Plantagen-Kulis verwandelt, wobei ihre eigene alte Aristokratie auf die Position des Vorarbeiters und Oberaufsehers reduziert wurde" (Panikkar: 1954, 88).
Nach dieser Anfangsperiode der kolonialen Transformation durch die Ausübung direkter politischer Macht, etwa durch die Ostindische Kompanie, stimulierte die Industrielle Revolution in Europa eine zweite Stufe der Transformation in den Kolonien. "Der Bauer war nicht länger zu Feudalabgaben verpflichtet, er war 'frei' - frei, für den Grundbesitzer zu arbeiten oder zu verhungern" (Alavi: 1981, 175). Seit dem späten 18. Jahrhundert wurden die politischen Zwänge der merkantilistischen Phase also durch die "Freiheit" der Enteigneten - d.h. durch kapitalistische Verhältnisse - ersetzt. Nichtsdestoweniger war die neue Phase des Kapitalismus immer noch "kolonial", betont Alavi, denn "die

koloniale Ökonomie wird erst durch das imperialistische Zentrum vervollständigt." Das aber führt zu ihrer fortschreitenden "Verzerrung", da "Mehrwert nur durch imperialistische Kapitalakkumulation und mit ihrer Hilfe realisiert wird" (Alavi: 1975, 192).
Heute können die abhängigen Ökonomien, die ursprünglich durch politische Gewalt gebildet worden sind, entsprechend der Logik des kapitalistischen Weltmarkts operieren, weil sie in ihrer inneren Verfassung kapitalistisch geworden sind, und nicht nur weil sie auf einen kapitalistischen Weltmarkt orientiert sind. Doch politische Gewalt ist immer noch nötig, weil die Dichotomie zwischen dem Kapitalismus im Zentrum und jenem an der Peripherie neue Widersprüche hervorbringt. Der erste Widerspruch resultiert daraus, daß die Welt durch den Imperialismus nicht einfach vereinheitlicht wurde. Denn gleichzeitig wurde sie zwischen verschiedenen imperialistischen Großmächten aufgeteilt. Der zweite Widerspruch bestand im Widerstand und im Gegenangriff, der in den kolonisierten Ländern provoziert wurde. Und der dritte war die entscheidende Zäsur in einem kapitalistischen Weltsystem, das sich erst kurze Zeit etabliert gehabt hatte: die bolschewistische Machtübernahme im Jahre 1917.
Trotz zunehmender Differenzen zwischen den sozialistischen Staaten ist heute der "prinzipielle Widerspruch", der sich seit damals entwickelt hat, immer noch die Polarisierung der Welt zwischen zwei unterschiedlichen Gesellschaftssystemen, dem kapitalistischen und dem sozialistischen. Weltsystemtheoretiker jedoch betrachten diesen Unterschied als nebensächlich, wenn nicht gar als fiktiv. Für sie sind die grundlegenden Trennlinien die zwischen Zentrum, Peripherie und Semiperipherie. Doch meiner Meinung nach ignoriert dies einfach die qualitativen Differenzen zwischen Kapitalismus und Sozialismus - nicht nur bezüglich ihrer Wirtschaftsorganisation, sondern auch bezüglich der Eigenheiten im politischen und kulturellen Leben dieser Gesellschaften.
Solche Differenzen zwischen Gesellschaftssystemen abzuwerten ist nicht nur für Weltsystemtheoretiker typisch. Auch verschiedene nichtmarxistische "Dritt-Weltler", geleitet vom Motto "Hol sie beide der Teufel" - sehr explizit und militant wurde dies während der Bandung-Ära der "Blockfreiheit" zum Ausdruck gebracht -, vergleichen die Rückständigkeit ihrer Länder mit dem technologischen und ökonomischen Niveau, das in beiden, den kapitalistische und den kommunistischen industrialisierten Gesellschaften besteht.
Wallerstein zufolge besitzt die Sowjetunion ein Produktionssystem, in dem "Privateigentum unbedeutend ist" (Wallerstein: 1979, 34) - eine negative Formulierung, die er anderswo positiver wendet: Der kommunistische Staat sei vor allem eine "kollektive kapitalistische Firma, solange sie am kapitalistischen Weltmarkt teilnimmt" (Wallerstein: 1979, 68f.). Da es im globalen Maßstab nur ein einziges Weltsystem geben kann - und dies von seinen Existenzbedingungen her ein kapitalistisches ist -, "gibt es heute keine sozialistischen Systeme in der Welt-

wirtschaft"; die UdSSR sei lediglich eine "Zentrumsmacht in einer kapitalistischen Weltwirtschaft" (Wallerstein: 1979, 35, 33).
Dieses Problem, das für mich gerade die zentrale Spaltung in der Welt markiert, wird bei Wallerstein unter der methodologischen Annahme behandelt, Kapitalismus sei ein System, in dem "Produktion für den Austausch geschieht, d.h. Produktion, die durch ihre Profitabilität auf dem Markt bestimmt ist" (Wallerstein: 1979, 159). An anderer Stelle allerdings charakterisiert Wallerstein den Kapitalismus nicht mit Begriffen, die sich auf Tauschverhältnisse beziehen, sondern als ein System, das auf "endlose Akkumulation" orientiert ist. Es sei "die einzige Produktionsweise, in der sich die Maximierung von Mehrwertschöpfung per se lohnt" (Wallerstein: 1979, 272, 285). Nach meiner Ansicht lokalisiert Wallerstein die bestimmenden Eigenschaften des Kapitalismus fälschlicherweise in der Tauschsphäre und nicht in den Beziehungen, die in der Warenproduktion herrschen: also im Handel statt in der Produktion. In dieser Richtung ist Wallerstein zuerst von Ernesto Laclau (1971) und Robert Brenner (1977) kritisiert worden. Beiden bin ich in meiner folgenden Argumentation verpflichtet.
Ein kapitalistisches System ist für Wallerstein vor allem eines, in dem die Produzenten weniger erhalten, als sie produzieren. Sie sind dann alle "objektiv Proletarier", sogar die Bauern: "Afrikaner, die in der Landwirtschaft in ländlichen Gebieten arbeiten, sollte man als 'Bauern' ansehen, die Mitglieder der 'Arbeiterklasse' sind, d.h. die ihre Arbeitskraft verkaufen, selbst wenn sie technisch gesehen selbständige Bauern sind, die für den Export produzieren" (Wallerstein: 1979, 176). Auch Sklaven sind "Proletarier". Im wörtlichen, etymologischen Sinn sind Proletarier diejenigen, die nichts anderes haben als ihre Kinder. Historisch waren sie nicht einmal unbedingt in den Arbeitsprozeß eingegliedert, sondern wurden durch staatliche Almosen - Brot und Spiele - unterstützt. Aber der Begriff wurde schließlich für jene benutzt, die produzieren (arbeiten), aber keine Produktionsmittel besitzen. Weil sie für diejenigen arbeiten, die über diese Mittel verfügen, "erhalten sie nur einen Teil des Wertes, den sie für andere geschaffen haben". Natürlich gibt es Unterschiede im erhaltenen Betrag und in den Formen, in denen das Mehrprodukt abgeschöpft wird. In diesem Sinne meint "Proletarier" einfach alle ausgebeuteten Produzenten. Wallerstein unterscheidet acht Arten von Proletariern - nur eine von ihnen trifft sich mit dem klassischen Modell -, und er führt zum Beispiel den Lohnarbeiter, den "Kleinproduzenten" (oder "Mittelbauern"), den Pächter, den Teilpächter, den Tagelöhner und den Sklaven auf.
Statt das Phänomen der Ausbeutung zu "klären" (Wallerstein: 1979, 290), wird das, was er als die "großen Differenzen zwischen den verschiedenen Formen der Arbeit" anerkennt - die Formen sozialer Kontrolle, die legitimierenden Ideologien, das Maß der Gewaltanwendung etc. -, auf den kleinsten gemeinsamen Nenner reduziert: Ausbeutung allgemein. Das wäre dasselbe, als wenn man auf der Ebene von Gesellschaftssystemen Kapitalismus, Feudalismus, Sklavenhalter-

gesellschaft usw. einfach als Varianten einer Klassengesellschaft begreifen würde. Unzweifelhaft sind sie es. Aber die analytischen Probleme, denen wir gegenüberstehen, zwingen uns, über diese Abstraktionsstufe hinaus auf die spezifischen und jeweils typischen Merkmale von sozialen Beziehungen und Institutionen einzugehen.
Letztlich betrachte ich dieses Modell als überdeterministisch. Es betont ganz richtig die eindrucksvolle historische Macht des Kapitalismus, der alle vorher existierenden politischen und ökonomischen Konkurrenten beseitigte. Aber auf der Ebene des Begriffs verläßt sich das Modell auf die "teleologische Annahme ..., daß die Dinge an einem bestimmten Punkt und zu einer bestimmten Zeit einen ganz bestimmten Verlauf nehmen müssen, um einen späteren Stand der Entwicklung herbeizuführen. ... Das erfordert (Wallersteins) Modell der kapitalistischen Weltwirtschaft und sagt es uns voraus" (Skocpol: 1976, 1088). Und auf der Ebene der Folgen für soziales Handeln liefert es das Bild einer Welt, die so sehr durch den Kapitalismus und besonders die Beherrscher der kapitalistischen Staaten des Zentrums bestimmt ist, daß seine Logik zu Fatalismus und Resignation führen muß. Denn es wird schwierig, irgendetwas in diesem festgefügten System zu finden, das sich möglicherweise aufbrechen läßt. In der Tat würden Bewegungen, die vorgeben, dies zu tun oder es bereits getan zu haben, entweder sich selbst oder ihre Anhänger oder beide zusammen belügen. Aber ich betone "die Logik" des Modells, weil hier glücklicherweise ein Widerspruch besteht: Einerseits reduziert es mit metaphysischem Pathos soziales Handeln auf bloßes Management, andererseits anerkennt es, daß die Teile eines Systems in einer konfliktreichen Beziehung zueinander stehen, daß ausgebeutete Klassen und Länder stets um die Verbesserung ihrer Stellung gegenüber dem Zentrum gekämpft und zu bestimmten Zeiten sogar versucht haben, aus diesem System völlig auszubrechen. Frank und Wallerstein erkennen dies zwar nicht nur an, sie preisen es sogar. Dennoch: Das Modell, das sie benutzen, stimmt nicht mit ihrem politischen Standpunkt überein.
Denn dies ist ein Modell, das die Fähigkeit der herrschenden Klassen, das System - und die in ihm lebenden Menschen - je nach Belieben zu manipulieren, überschätzt, während es das Widerstandspotential gegen Herrschaft zu gering veranschlagt. "Das System" scheint mit Logik, Macht, gleichsam sogar mit einem persönlichen Wesen ausgestattet zu sein - wie es auch in einer anderen bedeutenden Variante marxistischer Systemtheorie, dem Althusserianismus, der Fall ist: Thompson (1978, 193ff.) hat dieser Position die endgültige Abfuhr erteilt. Auch Skocpol (1976, 1088f.) weist darauf hin, daß die Weltsystemtheorie dort, wo der historische Befund das Modell nicht stützt, widersprüchliche Entwicklungen einfach zu systemerhaltenden Faktoren oder zu ad-hoc-Reparaturen erklärt. Dabei sei lediglich eine inadäquate, veraltete theoretische Kategorie (d.h. "System" in seiner funktionalistischen Bedeutung) ersetzt worden - indem "Weltsystem" an die Stelle von "nationalem System" getreten sei.

Nun, Systeme treffen keine Entscheidungen - nur ihre herrschenden Klassen tun es. Sie versuchen, das System für ihre eigenen Interessen einzuspannen. Dabei haben sie insgesamt gesehen Erfolg - per definitionem, denn sonst könnten sie nicht fortfahren zu herrschen. Aber die Beherrschten versuchen ebenfalls, ihre Interessen durchzusetzen. Solche Modelle unterschätzen deswegen das praktische Handeln, besonders den Widerstand gegen Herrschaft. Im kolonialen Kontext unterschätzen sie auch die Rolle der "Kollaborateure", die vor Ort politische Macht besitzen oder entwickeln und diese Macht dazu benutzen, die Kolonisatoren zunächst aktiv bei der Etablierung kolonialer Institutionen zu unterstützen, um danach als Juniorpartner an ihren Geschäften teilzunehmen.

Natürlich verhinderte der ursprüngliche Widerstand nicht das Vorwärtsstürmen des Kapitalismus und seine schließliche Konsolidierung. In der Dialektik des Gegensatzes zwischen Herrschenden und Beherrschten konnten die Herrscher in den Zentren sich durchsetzen. Aber ihrem Triumph ging eine lange Zeit schwerer Auseinandersetzungen voraus, und die Hegemonie des Kapitalismus entwickelte sich durchweg sehr ungleichmäßig in verschiedenen Zonen, zu verschiedenen Zeiten und mit verschiedenen Graden von Durchdringung und Erfolg.

Der Kapitalismus breitete sich also diskontinuierlich aus und nicht linear. Die Geschäfte von großen Handelsherren, die Etablierung von Kolonien mit vorherrschend nichtkapitalistischen Verhältnissen, die völlige Integration der Welt unter den Kapitalismus, schließlich das Ersetzen kolonialer politischer Institutionen durch unabhängige Staaten - das sind die Hauptphasen. Wallerstein hat darauf hingewiesen, daß er vier Phasen in der Entwicklung des Weltkapitalismus unterscheidet. Er befaßte sich allerdings im Detail nur mit der Epoche des merkantilistischen Handels und des Beginns der Eroberung der Kolonien. Doch selbst hier treffen wir auf zwei verschiedene Arten ökonomischer Aktivität und nicht auf eine verallgemeinerte lineare Verbreitung von etwas, was "Kapitalismus" genannt wird.

Diese zwei Systeme werden einerseits durch die Portugiesen in Asien repräsentiert, die ihren Handel über Faktoreien betrieben, also über meist befestigte Handelsplätze, wo einheimische Produkte angekauft, nicht aber hergestellt wurden, und auf der anderen Seite durch die Spanier in den beiden Amerikas, wo von Anfang an Kolonien errichtet wurden, freilich mit nichtkapitalistischen Ökonomien.

In der merkantilistischen Phase funktionierte der Handel gewöhnlich durch ein Abkommen zwischen Staat und privaten Handelsunternehmen, denen gemeinhin ein Monopol gewährt wurde. Wo diese Händler auf starke Staatswesen mit entwickelten Wirtschaften trafen - wie im China des frühen 19. Jahrhunderts -, mußten sie sich mit friedlichen Formen des Handels begnügen. Wo es aber möglich und notwendig war, überlegene militärische Macht einzusetzen, geschah dies ohne Skrupel - z.B. durch Cortes und Pizarro in der Neuen Welt und durch die Portugiesen in einer Reihe von Militäroperationen, die mit dem Sieg über die ägyptische Flotte bei Diu 1509 ihren Höhepunkt fanden. Von da an bedeutete "Merkantilismus", was manchem nach friedlichem und freiem Austausch zwischen Käufer und Verkäufer auf dem sicheren Marktplatz klingen mag, in der Realität regelmäßig die Anwendung von Gewalt, um sich Märkte zu eröffnen und Rivalen auszuschalten - mit direkter staatlicher Unterstützung oder ohne sie. Was Weber als "Beutekapitalismus" bezeichnet und was allgemein "Piraterie" genannt wird, war eine normale Methode, sich Güter anzueignen, entweder durch Raub von Warenlagern mittels brutaler Gewalt oder durch Zwangsproduktion. Die Skala reichte von Angriffen auf Schatzschiffe bis zur Plünderung vorkolonialer Bevölkerungszentren oder Niederlassungen anderer Kolonialmächte. Seinen dramatischsten Ausdruck fand der Merkantilismus in der erzwungenen Auslieferung des Goldes der Inkas an die spanischen Conquistadoren: die "Auslösung" Atahualpas. Außerdem nahm ein Großteil des "Handels" die Form an, die Wallerstein wie auch ich "Jagen und Sammeln" genannt haben - freilich mit einer besseren technischen Ausstattung, als sie die Buschmänner oder die australischen Ureinwohner besaßen (nämlich mit Gewehren anstelle von Speeren) -, indem man andere zwang zu sammeln, was die Natur hervorbringt: Sandelholz in Melanesien, Paradiesvogelfedern in Neu-Guinea, Gummi am Amazonas und vor allem Menschen in Afrika: also nicht "Produktion" im Sinne der Umformung von Rohstoffen durch menschlichen Fleiß.

Ob Sammeln oder Produzieren - der Prozeß, den Marx unter den Perspektiven seiner Folgen für die Kapitalbildung untersuchte und den er "primitive" Akkumulation nannte (beachte: "primitive", nicht einfach "primäre" oder "ursprüngliche"), hing natürlich ab von der aktuellen Anhäufung von Waren einschließlich Gold und Silber, welche zunächst nur Waren und damit lediglich potentielles Kapital darstellten. Aber die Art und Weise ihrer Akkumulation hatte wenig zu tun mit einer kapitalistischen Produktionsweise. Sie war vielmehr von der Ausübung politischer Macht abhängig.

"Beutekapitalismus" oder Jagen und Sammeln erforderten nicht notwendigerweise die Errichtung von Kolonien, wenn auch in der Tat die koloniale Eroberung den Anfang dieses Prozesses bildete. Innerhalb der Kolonien, in Stadt und Land, traten früh neue Produktionsformen auf, obwohl sich z.B. das Sammeln von Gummi usw. im brasilianischen Amazonasgebiet bis weit ins 19. Jahrhundert fortsetzte. Die Umwandlung der Produktion war jedoch nicht nur eine ökonomische Transformation, denn Ökonomien existieren nicht "an sich". Sie hing vielmehr von der radikalen Umorientierung ganzer Kulturordnungen ab, manchmal durch die Übernahme oder Anpassung von Elementen noch existierender Strukturen, ein andermal durch deren Zerstörung und Ersetzung mit Hilfe völlig neuer Institutionen. Das eindrucksvollste Beispiel in der Neuen Welt war hierbei die Zerstörung der Zentralgewalt der Inka- und Aztekenstaaten, wobei allerdings auf niedriger Strukturebene manches beibehalten wurde. Die neuen Institutionen brachten neue

Formen landwirtschaftlicher Unternehmen hervor - die Encomienda, die Hazienda, die Sklavenplantage usw.
In diesem Prozeß spielte der Staat - jener der Metropole ebenso wie der lokale Apparat - die Schlüsselrolle. Er lieferte dessen unabdingbare Voraussetzung - nämlich den Gewaltapparat, der dem gesamten System den Weg ebnete und dessen Lebensfähigkeit garantierte. Die Herausbildung der Kolonien war deshalb ein Prozeß der politischen Ökonomie und nicht ein "rein ökonomischer", der durch das freie Spiel der Kräfte beherrscht worden wäre. Er hatte die Etablierung nicht nur eines Produktionssystems, sondern auch eines Verwaltungs- und Besteuerungssystems, einer total rassistischen Ordnung zur Folge. Er brachte eine straffe ideologische Kontrolle, um noch existierende kulturelle Werte und Institutionen zu unterdrücken, wo diese nicht an die neue Ordnung angepaßt werden konnten; und wo es nötig oder möglich war, wurden sie durch importierte Ideologien - speziell das Christentum - und Institutionen zu deren Durchsetzung - Kirche und religiöse Orden - ersetzt.
Die ganze Kolonialordnung ist demnach untrennbar an die gewaltsame Konstruktion soziokultureller Kategorien gebunden, die institutionalisiert und in die Strukturen von Staat und Sozialordnung eingebaut wurden. Das Fundament dieses Gebäudes waren ohne Zweifel Klassen, die sich durch ihre jeweiligen Rollen im System der Arbeitsteilung und der Ausbeutung bestimmen. Aber es waren Klassen, denen man kraft Geburt und Abstammung angehörte und diese Zugehörigkeit wurde durch Gesetz und Brauch sanktioniert. Es handelte sich in der Tat um Stände, die durch die Ausübung kolonialer Gewalt ins Leben gerufen und am Leben erhalten wurden. Vorher hatte es so etwas wie "den Bantu", "den Afrikaner", "den Indianer" oder "den Inder" gar nicht gegeben. Wie Bonfil (1972) betont hat, ist "der Indianer" eine koloniale Erfindung. Zur Ausbeutung indianischer Arbeit mußte der Indianer zuerst als gesetzlich ausbeutbare Kategorie eingeführt werden: ökonomische Ausbeutung mußte auch sozial institutionalisiert werden. Und da sein Status nach physischen Kriterien definiert wurde, führte das zu einer regelrechten Besessenheit, sich mit Fragen der Genetik und der ethnischen Identität (vgl. Aguirre: 1976, 153ff.) zu befassen. Doch daraus folgte nicht nur die Verfügbarkeit für ökonomische Ausbeutung. Die Zugehörigkeit zu einem Stand, im Gegensatz zur Klassenzugehörigkeit, determinierte das ganze gesellschaftliche Leben einer solchen Person. Sie bestimmte zum Beispiel, wen man heiraten durfte und wen nicht, ob man seinen Geburtsort verlassen durfte oder ob man das sogar mußte, ob man unter andere Gesetzesvorschriften als ein Stadtbewohner fiel usw. Sie bestimmte die Gesamtheit von Rechten und Pflichten, also den zivilen Status (zur entsprechenden Entwicklung in Rußland siehe Robinson: 1932).
Die unterschiedlichen Entwicklungsbahnen der beiden iberischen Reiche spiegeln die qualitativen Differenzen in den verschiedenen Kolonialwirtschaften, die sie hervorbrachten, wider. Die wirtschaftliche

Rolle der Portugiesen in Asien blieb trotz deren gewaltsamen Einbruchs in den Markt auf die Nische beschränkt, die vormals arabische und andere Händler besetzt hatten. Aber von hier aus brachten die Portugiesen nun Asien durch den Austausch von Edelmetall gegen Gewürze nicht nur in Verbindung mit Europa, sondern auch mit der Neuen Welt. Doch wie groß auch immer ihre militärische Stärke gewesen sein mag - dieser Handel war nicht Teil des europäischen Weltsystems, wie Wallerstein anerkennt, sondern einer anderen Zone außerhalb Europas, einer "externen Arena" in den Worten Wallersteins. Innerhalb dieser Arena waren Umfang und Wert des Handels mit Europa für Asien nicht von so großer Bedeutung wie für Europa selbst. "Der westliche Handel war immer ein einseitiger Strom von Gütern ..., wobei Luxuswaren gegen Münzgeld und bestimmte Metallbarren ausgetauscht wurden." Asiatische Handelswaren "ließen den europäischen niemals viel Raum, und europäische Fabrikwaren fanden in Asien bis zum Aufkommen der Massenproduktion von Konsumgütern in Westeuropa keinen Markt" (Leur: 1955, 281). Erst Jahrhunderte später wurde mit der wachsenden europäischen Nachfrage nach Rohstoffen infolge der Industriellen Revolution die kapitalistische Produktionsweise direkt eingepflanzt.

An den Rändern dieses Weltsystems, etwa in einem Land wie Ekuador, mögen zwar Landbesitzer und Händler die Macht von der Metropole übernommen und im frühen 19. Jahrhundert einen unabhängigen Staat gegründet haben; doch erst kurz vor dem Ersten Weltkrieg erstritt die nun dominierende, Agrarprodukte exportierende Handelsbourgeoisie der Küste nach dem Sieg der Liberalen in einem langen Bürgerkrieg die Macht von den "feudalen" Haziendabesitzern der Sierra; erst die Zwischenkriegszeit brachte den ansatzweisen Aufbau "bürgerlicher" politischer und ökonomischer Institutionen: einer Zentralbank und eines modernen bürokratischen Apparats; erst nach dem Zweiten Weltkrieg wurde die "administrative Revolution" unter Galo Plaza vollendet; und erst die militärische Revolution von oben brachte die neue Industriebourgeoisie an die Macht. Erst als das Kapital - ohne das eine moderne kapitalistische Entwicklung bloß eine abstrakte Idee bliebe - im Zuge des Öl-Booms von 1972 wirklich auf den Plan trat, konnte eine Landreform beginnen. Der Staat half den Grundbesitzern, Haziendas in kapitalistische Betriebe umzuwandeln und unfreie Arbeit durch Lohnarbeit zu ersetzen.

Der "rationale Kern" der dualistischen Theorie liegt darin, daß vorkapitalistische Arbeitsverhältnisse auf der Grundlage außerökonomischen Zwangs und eine formal autonome "Bauernschaft" mit ihrer Bindung an die Hazienda (ein System, das unter dem Kolonialismus entwickelt wurde) in der Tat so lange weiterbestanden. Für die Masse der Bevölkerung bedeutete das Erreichen der Unabhängigkeit anderthalb Jahrhunderte früher nur den "ultimo día del despotismo y primero de lo mismo" (etwa: den letzten Tag des Despotismus und den ersten der Gewaltherrschaft), wie es ein zynisches Sprichwort jener Zeit aus-

drückt (Cueva: 1977, 7). Kapitalistische Verhältnisse in der Landwirtschaft entwickelten sich in der Sierra nur mit unendlicher Trägheit. Die reale politische Macht war die lokale Macht: die der Grundbesitzer auf ihren Gütern. Den Zentralstaat brauchten sie kaum, denn sie waren faktisch selbst der Zentralstaat, und dieser hatte ihnen in jedem Fall nur wenig zu bieten. Aber als dann die Auslandsexporte wichtig wurden, mußten die neuen Plantagenbesitzer den Staat übernehmen und modernisieren. So war ein Bürgerkrieg mit der alten Grundbesitzerklasse unumgänglich.
Das Fortbestehen von nichtkapitalistischen Verhältnissen ist seit über drei Jahrhunderten für solche Länder von zentraler Bedeutung. Aber dies war nicht generell der Fall. Da der europäische Kolonialismus in andere Teile der Welt erst sehr spät eindrang, geschah dies nicht mehr als Merkantilismus, sondern in seiner jeweils modernsten Form. Das erklärt auch die Schnelligkeit und Gründlichkeit dieses Prozesses im Indien des späten 18. und frühen 19. Jahrhunderts, den Alavi als die Durchsetzung der "kolonialen Produktionsweise" beschreibt.
Trotzdem: Wie ich schon vor 15 Jahren darlegte (Worsley: 1967, 15), war die Konsolidierung des gesamten Weltgebäudes als eines kompletten Systems nur von kurzer Dauer: Nur wenige Jahre lagen zwischen der letzten Balgerei um Afrika, die erst in den achtziger Jahren des 19. Jahrhunderts begann, und der Russischen Revolution von 1917. Und selbst da bewahrten Japan, Äthiopien, Afghanistan und Thailand ihre Unabhängigkeit; und China, die Türkei und Persien waren nur "Halbkolonien".
Der Prozeß, der zu dieser abschließenden Konsolidierung führte, begann sicherlich schon im 16. Jahrhundert. Aber es war nicht eindeutig ein kapitalistischer Prozeß: erstens, weil die frühen führenden Länder selbst noch feudale Gesellschaften waren; zweitens, weil das, was sie einführten, auf vorkapitalistischer, unfreier Arbeit beruhte. Deshalb sind Abhandlungen zum Kolonialismus, die ihn als eine Geschichte des "Kapitalismus" präsentieren, ohne diesen Begriff zu differenzieren, zutiefst unhistorisch. Sie untertreiben nicht nur die nichtkapitalistischen Dimensionen; sie untertreiben genauso die ganz unterschiedlichen Arten des Kapitalismus und der Phasen seiner Entwicklung.
Dieses Modell ist auch insofern eindimensional, als es die Konsequenzen außer Acht läßt, die die tiefen Unterschiede in der Natur vorkapitalistischer Gesellschaften und Kulturen, denen die Kolonisatoren begegneten, für den Kolonialismus hatten. Der gesellschaftliche Raum, der dann zur Kolonialwelt wurde, war von vielen, ganz verschiedenen Gesellschaftstypen geprägt. Jeder verfügte über vielfältige Institutionen und kulturelle Ausdrucksmöglichkeiten, bei denen mit der Bezeichnung "vorkapitalistisch" lediglich eine Restgröße angesprochen wurde. Denn dieser Begriff sagt uns allein, was diese Gesellschaften nicht waren, aber nicht, was sie in Wirklichkeit waren. Es gab in der Tat viele unterschiedliche Arten von Gesellschaften, die sich nicht nur

vom Kapitalismus, sondern auch untereinander unterschieden: akephale Gruppen und bürokratische Reiche, um nur die beiden Extreme zu nennen. Und selbst die Unterschiede in der kulturellen Logik, in der sozialen Struktur, im Organisationsgrad wirkten noch in die kolonialen Institutionen hinein, da die Verantwortlichen für den Aufbau solcher Institutionen mit ihnen zu Rande kommen mußten. Frank hat uns außerdem daran erinnert, als er Rostows Konzept des "Traditionellen" kritisierte, daß in einigen Gebieten - wie Argentinien, Australien oder Nordamerika - die ursprüngliche Bevölkerung vertrieben wurde und diese Länder danach durch Einwanderer wiederbevölkert wurden. Das ließ eine Reihe von Ländern entstehen, die sich völlig von solchen mit einer großen vorkolonialen Bevölkerung unterscheiden (Ribeiro: 1970). Das Vermächtnis dieser vorkolonialen Erbschaft wird mehr oder weniger vernachlässigt, wenn wir uns nur auf eine Seite der kolonialen Gleichung konzentrieren: auf den unbestreitbaren Erfolg, mit dem der Kapitalismus seine kulturelle Logik dem aufzwang, was er in die "Peripherie" beziehungsweise in den "Eingeborenen" verwandeln sollte. Das gilt auch für den Widerstand, dem die Invasoren begegneten und den auch die Niederlage nicht brechen konnte. Denn wenn auch beim Zusammenstoß von Kolonisatoren und Kolonisierten die Macht der ersteren sich als überlegen erwies, gaben ihre Opfer niemals den Versuch auf, ihre eigenen Interessen durchzusetzen.
Aber wie verschiedene Autoren, besonders T. Ranger (1980), zeigen, war Widerstand nicht die einzige Reaktion auf die Unterwerfung. Es gab auch solche, die von Beginn an mit den Eroberern kollaborierten - z.B. die Verbündeten von Cortes und Pizarro. Nun, linke und liberale Wissenschaftler haben mit der wichtigen Aufgabe begonnen, auch die Geschichte des Widerstandes zu berichten: also die Dokumente über den kleinräumigen und zersplitterten Widerstand der Gruppen von Jägern und Sammlern aus dem Dunkel der Archive ans Licht zu bringen; wir werden daran erinnert, daß Völker ohne zentralisierte politische Institutionen neue Organisationsformen geschaffen haben - etwa die militärische Reorganisation der Araukaner, die es ihnen ermöglichte, sich den spanischen und den chilenischen Staat 300 Jahre lang vom Leibe zu halten; wir erfahren von Propheten, die auftauchten, um Völker wie die Nuer zu mobilisieren, und von den dramatischeren und besser bekannten Siegen der Ashanti, der Zulu und der Afghanen über britische Armeen.
Aber die Reaktion auf Unterwerfung konnte ebenso in Verzweiflung, Resignation, Fatalismus und Defätismus bestehen. Außerdem gab es viele Individuen und Gruppen, die mit der neuen Herrschaft kollaborierten und die neuen Institutionen auf eine Art und Weise zu ihrem eigenen Vorteil veränderten, die linken und liberalen Autoren nicht gefällt: Da ist der Komprador, der kollaborierende Häuptling, der Feudalherr, selbst der unternehmerische Bauer, der zum kapitalistischen Farmer wird, usw. Ob nun die Kolonisierten Widerstand leisteten oder kollaborierten - sie waren nicht einfach träge Objekte, die von einer

unpersönlichen "Systemlogik", oder konkreter: von Regierung und Siedlern, lediglich herumgestoßen wurden.
Ebenso wichtig ist es, die Kontinuität der kapitalistischen Expansion nicht überzubewerten. Diese verlief in Wirklichkeit politisch diskontinuierlich, und sie war mit einer wiederholten Reorganisation der politischen Beziehungen zwischen Zentrum und Peripherie verbunden. Die politisch wichtigsten Reorganisationen waren die anfängliche Begründung direkter Kolonialherrschaft und dann die Entstehung von neuen, unabhängigen Nationalstaaten. Der entscheidende ökonomische Übergang war der Wechsel vom Warenhandel mit dem Zentrum, der auf nichtkapitalistischer Produktion beruhte, zu einer Produktionsweise, die auf Lohnarbeit basierte. Die entscheidende Zäsur in den Metropolen selber war die Industrielle Revolution, die zu unterschiedlichen Zeiten, in ungleichem Maße und in verschiedenen Ländern einsetzte, als die feudal-agrarische Vorherrschaft der landbesitzenden Klassen durch neue Bourgeoisien abgelöst wurde. Dieser Prozeß war nicht einfach eine politische Transformation, die der wirtschaftlichen Differenzierung und dem damit zusammenhängenden Kampf zwischen den alten und den neuen Klassen um die Vorherrschaft gefolgt wäre. Vielmehr hing die wirtschaftliche Entwicklung selbst von der vorangehenden Erringung politischer Macht ab, die es dann Unternehmern erlaubte, zu innovieren und zu expandieren.
Diese Trennung von ökonomischer und politischer Macht ist vor allem im Hinblick auf Wallersteins Versuche wichtig, "den starken Zentrumsstaat mit der absoluten Monarchie gleichzusetzen. ... Denn die mächtigsten Staaten (waren) nicht immer die im Zentrum; ... tatsächlich können sich gleich starke oder gar stärkere Staaten ebenso in der Peripherie bilden" (Skocpol: 1976, 1086). Skocpol führt als Beispiele die relative Schwäche der Regierungen im England und Holland des 17. Jahrhunderts an, "den Zentren der entstehenden kapitalistischen Handelsökonomie". Dagegen seien Schweden, Preußen und Spanien viel absolutistischer gewesen.
Aber in den Kolonien ereignete sich keine ökonomische Transformation wie in den Zentren. Es war gerade die politische Macht der Metropole, die die Kolonialökonomien hinfort zur Unterentwicklung im Interesse von London und Madrid verurteilte. Auch nach der Erringung ihrer politischen Unabhängigkeit blieben sie ökonomisch abhängige Staaten. Ihre Rolle war auf die von Rohstofflieferanten für die Metropolen beschränkt, und lediglich dort, wo für die Zentrumsländer kapitalistische Innovationen (Plantagen, Minen usw.) erforderlich waren, wurden ihre Produktionssysteme kapitalistisch. Vorkapitalistische Verpflichtungen, Abgaben in Naturalien oder Arbeit zu leisten, bestanden zum Beispiel in den Anden bis in unsere Zeit. In Brasilien gab es vor 90 Jahren noch regelrechte Sklaverei (ohne hier besonders auf die Südstaaten der USA zu verweisen). Dies zu behaupten - so bemerkt Laclau - "bedeutet nicht notwendigerweise die These vom Dualismus aufrechtzuerhalten", wonach "keine Verbindungen zwischen dem

'modernen' und dem ... 'traditionellen' Sektor bestehen" - denn "die Modernität des einen Sektors ist eine Funktion der Rückständigkeit des anderen". Vielmehr impliziert eine solche Behauptung Unterscheidungen innerhalb eines "ökonomischen Systems", das "Wechselbeziehungen zwischen verschiedenen Wirtschaftssektoren" beinhaltet, in dem jedoch die "konstitutiven Elemente" unterschiedliche "Produktionsweisen" sein können (Laclau: 1971, 31, 33). Kapitalistische Produktion, als Antwort auf die Industrialisierung in der Metropole und besonders in exportorientierten Sektoren, verbreitete sich selbst in der Kolonialzeit in einigen Ländern, da Minen und Plantagen schließlich auf der Basis von Lohnarbeit und nicht mehr von Zwangsarbeit weitergeführt wurden, und da Lohnarbeit zunehmend auch dazu benutzt wurde, landwirtschaftliche Produkte für den Weltmarkt und Handwerkserzeugnisse für den Binnenmarkt herzustellen.

Aber der Würgegriff des Weltsystems war nicht absolut. Einige Kolonien - vor allem die "First New Nation" (die USA) - schafften den Durchbruch nicht nur zur politischen Unabhängigkeit, sondern auch zu einer recht kapitalistischen Wirtschaft. Es existiert also in bestimmten Fällen durchaus die Möglichkeit, aus der Abhängigkeit auszubrechen. Wie einige Länder zu Zentrumsländern wurden, andere auf einen semiperipheren Status zurückfielen und wieder andere zu einem semiperipheren oder gar Zentrumsstaat aufstiegen, wird bei Wallerstein oft gut beschrieben. Warum sie dies jedoch taten, kann sein Modell nicht so gut erklären, ausgenommen mit Hilfe subsoziologischer Termini - wie wir sehen werden -, wo Technologie, Geographie usw. als Deus ex machina zu funktionieren scheinen. Die Gründe dafür müssen aber vielmehr in der Variabilität der Beziehungen zwischen dem ökonomischen, dem politischen und anderen gesellschaftlichen Bereichen, im Zusammenspiel dieser Bereiche und in ihrer relativen Autonomie gesucht werden; sie können nicht durch Modelle erklärt werden, die die allesbestimmende Natur "des Ökonomischen" überbetonen.

Der Würgegriff der Metropole erwies sich jedoch normalerweise als ausschlaggebend. Und dies führte zu einer speziellen Art kapitalistischer Produktion: einer kolonialen Produktionsweise, in der die Staatsmacht die Produktion von Waren initiierte, die Europa benötigte. Diese Staatsmacht mag später eher durch lokale Landbesitzer und Händler als durch die Vertreter Madrids und Londons ausgeübt worden sein, aber die Produktion hing immer noch vom direkten Zwang zur Arbeit ab - in Formen, die von der Sklaverei bis zur Leibeigenschaft, von der Schuldknechtschaft bis zur Kontraktarbeit reichten. Selbst die Handwerksproduktion war - wie in den "obrajes" - abhängig von Lieferverpflichtungen, die durch extreme Gewaltanwendung erzwungen wurden. Auch der Staat intervenierte in Form von Steuern, die bar - und nicht wie bei den traditionellen Tributen in Waren oder Arbeit - und in größeren Beträgen bezahlt werden mußten. Bargeld aber konnte nur durch Arbeit in den Minen, auf den Plantagen oder in den Fabriken verdient werden oder durch den Verkauf landwirtschaftlicher

und handwerklicher Produkte auf dem Markt. "Außerökonomische" Zwänge waren denn auch bis vor kurzem in den meisten Teilen der Erde die Norm, "freie" (Lohn-)Arbeit war die Ausnahme.
Diese unterschiedlichen Methoden der Kontrolle von Arbeit werden in Wallersteins Schema vollständig anerkannt. Daß Arbeitsleistung in der Peripherie normalerweise erzwungen wurde, ist ein zentraler Punkt in seinem Modell. Sklaverei, Leibeigenschaft, Lohnarbeit oder Kontraktarbeit jedoch sind für ihn allesamt Formen kapitalistischer Arbeitsbeziehungen, die von den verschiedenen technischen Anforderungen der verschiedenen Produkte, z.B. verschiedenen Agrarerzeugnissen, diktiert werden. Dagegen argumentiere ich, daß kapitalistische, auf Lohnarbeit basierende Produktionsverhältnisse - die die Enteignung ("Befreiung") des unmittelbaren Produzenten von seinen Produktionsmitteln erfordern - eine späte Entwicklung sind, und daß Sklaverei, Schuldknechtschaft und unfreie, erzwungene Arbeit insgesamt überhaupt nichts mit kapitalistischer Produktion zu tun haben. Solche Produktionsverhältnisse konnten erst durchgesetzt werden, als das Zentrum selbst nach kapitalistischen Prinzipien umgeformt worden war. Erst dann wurde die Aufteilung der Welt vervollständigt; erst dann konnte die kapitalistische Produktionsorganisation ihren Weg nehmen. In diesem Prozeß war es unvermeidlich, daß die führenden Industrieländer auch zu führenden Kolonialmächten wurden. Dieser generelle Prozeß kapitalistischer Expansion ist deshalb in höchstem Maße ungleichmäßig und findet zeitlich in sehr verschiedenen Teilen der Welt statt - infolge einer doppelten Vorbedingung: der Verhältnisse des kolonisierenden Zentrumslandes und jener des kolonisierten Gebietes; und nicht infolge irgendeines Loses, daß eine verdinglichte, funktionalistische "Logik" eines Systems den Gesellschaften zuteilt.
Es mag eingewandt werden, daß dieser ganze Disput über die Bestimmung des Kapitalismus in Begriffen der Produktion gegenüber einer solchen in Begriffen des Marktes einfach die Angelegenheit einer willkürlichen Entscheidung sei. Aber die Bedeutung dieser Differenzierung und die größere heuristische Kraft der ersteren Art von Definition werden sichtbar, wenn wir das Problem betrachten, warum als Pioniere der kolonialen Expansion anfangs gerade jene Länder auftraten, die auf dem Weg der Industrialisierung keinesweg die weitest fortgeschrittenen waren - Spanien und Portugal. Letzteres spielte in der europäischen kapitalistischen Entwicklung eine so marginale Rolle, daß etwa Anderson in seinem maßgeblichen Werk über den Übergang vom Feudalismus zum Kapitalismus viele zurückgebliebene Staaten wie Österreich, Rußland und Polen untersucht, aber Portugal, das doch in Wallersteins Modell eine führende Rolle spielt, übergeht (1). Der eigentliche Grund für diese Differenz ist der übertriebene Eurozentrismus in Andersons Modell, das kaum auf den Kolonialismus als einen bedeutenden Faktor in der kapitalistischen Entwicklung Europas eingeht. Dagegen ist Wallersteins Modell ein heilsames Korrektiv.
Aber der Grund, warum der Kapitalismus sich in den Kolonien nicht

entfaltete, muß im Endeffekt in Europa gesucht werden. Er liegt im Erfolg einiger Länder - doch nicht bei der Entwicklung ihres Handels, sondern bei der Umgestaltung ihrer Produktionssysteme nach kapitalistischen Grundsätzen. Der Kapitalismus organisiert sämtliche Produktionsfaktoren - Land, Arbeit und Kapital - auf eine Art und Weise neu, die seiner Expansion eine Eigendynamik verleiht. Andere Systeme hingegen - Produktion in Zünften, Feudalismus in der Landwirtschaft - beschränkten Produktivität und Produktion. Sie taten dies nicht nur, um durch die Verhinderung von Wettbewerb monopolistische Vorteile zu schaffen, sondern auch, weil diese ökonomischen Vorteile von einem wechselseitig verbundenen System einer politischen und sozialen Maschinerie abhingen und dieses gleichzeitig stützten. Erst mit der Beseitigung dieser sozialen Zwänge konnte eine Expansion mit dem dramatischen Ausmaß der Industriellen Revolution beginnen. Nunmehr investierte die kapitalistische Firma ihre Profite soweit wie möglich wieder, um ihre Konkurrenzfähigkeit auf einem Markt, auf dem alle anderen genauso verfahren, aufrechtzuerhalten.
Solch ein System entstand zuerst in Holland und dann in England, und letzteres stieg zur führenden modernen imperialistischen Macht auf. Der Grund, warum sich kapitalistische Produktionsverhältnisse in Südamerika erst so spät durchsetzen konnten, wird nun deutlicher: nicht einfach deshalb, weil diesem Teil der Welt eine periphere Rolle im Weltsystem zugewiesen wurde, sondern weil jene Länder, die diese Zuteilung vornahmen, selbst rückständig hinsichtlich ihrer kapitalistischen Wirtschaftsentwicklung waren - wie absolutistisch auch immer ihr politisches System gewesen sein mag. Das ist es also, was das weltgeschichtliche Versagen Spaniens begründet, seine Stellung als führende Kolonialmacht zu erhalten. Dieses Versagen kulminierte in den aufeinanderfolgenden Bankrotten der Jahre 1557, 1575, 1596, 1607, 1627, 1647, 1653 und 1680; in dieser Zeit "gingen zwei Drittel des Silbers der Schatzflotte geradewegs an Ausländer, ohne überhaupt Spanien zu berühren" (Elliott: 1970).
Dieser Verfall hatte nichts damit zu tun, daß die politischen Institutionen Spaniens, also die Struktur und Größe des Reiches - "Spanien war ein Großreich zu einer Zeit, als ein mittelgroßer Staat notwendig gewesen wäre" (Wallerstein: 1974, 179) - für die Konkurrenz in einem weltweiten System des Handels ungeeignet gewesen wären. Vielmehr wäre die Zentralisierung und Modernisierung des Binnenmarktes nach kapitalistischen Prinzipien erforderlich gewesen, was aber durch eine Ökonomie, in der die Mesta (kastilische Schafzüchtervereinigung) eine solche Bedeutung hatte, verhindert wurde.
Spanien hatte - so erklärt uns Wallerstein (1974, 187) - aufgrund seiner begrenzten Ressourcen im personellen wie im finanziellen Bereich nicht die Energie, eine große Administration in beiden Amerika zu errichten. Aber trotz aller "Trägheit" dieser Administration kann kaum behauptet werden, es habe "überhaupt keine einheimische Staatsautorität" gegeben (Wallerstein: 1974, 31). Sie war zum Beispiel

fähig, Siedlerrevolten im Peru des 16. Jahrhunderts wirksam zu unterdrücken, und dies trotz der weiten Entfernungen. Und es wurde sicherlich zumindest versucht, alles von Madrid aus zu regeln. Tatsächlich bemerkt Elliott, daß "im 16. Jahrhundert kein Staat eine ausgebautere Regierung hatte, als die unter der spanischen Krone" (Elliott: 1970, 177; siehe auch Phelan: 1967).

Die spanische Kolonialverwaltung war wahrscheinlich an der Basis nicht schwächer als zum Beispiel die britische in Nigerien oder die australische in Neu-Guinea am Anfang dieses Jahrhunderts. Aber schließlich teilten selbst die lokalen Bürokraten und die Kirche - denken wir etwa an Hidalgo und Morelos - sowie die humanistisch-liberalen religiösen Orden mit Landbesitzern und Kaufleuten (mit denen viele sowieso verwandt waren) die Abneigung gegen die spanische Kontrolle. Schon frühzeitig waren sie in der Lage, die Bemühungen Madrids zum Schutze der Indianer gegen die Siedler zu unterlaufen. Die trotzige Haltung der Bürokraten wird hier sehr schön in der Formel deutlich: "Obedezco pero no ejecuto" - "ich gehorche, aber exekutiere nicht (die königlichen Direktiven)". Am Ende fehlte es Spanien an Durchsetzungsvermögen, um sie zu disziplinieren. Was die Portugiesen im 16. Jahrhundert betrifft, so bestand "die eindrucksvollste Tatsache ... in der ungewöhnlichen Art und Weise, in der die Flotten im Osten ständig durch die portugiesische Regierung verstärkt wurden. Armada folgte auf Armada, in einer nicht enden wollenden Folge. Sogar unter schwierigsten Umständen konnten sie deshalb durchhalten" (Panikkar: 1954, 35).

Der finanzielle Verfall Spaniens ist sicherlich nicht fehlendem Kapital zuzuschreiben, denn die jährlich einlaufende Schatzflotte brachte damals immerhin ein Viertel der Einkünfte des Landes ein; das war zwischen 1503 und 1660 "genug, um die existierenden Silberbestände in Europa zu verdoppeln und die Goldvorräte um das Anderthalbfache zu vergrößern" (Elliott: 1970, 183). Kapital war also verfügbar - aber es wurde nicht in die Entwicklung des Kapitalismus investiert. Am Ende mußte ein Großteil der jährlichen Gold- und Silberzufuhr zur Schuldentilgung an die fortgeschritteneren kapitalistischen Länder - besonders England - gezahlt werden. Die Gründe für den Verlust der führenden Stellung Spaniens und Portugals sind deshalb primär in ihren rückständigen metropolitanen Ökonomien, ihrem Nachhinken bei der Entwicklung des Kapitalismus gegenüber dynamischeren Zentrumsländern und in dem gleichzeitigen Versuch zu sehen, merkantilistische Formen der Kontrolle über Kolonien beizubehalten, die selbst gerade eine einheimische exportorientierte Land- und Bergbauwirtschaft und beträchtliche Binnenmärkte entwickelten.

Andererseits wird es logisch schwierig zu erklären, weshalb - bei Wallersteins Annahme, daß "ein kleiner Unterschied" in eine "große Ungleichheit" münden kann - Spanien überhaupt zurückfiel. Logischerweise ist es auch Spanien - wenn wir behaupten, daß das Zentrum die Peripherie determiniert -, wo wir die Ursachen für die Schwäche des spanischen Reiches suchen sollten. Spanien und Portugal versagten nicht in Amerika und im Osten, sie versagten auf der iberischen Halbinsel.

DIE WELT HEUTE

Wenden wir uns nun den Implikationen von Wallersteins Modell für das Verständnis der heutigen Welt zu. Wenn die Welt ein System darstellt, was für ein System ist es dann? Was ist sein Wesen, und was ist die Beziehung seiner Teile zueinander?
Wir haben gesehen, daß die koloniale Produktionsweise keine Neuauflage des europäischen Kapitalismus war, wie Marx es einmal gedacht hatte. Statt daß die ganze Welt nach dem Ebenbild der metropolitanen kapitalistischen Entwicklung gestaltet worden wäre, wurden die Kolonien ein abhängiger, eigener Sektor im kapitalistischen Weltsystem. Manchmal und mancherorts durften oder mußten sie stagnieren oder regredieren - also sich "unterentwickeln"; in anderen Fällen wurden sie gewaltsam und gründlich transformiert - aber immer im Interesse des "Mutter"landes.
Der Triumph des Kapitalismus im Weltmaßstab schien jedoch die Verdrängung vorkapitalistischer, auch kolonial-merkantilistischer, Produktionsweisen und letztlich die Erfüllung der Marxschen Prophezeiung zu bedeuten, als im 19. Jahrhundert koloniale Zwangsarbeit in Textilfabriken, in Minen und Plantagen von Lohnarbeit verdrängt zu werden begann. Tatsächlich bestand die Abhängigkeit der Kolonien weiter, denn sie wurden nach wie vor durch die politische und ökonomische Übermacht der Zentrumsländer bestimmt. Für die ersten Denker, die - von verschiedenen theoretischen Positionen aus - versuchten, den Prozeß der imperialistischen Konsolidierung, dessen Augenzeugen sie wurden, zu begreifen, wie Hobson und Lenin, waren der Triumph des Imperialismus und besonders die herausragende Bedeutung der führenden Industrienation Großbritannien die auffallendste Tatsache. Doch das zentrale Thema ihrer Analysen waren die systemimmanenten Konflikte zwischen rivalisierenden Reichen, die es den Kolonisierten bisweilen ermöglichten, eines gegen das andere auszuspielen. Natürlich registrierten diese Theoretiker den langanhaltenden ursprünglichen Widerstand gegen die imperialistischen Armeen. Aber ein solcher Widerstand schien zum Scheitern verurteilt. Trotzdem akzeptierten sie selbst diesen Sieg des Imperialismus nicht. Hobson, ein klassischer Liberaler, erhob zusammen mit Spencer, Hobhouse und anderen heftigen Einspruch gegen die "außerökonomische" Etablierung von Kolonien, da dies dem Laissez-faire-Dogma zuwiderlaufe: Auch in den Kolonien sollte die ökonomische Entwicklung eigentlich dem Unternehmer und dem Markt überlassen bleiben. Es sei nicht die eigentliche Aufgabe des Staates, Kolonien zu begründen; und schon

gar nicht sei es seine Aufgabe zu intervenieren, um die Entwicklung von Minen und Plantagen voranzutreiben, die Bauernschaft in Produzenten für überregionale Märkte zu verwandeln und einen Teil von ihnen zur Arbeit in diesen Minen und Plantagen zu zwingen.
Der Widerstand gegen diesen "politischen" Kapitalismus war der letzte große Auftritt der liberalen Bewegung auf der Weltbühne. In Großbritannien nahm er die Form einer prinzipiellen Opposition gegen den Burenkrieg an. Aber es war eine begrenzte, kapitalismusinterne Kritik, die bald von einer Kampfansage an die Grundfesten des Kapitalismus in den Schatten gestellt werden sollte.
Wie Marx gern zitierte, "beginnt die Eule der Minerva erst mit der einbrechenden Dämmerung ihren Flug". Denn kaum waren diese Ausführungen über die vollständige Errichtung kapitalistischer Herrschaft über den Globus geschrieben, da ereignete sich im Jahre 1917 der erste größere Ausbruch aus diesem System - zusammen mit einer neuen, zukunftsorientierten Ablehnung des Imperialismus in China und Indien, dem ersten größeren Aufruhr innerhalb der kolonisierten Welt. Es waren dies epochemachende Ereignisse innerhalb weniger Jahre: die Etablierung eines bolschewistischen Regimes in Rußland und die neue Entwicklung des Nationalismus in den Kolonien. Deshalb auch hatte Lenin, dessen Arbeit "Der Imperialismus als höchstes Stadium des Kapitalismus" aus dem Jahre 1916 noch die unwiderstehliche Expansion und die endgültige Hegemonie des Kapitalismus als Weltsystem vorgezeichnet hatte, innerhalb dieser wenigen Jahre seine Meinung geändert und vorhergesagt, die Weltrevolution werde nicht in den Kernländern des Imperialismus triumphieren, wie es die Marxisten bis dahin behauptet hatten, sondern in dem Teil der Welt, den wir heute die Dritte Welt nennen.
Seit dieser Zeit hat ein Drittel der Menschheit eine Weltalternative zum Kapitalismus begründet, die in der Tat den Kapitalismus zu Grabe tragen will. Dadurch ist die Unterscheidung zwischen "Kapitalismus" und "Kommunismus" für die meisten von uns die erste pluralistische Unterscheidung, mit der wir gemeinhin arbeiten. Die zweite ist die Unterscheidung zwiscnen den Zentrumsländern der kapitalistischen Welt und ihrem ausgebeuteten Teil. Die Annahmen, auf denen diese beiden Gegensatzpaare beruhen, sind jedoch sehr unterschiedlich, sie sind eher implizit als explizit und manchmal auch widersprüchlich. Außerdem überschneiden sie sich gegenseitig.
Was gewöhnlich für selbstverständlich gehalten wird, ist nicht so sehr die bloße Zahl identifizierter "Welten" als vielmehr das Wesen ihrer rationalen Grundlage, das erst die Typologie selbst sowie die Teilwelten hervorbringt. Hauptkriterium der ersten Dichotomie sind Unterschiede im "Gesellschaftssystem" oder in der "Ideologie". Die zweite Dichotomie beruht auf Unterschieden in den Ebenen oder Typen technischer Entwicklung (im marxistischen Sprachgebrauch den Stufen der Entwicklung der "Produktivkräfte"). Diese werden nach Produktion, Pro-

duktivität, Output usw. gemessen, wobei "Indikatoren" wie Bruttonationalprodukt pro Kopf, Einkommen usw. benutzt werden.
Im ersten Fall sind die Unterschiede des Gesellschaftssystems üblicherweise - und dies zu Recht - jene zwischen kapitalistischen und sozialistischen Gesellschaften (bzw. kommunistischen, je nach Geschmack). Für Pierre Jalée (1968) z.B. ist die Welt auf diese Weise "in zwei Scheiben zerschnitten". Aber für jene, die in Begriffen von Technologie/Produktion denken, teilt sich die Welt eher in eine "agrarische" und eine "industrialisierte", oder eine "reiche" und eine "arme", als in eine kapitalistische und eine kommunistische. Bemerkenswert ist, daß man Marxisten in beiden Lagern findet: Jalée etwa vertritt das Ideologie-Modell, Frank und Wallerstein hingegen vertreten Modelle, in denen Stand und Form der Entwicklung (unterentwickelt/entwickelt) wichtiger sind als Gesellschaftssystem oder Ideologie.
Technologie/Output-Modelle sind auch für Kreise charakteristisch, die politisch weit entfernt von Frank und Wallerstein angesiedelt sind; besonders die "Hilfslobby", die ein weites, liberales Spektrum von Christen, nichtmarxistischen Sozialisten, Pazifisten und Humanisten umfaßt, betrachtet die Unterschiede zwischen kapitalistischen und sozialistischen Ländern als unwichtig im Vergleich zu ihrem jeweiligen Status als entwickelte oder unterentwickelte Länder. Wir sollten zur Kenntnis nehmen, daß dies nicht "Klassen"-Modelle sind, die auf Unterschieden zwischen Kapitalismus und Sozialismus basieren. Das bedeutendste Exemplar dieser Theorieklasse ist überraschenderweise das chinesische Weltmodell, das die Erste Welt durch die Supermächte gebildet sieht, die Zweite Welt durch eine Anzahl von technologisch entwickelten, mittleren Ländern und die große Dritte Welt (einschließlich China) - die Mehrheit der Menschheit - durch die rückständigen Länder. Dieses Modell steckt dabei die USA und die UdSSR unter einen Hut (obwohl der Ehrenplatz in der Hierarchie der Feinde der Menschheit letzterer gewährt wird), desgleichen Ungarn und die Schweiz, und es macht zwischen Kuba und Haiti keinen Unterschied. Dies alles hat natürlich politische Auswirkungen: China fand es völlig in Ordnung, sich mit Frau Bandaranaike, General Zia und mit Kanzler Schmidt zu verbünden, es akzeptiert "feudale" Gesellschaften und Militärdiktaturen als Verbündete, während es zur selben Zeit seine heftigsten Angriffe auf die größte und erste kommunistische Macht richtete.
Um dieses offensichtliche Paradox der chinesischen "Annäherung" an technologistische (und eben nicht klassenanalytische) Modelle zu erklären, müssen wir fragen, welche weitergreifenden Wertsysteme hinter diesen Modellen stehen. Für die Hilfslobby sind die Folgerungen: Erstens, was gebraucht wird, ist "Hilfe" und "Entwicklung", Ideologie und Gesellschaftssystem sind zweitrangig, wenn nicht irrelevant oder gar Barrieren für das Wachstum; zweitens, Hilfe wird am meisten von den Armen und/oder Blockfreien gebraucht und sollte ihnen zukommen. Die Chinesen akzeptieren dies natürlich nicht. Sie zählen sich

selbst zu den armen Ländern und sehen sich potentiell als Führer der Masse der Menschheit, nämlich der Dritten Welt, gegen die zwei Superimperialismen (Erste und Zweite Welt). Um diese Funktion auszufüllen, müssen sie den Sozialismus verteidigen und aufbauen, für den lediglich ihr Land ein unverfälschtes Beispiel abgibt.
Doch auch der Sozialismus basiert, wie Wallerstein zu Recht feststellt, auf dem Nationalstaat; als ein ökonomisches Weltsystem jedoch existiere er nicht. Dabei aber untersucht Wallerstein nirgends den beträchtlichen Grad gegenseitiger Abhängigkeit und gemeinsamen Handels im COMECON oder die Art der Hilfe für Länder wie Kuba und Vietnam. Würde er dies tun, gäbe es wahrscheinlich gemäß seinen eigenen Kriterien keinen logischen Grund mehr, dem kommunistischen Handelsblock den Titel "Weltsystem" vorzuenthalten. Und weil in seinem Modell "das Ökonomische" abstrakt eine kausale Priorität erhält, beachtet er auch nicht die bestehende politische und militärische Abhängigkeit der kommunistischen Welt, außer China, von der Sowjetunion.
Daß Wallerstein der kommunistischen Welt nicht den Status eines Weltsystems zusprechen will, stimmt tatsächlich perfekt mit seinem neotrotzkistischen Weltbild überein. Kapitalismus ist für ihn ein Produktionssystem, um Profit auf dem Markt zu erzielen; Sozialismus im Prinzip ein System kollektiv organisierter Produktion im Weltmaßstab zur Befriedigung menschlicher Bedürfnisse. Dies ist eine implizite Kritik an jenen Sozialisten, die glauben, Internationalismus und Gleichheit müßten zurückgestellt werden, bis eine deutliche Mehrheit von Nationalstaaten sozialistisch sei und die "Produktivkräfte" sich dann voll entfalten könnten. Pragmatiker erwidern, daß der Sozialismus im Moment nur innerhalb von Nationalstaaten entwickelt werden könne, und auch wenn man hinter den Idealen zurückbleibe, sei dies der einzig praktikable "Übergang". Diesen Gegenstoß wiederum parieren Weltsystemtheoretiker mit der Behauptung, daß "der Übergang" zu einem Dauerzustand werde, wenn man nicht jetzt schon mit wirklich internationaler Wirtschaftsplanung zwischen sozialistischen Staaten, wie behutsam auch immer, beginne.
Nun, grundsätzlich können sich alle darin einig sein, daß die gegenwärtige Realität nicht der Internationalismus ist, auch nicht "Sozialismus in einem Land" (den gäbe es nur, wenn es nur einen sozialistischen Staat gäbe), denn es gibt heute viele "Sozialismen in einem Land". Daher ist das unterscheidende Merkmal aller dieser sozialistischen Staaten heute ihr glühender Nationalismus, wie sehr dieser auch von der formalen Ideologie des "proletarischen Internationalismus" verdeckt werden mag. Aber dieser Nationalismus ist für die sozialistischen Staaten heute genauso charakteristisch, wie er es für die kapitalistischen Staaten während ihrer internen Konsolidierung und Mobilisierung zur Entwicklung war – ob von der absolutistischen Periode bis in die Gegenwart oder in den Ländern der Dritten Welt heute mit ihrer Herausbildung nationaler Identität.

Staatssozialismus bedeutet also - beim Ausbleiben einer Weltrevolution - nationalen Sozialismus, der intern auf die Konsolidierung und Mobilisierung zur Entwicklung orientiert ist und extern auf die Verteidigung der Nation. Das Ziel ist nicht Kooperation mit anderen gleichgesinnten Ländern, um die Wirtschaften durch einen kollektiven Entscheidungsprozeß zu koordinieren.
Die ungleiche Entwicklung hat diesen Ländern auch eine Erbschaft an Disparitäten hinterlassen, die sich kulturell gewöhnlich in Form nationaler und ethnischer Über- bzw. Unterlegenheit verfestigen. Dies wiederum fördert potentielle Konflikte besonders zwischen fortgeschrittenen und rückständigen Ländern, aber vor allem zwischen der Supermacht und den übrigen. Daher gibt es nicht nur keine Konvergenz zwischen sozialistischen und kapitalistischen Staaten; sie divergieren auch zunehmend - "polyzentristisch" - voneinander (zu einer treffenden Kritik der Konvergenztheorie siehe Goldthorpe: 1964).
In ihrer Entwicklung war die UdSSR wegen ihrer riesigen menschlichen und natürlichen Ressourcen in der Lage, für eine neue Politik weitestgehend autarker Entwicklung zu optieren. Solch eine Option war für die später entstehenden kleineren kommunistischen Staaten unmöglich. Nur China, das über eine ähnliche Ausstattung wie die UdSSR verfügt, konnte es sich leisten, seine ökonomische Entwicklung faktisch 13 Jahre lang auf Autarkie zu begründen, und nur dieses Land hatte die Ressourcen, es auch mit der Sowjetunion aufzunehmen. Die übrigen, vor allem Miniländer mit dem Erbe einer monokulturellen Wirtschaft wie Kuba, wurden - worauf die Chinesen zu Recht hinweisen - in eine neue Abhängigkeit gezwungen, diesmal von der kommunistische Supermacht. Das gilt vor allem für die Länder, wo neu an die Macht gekommene marxistische Regime eine verwüstete Ökonomie übernommen haben (Angola, Mozambique, Vietnam, Kambodscha). Da die Etablierung kommunistischer Macht überall sowohl ein Kampf um die Errichtung eines neuen Gesellschaftssystems als auch ein nationaler Befreiungskampf gewesen ist, erlebt der Nationalismus in genau diesen Ländern seinen Höhepunkt, die eben erst - unter heroischen Opfern - ihr kommunistisches Regime errichtet haben. Und sie sind es, zwischen denen in der Tat Kriege ausgebrochen sind.
Letztlich sind also die sozialistischen Länder nicht einfach Staaten, sondern Nationalstaaten. Wie jeder andere Staat greifen sie zur Verteidigung ihrer Interessen, wenn nötig, zur Gewalt. Was für die frühen Marxisten undenkbar war - ein Krieg zwischen sozialistischen Staaten -, konnte natürlich erst nach dem Zweiten Weltkrieg eintreten. Denn bevor es nicht eine Anzahl von sozialistischen Staaten gegeben hatte, konnte es auch nicht zum Krieg zwischen ihnen kommen. Aber die erste Beinaheauseinandersetzung ließ nicht lange auf sich warten - Jugoslawiens Austritt aus der Komintern folgten die Besetzungen Ungarns und der Tschechoslowakei (abgesehen von dem "internen" Krieg in Ostdeutschland und Polen). Sozialistische Staaten, die ja in einem Weltsystem von Nationalstaaten leben, müssen deshalb politisch

zwischen ihren Freunden und ihren Feinden (und solchen dazwischen) unterscheiden und geopolitisch zwischen ihren grenznahen Zonen, entfernten Ländern und in mittlerem Abstand gelegenen Zonen. Dies ist die Logik, die Chinas Außenpolitik beeinflußt und seine formale Annäherung an technologistische Weltmodelle erklärt. Die zwei Formen der "Zerschneidung" der Welt - ideologisch und technologisch - können schematisch und idealtypisch wie folgt dargestellt werden (nur die wichtigeren oder typischeren Länder sind aufgeführt):

	Supermacht	entwickelt	unterentwickelt
kapitalistisch	USA	EG u. andere westeurop. Länder, Japan, Australien, Südafrika, Kanada	übrige kapital. Welt
kommunistisch	UdSSR	Osteuropa Nord-Korea	China .... Vietnam, Kuba, Mozambique, Angola

Ideologische Modelle lesen in diesem Diagramm nur waagerecht, indem sie alles Kommunistische und Kapitalistische in eines der zwei gegensätzlichen Lager einordnen. Technisch-ökonomische Modelle lesen nur senkrecht, indem sie industrialisierte Länder, egal ob kapitalistisch oder kommunistisch, von agrarischen unterscheiden. (China ist durch eine punktierte Linie von der übrigen Dritten Welt getrennt, falls man eine Unterscheidung allein wegen seiner Größe oder wegen seiner ideologischen Heterodoxie vornehmen will.) Aber da beide Gegensatzpaare reale Verhältnisse in der Welt reflektieren, kombinieren alle Modelle im täglichen Gebrauch unvermeidlich Elemente von beiden. Analytisch überschneiden einander jedenfalls zwei bipolare Modelle, so daß als Ergebnis nicht drei, sondern vier Welten herauskommen.
Dies war solange nicht so wichtig, als nur zwei Länder, China und Kuba, sich mißlicherweise mit der "blockfreien" kapitalistischen Welt verbündeten. Heute aber gibt es viele unterentwickelte kommunistische Länder, die vierte Abteilung wurde bedeutender. Nun haben wir beides, industrialisierte kommunistische Staaten und unterentwickelte. Ich habe schon an die Konsequenzen des Versuchs erinnert, vier Welten in drei Abteilungen zu pressen. Es sind vier, weil die kommunistischen Länder nicht bloß kraft ihrer Ideologie schon notwendigerweise entweder insgesamt industrialisiert oder insgesamt agrarisch sind, wenngleich nahezu alle, mit Ausnahme der DDR und der Tschechoslowakei, zuerst als agrarische und damit rückständige Länder begannen. Läßt man die kapitalistischen "Schwellenländer" außer Acht, so ist es die historische Rolle und das Verdienst des Kommunismus gewesen, eine

Industrialisierung durchzuführen, die der Kapitalismus früher verweigert hat und die er der Mehrheit der Länder der Dritten Welt weiterhin verweigert. Ganz Osteuropa (außer Albanien) plus Nord-Korea gelten heute - nach UN-Klassifikationen - als industrialisiert. Aber die neueren Kommunismen bleiben agrarisch und unterentwickelt.
Ein Rahmen, der auf bipolaren Extremen beruht, schließt definitionsgemäß alles aus, was zwischen diesen Extremen liegt, und zwingt es in eines der beiden Prokrustesbetten. Dies ist für die kapitalistisch/kommunistische Polarität nicht so problematisch, aber fatal für die wichtigen mittleren Länder (in Wallersteins Terminologie: "Semiperipherien"), die zu den "Schwellenländern" gehören: Brasilien, Mexiko, Taiwan, Singapur und Hongkong, aber auch die ölexportierenden Länder mit ihrem "Kapitalüberschuß". Ich gestehe freimütig die Grenzen dieses Schemas ein. Kein Diagramm kann die Realität total erfassen; doch auch wenn es seine Grenzen hat, ist es heuristisch brauchbarer, weil differenzierter, als die übertrieben monistischen Weltmodelle. Auch vermeidet ein Modell doppelter Gegensätze die unbegrenzte Multiplikation von "Welten", die sich sonst ergeben könnte - das gilt etwa für Wolf-Philips' "lineares" Modell oder Goldthorpes Einführung von nicht weniger als neun verschiedenen Hauptkategorien "armer Länder" (s. Worsley: 1979, 102-106). Die zwei sich überschneidenden Achsen im obigen Diagramm bringen also vier logische und gleichzeitig reale Abteilungen hervor: kapitalistisch-industrialisiert, kapitalistisch-abhängig (unterentwickelt/agrarisch); kommunistisch-industrialisiert und kommunistisch-agrarisch.
Der Gebrauch solcher Kategorien schließt natürlich jedes Weltsystem-Modell aus, das nur ein einziges herrschendes Weltsystem, nur eine "Welt" also, postuliert. Auf den Einwand, solche Taxonomien seien bloße Scholastik, würde ich erwidern, daß die Welt komplex ist und daß jeder Versuch, ihr per Dekret ein simplistisches Schema aufzuzwingen, gefährlich ist. Denn Ideen haben reale Konsequenzen, und schlechte Ideen können zu einem ineffektiven und falschen Verhalten in der Wirklichkeit führen, wie die obige Diskussion der chinesischen Außenpolitik zeigte.
Die meisten Bewohner der Erde erkennen, daß nicht bloße akademische Abstraktionen, sondern reale Unterschiede ihre Lebenswelt bestimmen, und sie halten solche Kategorien deshalb für sinnvoll. Für sie sind Differenzen zwischen Kapitalismus und Kommunismus oder zwischen entwickelten und unterentwickelten Ländern nicht nur Wortspielereien, sondern handfeste Realitäten. Für diejenigen, die als Flüchtlinge oder Migranten nicht nur unter einem einzigen dieser Systeme gelebt haben, etwa die drei Millionen Flüchtlinge aus der DDR oder die zwölf Millionen Migranten aus den peripheren mediterranen Ländern, die in Westeuropa arbeiten, ist die Behauptung, sie würden in einem Weltsystem leben, etwas, was sie gerne anerkennen und unterschreiben würden. Aber sie mußten gerade auch wegen der Differenzen zwischen den vier Welten wandern, die so real für sie waren.

Der türkische Arbeiter erfährt die Logik der kapitalistischen Welt als den Unterschied zwischen Entwicklung und Unterentwicklung, wie Millionen andere, die nur "billige Arbeitskraft" darstellen. Sie wandern nun dorthin, wo das Kapital ist, oder das Kapital wandert in ihre eigenen Länder. Die ostdeutschen Flüchtlinge reagierten ebenso auf die Anziehungskraft einer höheren Entwicklung. Aber sie reagierten noch mehr auf den zweiten Gegensatz: den Unterschied im Gesellschaftssystem.

Weil aber die Weltsystemtheorie so viel mehr Gewicht auf den Entwicklungsstand legt als auf die Unterschiede im Gesellschaftssystem, müssen wir nun - auch auf die Gefahr hin, türkische Migranten und DDR-Flüchtlinge zu langweilen - die Natur der einzelnen Teile dieses Weltsystems, nämlich gerade ihre innere Verfassung, erklären.

Die Erste Welt besteht aus jenen fortgeschrittenen kapitalistischen Ländern (mit wenigen durchwegs kapitalistischen Satelliten, die völlig von deren Märkten für den Export ihrer Primärprodukte abhängig sind: Australien, Neuseeland, Kanada, Dänemark), in denen es die grundlegenden Institutionen des Privateigentums an Produktionsmitteln und eine nach der Logik der Marktkonkurrenz funktionierende Ökonomie gibt. Dies ist heute mit starker staatlicher Intervention in der Wirtschaft verbunden, im politischen Bereich mit Parlamentarismus und institutionalisiertem Pluralismus (Gewaltenteilung und legitime Opposition) und im Sozialbereich mit einem entwickelten Wohlfahrtsstaat, was alles die grundlegende Ideologie und Praxis eines wettbewerbsorientierten Besitzindividualismus ausmacht.

Die Zweite Welt kann nicht einfach nur als eine Komponente oder eine Reihe von Komponenten des kapitalistischen Weltsystems behandelt werden. "In ihrem Wesen unterscheidet sich die Schichtung der sowjetischen Gesellschaft signifikant von der im Westen", denn sie ist "einer politischen Regulierung unterworfen", in der das zentrale Ziel der Führung "eine zukünftige kommunistische Gesellschaft ist, ... die durch eine hohes Maß an sozialer Wohlfahrt und natürlich schließlich auch durch privaten Überfluß charakterisiert ist, aber zur Zeit noch unter der unbestrittenen Dominanz der Partei steht" (Goldthorpe: 1964, 110ff.). Man hat mit vielen Etiketten versucht, der Besonderheit dieser sozialen Systeme gerecht zu werden (und ich betone soziale Systeme, nicht nur ökonomische): Sozialismus, Kommunismus, Staatssozialismus, Staatskommunismus, deformierter Arbeiterstaat, Sozialimperialismus usw. (Ich beschränke mich hier auf den marxistischen Sprachgebrauch, da wir uns hier auch mit marxistischen Theoretikern auseinandersetzen). Nun ist es durchaus nicht unwichtig, welchen Begriff wir benutzen, da dieser nicht nur eine kognitive Aussage, sondern auch eine wertende über die Natur des fraglichen Gesellschaftssystems bedeutet. Solche Aussagen sind auch "in ihren Konsequenzen real". Aber auch wenn man verschiedene Begriffe benutzt, kann man sich wahrscheinlich auf zumindest einige Hauptcharakteristika dieser Gesellschaften verständigen. Auf der ökonomischen Ebene sind die

Produktionsmittel nicht in Privathand, und es existiert eine Planwirtschaft. Politisch werden diese Gesellschaften von einer allmächtigen Partei geführt; der Beitritt geschieht nicht durch Einschreibung oder Reichtum, sondern durch eine meritokratische Leistung. Die Übereinstimmung mit der offiziellen Ideologie und dem Wertsystem ist natürlich eine Conditio sine qua non dieser Leistung, und diese Übereinstimmung spielt eine noch größere Rolle, seit das Monopol über die öffentliche Meinung und über die Massenkommunikationsmittel zunehmend den Terror als ausschlaggebendes Instrument der sozialen Kontrolle ersetzt.
Diese beiden Welten werden, wie die Chinesen betonen, jeweils durch eine Supermacht dominiert - allerdings mit abnehmender Wirksamkeit.
Die Dritte Welt besteht aus der Unterabteilung jener kapitalistischen Länder, die - in Roy Jenkins' sarkastischer Formulierung - "der Ersten Welt gehören, durch sie geführt und unterentwickelt werden" (Jenkins: 1970, 18). Die wichtigsten politischen Systeme in diesen Ländern sind einerseits Varianten eines demagogischen Populismus und andererseits repressive, autoritäre Rechtsdiktaturen; beide sind sie stark monozentrisch. Sieht man von solch wichtigen gesellschaftsübergreifenden, aber nicht universalen "Welt"-Religionen wie Islam, Christentum, Buddhismus und Hinduismus einmal ab, so teilen sie kulturell nur die gemeinsame Erfahrung des Imperialismus und des durchdringenden Einflusses kapitalistischen Konsumdenkens.
Die Zweite Welt unterscheidet sich also wesentlich von der Ersten Welt. Sie ist nicht, wie die Weltsystemtheorie behauptet, einfach ein Teil des kapitalistischen Weltsystems, sondern ein soziales System einer anderen Ordnung, die mit dem Kapitalismus rivalisiert und eine Alternative zu ihm darstellt. Natürlich ist dieses Gesellschaftssystem kein disziplinierter Block mehr, wie unter Stalin. Es ist heute "polyzentristisch", und die beiden größten kommunistischen Mächte gehen sich gegenseitig an die Kehle. Die kleineren hängen, wie wir gesehen haben, besonders von der UdSSR ab, versuchen sich aber dem Druck, der sowohl von ihrem großen Bruder als auch von befreundeten kommunistischen Regimen kommt, zu widersetzen.
Die entscheidendsten Unterschiede existieren jedoch zwischen den beiden Gesellschaftssystemen. Die Antagonismen zwischen den Nationalstaaten sind entweder Oberflächenerscheinungen dieser grundsätzlicheren Konflikte oder historische Erbschaften einer ungleichen Entwicklung. Dieser "Grundwiderspruch" sollte deshalb nicht verdunkelt werden - etwa weil es eine gegenseitige Annäherung oder eine Allianz kommunistischer und kapitalistischer Mächte gibt. Daß die Sowjetunion sich einst mit den führenden kapitalistischen Ländern gegen die nationalsozialistische Invasion verbündete (und andersherum: daß die kapitalistischen Mächte sich mit jenen "schrecklichen" Kommunisten zusammentaten), macht keinen von ihnen auch nur im geringsten weniger kommunistisch oder kapitalisch.
Es ist deshalb keineswegs der Wunsch nach einer Wiederbelebung des

Kalten Krieges, der mich auf die unverrückbaren Antagonismen zwischen den zwei Gesellschaftssystemen hinweisen läßt. Daß sie seit längerem in eine Phase positiverer Beziehungen eingetreten sind - "Koexistenz" im sowjetischen Fall, im chinesischen Fall Lorbeerkränze für jeden, der die Politik zur Isolierung der UdSSR unterstützt - sollte uns nicht blind machen für das äußerst begrenzte, situationsabhängige und provisorische Wesen dieser "Versöhnungen". Es gäbe heute keine Armut mehr auf der Erde, wenn der Anteil des Welt-Outputs, der jetzt in den Hauptkonflikt geht - den kapitalistisch-kommunistischen Rüstungswettlauf -, nicht ebenso groß wäre wie der Anteil der produktiven Investitionen. Daher ist ungeachtet realer Entspannung, ungeachtet polyzentristischer Tendenzen in beiden Welten, die chinesische Formel "streiten und sich heimlich verbünden", mit der das Wesen der "Klassenkollaboration" erfaßt werden soll, übertrieben - zu neutral und zu stark von einer Verschwörungstheorie geprägt -, denn immer noch herrscht der Kampf vor.
Alles, was geschah - aber das war nicht wenig -, ist, daß unter der Drohung der gegenseitigen nuklearen Vernichtung die Koexistenz (eine sehr negative Formel, die die Übereinstimmung meint, sich nicht gegenseitig auszurotten) die frühere Bereitschaft ersetzt hat, auch das Undenkbare - im amerikanischen Fall "roll-back" - zu denken. An deren Stelle traten begrenztere Konfrontationen, die vorzugsweise durch Stellvertreter ausgefochten werden. Dies bedeutet aber immer noch heiße Kriege und ideologische Kämpfe. Die Begrenzung der Manövrierfähigkeit der Supermächte, vor allem die eingeschränkte Möglichkeit, auf die endgültige "Abschreckung" zurückzugreifen, schuf eine Nische, in der es kleineren Ländern - vor allem Vietnam - möglich war, dieses partielle Machtvakuum auszufüllen. Koexistenz ist also vor allem eine Folge militärischer Überlegungen, eine Facette internationaler Beziehungen, die in so vielen Modellen gar nicht auftaucht. Der Handel zwischen kapitalistischer und kommunistischer Welt ist in jedem Fall sehr begrenzt. Tatsächlich ist ja, wie wir sahen, das Frappierende an der sowjetischen und an der chinesischen Entwicklung nicht ihre abhängige Position in einem kapitalistisch-ökonomischen Weltsystem, sondern ihre unabhängige, lange Zeit recht autarke Entwicklung "in einem Land".
Das Weltsystem, als ein System des Handels, spielt in der kommunistischen Entwicklung eine untergeordnete Rolle. Es sind die kapitalistischen Länder, die den Welthandel dominieren; die USA z.B. verbrauchen mindestens ein Drittel der knappen Weltressourcen. In dem Maße aber, wie der Außenhandel einen Teil der gesamten sowjetischen Wirtschaft bildet, ist das Weltsystemmodell korrekt: Die kapitalistische Beherrschung des Weltmarkts hat ernstliche Konsequenzen für die Binnenwirtschaft der sozialistischen Länder, so daß sie sogar interne "Hartwährungsmärkte" für die Privilegierten besitzen. Und für alle, Privilegierte oder nicht, ist der Lebensstandard in Irkutsk und Harbin insofern durch Entscheidungen, die in Washington und London fallen,

beeinflußt - durch die Notwendigkeit, Konsumgüter und andere Waren auf dem Weltmarkt zu verkaufen, und durch den nuklearen und konventionellen Rüstungswettlauf, der überall auf Kosten der Massen geht. Die weltweiten Militärausgaben sind heute ungefähr genau so hoch wie das gesamte Geld- und Naturaleinkommen der ärmsten Hälfte der Erdbevölkerung (Jolly: 1978).
In der Weltsystemtheorie sind es die universalen Prozesse, die betont werden - und dies zu Recht. Unterschiede in den Gesellschaftssystemen werden auch nicht unterschlagen. Innerhalb ihrer Modelle nehmen sie aber einen ganz anderen Rang ein: Ob ein Land kapitalistisch oder kommunistisch ist, ist für sie zunächst nicht entscheidend. Was zählt, ist die Tatsache, ob es zu den Zentrumsländern, zu den peripheren oder semiperipheren Ländern gehört: also die ihm zugewiesene Position in einer "Hierarchie von Beschäftigungsaufgaben" (Wallerstein: 1974, 350).
Somit folgt Wallerstein, wie wir gesehen haben, der frühmarxistischen und spättrotzkistischen Tradition der Ablehnung von "Sozialismus in einem Land" als einer "logischen und tatsächlichen Unmöglichkeit". Denn in dieser Sicht kann Sozialismus nur auf der Basis eines egalitären, politisch und ökonomisch kollektiven Entscheidungsprozesses zwischen den Ländern entstehen, was schließlich eine Weltregierung erfordern würde. Doch - so bemerkt Wallerstein (1974, 348) - "eine Weltregierung gibt es nicht"; deshalb logischerweise auch keinen Sozialismus. Es gibt nicht einmal eine "sozialistische Wirtschaft", sondern nur "sozialistische Bewegungen, die bestimmte Staatsmaschinerien kontrollieren". Deshalb müsse der Anspruch, daß sie sozialistisch sind, "mit Vorsicht behandelt werden" (Wallerstein: 1974, 351). "Dies ist", erklärt er, "bloß eine Variante des klassischen Merkantilismus", und der kommunistische Staat ist, wie wir oben sahen, lediglich eine "kollektive kapitalistische Firma", da "er ein Teilnehmer am kapitalistischen Weltmarkt bleibt" (Wallerstein: 1979, 90, 68f.).
Diese Theorie teilt die verbreitete Ansicht, daß es alles mögliche ist, nur kein Sozialismus; oder die damit verwandte Ansicht, es habe sozialistisch begonnen, sei dann unterwegs aber irgendwo schiefgelaufen. Nach meiner Ansicht ist das ein idealistisches, willkürliches Wegdefinieren der Probleme des sozialistischen Aufbaus. Denn Tatsache ist nun einmal, daß diese Länder in sämtlichen institutionellen Bereichen nach ganz anderen Kriterien als kapitalistische Gesellschaften organisiert sind. Und es sind diese inneren Arrangements, die ihren eigenen Charakter ausmachen. Die entscheidende Eigenschaft besteht darin, daß sie "Befehlswirtschaften" sind, die auf kollektivistischer Produktion basieren und auf eine Ethik der "sozialen" Verteilung orientiert sind: ein alternatives Weltsystem, in dem sowohl die Ziele als auch die politisch monistischen Mittel auf einer Interpretation des Marxismus beruhen und nicht auf einer Wirtschaftstheorie des Laissez-faire oder einer bürgerlich-demokratischen Verfassungstheorie. Daher ist die Behauptung, diese Länder seien keine "wirklich" reinen

marxistischen Staaten (also "deformiert"), und die menschlichen Kosten für den Einsatz dieser Mittel - einschließlich 25 Millionen Toten - könnten nicht dem Sozialismus angelastet werden, sowohl ein philosophischer Sophismus als auch eine politische Ausflucht - eine Ausflucht, die gemeinhin mit dem Argument operiert, daß "der Sozialismus (wie das Christentum) noch nicht einmal versucht worden ist". Dies sind jedoch Staaten, die exakt nach einer "Lesart" von Marx - nicht der einzig möglichen allerdings - entstanden sind.

DER ZERFALL DER DRITTEN WELT

Modelle von drei Welten waren die Antwort auf die Entstehung einer ganzen Reihe von neuen unabhängigen Ländern, besonders in Afrika in den sechziger Jahren. Obwohl sie ökonomisch immer noch von der Metropole abhingen - wie ihre Vorgänger in Lateinamerika -, waren sie durch ihre noch ganz frische Erfahrung des Kolonialismus so geprägt, daß sie sich zu einer lockeren Gruppe von "blockfreien" Mächten zusammenfanden. Ihr Bestreben war es, die Entkolonisierung intern und weltweit zu Ende zu bringen und ihre neugefundene Unabhängigkeit nicht zu verlieren: also sich zwischen der Washingtoner Scylla und der Moskauer Charybdis hindurchzumanövrieren - in einer Welt, in der der Kalte Krieg in den Zentrumsländern dem recht heißen Krieg entsprach, der in einer Reihe von Zusammenstößen in den Bruchzonen längs der zwei geographischen Blöcke stattfand. Diese Kriege wurden oft indirekt auf dem Territorium der Länder der Dritten Welt ausgefochten.
In der Innenpolitik dieser Länder war das Gegenstück der "Blockfreiheit" eine Rhetorik des Populismus (Worsley: 1967, Kap. 4; Ionescu/Gellner: 1969) - und gewöhnlich, so stellte sich heraus, war es wirklich nur Rhetorik, die in Form einer einzigen Massenpartei und einer offiziellen Ideologie institutionalisiert war und durch eine Mythologie der unmittelbaren Beziehung zwischen Führer und Volk oder zwischen Partei und Volk aufpoliert wurde. In Wirklichkeit aber war dieser Populismus - trotz seiner emphatischen Hinwendung zu den Armen (den Descamisados usw.) - nur eine neuaufgelegte Version des traditionellen hierarchischen Patron-Klientel-Systems zugunsten jener Individuen und Gruppen, die sich in die Parteilinie einfügten. Auch wurde die Agrar- und Industriebourgeoisie nicht ihrer Macht beraubt. Aber die Massen wurden mobilisiert und entwickelten sich zu einer Kraft auf der politischen Szene. Ein oder zwei Länder auf dem Weg zur Industrialisierung, besonders Argentinien unter Perón, verfügten denn auch über wirtschaftliche Mittel, mit der die Rhetorik des Populismus in die Praxis umgesetzt werden konnte. Das geschah mit Hilfe einer Einkommensumverteilung zugunsten der Arbeiterklasse (oder bevorzugter Teile von ihr) und mit Hilfe einer erstmaligen politischen

Beteiligung der Arbeiterklasse, besonders der Gewerkschaften, am öffentlichen Leben - allerdings in Form einer Einbindung als Teil der Einheitspartei. Als aber die Arbeiterklasse nicht dazu gebracht werden konnte, ihre Forderungen auf diesen Rahmen zu beschränken, begann wachsende Militanz Profite und Stabilität so sehr zu bedrohen, daß eine Gegenoffensive der herrschenden Klasse unvermeidlich wurde. Das bedeutete militärische Repression - und das Ende des praktischen Populismus.

Nicht nur der interne Populismus verschwand, sondern auch seine Entsprechung auf der internationalen Ebene, in den zwischenstaatlichen Beziehungen. Seit der Bandung-Ära ist die Dritte Welt als internationaler Machtfaktor immer mehr zerfallen. Heute ist die Gruppe der "Blockfreien" nur mehr in einem imaginären Sinne blockfrei. Kleiner und passiver geworden, besitzt sie heute keine Glaubwürdigkeit mehr. Diese Schwäche manifestiert sichtbar das Versagen jener Ideologie, die diese Gruppe mit sozialer Zielsetzung und Dynamik ausgestattet hatte - nämlich des "Dritten Weges", der weder kommunistisch noch kapitalistisch sein sollte. Die Dritte Welt verkam zunehmend zu einer leeren Hülse, und es ist genau das Zentrum, was das meiste weggefressen hat: Ein Land nach dem anderen wurde auf seiner Suche nach einer Entwicklungsstrategie zu einem der beiden Gegenpole im Weltsystem hingezogen.

Die meisten haben natürlich für eine innige Verpflichtung gegenüber dem mächtigsten System, dem Kapitalismus, optiert. In ein paar Fällen haben kommunistische Regime die Macht errungen. Da aber gerade die Blöcke selbst, denen sie sich anschlossen, weniger einheitlich wurden, verringerte sich auch die Furcht vor Beherrschung. Die Zweite Welt wurde durch die Herausforderung Chinas, durch das Aufkommen verschiedener Arten von Eurokommunismus in Westeuropa, durch unorthodoxe Ansätze innerhalb Osteuropas und durch nationale Konflikte zwischen kommunistischen Staaten in Südostasien erschüttert. Die ökonomische Stärke der UdSSR hat allerdings sichergestellt, daß die meisten neuen kommunistischen Länder (Kuba, Vietnam, Mozambique, Angola) in die Abhängigkeit von der kommunistischen Supermacht gezwungen wurden. Nur ein Land, das wie die USA und die UdSSR praktisch ein Kontinent ist - China -, ist trotz seiner Armut fähig gewesen, sich unabhängig von sowjetischer (oder amerikanischer) Hilfe zu entwickeln - und dies auch trotz der Extralasten, die durch die militärische Konfrontation mit der UdSSR entstanden.

In der Folge ihrer welthistorischen Niederlage in Vietnam war es der anderen Supermacht nicht mehr möglich, ihre Autorität selbst über die am engsten verbündeten Satelliten wie Iran und Nikaragua zu bewahren, um nur die jüngsten Beispiele zu nennen.

Der politische Zerfall der Dritten Welt wurde auch von einem ökonomischen begleitet. Ich möchte darauf hinweisen, daß diese zwei Prozesse nicht nahtlos ineinander überlaufen. Die wachsende ökonomische Macht der ölproduzierenden Länder und ihre Herausforderung an die

Hegemonie der Ersten Welt läuft nicht auf eine Identifizierung mit der entscheidenden Systemalternative zum Kapitalismus hinaus. Weil es in Saudi-Arabien und Kuwait keine wirkliche Arbeiterklasse gibt, sondern sie von Immigranten ersetzt wird, und weil Populismus nicht mehr zur Debatte steht, drücken die ölproduzierenden Länder ihre Ablehnung der westlichen politischen und kulturellen Hegemonie eher durch die Wiederbelebung ihrer vorkolonialen Identität aus. So berufen sich radikale Internationalisten wie Ghadhafi auf die Traditionen des Islam, in dem Sunna (Brauch) und Hadis (Überlieferungen der Praxis des Propheten) gleich nach dem Koran immer Quellen der Legitimation gewesen sind (Gibb: 1962, Kap. 5), und sie interpretieren ihn neu, wie etwa Ayatollah Khomeyni, der im Koran eine Rechtfertigung für die ganz untraditionelle Abschaffung der Monarchie und deren Ersetzung durch eine Herrschaft der Mullas finden will.

Aber der Aufstieg der OPEC-Länder hatte auch besonders verhängnisvolle Folgen für die Einheit der früheren Dritten Welt. Natürlich ist Einheit immer relativ und situationsbedingt, abhängig vom Problem und vom Anlaß: Freunde in der einen Situation können in einer anderen im Extremfall zu Feinden werden. Die nichtindustrialisierten Länder, selbst die reicheren, agieren bei UNCTAD-Treffen zwar immer noch konzertiert als eine ökonomische Pressure-Group sowohl gegenüber der Ersten Welt als auch - wohlgemerkt - gegenüber den industrialisierten Ländern der Zweiten Welt, da diese zusammen den Welthandel beherrschen. Aber sie haben faktisch nichts zustande gebracht, und in anderen Zusammenhängen üben die "77" (tatsächlich über 120) keine solche Solidarität. Vor allem aber treffen die steigenden Ölpreise die agrarische Dritte Welt noch mehr, als sie den industriellen Westen schädigen.

Letztlich ist die Solidarität der "77" daran zerbrochen, daß einige von ihnen tatsächlich den "Take-off" in die Industrialisierung geschafft haben, wie Marx ursprünglich vorausgesagt hat. Aber linke Denker sind so auf die Vorstellung fixiert, Unterentwicklung werde auf Ewigkeit geschaffen und erhalten (eine Annahme, die Wallerstein nicht teilt, indem er auf den Abstieg ehemaliger Zentrumsländer zu Semiperipherien und einen ähnlichen Aufstieg einiger ehemaliger peripherer Länder zu einem semiperipheren Status hinweist), daß die meisten von ihnen nur unendlich langsam eine der wichtigsten Veränderungen unserer Zeit zur Kenntnis nehmen: den Aufstieg der ehemals kolonialen Schwellenländer zu Industrieländern, allerdings auf der Basis von Technologien, die der "Norden" weitgehend hinter sich gelassen hat. Hongkong ist heute Nummer 9 im Welthandel, Brasilien produziert 11,5 Millionen Tonnen Stahl pro Jahr, und Mexico City ist größer als London.

Es macht darum keinen Sinn, einfach weiterhin stereotyp von "Unterentwicklung" zu reden, wenn - wie Booth es formuliert - "deren Endprodukt" entweder "das Sertão oder Venezuela" sein kann (Oxaal/Barnett/Booth: 1975, 77). Daher ist "Abhängigkeit" ein brauchbareres Konzept als "Unterentwicklung", denn der Kolonialis-

mus hatte sowohl massive Innovation und Transformation als auch die Nutzbarmachung älterer Institutionen für neue Ziele mit neuen Methoden zur Folge. Beides trug zur Formierung abhängiger Ökonomien selbst nach der formalen politischen Unabhängigkeit bei. "Unterentwicklung" ist jedoch akzeptabel, wenn dieser Begriff - wie es oft der Fall ist - benutzt wird, um einen peripheren Status in der Weltökonomie zu bezeichnen.
Die Leistungen dieser Schwellenländer sind keine "Wirtschaftswunder". Sie hängen von der brutalen politischen Unterdrückung der sozialen und ökonomischen Forderungen der Arbeiterklasse ab. Hongkong ist juristisch immer noch eine Kolonie, und Südkorea und Taiwan sind von Jon Halliday als "halbmilitarisierte Gesellschaften" beschrieben worden, wo die überdimensionierte Militärmacht gegen die eigene Arbeiterklasse und nicht nur gegen China oder Nord-Korea gerichtet ist. Im Falle Mexikos, wo vor 70 Jahren eine Volksrevolution jede zehnte Person das Leben gekostet hat, mußten anschließend andere, geschicktere Formen der politischen Einbindung nicht nur der Arbeiterklasse, sondern jeglichen alternativen Machtzentrums in die herrschende Partei gefunden werden. Also sind Brasilien und zum Beispiel Bhutan, Burundi und Bolivien Welten für sich, und nicht mehr Teil derselben Dritten Welt, doch immer noch insgesamt abhängig von den kapitalistischen Zentrumsländern. Der Unterschied zwischen beiden kommt in V.S. Naipauls ironischer Bezeichnung der Karibik als "Dritter Welt der Dritten Welt" zum Ausdruck.

WIRTSCHAFT UND GESELLSCHAFT

Wir wiesen oben darauf hin, daß die Entwicklungsphasen in der kolonialen Welt Veränderungen in den Metropolen reflektieren, wo die wachsende Macht des absolutistischen Staates eine zunehmende Absicherung des Binnenhandels brachte. Das bedeutete eine Konsolidierung, die durch die Entwicklung nationaler Kulturen besiegelt wurde: die Erfindung einer neuen Geschichte, Tradition und Identität. Aber die neue Bourgeoisie bildete erst nur Inseln in einem vorherrschend feudal-agrarischen System; erst anderthalb Jahrhunderte nach der englischen Revolution war sie stark genug, die Staatsgewalt zu übernehmen; und erst ein weiteres Jahrhundert später setzte sich die maschinelle Produktion durch. Herrschende Klassen entstehen nur langsam. Ihr Zusammenhang ist deshalb selbst problematisch und veränderlich, und jener zwischen politischen Institutionen und ökonomischen Systemen war niemals reibungslos. So bemerkt Hill (1976, 21): "Die absolute Monarchie war eine Form der feudalen Monarchie, die sich von der vorangehenden Monarchie des feudalen Grundbesitzes unterschied. Aber die herrschende Klasse blieb dieselbe, genauso wie

Republik, konstitutionelle Monarchie und faschistische Diktatur allesamt Formen der bürgerlichen Herrschaft sein können."

Bei der kapitalistischen Umformung der Ökonomie sind die zwei entscheidenden Mobilisierungsfaktoren die Akkumulation von Kapital und die Entstehung einer Arbeiterklasse. In Weltsystemmodellen ist zuerst die Beherrschung der Zentrumszone, dann die der übrigen Welt der entscheidende Mechanismus in der Genesis des Kapitals, das den Industrialisierungsprozeß vorwärtstreibt. Nationalistische Versionen dieses allgemeinen Modells betonen natürlich den besonderen Beitrag, der durch die Ausbeutung ihres eigenen Landes geleistet wurde: Karibische und afrikanische Autoren betonen, wie Europa diese Länder durch den Dreieckshandel, durch Zuckerrohrplantagen und Sklaverei "unterentwickelt" hat; indische Historiker heben die Plünderung Indiens durch die Nabobs des 18. Jahrhunderts und die Vernichtung seines Handwerks hervor; Sinologen den Opium- und Teehandel usw. Aber die allgemeine Stoßrichtung ist klar. Wallerstein (1974, 77) zitiert Marx' Ausführung über die Entstehung des modernen Kapitalismus: "Welthandel und Weltmarkt eröffnen im 16. Jahrhundert die moderne Lebensgeschichte des Kapitals" (Marx: 1969, 161). Und weiter (Wallerstein: 1979, 147): "Die direkte Sklaverei ist der Angelpunkt unserer heutigen Industrie ebenso wie die Maschinen, der Kredit, etc. Ohne Sklaverei keine Baumwolle; ohne Baumwolle keine moderne Industrie. Erst die Sklaverei hat den Kolonien ihren Wert gegeben, erst die Kolonien haben den Welthandel geschaffen, der Welthandel ist die notwendige Bedingung der maschinellen Großindustrie" (Marx: 1976, 458).

Der Beitrag der Kolonien für die ursprüngliche Akkumulation wird allerdings gerne übertrieben, selbst was den großen Reichtum betrifft, der aus den westindischen Besitzungen hereinströmte: "Weniger als ein Viertel des Einkommens der spanischen Krone resultierte aus dem amerikanischen Silber" (Elliott: 1970, 147). Um 1700 "betrug der Anteil des Kolonialhandels etwa 15 Prozent des gesamten Handelsvolumens, 1775 rund ein Drittel" (Hobsbawm: 1969, 52). Um die Mitte des 19. Jahrhunderts "brachten zwischen 200 und 300 Millionen Pfund Sterling britischer Kapitalinvestitionen - ein Viertel davon in den USA, fast ein Fünftel in Lateinamerika - Dividenden und Bestellungen aus allen Teilen der Welt zurück" (Hobsbawm: 1964, 72). "Großbritanniens Industriewirtschaft wuchs aus seinem Handel, insbesondere seinem Handel mit der unterentwickelten Welt, hervor" (Hobsbawm: 1969, 54).

Aber nicht die relative Bedeutung des Binnenmarktes oder des europäischen Marktes im Verhältnis zur übrigen Welt ist wirklich das Problem. Vielmehr war es der Einsatz des Kapitals in der Weise, daß "zum ersten Mal in der Menschheitsgeschichte die Produktivkraft der menschlichen Gesellschaft von ihren Fesseln befreit wurde und sie von da an zur konstanten, rapiden und bis heute grenzenlosen Vermehrung von Menschen, Waren und Dienstleistungen fähig wurde" (Hobsbawm: 1964, 45). Damit dies geschehen konnte, mußte sich zuerst die politische Revolution durchsetzen und zwar nicht nur als Aneignung der Staatsmacht, sondern auch als Neuformung des Staates. "Das entscheidendste Einzelergebnis in der ganzen britischen Geschichte", so hat Hill (1969, 98) bemerkt, war "die Zerstörung der königlichen Bürokratie in den Jahren 1640-1641" - also mehr als hundert Jahre vor dem Höhepunkt der Industriellen Revolution.

Die Unterscheidung zwischen "externer" und "interner" Kapitalbildung wird auch schnell metaphysisch, sobald Profite, die aus Indien repatriiert und in der britischen Industrie investiert wurden, nach ihrem ersten Einsatz zu "internem" Kapital werden. Was auch immer die Bedeutung des Außenhandels und der überseeischen Profite sein mag, letztlich ist es die Transformation der Produktionsweise zu Hause, die entscheidend war. In der merkantilistischen Ära spiegeln die absolutistische Zentralisierung und die kulturelle Integration - also das Ende dessen, was Anderson "parzellierte Souveränität" nannte - eher die anfängliche Bedeutung der Binnenwirtschaft als die des Außenmarktes wider. Und der maßgebliche Außenhandel spielte sich in Europa ab. Erst sehr viel später wurde die außereuropäische Welt tatsächlich wichtiger.

Folglich bleibt es entscheidend zu erklären, weshalb bestimmte Länder nacheinander den Führungsvorsprung gewannen beziehungsweise verloren.

In Wallersteins System, so hat Brenner (1977, 57) argumentiert, "fungieren technologischer Fortschritt und Innovation als Deus ex machina, besonders die quantitative ... Ausdehnung der Arbeitsteilung, die Spezialisierung ermöglicht" - Spezialisierung, welche unter der Perspektive der Arbeitsorganisation "am besten für bestimmte Arten der Produktion geeignet ist" (Wallerstein: 1974, 87). So heißt es zum Beispiel bei Wallerstein (1979, 71): "Welche Produkte bei diesem 'ungleichen Tausch' ausgetauscht werden, ist eine Funktion der Welttechnologie". (Ich gehe hier nicht auf die Implikation seiner funktionalistischen Sprache ein: "Aufgaben", "Zuteilung", "Funktionen", "Hierarchien" usw., aber das wäre durchaus möglich.)

"Lohnarbeit" - so Wallerstein (1974, 127) - "ist die Form von Verfügungsgewalt über die Arbeit, die für qualifizierte Tätigkeiten in den Zentrumsländern gebraucht wird; ... Zwangsarbeit jene ... für ungelernte Tätigkeit in peripheren Zonen. Die Kombination beider ist das Wesen des Kapitalismus." Aber er hat auch die Tendenz, auf andere Arten vorsoziologischer Erklärungen zurückzugreifen - zum Beispiel geographische: "Die natürliche Geographie ... bedeutete weniger Hindernisse" für eine zentralisierende Monarchie in England als anderswo; "mit dem Zucker kam die Sklaverei"; Portugal mußte "wegen seiner Geographie" nach Übersee expandieren; - und demographische: "Die Demographie spielte eine entscheidende Rolle", um zu erklären, weshalb "es in Nordwesteuropa Vertragsarbeit und in Osteuropa Zwangsarbeit gab" (Wallerstein: 1974, 231, 43, 47, 112).

Doch wie Hill (1969, 82) bemerkte, liefert die "Geographie ... nur notwendige Bedingungen, aber keine hinreichende Erklärung des 'Warum'". Es geht hier nicht darum, die Bedeutung von Boden, Klima usw. für bestimmte Arten der Produktion völlig abzustreiten. Aber die Tendenz geht dahin, diese Erklärungsmuster auf Kosten von Erklärungen in Begriffen gesellschaftlicher Institutionen oder kultureller Orientierungen zu akzeptieren. So weist Brenner darauf hin, daß jene Formen von Klassenbeziehungen, die die im Verhältnis raschere Entfaltung des Kapitalismus in England gestatteten, unterbewertet werden - "die bereits günstigen Klassen- oder gesellschaftlichen Produktionsverhältnisse, die durch die Aufhebung sowohl der Leibeigenschaft als auch des geschützten bäuerlichen Eigentums gekennzeichnet sind" (Brenner: 1977, 76). Macfarlane (1978) hat nun eine ganze Reihe weiterer prädisponierender Faktoren für Großbritannien vorgeschlagen. Keiner davon beschränkt sich auf Geographie oder Technologie. Vielmehr förderten sie die Entwicklung von Sozialbeziehungen, die überhaupt erst die im engeren Sinn politischen Veränderungen verlangten, wie sie Wallerstein und Anderson in den Fußstapfen Webers richtigerweise betonen: Die Monopolisierung der Macht durch den Monarchen (stehende Heere), die Schaffung eines wirksamen staatlichen Steuersystems, einer effizienten Verwaltung, die Hegemonie einer nationalen Kultur usw.
Das Wachstum von Handel und Produktion, das durch diese Veränderungen der politischen und sozialen Institutionen stimuliert wurde, die wachsende Sicherheit des Marktes und der Transportwege, die Entwicklung von Verträgen, Maßen und Gewichten und die des Münzwesens - das alles ist ausführlich von den Historikern beschrieben worden. Aber dies war noch nicht jener Kapitalismus, der in die Industrielle Revolution führen sollte. Vielmehr waren es merkantilistisch-kapitalistische Produktionssysteme, die durch monopolistische Kaufmanns- und Handwerkszünfte den Handel nicht nur kontrollierten, sondern ihn regelrecht einschränkten, indem sie das freie Spiel der Kräfte auf dem Markt und Neuerungen zu Hause genauso behinderten, wie es später in den Kolonien geschah. Daher kommt Marx (und dies greift auch Brenner auf) zu dem Schluß, daß der Handel allein letztlich ungeeignet sei, den Übergang von einer Produktionsweise zur anderen zu fördern und auszuführen (Marx: 1968, 342ff.). Der Aufstieg der modernen Version des Kapitalismus war erst mit der Bildung einer Unternehmerbourgeoisie möglich, die nicht nur auf Stadt-Land-Handel, sondern auf Expansion orientiert war, also auf Innovation in der Produktion, und hier vor allem in der Industrie. Es dauerte sehr lange, bis sie stark genug war, es mit dem absolutistischen Staat und einer ganzen Reihe sozialer Institutionen, die ihn stützten - von der Kirche bis zum System feudaler Abhängigkeiten -, aufzunehmen. Diese Klassenkämpfe, die in einer politischen Revolution mündeten, werden verdunkelt, wenn wir unser Augenmerk in erster Linie auf die außereuropäische Welt richten, um zu verstehen,

warum sich der Kapitalismus zuerst in bestimmten Ländern Westeuropas durchsetzte.
Der Übergang zum Kapitalismus beinhaltet, wie Weber betonte, mehr als nur Veränderungen in Staat und Ökonomie. Er beinhaltet wechselseitig bedingte Veränderungen im ganzen System sozialer Institutionen und kultureller Orientierungen. Das beste Beispiel dafür ist Webers Diskussion der Beziehung zwischen protestantischer Ethik und Kapitalismus. Diese Einsicht hat durch Macfarlanes sehr gut begründete und dokumentierte Analyse des Individualismus als eines bereits viele Jahrhunderte vor dem Triumph der Bourgeoisie wirksamen Faktors in Wirtschaft, Familie und Gesetzgebung eine neue Bestätigung erfahren. Die Entwicklung des Kapitalismus in England ist demnach genausogut dem Vorhandensein von nichtökonomischen Institutionen und Werten geschuldet, die kapitalistische Produktion und kapitalistisches Unternehmertum begründet haben, und nicht einfach der Existenz ökonomischer und politischer Institutionen per se. Denn die ersteren waren - in einer Formulierung, die auf Weber zurückgeht - mit letzteren "wahlverwandt". Dies heißt nicht, daß das eine das andere verursachte. Es ist deshalb sehr interessant zu beobachten, wie Anderson anfangs in makellos marxistischer Manier den Übergang vom Feudalismus zum Kapitalismus unter der Perspektive von Produktionsweisen und Gesellschaftsformationen behandelt, dann aber die wechselseitig bedingte Bedeutung zweier "kultureller" Institutionen betont: der römisch-katholischen Kirche - "außerordentlich" in ihrer Beharrlichkeit, "unentbehrlich" als Brücke zwischen Antike und Mittelalter - und der Wiederbelebung des römischen Rechts in einer Form, daß es "die Idee des absoluten Privateigentums an Land" und "die Konzentration der Klassenmacht des Adels in einem zentralisierten Staatsapparat" stärkte (Anderson: 1974a, 131ff.; 1974b, 24ff.).
"Die Ökonomie" ist natürlich eine analytische Abstraktion, die in der Realität niemals "an sich" existiert. Es ist der Beobachter, der durch analytische Setzung soziales Verhalten klassifiziert und diesen oder jenen Aspekt davon in eine Schublade schiebt, die er dann "Politik", "Ökonomie", "Psychologie" usw. nennt. Im 18. Jahrhundert war dieser Prozeß der Zerlegung noch nicht so weit fortgeschritten, und er war auch noch nicht in das Denkschema der Pioniere der Sozialwissenschaft, einschließlich Marx, eingebaut. Auf verschiedene Weise versuchte man damals die Idee der gegenseitigen Abhängigkeit von Produktions- und Konsumtionssphäre und anderer sozialer und kultureller Institutionen beziehungsweise Werte zu bewahren, sei es, indem man den Begriff "Politische Ökonomie" im gleichen Sinne wie "Sozialwissenschaft" gebrauchte, oder indem man zwischen Staat und "ziviler Gesellschaft", letztere einschließlich der Ökonomie, unterschied.
Doch dieser aufgeklärten Perspektive war kein langes Leben beschieden: Die klassische Ökonomie sollte bald "das Ökonomische" nicht nur zu einer Abstraktion, sondern auch noch zur entscheidenden Determinante machen. Der Kapitalismus sei rational, hieß es, insofern er durch

die "rein" ökonomischen Prinzipien von Angebot und Nachfrage, die sich nur auf dem Markt artikulieren, beherrscht wird. Alles andere - die Gesamtheit der "nichtökonomischen" Institutionen und Werte - sollte die Wirtschaft nicht beeinflussen: Wenn es dennoch geschehe, sei das "irrational".
Auch Marx befand sich manchmal auf dem Holzweg - wie Generationen von Marxisten nach ihm -, wenn er diesen Aspekt der Laissez-faire-Ideologie für bare Münze nahm, die in den Worten Sahlins (1976, 165) "eine einzige kulturelle Logik als Definition der materiellen Bedürfnisse aller installiert".
Gegen diesen Mythos des "Nachtwächterstaates" argumentiert Wallerstein zu Recht, daß "innerhalb einer kapitalistischen Weltwirtschaft ein freier Markt niemals existiert hat oder hätte existieren können. Der hypothetische freie Markt ist ein intellektuelles Konstrukt, das dieselbe gedankliche Funktion hat wie die reibungsfreie Bewegung, nämlich die eines Standards, von dem aus der Grad der Abweichung gemessen wird" (Wallerstein: 1979, 149). "Statt eines Systems des freien Wettbewerbs aller Verkäufer ist es vielmehr ein System, in dem es nur dann zu relativ freiem Wettbewerb kommt, wenn der ökonomische Vorteil der Oberschichten so klar ist, daß das unbeschränkte Wirken des Marktes dazu dient, das bestehende Schichtungssystem effektiv zu verstärken" (Wallerstein: 1979, 16).
Aber dies ist noch eine zu absolute und ahistorische Aussage. Denn der Staat interveniert nicht immer, er spielt auch nicht immer dieselbe Rolle. Der absolutistische Staat maßte sich durchaus die Macht an, "Grundherren" in "Gutsherren" zu verwandeln. Er intervenierte machtvoll und wurde so der Geburtshelfer der neuen, industriellen Ordnung. Aber dann ließ dieser Staat der Bourgeoisie - "der Ökonomie" - freien Lauf in der langen Epoche "vor dem Sozialismus". Und in den Kolonien konnten die neuen "Gutsherren" zu "ökonomischem Zwang", wie Alavi es nennt, übergehen; dieser Prozeß erübrigte eine direkte Führung der Wirtschaft durch den Staat.
Die Beziehungen zwischen Politik und Ökonomie sind also historisch variabel. Doch es gibt wichtige Unterschiede in Art und Ausmaß von Zwang, die Wallersteins Modell auch erkennt, von denen es aber manchmal auch absieht; das ist etwa dann der Fall, wenn es heißt, ein Produzent, der weniger bekommt, als er produziert, sei "objektiv ein Proletarier". In diesem Modell wird alle Ausbeutung zur kapitalistischen, solange sie auf einen Marktprofit orientiert ist. Feudalismus, Sklaverei, bürokratischer Despotismus, Kapitalismus verschmelzen einfach zu einer verallgemeinerten, ausbeuterischen "Klassengesellschaft".
Für eine dialektische Geschichtsschreibung und Soziologie muß sich jedoch gerade die Beziehung zwischen "der Ökonomie" und "dem Übrigen" als Problem stellen, und nicht als etwas Absolutes oder Selbstverständliches. Es ist somit einfach nicht wahr, daß "das grundlegende Bindeglied" zwischen den "Teilen" des merkantilistischen

Weltsystems ein "ökonomisches" war, denn Wallerstein muß dies sofort durch den Zusatz einschränken: "... obwohl es in einem gewissen Ausmaß durch kulturelle Verbindungen und schließlich auch durch politische Arrangements verstärkt wurde" (Wallerstein: 1974, 15). Auf Seite 77 der englischsprachigen Ausgabe seines "Modernen Weltsystems" wiederum definiert er den Kapitalismus des 16. Jahrhunderts als die "dominante Weise der sozialen Organisation der Ökonomie", ohne jedoch hier die Implikationen des Begriffes "sozial" theoretisch auszuführen. Was er in seiner exzellenten Analyse der Rolle Portugals in Asien (1974, 317ff.) in Wirklichkeit zeigt, ist die Abhängigkeit des Handels von der militärischen Fähigkeit, die Öffnung von Märkten zu erzwingen. Er zeigt außerdem, daß die Etablierung von Kolonien ein politischer Akt Spaniens war, der am Anfang stand - und nicht irgendeine nachökonomische "schließliche" Verstärkung.
Wallerstein macht sich an anderer Stelle resolut eine politökonomische Position zu eigen: "Es ist nicht nur heute falsch, das kapitalistische System als ein System freien Unternehmertums zu beschreiben, sondern es gab niemals einen Moment in der Geschichte, wo dies ein vernünftiges beschreibendes Etikett gewesen wäre. Das kapitalistische System war immer schon eines, wo der Staat in die 'Freiheit' des Marktes eingegriffen hat im Interesse von einigen und gegen das Interesse von anderen" (Wallerstein: 1979, 121).
Dies ist exzellent gesagt, obwohl es weitergeführt werden muß. Denn wir sind alle Opfer eines reduktionistischen Materialismus, einer klassisch bürgerlichen Konzeption, die im Widerspruch zu einer dialektischen Sozialwissenschaft steht. Vor etwa zwanzig Jahren meinte Denis Wrong (1961), die moderne Sozialwissenschaft würde von einer "übersozialisierten" Konzeption des Menschen heimgesucht. Heute werden wir durch "überintegrierte" Konzeptionen der Gesellschaft und der Weltgesellschaft verführt. Wie Gouldner betont hat, formulierte der Funktionalismus der Parsons-Schule ein Modell "des sozialen Systems", das den Subsystemen zu wenig Autonomie zuspricht (Gouldner: 1971, 215f.). Das gilt auch für die heutigen "System"-Marxismen, die gleichermaßen überintegriert sind - ihre formalisiertesten Spielarten sind im Westen der Althusserianismus und in der kommunistischen Welt der sowjetisch-funktionalistische Marxismus.
Sicher, ökonomische Erfordernisse drängen der Gesellschaft eine Logik der Notwendigkeit auf: Menschen müssen essen und mittels technischer und sozialer Apparate, die sie für diese Zwecke ererbt haben, produzieren, und die Gesellschaft muß damit - wie Sahlin es ausdrückt - "verproviantiert" werden. Aber diese Notwendigkeit "determiniert" nicht, was produziert wird, wie die technische Arbeitsteilung verbreitet wird, welche Dinge wertvoll werden; sie determiniert nicht die Natur der Bedürfnisse, ob Dinge Waren werden, die Produktionsziele, die Verteilung von Konsum und Besitz. Dies alles ist nicht der Produktionsweise irgendwie angeboren, es sei denn - und dies ist allzu oft der Fall - sie wird nur unter der Perspektive der Logik des "Ar-

beitsprozesses" begriffen. Sie sind niemals nur Aspekte einer Produktionsweise allein, sondern immer einer Weise der Produktion und der Aneignung, und dazu jener ganzen Reihe sozialer und kultureller Systeme, in die Produktion und Aneignung eingebettet sind.
Der Kapitalismus versucht, wie jedes andere Gesellschaftssystem auch, seine kulturelle Logik all jenen Institutionen, die er aus der Vergangenheit ererbt hat, aufzuzwingen. Er braucht dies nicht absolut zu tun und alles zu erneuern, sondern nur an entscheidenden Punkten. Und er ist auch gar nicht fähig, alles zu entwurzeln und umzuformen. Er muß mit diesen tief verwurzelten Strukturen und Werten zu einer Übereinkunft kommen, indem er das Alte so "umarbeitet", daß es zumindest minimal mit den Erfordernissen des Neuen in Einklang steht. Dies beinhaltet nicht nur das sozio-kulturelle Vermächtnis aus der unmittelbaren Vergangenheit. Vielmehr umschließen Gesellschaften typischerweise eine ganze Anzahl von koexistierenden und konfligierenden Produktionsweisen und Institutionen, die durch ganze Epochen hindurch bestehen: "Statt eine kumulative Chronologie ... zu präsentieren, in der eine Phase auf die nächste folgt und sie aufhebt, ... macht die Entwicklung zum Kapitalismus das weiterbestehende Vermächtnis einer bestimmten Produktionsweise in einer Epoche deutlich, die an sich schon durch eine andere dominiert wird" (Anderson: 1974b, 421).
Auch in den Kolonien wurde der moderne Kolonialkapitalismus nicht nur durch das Erbe der unmittelbaren Vergangenheit - die des merkantilistischen Kapitalismus -, sondern auch durch jenes der vorkolonialen Verhältnisse geprägt.
Was produziert wird und wer was bekommt, wird kulturell und nicht einfach ökonomisch bestimmt. Die krassesten Formen des reduktionistischen Materialismus, das wollen wir jedoch festhalten, bieten uns nicht die Marxisten, sondern nichtmarxistische technologische Deterministen und anthropologische "Materialisten". Und einige Marxisten haben denn auch begonnen, "Kultur" als gesellschaftswissenschaftliches Konzept wahrzunehmen.
Der Mythos eines "Nachtwächterstaates" ist nun endgültig durch die Analyse von Foster (1974) über die besondere Rolle, die der Staat in Englands Industrieller Revolution spielte, zerstört worden. Auch wenn er bei einer "Basis/Überbau"-Sprache geblieben ist, hat er gezeigt, daß die Industrielle Revolution natürlich ökonomische und politische Klassenkämpfe zur Folge hatte, aber auch die totale Konfrontation der Klassenkulturen in allen Lebensbereichen, von den Schulen bis zu den Unterstützungskassen, von den Wirtshäusern bis zu den Kirchen: die Einhegung von Gemeindeland durch Parlamentsgesetze; die Vertreibung derjenigen, die es bearbeiteten; die Entstehung einer Arbeiterklasse; die Deportation ihrer rebellischen Führer nach Australien, das Sibirien Englands; der Gegenterror und die Bespitzelung der Gewerkschaften und Volksorganisationen; insgesamt also die Beseitigung einer proto-revolutionären Bedrohung in einem England, wo Baum-

wollarbeiter allnächtlich auf den Heideflächen außerhalb der Fabrikstädte für den Umsturz militärisch trainierten und wo mehr Truppen gegen die Bevölkerung eingesetzt waren als im Kampf gegen Napoleon auf der Iberischen Halbinsel; das Anwachsen einer konzertierten Kampagne, um die unabhängigen politischen und sozialen Institutionen der Arbeiterklasse zu unterminieren, von den Kirchen bis zu den Wirtshäusern; und die Bereitstellung mildtätiger Hilfe für zumindest einige. Bei all dem spielte der Staat eine zentrale Rolle. Innerhalb von dreißig Jahren konnte die Gefahr einer Revolution gebannt werden.
Dennoch war das nicht immer so: Das Ausmaß und die Methode staatlicher Intervention müssen weiterhin als Problem gesehen werden, als Gegenstand einer empirisch-historischen Untersuchung, denn die herrschenden Klassen sind nicht immer genötigt, eine solche kulturelle Gegenoffensive zu entfesseln. Die Beziehungen zwischen Politik, Ökonomie und den anderen Bereichen der Gesellschaftsordnung variierten von Epoche zu Epoche, genauso wie von Gesellschaft zu Gesellschaft. Sie können nicht auf irgendeine schematische Formel über "die Rolle des Staates" unter dem Kapitalismus reduziert werden, wenn, wie wir gesehen haben, "der Kapitalismus" immer wieder Transformationen durchmachte. Was den Kapitalismus jedoch letztlich kennzeichnete, war der ihm innewohnende Drang zur Unendlichkeit (ein Drang, der heute die Gegenphilosophie der "Grenzen des Wachstums" hervorruft). Diese Dynamik ist ebenso typisch für den Staatssozialismus, der sich der Erhöhung des Lebensstandards als seinem wichtigsten Ziel verschrieben hat; der Kontrast kommt sehr lebendig zum Ausdruck, wenn wir die Gesellschaften betrachten, die - wie Sahlin es nennt - "Zen-Ökonomien" besitzen, oder jene, die er als "ursprüngliche Überflußgesellschaften" bezeichnet, nämlich solche Völker, die individuell produzieren, doch gesellschaftlich aneignen (Sahlins: 1972).
Kapitalismus ist denn auch nicht der Prototyp der menschlichen Gesellschaft. Er ist die entwickeltste Form einer Klassengesellschaft, die auf dem Privateigentum an Produktionsmitteln beruht. Um ihn zu verstehen, scheinen die Konzepte von "Wahlverwandtschaft" und von "Kultur" angemessener als überintegrierte Basis/Überbau- oder Weltsystemmodelle. Denn diese verlangen laufend Ausbesserungen; sie führen zu kasuistischen Unterscheidungen zwischen dem "Bestimmenden" und dem "Bestimmten" - so etwa, daß "die Ökonomie" nur "in letzter Instanz", "auf lange Sicht", "letzten Endes" "bestimmend" sei - oder zum aufgeplusterten Soziologenjargon von "Instanzen", "rechtlich-politischem" und "ideologischem" "Überbau" und was es da sonst noch alles gibt.
Statt von "Ökonomien" oder Systemen zu sprechen, die die menschliche Entwicklung anscheinend unabhängig von menschlicher Tätigkeit determinieren, sollten wir lieber auf die humanistische ("prometheische") Idee zurückgreifen, die Marx von der Aufklärung übernommen hat: daß die Menschen "ihre eigene Geschichte" machen - "aber sie

machen sie nicht aus freien Stücken, nicht unter selbstgewählten, sondern unter unmittelbar vorgefundenen, gegebenen und überlieferten Umständen" (Marx: 1975, 115).
Althusser andererseits erzählt uns, daß Geschichte ein "Prozeß ohne Subjekt" sei. Für Marx gab es - trotz Althusser - durchaus ein Subjekt - den gesellschaftlich handelnden Menschen: "Die Geschichte aller bisherigen Gesellschaft ist die Geschichte von Klassenkämpfen". Aber nur der "bisherigen". Unter Bezugnahme auf die Vorklassengesellschaften beendet Engels seine eigene Arbeit über den "Ursprung der Familie, des Privateigentums und des Staats" mit einem Zitat der abschließenden Zeilen aus Morgans "Ancient Society": "Die bloße Jagd nach Reichtum ist nicht die Endbestimmung der Menschheit. ... Demokratie in der Verwaltung, Brüderlichkeit in der Gesellschaft, Gleichheit der Rechte, allgemeine Erziehung werden die nächste höhere Stufe der Gesellschaft einweihen, zu der Erfahrung, Vernunft und Wissenschaft stetig hinarbeiten" (Engels: 1975, 173).
Daher würde eine wahrhaft menschliche Gesellschaft die Menschen nicht auf die Rolle von Produzenten oder Konsumenten reduzieren, sondern es ihnen erlauben, das "Reich der Freiheit" zu betreten, das, wie Marx es formulierte, erst dort beginnt, "wo das Arbeiten, das durch Not und äußere Zweckmäßigkeit bestimmt ist, aufhört; es liegt also der Natur der Sache nach jenseits der Sphäre der eigentlichen materiellen Produktion" (Marx: 1968, 828).

ANMERKUNGEN

1) Siehe Anderson: 1974a; 1974b. Ein gründlicherer Vergleich der Arbeit Andersons würde es erfordern, seine Verwendung des "Landes" (Spanien, Frankreich, England usw.) als zentraler Einheit der Analyse in seinen "Lineages of the Absolutist State" (1974b) zu überprüfen. Diese Einheit ist in einem Rahmen von Produktionsweisen und einer Typologie von Gesellschaftsformationen plaziert, wie er sie in seinem Buch "Passages from Antiquity to Feudalism" (1974a) entwickelt. Diese werden selbst wiederum gegen das Erbe der Antike und gegen die Teilung Europas in "West" und "Ost" abgesetzt. Der Kontrast zu Wallerstein ist offensichtlich. Nichtsdestoweniger und "kurios genug für eine Theorie, die sich daranmacht, die Bedeutung des Nationalstaates für die Analyse herabzusetzen" (Skocpol: 1976, 1080), bleibt die Haupteinheit der Analyse Wallersteins gerade dieser Nationalstaat bzw. die Kolonie. Um die Entstehung dieser zentralistischen Staatswesen zu erklären, wäre die Analyse der Herausbildung des Binnenmarktes und nicht des Außenhandels erforderlich.

LITERATUR

Aguirre, Beltrán, Gonzalo: 1976,
La Población Negra de México. Estudio etnohistórico III. Mexico City.

Alavi, Hamza: 1975,
India and the Colonial Mode of Production, in: Milliband, R./Saville, J. (Hg.), Socialist Register. London, 160-197. (Deutsch, in: Senghaas, D. (Hg.), Kapitalistische Weltökonomie. Kontroversen über ihren Ursprung und ihre Entwicklungsdynamik. Frankfurt 1979, 235-279).

Alavi, Hamza: 1981,
Die koloniale Transformation in Indien. Rückschritt vom Feudalismus zum Kapitalismus, in: Grevemeyer, J.-H. (Hg.), Traditionale Gesellschaften und europäischer Kolonialismus. Frankfurt, 158-208.

Anderson, Perry: 1974a,
Passages from Antiquity to Feudalism. London. (Deutsch: Frankfurt 1979).

Anderson, Perry: 1974b,
Lineages of the Absolutist State. London. (Deutsch: Frankfurt 1979).

Bonfil Batalla, Guillermo: 1972,
El Concepto de Indio en América. Una categoría de la situación colonial, in: Anales de Antropología IX. Mexico City, 105-124.

Booth, David: 1975,
Andre Gunder Frank: An Introduction and Appreciation, in: Oxaal, I./Barnett, T./Booth, D. (Hg.), Beyond the Sociology of Development. Economy and Society in Latin America and Africa. London, 50-85.

Brenner, Robert: 1977,
The Origins of Capitalist Development. A Critique of Neo-Smithian Marxism, in: New Left Review 104, 25-92.

Cueva, Agustín: 1977,
El Proceso de Dominación Política en Ecuador. Quito.

Elliott, J.H.: 1970,
Imperial Spain 1496-1716. Harmondsworth.

Engels, Friedrich: 1975,
Der Ursprung der Familie, des Privateigentums und des Staats. MEW 21. Berlin (Ost), 27-173.

Foster, John: 1974,
Class Struggle in the Industrial Revolution. Early Industrial Capitalism in Three English Towns. London.

Foster-Carter, A.: o.D.,
Marxism versus Dependency Theory? A Polemic, in: Occasional Papers in Sociology No. 8, Leeds University. Leeds.

Frank, Andre Gunder: 1967,
The Sociology of Development and the Underdevelopment of Sociology, in: Catalyst (University of Buffalo). Wiederveröffentlicht in: Latin America. Underdevelopment or Revolution? New York 1969, 21-94.

Gibb, H.A.R.: 1962,
Mohammedanism. An Historical Survey. London.
Goldthorpe, John H.: 1964,
Social Stratification in Industrial Society, in: The Development of Industrial Society (Sociological Review Monograph No. 8). University of Keele, 97-122.
Gouldner, Alvin W.: 1971,
The Coming Crisis of Western Sociology. London.
Hill, Christopher: 1969,
Reformation to Industrial Revolution. Harmondsworth.
Hill, Christopher: 1976,
A Comment, in: The Transition from Feudalism to Capitalism. London.
Hobsbawm, Eric J.: 1962,
Europäische Revolutionen. Zürich.
(Engl.: London 1964).
Hobsbawm, Eric J.: 1969,
Industrie und Empire. Frankfurt.
(Engl.: Harmondsworth 1969).
Ionescu, G./Gellner, E. (Hg.): 1969,
Populism. Its Meanings and National Characteristics. London.
Jalée, Pierre: 1968,
The Pillage of the Third World. New York.
Jenkins, Roy: 1970,
Why the Poor Still Bite on Bullets, in: Guardian (London) 8.5.1978.
Laclau, Ernesto: 1971,
Feudalism and Capitalism in Latin America, in: New Left Review 67, 19-38.
Leur, J.C. van: 1955,
Indonesian Trade and Society. Essays in Asian Social and Economic History. Den Haag.
Lewis, Arthur: 1955,
The Theory of Economic Growth. London.
Macfarlane, Alan: 1978,
The Origins of English Individualism. The Family, Property and Social Transition. Oxford.
Marx, Karl: 1968,
Das Kapital Bd. III. MEW 25. Berlin (Ost).
Marx, Karl: 1969,
Das Kapital Bd. I. MEW 23. Berlin (Ost).
Marx, Karl: 1975,
Der achtzehnte Brumaire des Louis Bonaparte. MEW 8. Berlin (Ost), 115-207.
Marx, Karl: 1976,
Brief an Pawel Wassiljewitsch Annenkow in Paris, in: MEW 27. Berlin (Ost), 451-463.

O'Brien, Philip J.: 1975,
A Critique of Latin American Theories of Dependency, in: Oxaal, I./Barnett, T./Booth, D. (Hg.), Beyond the Sociology of Development. Economy and Society in Latin America and Africa. London, 7-27.

Oxaal, I./Barnett, T./Booth, D. (Hg.): 1975,
Beyond the Sociology of Development. Economy and Society in Latin America and Africa. London.

Panikkar, K.M.: 1954,
Asia and Western Dominance. A Survey of the Vasco da Gama Epoch of Asian History 1498-1945. London.

Phelan, John L.: 1967,
The Kingdom of Quito in the Seventeenth Century. Bureaucratic Politics in the Spanish Empire. University of Wisconsin Press. Madison.

Ribeiro, Darcy: 1970,
The Culture-Historical Configurations of the American Peoples, in: Current Anthropology 2/4-5, 403-434.

Ranger, Terence: 1980,
Kolonialismus in Ost- und Zentralafrika. Von der traditionellen zur traditionalen Gesellschaft - Einsprüche und Widersprüche, in: Grevemeyer, J.-H. (Hg.), Traditionale Gesellschaften und europäischer Kolonialismus. Frankfurt, 16-46.

Robinson, Gerald T.: 1932,
Rural Russia under the Old Regime. A History of the Landlord-Peasant World and a Prologue to the Peasant Revolution of 1917. New York.

Sahlins, Marshall: 1972,
Stone Age Economics. Chicago.

Sahlins, Marshall: 1976,
Culture and Practical Reason. Chicago.

Skocpol, Theda: 1977,
Wallerstein's World Capitalist System. A Theoretical and Historical Critique, in: American Journal of Sociology 82/5, 1075-1090.

Thompson, E.P.: 1978,
The Poverty of Theory. London.

Wallerstein, Immanuel: 1974,
The Modern World System. New York.
(Deutsch: Frankfurt 1981).

Wallerstein, Immanuel: 1979,
The Capitalist World-Economy. Cambridge.

Worsley, Peter: 1964,
The Third World. London (2. überarbeitete Auflage 1967).

Worsley, Peter: 1979,
How Many Worlds?, in: Third World Quarterly 1/2, 100-107.

Wrong, Denis: 1961,
The Over-Socialized Conception of Man in Modern Sociology, in: American Sociological Review 26/2, 183-193.

Das Weltsystem: theoretische und historische Perspektiven

Robert Brenner

Der sogenannte "Weltsystem"-Ansatz will einen einheitlichen theoretischen Rahmen zur Verfügung stellen, der sowohl für die kapitalistische Entwicklung als auch für die "Entwicklung der Unterentwicklung" Geltung beansprucht. Daß das Kernstück dieses Ansatzes, der diesen zweiseitigen Entwicklungsprozeß bestimmende Mechanismus, der Kapitalismus ist, versteht sich fast von selbst. Was aber ist Kapitalismus? Das ist in der Tat die zentrale Frage. Für die Weltsystemtheoretiker gibt es fürs erste eine eindeutige - und sicher akzeptable - Antwort: Kapitalismus ist das ökonomische System, in dem vorrangig tausch- und profitorientiert produziert wird, was zu einer innovativen Kapitalakkumulation führt. Um es mit Immanuel Wallerstein zu sagen: "Das entscheidende Merkmal der kapitalistischen Weltökonomie ist die Produktion für den Markt mit dem Ziel, einen höchstmöglichen Profit zu realisieren. In einem solchen System weitet sich die Produktion, solange sie profitabel bleibt, fortwährend aus: Man erfindet andauernd neue Produktionsmethoden, um die Profitspannen zu vergrößern" (Wallerstein: 1974b). F. Fröbel, J. Heinrichs und O. Kreye sehen das Problem auf ähnliche Weise: "Verwertung und Akkumulation sind die objektive Grundlage der Kapitalbewegung, und unbegrenzte Aneignung abstrakten Reichtums ist das einzige Motiv des Kapitalisten, soweit er als bewußter Repräsentant dieser Bewegung agiert." Und sie folgern: "Die Analyse der kapitalistischen Entwicklung muß vom Prozeß der Kapitalverwertung und seiner Bedingungen ausgehen" (Fröbel/Heinrichs/Kreye: 1977, 73f.).
So weit, so gut. Aber es erhebt sich sofort die Frage: Was sind die Bedingungen einer Ökonomie, die in ihren konstitutiven "Einheiten" systematische Tendenzen zur profitorientierten Produktion für den Markt und damit zur Akkumulation des Kapitals durch (mehr oder weniger) andauernde Innovation aufweist? Was bestimmt - mit anderen Worten - folgende systematischen Tendenzen im Gesamtbereich dieser Ökonomien: 1. Tauschwerte für den Markt zu produzieren, um damit einen größtmöglichen abstrakten Reichtum zu erzielen, statt Reproduktions- oder Subsistenzbedürfnisse in vollem Umfang direkt abzusichern und auf dem Markt lediglich die unmittelbaren Überschüsse jenseits der Subsistenzgrenze zu tauschen; 2. Kapital zu akkumulieren, d.h. das Mehrprodukt (den Mehrwert) in die Erweiterung der Produktion zu stecken, anstatt es für die Konsumbedürfnisse der ausbeutenden Klasse oder sogar für die der unmittelbaren Produzenten

zu verwenden; und schließlich besonders 3. die Produktivkräfte zu entwickeln, zu innovieren und damit die Arbeitsproduktivität zu erhöhen - d.h. auf der Basis des "relativen Mehrwerts" zu akkumulieren, was zur Verbilligung der Produktions- und Reproduktionsmittel führt (anstatt nur auf der Basis der "absoluten Mehrarbeit" zu akkumulieren und die Kosten zu senken, indem die unmittelbaren Produzenten durch eine Verminderung des Lebensunterhalts, eine Verlängerung des Arbeitstags und/oder eine Intensivierung der Arbeit "ausgepreßt" werden).

Was sind also - um es anders zu formulieren - die bestimmenden Faktoren einer Ökonomie, deren grundlegende Gebrauchswerte oder "Produktionsfaktoren" (Boden, Arbeit, Kapital) systematisch als Tauschwerte kombiniert und immer neu kombiniert werden - und werden müssen -, um Profitmaximierung und Akkumulation auf erweiterter Stufenleiter zu realisieren?

Das Unvermögen, diese Fragen zu lösen, ist meiner Meinung nach die Achilles-Ferse der Weltsystemtheoretiker. Denn insoweit sie sich überhaupt dem Problem nähern - und sie tun das nur mittelbar -, scheint für sie eine Antwort im wesentlichen unproblematisch zu sein. Die Entstehung eines Systems, in dem profitorientiert produziert und wo folglich Kapital auf erweiterter Stufenleiter akkumuliert wird, hängt für sie vom Aufkommen einer auf Handel basierenden Arbeitsteilung, einer Weltökonomie, ab. So existierten nach Wallerstein "bislang nur zwei unterschiedliche Arten von Weltsystemen: Weltreiche, in denen sich ein einziges politisches System (eine surplusabschöpfende Bürokratie) über so gut wie das ganze Gebiet erstreckt, ... und (Weltökonomien), in denen es kein derartig umfassendes politisches System für den ganzen oder praktisch den ganzen Raum gibt" (Wallerstein: 1974, 348). "Reiche", so Wallerstein, "sind seit 5 000 Jahren ein konstantes Merkmal der Weltszenerie. Die europäische Weltökonomie (jedoch) ... war anders und neu, ... ein soziales System, wie es die Welt bis dahin nicht gekannt hatte. Es ist eine ökonomische, aber keine politische Einheit, anders als Reiche, Stadtstaaten und Nationalstaaten. ... Es ist ein 'Weltsystem' ..., weil es größer als irgendeine juristisch definierte politische Einheit ist. Und es ist eine 'Weltökonomie', weil die wesentliche Bindung der Teile des Systems eine ökonomische ist" (Wallerstein: 1974a, 15).

Wenn nun das Gewölbe der Bürokratie, das ein Weltreich zusammenhält, zusammenbricht, entsteht für die Weltsystemtheoretiker die Weltökonomie, und es kommt zu ökonomischen Entwicklungsprozessen. Es konstituiert sich ein neues System, in dem der internationale Handel verschiedene geographische Zonen "verschmilzt", die sich bei zweckmäßigster Organisation der Produktion (manchmal Produktionsweise, manchmal "System der Arbeitskontrolle" genannt) auf die jeweils passenden Produkte spezialisieren (Wallerstein: 1974a, 38, 87ff.).

Paradoxerweise, aber folgerichtig, weigern sich die Weltsystemtheore-

tiker, irgendeinen Typus gesellschaftlicher Eigentumsverhältnisse als Bedingung einer profitorientierten Produktion, die zu Kapitalakkumulation und Innovation führt, zu benennen. Ganz im Gegenteil: Nach Immanuel Wallerstein ist "Kapitalismus eine Produktionsweise, in der produziert wird, um Profit auf dem Markt zu erzielen". So sind für ihn "die Durchsetzung der Lohnarbeit und die Kapitalisierung des Bodens in der Tat (bloß; R.B.) zwei Varianten eines grundlegenden und andauernden Prozesses, nämlich der Ausdehnung der Arenen ökonomischer Aktivitäten durch den Kapitalisten auf der Jagd nach Profitmaximierung". Der Wandel der gesellschaftlichen Eigentumsverhältnisse ist hier eine Funktion des Wachstums der Weltökonomie. Fröbel et al. (1977) argumentieren ähnlich: "Die treibende Kraft der kapitalistischen Entwicklung ist die Expansion und Akkumulation des Kapitals und nicht eine angebliche Tendenz zur Ausdehnung und Vertiefung des Verhältnisses von Kapital und Lohnarbeit." So "treffen die verschiedenen Arten der Kapitalexpansion und -akkumulation auf verschiedene Produktionsweisen, die sie bewahren, auflösen, anpassen und verändern, je nachdem, was die Erfordernisse, die günstigen oder widrigen Umstände der Kapitalexpansion und -akkumulation unter gegebenen und/oder selbsterzeugten Bedingungen nahelegen mögen" (Wallerstein: 1974b, 399). Das Ergebnis ist eine einheitliche, jedoch eher einseitige Vorstellung: ein selbstverwertendes System der Kapitalakkumulation, das sich, den Bedürfnissen kapitalistischer Profitabilität gehorchend, immer größere Teile der Arbeitskraft und der natürlichen Ressourcen in der Welt einverleibt.
Als einer sehr allgemeinen wirtschaftsgeschichtlichen Beschreibung des letzten halben Jahrtausends kann diesem Expansionsmodell kaum etwas entgegengehalten werden, und darin liegt auch zweifellos die Attraktivität der Weltsystemtheorie. Es läßt sich aber folgender entscheidender Einwand formulieren: Die Weltsystemtheoretiker können die Ebene der allgemeinen Beschreibung nicht verlassen, weil sie eben jene Prozesse für unproblematisch halten, die meiner Ansicht nach einer Erklärung bedürfen. Denn besonders jene Bedingungen, die zur Dominanz der profitorientierten Tauschwertproduktion und damit zur Kapitalakkumulation auf erweiterter Stufenleiter führen, sind nicht unmittelbar einsichtig.
Prozesse der regionalen Spezialisierung und der Ausdifferenzierung besonderer Produktionstypen und Methoden der Arbeitsorganisation treten nicht automatisch auf, wenn die Weltökonomie sich ein Weltreich einverleibt. Wallersteins These, daß diese Prozesse sich im wesentlichen eigendynamisch entwickeln, kann nicht aufrechterhalten werden. Denn Weltökonomien im Sinne von Wallerstein – nämlich auf Handel basierende Arbeitsteilung – hat es in mehr oder weniger großem Ausmaß immer gegeben, ohne daß sie jedoch die Muster einer ökonomischen Entwicklung, wie sie für die moderne Epoche charakteristisch ist, hervorgebracht hätten. Auf eine einfache Formel gebracht: Wallersteins These beruht auf der falschen Gleichsetzung von "Welt-

ökonomie" und "Kapitalismus". Die Weltsystemtheoretiker verstehen unter Kapitalismus zutreffend ein System der Akkumulation sich selbst verwertenden Kapitals, nämlich profitorientierte Tauschwertproduktion mit dem Effekt der Kapitalakkumulation durch Innovation; aber die Bedingungen dieser Prozesse können sie nicht begreifen.
In allgemeinster und daher unvermeidlich abstrakter Form kann man behaupten, daß die Tendenz zur profitorientierten Produktion und damit zur Akkumulation auf erweiterter Stufenleiter zweierlei voraussetzt: Erstens muß den Organisatoren der Produktion und den unmittelbaren Produzenten (die bisweilen ein und dieselbe Person sind) der direkte Zugang zu ihren Reproduktionsmitteln oder deren "Besitz" entzogen werden - sie müssen von denjenigen Mitteln getrennt sein, mit deren Hilfe die jeweilige etablierte soziale Stellung innerhalb einer Klasse aufrechterhalten werden kann, um zu überleben; und zweitens müssen die unmittelbaren Produzenten von den Produktionsmitteln getrennt sein.
Zum ersten: Die Organisatoren der Produktion und die unmittelbaren Produzenten müssen nur dann für den Markt produzieren, wenn sie vom direkten Zugang zu ihren Reproduktionsmitteln abgeschnitten sind. Nur über den Markt kommen sie an das Geld, mit dem sie das Notwendige kaufen können, um als Produzenten oder Abschöpfer des Mehrprodukts weiterzumachen. Um das erfolgreich zu tun, haben sie keine andere Möglichkeit, als größtmögliche Tauschwerte (abstrakten Reichtum) zu produzieren, denn sonst können sie der Konkurrenz auf dem Markt nicht standhalten. Um erfolgreich zu konkurrieren, wird es notwendig, die Kosten bei höchstmöglichem Profit zu senken, was andererseits nicht nur Spezialisierung, sondern vor allem Akkumulation (oder Rückführung) von Profiten und letztlich Investitionen für Innovationen erfordert. Denn ab einem bestimmten Punkt wird es unmöglich, die Kosten allein durch "Auspressung von Arbeit", Lohnsenkungen, Intensivierung der Arbeit und Verlängerung der Arbeitszeit zu verringern. Sehr allgemein ausgedrückt: Nur dort, wo die Organisatoren der Produktion und die unmittelbaren Produzenten vom direkten Besitz ihrer Reproduktionsmittel getrennt sind, gilt die Regel, daß für Tausch und Profit produziert und folglich auf erweiterter Stufenleiter akkumuliert wird. Nur unter diesen Bedingungen versuchen die Produzenten, grundsätzlich als subjektive Agenten des Kapitals zu handeln.
Zum zweiten: In einem solchen Wirtschaftssystem sind die Organisatoren der Produktion (die Kapitalisten) nicht nur gezwungen, größtmögliche Profite durch die Akkumulation von Kapital auf erweiterter Stufenleiter zu realisieren, sondern sie können es auch nur in einer derartigen Ökonomie, denn erst wenn die unmittelbaren Produzenten tatsächlich zu Lohnarbeitern geworden sind, wird Arbeitskraft - ebenso wie Grund und Boden zwangsläufig auf dem Markt als Ware erscheinen.
Erst wenn die Mehrzahl der unmittelbaren Produzenten von ihren Reproduktionsmitteln (in erster Linie ihrem Land) getrennt ist, setzen

offenbar Prozesse ein, die viele dieser Produzenten auch von ihren Produktionsmitteln (ihren Werkzeugen) trennen. Haben die unmittelbaren Produzenten somit keinen marktunabhängigen Zugang zu ihren Lebensmitteln mehr, sind sie, um die Geldmittel für ihren Lebensunterhalt zu erzielen, gezwungen, ihre Produkte auf dem Markt zu verkaufen: Sie konkurrieren als Produzenten. Dieser Wettbewerb führt zur Akkumulation der Produktionsmittel in den Händen weniger und zur Proletarisierung vieler. Das System kleiner Warenproduzenten (Besitzer der Werkzeuge, aber nicht aller Reproduktionsmittel) differenziert sich mit der Zeit, was zu einer Ökonomie von Kapitalisten und Proletariern führt. Mit der Entwicklung der Arbeitskraft zur Ware, der Proletarisierung, tritt Lohnarbeit nicht unbedingt in reinster Form auf; es gibt unzählige Formen der Proletarisierung, in denen die unmittelbaren Produzenten scheinbar ihre Selbständigkeit behaupten: Heimarbeit, exportorientierte Agrarproduktion etc.; hier bleiben die unmittelbaren Produzenten Eigentümer eines kleinen Teils ihrer Produktionsmittel, oder sie scheinen dies nur zu sein und sind in Wirklichkeit von Kapitalvorschüssen in verschiedendster Form abhängig - um zu produzieren, erhalten sie von den Kapitalisten Rohstoffe, Kredite etc.
Das kapitalistische Wirtschaftssystem setzt die Warenform von Boden und Arbeit voraus. Erst wenn "Gebrauchswerte" und "Produktionsfaktoren" als Waren auftreten, können sie ungehindert "im gesellschaftlich notwendigen Verhältnis" kombiniert werden und Kostensenkung, Profitmaximierung sowie letztlich die Akkumulation des Profits durch Investitionen in neuere und bessere Produktionsmittel ermöglichen. Insbesondere bahnt die Trennung der unmittelbaren Produzenten vom Boden und von den Werkzeugen den Weg für die Konzentration der Produktionsmittel und vor allem für die Anhäufung fixen Kapitals und für die Entstehung der Kooperation. Historisch betrachtet sind es die beiden letzten Faktoren, die die Grundlage für die Entwicklung der Produktivkräfte im Kapitalismus gelegt haben.
Andererseits kann man, wenn eine Ökonomie durch sogenannte "patriarchalische" Verhältnisse charakterisiert ist, nicht einmal bei existierendem Handel von einer grundsätzlichen Tendenz zur Produktion für Tausch und Profit und folglich zur Akkumulation durch Innovation ausgehen. Solche Tendenzen können nämlich nicht erwartet werden, wo die Organisatoren der Produktion und die unmittelbaren Produzenten tatsächlich einen marktunabhängigen Zugang zu ihren Produktionsmitteln haben - wo also, nach Marx, die unmittelbaren Produzenten "Teil der gegenständlichen Arbeitsbedingungen" bleiben und wo folglich die Reproduktion der Ausbeuterklasse auf einem System der Surplus-Abschöpfung durch außerökonomischen Zwang beruht, d.h. auf der "Herrschaft" der Ausbeuter über die unmittelbaren Produzenten. Um für ihre Reproduktion zu sorgen, sind unter solchen Bedingungen weder die Ausbeuter noch die unmittelbaren Produzenten auf die Vermarktung ihrer Produkte angewiesen. Sie setzen sich also nicht den Erfordernissen der ökonomischen Konkurrenz aus und müssen da-

her nicht unbedingt profitorientiert produzieren, akkumulieren oder erfinden. Entsprechend sahen sich selbst jene Produzenten, die profitorientiert produzieren und akkumulieren wollten, durch die gesellschaftlichen Eigentumsverhältnisse des Systems daran gehindert, eben weil die "Produktionsfaktoren" dieser Ökonomie - besonders Arbeitskraft und Boden - sozusagen miteinander verbunden und der außerökonomischen Kontrolle der Ausbeuterklasse (und nicht dem Markt) unterworfen sind. Daß das auch bei aufkommendem Handel gilt, kann durch eine elementare Untersuchung der Bewegung sogenannter "Weltökonomien", die sich lokale Produktionssysteme - gekennzeichnet durch nichtkapitalistische gesellschaftliche Produktions- und Eigentumsverhältnisse - einverleiben, gezeigt werden. Das kann man durch eine Analyse der konstitutiven Elemente dieser Weltökonomien leisten: des Kaufmannskapitals auf der einen und der "entsprechenden" nichtkapitalistischen Produktions- und Reproduktionssysteme auf der anderen Seite.

Was das Kaufmannskapital betrifft, so tritt es in der Tat als die ursprüngliche Form "abstrakten Reichtums" auf und ist als solche die Vorbedingung kapitalistischer Entwicklung. Sicherlich tendieren Kaufleute zur systematischen Erhöhung ihrer Profite. In der Regel sind sie vom direkten Zugang zu den Mitteln ihrer Reproduktion abgeschnitten. Soweit sie sich als Kaufleute reproduzieren wollen, haben sie also kaum eine andere Möglichkeit, als ihr Kaufmannskapital einzusetzen, um auf dem Markt gewinnbringend zu kaufen und zu verkaufen. Dennoch reicht das Kaufmannskapital - wie es schon Marx deutlich gemacht hat - nicht aus, die Bedingungen für eine systematische profitorientierte Produktion mit dem Resultat der Kapitalakkumulation zu garantieren. Kaufmannskapital kann wegen seiner Beziehung zu den Produktionsfaktoren und -prozessen in nichtkapitalistischen Wirtschaftssystemen die eigenständige Expansion von Tauschwert nicht garantieren, ja es kann selbst nur unter spezifischen und begrenzten Bedingungen bestehen.

Wenn nun - zum ersten - sowohl die Abschöpfer des Surplus als auch die unmittelbaren Produzenten einen marktunabhängigen Zugang zu den Mitteln ihrer Reproduktion behalten, können weder Märkte für Arbeitskraft noch für Boden vorausgesetzt werden. Folglich werden die Kaufleute kaum in der Lage sein, ihren Reichtum zum Kauf von Boden und Arbeit zu verwenden, um so selbst zu Produzenten zu werden. Sie können darüber hinaus mit ihrem Geld- oder Warenbesitz durch eigene Verkaufs- und Kaufbemühungen nicht erreichen, daß die vorkapitalistische Ökonomie ihre Produkte auf den Markt wirft. Mag der Kaufmann auch Waren von einem Teil der Erde zum anderen tragen, von einer Region in die andere, so rufen diese Waren doch nicht automatisch das Auftreten von nur für den Tausch produzierten Waren auf dem Markt hervor. Denn die Abschöpfer des Surplus und die unmittelbaren Produzenten besitzen ja schon das für ihre Reproduktion Notwendige. Das Auftreten neuer Güter ermöglicht lediglich eine Steige-

rung des Konsums und erweitert so die Tauschpotentiale - die jedoch auch ungenützt bleiben können.
Zum zweiten: Selbst wenn man davon ausgeht, daß die Kaufleute neuartige Güter einführen, deren Auftreten die surplusabschöpfende oder ausbeutende Klasse und die unmittelbaren Produzenten versuchen läßt, tauschwertorientiert zu produzieren, kann ein solcher Prozeß durchaus auf das unmittelbare Surplus beschränkt bleiben. Man kann, solange keine Gründe für das Gegenteil genannt werden, sehr wohl davon ausgehen, daß die Abschöpfer des Surplus und die unmittelbaren Produzenten zuerst diversifiziert produzieren, um die Befriedigung ihrer grundlegenden Bedürfnisse zu sichern. Nur wenn dies garantiert ist, werden sie ihre Produktion spezialisieren. Das gilt insbesondere für die unmittelbaren Produzenten, die wahrscheinlich gute Gründe dafür haben, ihre Reproduktion (soweit sie können) zu sichern, um eine Abhängigkeit vom Markt und die damit zusammenhängenden erheblichen Überlebensrisiken zu vermeiden. Wenn das so ist, dann bleibt die Masse der Arbeitskraft und des Bodens, die der patriarchalischen, unmittelbaren Subsistenzproduktion zugeordnet ist, von der Sphäre der Warenproduktion strikt getrennt. Diese Produktionsfaktoren sind dann auch nicht den Tendenzen zur Spezialisierung und Akkumulation unterworfen. Eine solche Situation kann natürlich "weltweite Arbeitsteilung", eine Weltökonomie, bedeuten: Unterschiedliche Regionen spezialisieren sich - zumindest bis zu einem gewissen Grad - wechselseitig. Aber letztlich bleibt die ökonomische Interdependenz begrenzt, und damit auch das Ausmaß, in dem das Produktionssystem als Ganzes an den kapitalistischen Entwicklungstendenzen wie Spezialisierung, Akkumulation und Innovation teilhat.
Drittens: Selbst wenn einzelne Surplus-Abschöpfer oder unmittelbare Produzenten sich soweit wie möglich entsprechend den Marktchancen spezialisieren und darüberhinaus akkumulieren wollen, stehen dem tendenzimmanente Schranken entgegen. Weil diese Gesellschaften durch patriarchalische Eigentumsverhältnisse strukturiert sind, kann es für den potentiellen "Kapitalisten" schwierig oder unmöglich werden, größere Mengen von Boden und Arbeitskraft zusammenzufassen. Die Produktion für den Markt kann nicht ausgeweitet und intensiviert werden, da die anderen Surplus-Aneigner und unmittelbaren Produzenten ihr direktes Verhältnis zu Boden und Arbeitskraft nicht aufgeben werden; diese Produktionsfaktoren sind nämlich die unmittelbare Grundlage ihrer Reproduktion. Die Möglichkeiten, fixes Kapital anzuhäufen und kooperativ zu produzieren, sind somit begrenzt. Außerdem ist es auch für einen Surplus-Abschöpfer, der über seine eigenen unmittelbaren Produzenten verfügt (wie im Feudalismus oder bei patriarchalischer Sklaverei), schwer, diese Verfügungsgewalt effektiv für den Fortschritt der Produktion zu nutzen. Denn die unmittelbaren Produzenten haben es nicht nötig, mit fortgeschrittener Technik oder verbesserten Produktionsmitteln effektiver zu arbeiten: Sie können wegen schlechter Arbeit nicht "gefeuert" werden. Darin unterscheiden

sie sich von Lohnarbeitern im Kapitalismus, denen es an Reproduktionsmitteln fehlt und für die eine fortwährende Beschäftigung durch den Kapitalisten daher lebenswichtig ist. Unter vorkapitalistischen Verhältnissen muß jeder Surplus-Abschöpfer, der hohe Qualität oder intensive Arbeit aus den unmittelbaren Produzenten herausholen will, dafür entsprechend erhöhte Administrations- und Überwachungskosten in Kauf nehmen.

Schließlich können die einzelnen Produzenten, wie stark sie sich auch immer in der Produktion für Tausch, Akkumulation und Innovation engagieren, lediglich nach dem Motto "einmal und nie wieder" vorgehen, denn es zwingt sie nichts zur Kontinuität ihrer Tätigkeit. Erinnern wir uns: Die Surplus-Abschöpfer und die unmittelbaren Produzenten müssen nicht miteinander konkurrieren, um zu überleben, weil sie ja direkt über ihre Reproduktionsmittel verfügen. Somit gibt es keinen unmittelbar ökonomischen Druck, der verhindern könnte, daß Tauscherlöse erhöhtem Konsum zugute kommen, statt die Produktion durch Spezialisierung, Akkumulation und Innovation zu erweitern.

Als Folge der gesellschaftlichen Produktionsverhältnisse sind vorkapitalistische Gesellschaften viel eher gezwungen, alle Überschüsse aus dem Tausch für unproduktiven Konsum zu verwenden, zum Beispiel für Militärausgaben. Das ergibt sich unmittelbar aus den allgemeinen Schwierigkeiten, die Produktivkräfte zu entwickeln. Da das Surplus durch eine Verbesserung der Arbeitsproduktivität nicht vermehrt werden kann, greift man in der Regel zu Methoden der zwangsweisen Umverteilung und stellt Ressourcen zur Entwicklung von entsprechenden Instrumenten bereit.

Aus den bisher genannten Gründen ergibt sich, daß das Kaufmannskapital selbst dort, wo es zu einer gewissen regionalen Spezialisierung geführt und so eine Weltökonomie begründet hat, dieser noch nicht die für den Kapitalismus typischen Tendenzen, die einen entsprechenden expansiven Prozeß auslösen, mitgeben kann: profitorientierte Produktion und somit Akkumulation durch Innovation. Dementsprechend ist Kaufmannskapital, obgleich es danach verlangt, nicht aus eigener Kraft expansiv. Das hat für dieses Kapital im Kontext einer "Weltökonomie", die sich aus nichtkapitalistischen Produktionssystemen zusammensetzt, erhebliche Konsequenzen.

Weil das Kaufmannskapital also Akkumulation auf erweiterter Stufenleiter nicht garantieren kann, sichert es dem investierten Kapital auch keine "Durchschnittsprofitrate" (im Gegensatz zum "Handelskapital", nachdem sich kapitalistische Eigentumsverhältnisse durchgesetzt haben). Kaufleute nichtkapitalistischer Produktionssysteme können nur die Produkte vermarkten, die die unmittelbaren Produzenten tauschen wollen: Gewinne können nur dadurch realisiert werden, daß "billig eingekauft und teuer verkauft" und die Differenz der Preise gleicher Waren in verschiedenen Regionen genutzt wird. Dem sind natürlich enge Grenzen gesetzt. Denn normalerweise herrscht auf dem Markt Wettbewerb. Das erhöht den Warenverkehr zwischen den verschiedenen

Regionen, gleicht die Marktpreise immer mehr einander an und macht so ortsgebundene Extraprofite unmöglich. Folglich benötigt das Kaufmannskapital in Regionen, in denen die unmittelbaren Produzenten noch einen marktunabhängigen Zugang zu ihren Reproduktionsmitteln haben, in der Regel Handelsmonopole, um zu überleben: Die Kaufleute sind auf die Unterstützung der herrschenden Mächte - in diesem Fall der nichtkapitalistischen herrschenden Klassen - angewiesen. Das Kaufmannskapital tendiert letztlich dazu, sich in deren Wirtschaftssysteme einzuordnen und sich den nichtkapitalistischen Bewegungsgesetzen anzupassen. Einen Prozeß profitorientierter Produktion und innovativer Akkumulation innerhalb der nichtkapitalistischen "Weltarbeitsteilung" setzt es nicht in Gang.
Aus den bisherigen - zugegebenermaßen abstrakten - Ausführungen ergeben sich zwei vorläufige Schlußfolgerungen, die im folgenden konkretisiert werden sollen. Im Gegensatz zu den Annahmen der Weltsystemtheoretiker kann die Entstehung einer auf Handel basierenden Arbeitsteilung nicht mit dem Aufkommen des Kapitalismus gleichgesetzt werden. Diese Arbeitsteilung kann aus sich heraus keine profitorientierte Produktion und damit keine innovative Akkumulation auslösen. Kapitalisierungsprozesse setzen eine Trennung der unmittelbaren Produzenten von ihren Reproduktions- und Produktionsmitteln voraus. Es kann außerdem nicht angenommen werden, daß das Weltsystem aus eigener Kraft die für die kapitalistische Entwicklung notwendigen Bedingungen herzustellen vermag. Zur Erklärung der Ursprünge des Kapitalismus und seiner Ausbreitung in bislang nichtkapitalistischen Regionen sind konkrete historische Prozesse zu analysieren: die Trennung der Aneigner des Surplus und der unmittelbaren Produzenten von ihren Reproduktionsmitteln. Und diese Prozesse sind mit dem Wandel der Klassenverhältnisse, mit der Herausbildung von Klassen und mit den Konflikten zwischen den Klassen verbunden.
Wenn man die Tendenzen, die wir mit Kapitalismus verbinden, als von bestimmten Eigentumsverhältnissen abhängig erkennt, dann muß man offensichtlich die Prozesse, durch die diese Verhältnisse geschaffen und erweitert werden, genauer bestimmen - man kann sie nicht einfach mit dem Funktionieren des Kapitals erklären. Für den Übergang vom Feudalismus zum Kapitalismus ist das sicher einleuchtend (da gab es noch keinen Kapitalismus), aber es gilt auch für die Prozesse, die den Kapitalismus in vorkapitalistischen Systemen dominieren ließen oder seine Dominanz zum Teil verhinderten.
Dennoch können die genannten Schlußfolgerungen von den Weltsystemtheoretikern nicht geteilt werden. Denn die "Schönheit" ihres Ansatzes ist seine scheinbare Einheit: der unergründliche Vormarsch des Kapitalismus (woher eigentlich?), der sowohl zu Entwicklung als auch zu Unterentwicklung führte. Aber falls kapitalistische Entwicklung und Unterentwicklung durch Prozesse außerhalb des Kapitalismus mitbestimmt sind, dann brechen Einheit und Homogenität zusammen. Das Weltsystemmodell kann den Schein, sich aus sich selbst heraus zu er-

klären, nicht länger aufrechterhalten: Man kann dann nicht mehr annehmen (wie es die Weltsystemtheorie impliziert), daß die strukturellen Voraussetzungen für das Funktionieren typisch kapitalistischer Prozesse durch den Selbstlauf der Weltökonomie, durch deren Expansion, geschaffen werden.
In Wirklichkeit nämlich kann die "Einverleibung" nichtkapitalistischer Regionen durch den Kapitalismus dort entweder zu einer Stärkung vorkapitalistischer Formen oder zum Ersatz dieser Formen durch andere nichtkapitalistische Produktionssysteme oder aber zu deren Ablösung durch kapitalistische Produktionsverhältnisse führen. Man muß daher nicht nur die Bewegungsgesetze vorkapitalistischer Produktionsweisen - den Übergang vom Feudalismus zum Kapitalismus - verstehen, sondern auch die Entwicklungstendenzen (unterschiedlicher) vorkapitalistischer und nicht kapitalistischer Produktionssysteme angesichts eines schon existierenden Kapitalismus, und zwar in verschiedenen Stadien - unter dem Einfluß kapitalistischen Handels und ausländischen Kapitals sowie natürlich angesichts der unmittelbaren Gewaltausübung durch kapitalistische Staaten.

DIE VORKAPITALISTISCHE MITTELALTERLICHE "WELTÖKONOMIE"

Die Grenzen einer Weltökonomie, die spezifisch kapitalistischer Produktionsverhältnisse entbehrt, können konkreter bestimmt werden, wenn man einige auffällige Merkmale der Ökonomie des mittelalterlichen Europa betrachtet. Denn diese kommen den wesentlichen Zügen, die die Weltsystemtheoretiker der "Weltökonomie" zuschreiben, recht nahe. Im mittelalterlichen Europa trifft man auf ein relativ hochentwickeltes System der Spezialisierung für den Weltmarkt, in dem unterschiedliche Regionen jeweils spezifische Produkte füreinander auf der Basis differenter "Systeme der Arbeitskontrolle" oder Produktionsweisen produzieren. Trotzdem besaß die mittelalterliche Ökonomie im großen und ganzen nicht die Kraft zur Akkumulation auf erweiterter Stufenleiter.
Die enge Verwandtschaft der mittelalterlichen Ökonomie mit Immanuel Wallersteins "Weltökonomie" ließ einen wohlwollenden Kritiker fragen, warum er sie dann nicht als solche betrachte. Dominico Sella (1977) zeigt, daß die internationale Arbeitsteilung während des Mittelalters große Fortschritte machte: England spezialisierte sich immer mehr auf den Export von Wolle, Frankreich auf Wein, Sizilien und die Krim auf Korn, Zypern auf Zucker und Baumwolle, Norditalien und Flandern auf Stoffe. "Überdies wurde eine solche Spezialisierung nicht innerhalb eines 'imperialen' Systems erzielt - wo Güter durch Zwang und Tribute umverteilt werden -, sondern über politische Grenzen hinweg und durch die Tätigkeit einzelner Individuen, die für den Markt produzierten und deren ganzes Sinnen und Trachten auf Gewinn aus war"

(Sella: 1977, 30). Wie derselbe Kritiker deutlich macht, muß sogar Wallerstein zugeben, daß es im spätmittelalterlichen Europa "zumindest zwei kleinere Weltökonomien" gab, "eine mittlere und eine kleine, deren Basis im ersten Fall die Stadtstaaten Norditaliens und im zweiten Flanderns und Norddeutschlands waren". Diesen Befund versucht Wallerstein zu vernachlässigen, indem er betont, daß "der größte Teil Europas in diese Netzwerke nicht direkt verstrickt war" (Wallerstein: 1974a, 36f.). Das ist unstimmig, denn Wallerstein legt für das Funktionieren eines Weltsystems nirgends eine Mindestgröße fest, weder in relativen noch absoluten Begriffen. Auch befand sich - wie er wohl selbst zugestehen würde - ein großer Teil des Raumes, den die "moderne Weltökonomie" des 16. und 17. Jahrhunderts umschloß, außerhalb des entscheidenden, strukturbestimmenden Handelsnetzes. Und zugleich könnte man, wie Sella (1977, 30) betont, "die Wirtschaftsgeschichte des mittelalterlichen Europa erfolgversprechend neu schreiben: mit Norditalien, dem Rheinland und Flandern als Zentrum (vollends angesichts relativ aggressiver Regierungen), England, Sizilien und dem Schwarzen Meer als Peripherie, und vielleicht Frankreich und Deutschland als Semi-Peripherie. In diese Miniaturweltökonomie paßten auch die verschiedenen Formen der Arbeitskontrolle: Das mittelalterliche England hatte seine Leibeigenen, Flandern und die Lombardei hatten ihre Lohnarbeiter, Mittelitalien hatte seine Mezzadri (Halbpächter)" (Sella: 1977, 30). Warum handelt es sich also hier nicht, zumindest im Sinne Wallersteins (und der Weltsystemtheoretiker allgemein), um eine Weltökonomie?

Nun, da Wallerstein, wenn auch nur implizit, zugibt, daß das mittelalterliche Weltsystem in das Modell der Weltökonomie zu passen scheint, manövriert er sich in ein unlösbares Dilemma, das die fundamentalen Schwächen seines begrifflichen Rahmens widerspiegelt. Einerseits war die mittelalterliche Ökonomie offensichtlich eine Weltökonomie, sie funktionierte aber nicht auf kapitalistische Weise: Sie war eben kein Wirtschaftssystem, das systematisch profitorientiert produzierte und entsprechend innovativ akkumulierte. Deshalb muß dieses System von der kapitalistischen Ökonomie, die ihm zumindest in einigen Gebieten im 16. und 17. Jahrhundert folgte, klar unterschieden werden. Da die mittelalterliche Weltökonomie jedoch in ihren grundlegenden Zügen mit der "modernen" Weltökonomie übereinstimmt, ist Wallerstein gezwungen zu erklären, warum das mittelalterliche Wirtschaftssystem anders als die darauffolgende moderne Weltökonomie funktioniert hat. Da aber die Vorbedingungen einer kapitalistischen Ökonomie von den Weltsystemtheoretikern nicht herausgearbeitet werden, können sie auch nicht erklären, warum die eine "Weltökonomie" mit kapitalistischen Methoden arbeitet, die andere aber nicht.

Dabei lassen sich die Gründe für die eigenständige Entwicklungsdynamik - das "Bewegungsgesetz" - der mittelalterlichen Weltökonomie einfach und ohne lange Ausführungen präzisieren: Dieses Wirtschaftssystem war durch feudale, nichtkapitalistische Eigentumsverhältnisse,

speziell auf dem Land, gekennzeichnet. Zum einen herrschten in der mittelalterlichen Ökonomie sogenannte "patriarchalische" Eigentumsverhältnisse vor. Die Bauern, die unmittelbar die Agrarproduktion organisierten, besaßen ihr Land und ihre Werkzeuge selbst. Folglich konnten sie ihre Produktion überwiegend auf die Reproduktion ihrer Familien als selbstversorgender Produktionseinheiten ausrichten. Dementsprechend reproduzierte sich die herrschende Feudalklasse über außerökonomischen Zwang, mit dem sie sich das für ihren Unterhalt notwendige Surplus direkt aneignete. Weder Herren noch Bauern standen daher unter einem unmittelbaren wirtschaftlichen Druck, zum Überleben zu konkurrieren; sie waren nicht gezwungen, aus Kostengründen profitorientiert zu produzieren, sich zu spezialisieren, zu akkumulieren und Innovationen anzustreben. Zum zweiten waren selbst den Bemühungen der Feudalherren und Bauern, ihre Produktion auszuweiten und so die Möglichkeiten des wachsenden Handels zu nutzen - das geschah in nicht geringem Umfang -, enge Grenzen gesetzt; die gegebenen gesellschaftlichen Reproduktionsverhältnisse strukturierten geradezu Art und Ausmaß entsprechender Erfolge.
Diese Verhältnisse beschränkten die Akkumulation von Boden und Arbeit und behinderten so Fortschritte in der landwirtschaftlichen Produktion. Selbst jene Grundherren, die offensichtlich über die notwendigen Arbeitskräfte sowie den Boden verfügten, hatten es schwer, einen Entwicklungsprozeß in Gang zu setzen. Das System der Surplusabschöpfung erlaubte es ihnen nicht, ihre Erträge durch eine Verbesserung der Arbeitsproduktivität - Einsatz fixen Kapitals und qualifizierter Arbeit - zu steigern, sondern nur durch eine Intensivierung bäuerlicher Arbeit und durch eine Erhöhung der Abgabeverpflichtungen in Form von Geld und Naturalien zu Lasten der bäuerlichen Produzenten. So wurde die Produktion der Domänen für den Markt dort, wo die Feudalherren noch eine erhebliche direkte, außerökonomische Macht über abhängige Bauern hatten - wie im England des frühen 13. Jahrhunderts -, soweit wie möglich durch eine Intensivierung der Fronarbeit erhöht. Aber damit war der Einsatz neuer Techniken und fixen Kapitals nahezu unmöglich geworden. Denn Leibeigene, die über die Mittel ihrer Reproduktion selbst verfügen, arbeiten für ihre Herren nur unter Zwang, und eine solche Form von Arbeit paßt sich bekanntlich kaum Produktionsmethoden an, die den Einsatz fixen Kapitals und hohe Qualifikationen erfordern. Somit war das Festhalten der Feudalherren an ihrer "kostenlosen" Arbeit ökonomisch sinnvoll, führte aber kaum zu Investitionen in neue, fortschrittliche Techniken.
Wo die Feudalklasse den Anteil des Surplus für den Markt durch gesteigerte Abgaben der Bauern in Form von Geld oder Naturalien erhöhen konnte, beschnitt sie natürlich die Möglichkeiten der Bauern, ihre Agrarproduktion zu entwickeln, denn deren Investitionsmittel wurden ja gerade verringert. In England sind die Abgaben wohl während des ganzen 13. Jahrhunderts gestiegen (zur englischen Entwicklung vgl. Postan: 1966; 1967; Hilton: 1965; 1966).

Andererseits war es den Bauern selbst kaum möglich, ihr Produktionsvolumen zu steigern. Sie besaßen meist nur kleine Parzellen, verfügten nur über begrenzte Investitionsmittel, und die Ernten waren kaum berechenbar. Um die Risiken zu mindern, produzierte man hauptsächlich für die unmittelbare Reproduktion. Das erforderte eine Diversifikation der Produktion, um möglichst alle benötigten Güter auf dem eigenen Land herzustellen. Nur Überschüsse wurden verkauft. Eine auf Tauschwertmaximierung ausgerichtete Spezialisierung der Produktion hätte die Frage des Überlebens vom Auf und Ab des Marktes abhängig gemacht - eine angesichts der begrenzten bäuerlichen Ressourcen und der Unbeständigkeit des Wetters allzu riskante Alternative. Die Tendenz zur Subsistenzproduktion hemmte natürlich die kommerzielle Spezialisierung und schließlich die Veränderung der Produktionsmethoden. Zum Beispiel bestellten die französischen Bauern selbst in jenen Gegenden, die sich auf den Weinanbau für den "Weltmarkt" spezialisiert hatten, weniger als 30% des Bodens mit Wein, während das restliche Land für die Subsistenzproduktion genutzt wurde.
Schließlich war allein schon die Tatsache, daß die Bauern einen Großteil des Landes "besaßen" und es zur Subsistenzproduktion nutzten, ein starkes Hindernis für jene reicheren Bauern und Landlords, die den Landbesitz zur Verbesserung der Produktion übernehmen wollten. Denn die Bauern waren oft nicht bereit, sich von ihrem Land zu trennen und ihre Existenzgrundlage zu verkaufen. Es ist bemerkenswert, daß im Frankreich des 13. Jahrhunderts, wo bäuerlicher "Besitz" an vielen Orten auch auf bäuerliches "Eigentum" hinauslief, "morcellement" (Aufteilung des Landes durch Vererbung) bei weitem typischer war als "rassemblement" (Zusammenlegung von Land) (zu Frankreich vgl. Neveux: 1975, 20ff.; 113f.).
Insgesamt diente das Anwachsen der Marktproduktion bezeichnenderweise eher den Konsumbedürfnissen der Feudalherren und der Bauern - und nicht der Akkumulation. Unfähig, die Produktivkräfte zu entwickeln, und damit kaum in der Lage zu akkumulieren, sahen die Grundherren in der Ausweitung ihres militär-politischen Potentials den besten Weg, ihr Produktivvermögen zu erhöhen (besonders nachdem neues Land nicht mehr urbar gemacht werden konnte). Überschüsse wurden daher meist unproduktiv verwandt: für Soldaten und militärische Ausrüstung. Unter diesen Bedingungen beschleunigte die Entwicklung des Handels nur die Tendenz des gesamten Systems, die gesellschaftliche Arbeitsteilung mehr und mehr zugunsten unproduktiver Arbeit zu vertiefen. In den mittelalterlichen Städten Flanderns und Norditaliens entstand eine Produktion von Luxusgütern, vor allem von hochwertigen Stoffen und Waffen in großem Stil. Die Städte wurden per Schiff aus den umliegenden feudalen Agrarwirtschaften mit Lebensmitteln und Rohstoffen versorgt. Aber so sehr auch das Wachstum des Handels die Entwicklung dieser besonderen Arbeitsteilung förderte, es verstärkte nicht den Kreislauf der Kapitalakkumulation, sondern

führte zu einer zunehmenden Verschwendung gesellschaftlichen Reichtums.
Aufgrund der bisherigen Ausführungen ist es leicht zu verstehen, warum die mittelalterliche europäische "Weltökonomie", mit den Städten als Zentren, keiner kapitalistischen Dynamik unterworfen war. Selbst dort, wo die Produktion erweitert wurde, war das eher auf eine Intensivierung der Arbeit als auf eine gesteigerte Arbeitsproduktivität zurückzuführen. Überschüsse wurden konsumiert und dienten nicht der erweiterten Reproduktion. Auf lange Sicht führte dieses sich im Kreise drehende System zu einer Erschöpfung des Bodens und letztlich auch der Arbeitskraft - zu einer allgemeinen Krise der Arbeitsproduktivität und der feudalen Einkünfte vom 14. Jahrhundert an.
Diese Produktionskrise, die im 14. Jahrhundert fast ganz Europa an der einen oder anderen Stelle traf, rief aber die Ablösung der feudalen Produktionsverhältnisse in der folgenden Epoche nicht unvermittelt hervor. Während des Mittelalters und des frühneuzeitlichen Europa hielten sich die alten Systeme der bäuerlichen Subsistenzproduktion und der Aneignung des Surplus durch außerökonomischen Zwang in der einen oder anderen Form. In Osteuropa erhöhten die Herren ihre Einkünfte durch einen Ausbau des Feudalregimes. Sie schränkten die Mobilität der Bauern weiter ein, verstärkten die Frondienste und reduzierten zu guter Letzt die Größe der einzelnen Bauernwirtschaften. Weiter im Westen, in Frankreich und dem westelbischen Deutschland, konsolidierten die Bauern im frühen 15. und 16. Jahrhundert ihre Rolle als Besitzer von Land und erreichten so etwas wie ein volles Eigentumsrecht. Unter diesen Bedingungen wurden die notwendigen Einkünfte der herrschenden Klasse durch die Ausweitung und Gründung absolutistischer Staaten gesichert: durch zentrale Steuern zugunsten einer aristokratischen Beamtenschaft.
In einigen Gegenden allerdings - vor allem in England - brach dieses grundherrschaftliche System zusammen: Die Trennung der Organisatoren der Produktion und der unmittelbaren Produzenten von ihren Reproduktionsmitteln setzte sich durch, und es entstanden kapitalistische Produktionsverhältnisse. Hier ist ein erster Bruch mit den Entwicklungsmustern der Subsistenzökonomie festzustellen (Brenner: 1976). Aber diese unterschiedlichen Resultate der Krise der feudalen Produktion lediglich zu konstatieren beantwortet keine Fragen, sondern wirft sie erst auf. Die abweichenden Muster wirtschaftlicher Entwicklung und Unterentwicklung in der frühen Neuzeit scheinen auf verschiedene Arten der Herausbildung von Klassen zurückzugehen. Aber wie kann man diese Entwicklungen der Klassenverhältnisse unmittelbar nach der Produktionskrise des 14. Jahrhunderts erklären? Diese Frage wird uns noch weiter beschäftigen.

Die Weltsystemtheoretiker setzen also Kapitalismus zu Recht mit profitorientierter Tauschwertproduktion gleich, die insbesondere durch die Entwicklung der Produktivkräfte (Innovation) zu Kapitalakkumulation führt. Sie arbeiten jedoch die besonderen gesellschaftlichen Produktionsverhältnisse, die für die Kontinuität dieser Prozesse erforderlich sind, nicht heraus. Zu Unrecht sehen sie diese Prozesse erst dann eintreten, wenn eine auf Handel basierende Arbeitsteilung entstanden ist, die verschiedene politische Einheiten miteinander verbindet. Mit anderen Worten: Sie identifizieren Kapitalismus mit Weltökonomie.
Mit ihrer Begrifflichkeit verstricken sich die Weltsystemtheoretiker in ein unlösbares Dilemma. Einerseits können sie nicht erklären, warum ältere Weltökonomien nicht durch unaufhörliche Kapitalakkumulation und Innovation gekennzeichnet waren. Andererseits haben sie Schwierigkeiten, die besonderen Charakteristika der modernen Weltökonomie zu bestimmen, die die genannten Prozesse hervorrufen. Um die Probleme in den Griff zu bekommen, bleiben der Weltsystemtheorie zwei Auswege: entweder die Existenz vollentwickelter Weltökonomien vor der Neuzeit zu leugnen oder die spezifischen Merkmale der kapitalistischen Weltökonomie – vor allem die systematische Entwicklung der Produktivkräfte – zu ignorieren. Der erstere ist, wie Wallerstein trotz seines halbherzigen Versuchs, die mittelalterliche Wirtschaftsform nicht als Weltökonomie gelten zu lassen, bemerkt, keine haltbare Möglichkeit. Folglich kann er letztlich die moderne Weltökonomie nicht zufriedenstellend von der ihr vorausgehenden mittelalterlichen abgrenzen und ihre augenfälligste Eigenschaft – die permanente Entfaltung der Produktivkräfte und der Arbeitsproduktivität – nicht erklären.
Wallersteins Unvermögen, Innovation und technischen Wandel in sein Modell kapitalistischer Entwicklung einzubeziehen, erscheint kaum glaubhaft. Doch belegt wird es unmittelbar durch sein Zugeständnis, daß es vor dem modernen Weltsystem in der Tat viele Weltökonomien gegeben hatte, und durch seine Schwierigkeiten, jene Spezifika zu bestimmen, die der kapitalistischen Weltökonomie ihre besondere Dynamik verliehen. Mit Wallersteins Worten: "Ich nannte die Weltökonomie eine Erfindung der Moderne. Das stimmt nicht ganz. Es gab schon vorher Weltökonomien. Aber sie verwandelten sich immer wieder in Weltreiche: China, Persien, Rom. Die moderne Weltökonomie hätte denselben Weg gehen können – dann und wann hatte es sogar den Anschein –, wenn die Methoden des Kapitalismus und die naturwissenschaftliche Technologie, die bekanntlich zusammenhängen, es ihr nicht ermöglicht hätten, ohne die Entwicklung einer einheitlichen politischen Struktur zu prosperieren, zu produzieren und zu expandieren" (Wallerstein: 1974a, 16).
Das ist ein außerordentliches Zugeständnis. Denn Wallerstein hätte kaum eindeutiger sagen können, daß die Weltökonomie, die ältere wie die neuere, keine inhärente Kraft zur Entwicklung der Produktivkräfte

besaß. Die moderne Weltökonomie ist hiernach die letzte einer ganzen Reihe von Vorgängern, von denen keine zuvor es vermocht hatte, die Produktivkräfte im großen Stil zu verändern. Sie hätte sich, da ihre Organisation der Produktion nicht wesentlich anders war - bis auf das unerklärliche Erscheinen der "Methoden des Kapitalismus und der naturwissenschaftlichen Technologie" -, genauso wie die früheren entwickeln können. Im Wallersteinschen System wirken Fortschritt und Innovation - soweit sie überhaupt vorkommen - wie ein Deus ex machina.

Wallerstein bemüht sich, ein Kapitalismusmodell der qualitativen Transformation der Produktivkräfte (der Kapitalakkumulation auf erweiterter Stufenleiter) durch eines der quantitativen Expansion der Arbeitsteilung zu ersetzen. Ihm zufolge entstand das moderne Weltsystem, da sich in der frühen Neuzeit kein Weltreich etablieren konnte.

Der Erfolg jenes Systems setzte nach Wallerstein drei fundamentale Entwicklungen voraus: die geographische Ausbreitung des Weltsystems - "incorporation" (Einbindung); die Entwicklung ganz spezifischer Arten der Arbeitskontrolle für unterschiedliche Produkte und in verschiedenen Regionen - Spezialisierung und die Herausbildung relativ starker Staatsapparate in den künftigen Zentren der Weltökonomie, um den Transfer von Surplus aus den Peripherien in die Zentren zu sichern (Wallerstein: 1974a, 38). "Aus der riesigen geographischen und demographischen Expansion des Welthandels und der Industrie konnten einige Gegenden Europas um so gewaltigere Profite ziehen, je mehr sie sich auf entsprechende Aktivitäten spezialisierten. So mußten sie weniger Zeit, Arbeitskraft, Boden und andere Ressourcen für die Befriedigung von Grundbedürfnissen einsetzen. Die Kornkammer Westeuropas hätte entweder Osteuropa werden können oder umgekehrt" (Wallerstein: 1974a, 98f.). Die wesentliche Form der Spezialisierung ist nach Wallerstein die regionale. Sei eine Region erst einmal in den Zusammenhang der Weltökonomie und der weltweiten Arbeitsteilung eingebunden, so hätten ihre konstitutiven Produktionseinheiten mehr oder weniger automatisch eine kapitalistische Dynamik entwickelt. Jede Produktionseinheit habe ihre Form den jeweiligen Produkten und der Erwartung höchster Gewinne angepaßt. "Warum hat man die Arbeit immer wieder anders organisiert - Sklaverei, Feudalismus, Lohnarbeit, selbständige Tätigkeit? Weil die Methode der Arbeitskontrolle dem jeweiligen Produktionstypus am besten entsprach." Daraus folgert Wallerstein: "Freie Arbeit entspricht der qualifizierten Arbeit der Zentren, die sich auf industrielle Tätigeit spezialisierten; unfreie Arbeit entspricht der landwirtschaftlichen Produktion für den Markt und den wenig qualifizierten Tätigkeiten in den Peripherien, die sich auf die Produktion von Nahrungsmitteln spezialisierten" (Wallerstein: 1974a, 99, 87, 126).

Einmal in die Weltökonomie einbezogen, sei jede dieser Arbeitsformen gleichermaßen kapitalistisch. Es scheint sogar, daß für Wallerstein allein die Einbindung in die Weltökonomie - die Produktion für den Welt-

markt - das, wenn auch oft latente, Erscheinen von Arbeitskraft als Ware bestimmt. Zum Beispiel schreibt er, daß "das feudalistische Verhältnis von Bauer und Grundherr seine Autonomie verliert, wenn es innerhalb einer kapitalistischen Weltökonomie existiert. Es wird zu einer Form bourgeoisen Einsatzes proletarischer Arbeit, die sich jeweils den Bedürfnissen des Marktes anpaßt" (Wallerstein: 1976, 278f.). Und weiter: "Kapitalismus heißt ganz sicher Auftreten von Arbeitskraft als Ware. Aber im Zeitalter des agrarischen Kapitalismus ist Lohnarbeit nur eine spezifische Form auf dem Arbeitsmarkt; Sklaverei, marktorientierte landwirtschaftliche Arbeit unter Zwang - so nenne ich den zweiten Feudalismus -, Teilpacht und Pacht sind andere Formen." Entsprechend sind "Sklaverei und die sogenannte 'zweite Leibeigenschaft' im Kapitalismus nicht als Abweichungen zu verstehen. Vielmehr arbeitete der sogenannte Leibeigene in Polen oder der Indio auf einer Encomienda in Neuspanien in der Weltökonomie des 16. Jahrhunderts für Gutsbesitzer, die ihn - mag der Begriff auch euphemistisch sein - für seine Arbeit in der marktorientierten landwirtschaftlichen Produktion 'bezahlten'. Hier ist die Arbeitskraft zur Ware geworden..." (Wallerstein: 1974b, 399ff.)
Um das Bild zu vervollständigen, betont Wallerstein, daß sein Modell nicht einfach von Spezialisierung, sondern von ungleicher Spezialisierung handelt. Für das Wachstum des Systems sei regionale Ungleichheit entscheidend. Sie vor allem erleichtere den Surplustransfer: die Expansion des Zentrums auf Kosten der Peripherie: "Die unterschiedlichen Funktionen (innerhalb der Weltökonomie; R.B.) bewirkten verschiedene Klassenstrukturen, und diese wiederum unterschiedliche politische Verhältnisse" (Wallerstein: 1974a, 157) - insbesondere starke Staaten in den Zentren und schwache Staaten in den Peripherien. "Sobald es einen Unterschied in der Stärke der Staatsapparate gibt, beginnt auch der Mechanismus des 'ungleichen Tauschs' zu wirken, ein Mechanismus, den starke Staaten gegen schwache, Staaten des Zentrums gegen solche der Peripherien einsetzen" (Wallerstein: 1974b, 401). Ungleicher Tausch ist hier kein akzidentelles oder sekundäres Merkmal des Systems, sondern ein essentielles. Dazu Wallerstein: "Es ist theoretisch unmöglich, daß sich alle Staaten gleichzeitig entwickeln. ... Natürlich schaffen es einige. Aber die einen steigen um den Preis des Niedergangs der anderen auf" (Wallerstein: 1974c, 7).
Hier wird nun deutlich, wie weit sich Wallerstein von einem Kapitalismusbegriff, der die Entwicklung der Produktivkräfte und den technischen Wandel als zentrale Aspekte umgreift, entfernt hat. Seine moderne Weltökonomie entwickelt sich auf der Grundlage ihrer eigenen Dynamik - einer verbesserten Umverteilung und Anwendung von im großen und ganzen gegebenen sozialen und technischen Mitteln sowie aufgrund des Transfers von Surplus. Die wachsende Spezialisierung gilt als Motor kapitalistischer Entwicklung, die darüber hinaus wie ein Nullsummenspiel erscheint. "Die soziale Errungenschaft der modernen Welt ist es, ohne den 'Luxus' eines allzu schwerfälligen Überbaus

... die Technologie eingeführt zu haben, die ein Wachstum des Surplustransfers von den unteren zu den oberen Schichten, von der Peripherie zum Zentrum und von der Mehrheit an die Minderheit ermöglichte" (Wallerstein: 1974, 15f.).
Das Kernstück des Wallersteinschen Modells ist offensichtlich die Vorstellung, daß (irgendwie) von vornherein existierende Kapitalisten die regionale Spezialisierung der Produktion mit den entsprechenden Systemen der Arbeitskontrolle in Gang setzen. Denn Wallerstein betrachtet die Systeme der Arbeitskontrolle letztlich als technische Instrumente; je nach den Verwertungschancen auf dem Markt werden sie eingesetzt oder auch nicht.
Wenn man von einem funktionierenden kapitalistischen System und dem, was man legitimerweise als Techniken bezeichnen kann, ausgeht, dann ist es sicherlich angezeigt, die jeweils effizienteste Technik bei der Produktion jeder Ware anzuwenden. Dies aber nur deshalb, weil die einzelnen Produzenten im Kapitalismus aufgrund der Konkurrenz keine andere Wahl haben, als die Produktionskosten zu senken. Nur aufgrund der herrschenden Produktionsverhältnisse des Kapitalismus müssen sie auf dem Markt konkurrieren: Es ist die Trennung der Kapitalisten und Arbeiter von ihren Reproduktionsmitteln, die sie, um zu kaufen, zum Verkauf zwingt, um damit wiederum die dominante Position zu halten (im Falle der Kapitalisten) oder zu überleben (im Falle der Arbeiter). Daher ist das System der Marktkonkurrenz an das Vorherrschen bestimmter gesellschaftlicher Produktionsverhältnisse gebunden. Sie bestimmen den "Kampf ums Dasein", und nur jene kapitalistischen Firmen und Regionen können ihn auf lange Sicht bestehen, die am kostengünstigsten produzieren.
Das Problem aber besteht darin, daß es nicht gerechtfertigt ist, Wallersteins Systeme der Arbeitskontrolle als Techniken zu verstehen - mögen sie nun von Kapitalisten eingesetzt werden oder nicht. Ebensowenig kann davon gesprochen werden, daß ein Wirtschaftssystem in dem Moment, in dem es von der Weltarbeitsteilung erfaßt worden ist, sich durch eine kapitalistische Dynamik auszeichnet; Macht ist keine Ware. Systeme der Arbeitskontrolle sind nämlich bloß Aspekte umfassenderer Klassenverhältnisse, die komplexe soziale Konfliktstrukturen zur Folge haben, indem sich die herrschenden Klassen das Surplus der unmittelbaren Produzenten aneignen. Jenseits dieser Eigentumsverhältnisse und Klassenbeziehungen haben Systeme der Arbeitskontrolle keine Bedeutung. Klassenstrukturen entstehen wohl kaum als Reaktion auf abstrakte Bedürfnisse der Produktion oder des Profits (für wen?). Es ist die Spezifik der Surplus-Aneignung oder der Klassenverhältnisse, die die entscheidende Bedingung für die Entwicklungsmöglichkeiten der Produktion einer jeden Ökonomie darstellt. Das ergibt sich selbst aus den Wallersteinschen "Systemen der Arbeitskontrolle": Leibeigenschaft, selbständige Arbeit (z.B. von freien Bauern), Sklaverei. Nicht einsichtig ist, wie die Entstehung, Verfestigung oder Ablö-

sung irgendeines dieser Systeme bloß als Funktion ihrer "Verwertbarkeit auf dem Markt" verstanden werden kann.
Andererseits kann das Auftreten von Arbeitskraft als Ware - in der Tat ein untrügliches Zeichen des beginnenden Kapitalismus - kaum bloße Widerspiegelung oder Ausdruck der Einverleibung einer Region in die Weltökonomie sein, wie Wallerstein es behauptet. Arbeitskraft als Ware setzt bestimmte gesellschaftliche Produktionsverhältnisse voraus: vor allem die Trennung der Arbeitgeber und unmittelbaren Produzenten vom direkten Zugang zu und vom Besitz an ihren Reproduktionsmitteln. Diese Trennung ist es, die das Auftreten von Arbeitskraft, Kapital und Boden als Waren auf dem Markt verursacht. Umgekehrt verhindern in vorkapitalistischen Wirtschaftssystemen die Verbindung des unmittelbaren Produzenten mit den Produktionsmitteln und die Auslieferung dieser Produzenten an die herrschende Klasse in der Form von Sklaverei oder Leibeigenschaft, daß Boden und Arbeitskraft als Waren erscheinen. Die bloße Einbeziehung der vor- oder nichtkapitalistischen Ökonomien in den Weltmarkt kann diese Einheit nicht zerstören: Sie kann in diesen Systemen nicht einfach eine kapitalistische Dynamik erzeugen. Wenn Wallerstein sagt: "Die Durchsetzung der Lohnarbeit und die Kommerzialisierung des Bodens setzen nicht den Übergang vom Feudalismus zum Kapitalismus voraus, sondern sind (bloß; R.B.) Aspekte der Entwicklung der (laufenden) kapitalistischen Weltökonomie", dann ist das konsequent, aber zutiefst unrichtig (Wallerstein: 1976, 277). Das Gegenteil kommt der Wahrheit näher. Kapitalistische Dynamik kann nicht erwartet werden, wenn es keine Trennung der Organisatoren der Produktion und der unmittelbaren Produzenten vom marktunabhängigen Zugang zu ihren Reproduktionsmitteln gegeben hat.
Auf einer ganz abstrakten Ebene zusammengefaßt: Erstens bleibt die historische Entwicklung oder die Entstehung von Klassenverhältnissen unklar, wenn man sich bloß als Resultat von Entscheidungen und Zuweisungen der herrschenden Klasse versteht. Sie sind stets Folge von Klassenkonflikten, in denen die unmittelbaren Produzenten mehr oder weniger erfolgreich die Form und das Ausmaß der Aneignung von Mehrarbeit durch die herrschenden Klassen beschränkt haben.
Zweitens veranlaßt der bloße Kontakt einer Region mit dem Weltmarkt bei vorherrschend vorkapitalistischen Klassenverhältnissen die surplusaneignende Klasse nicht unbedingt, größtmögliche Tauschwerte auf dem Markt zu realisieren. Denn in solch einem System hat auch die aneignende Klasse einen direkten (marktunabhängigen) Zugang zu ihren Reproduktionsmitteln und muß darum nicht verkaufen, um ihre Reproduktionsmittel zu kaufen.
Drittens bedeutet unter diesen Verhältnissen selbst die Absicht der Feudalherren, das Volumen der Tauschwerte über eine Erweiterung der marktorientierten Produktion zu erhöhen, nicht, daß der Produktionsertrag einer Region größtmöglich gesteigert wird. Denn was für die Tauschwertmaximierung der surplusaneignenden Klasse notwendig

sein mag, muß sich nicht gleichermaßen auf die gesamte Region auswirken. Das gilt besonders für überwiegend vor- oder nichtkapitalistische Produktionsverhältnisse, weil dort die ausgebeutete Klasse der unmittelbaren Produzenten gemeinhin einen mehr oder weniger abgesicherten Zugang zu ihren Subsistenzmitteln hat. Die Arbeiter sind sozusagen mit ihren Lebensgrundlagen verschmolzen. Das trifft nicht nur für feudale Produktionsweisen zu, in denen die Bauern ihr Land und ihr Werkzeug besitzen, sondern auch für Sklavenhaltergesellschaften, in denen die Sklaven der Besitz der Herrschenden sind und als Wert "erhalten" werden müssen. Nur "außerökonomischer Zwang" kann unter solchen Bedingungen Arbeit herauspressen - Arbeit, die sich nur schwer mit fortgeschrittenen Produktionsmitteln verbinden läßt, da jede Qualitäts- oder Intensitätsverbesserung kostspielige Kontrollen erfordert. Wo unmittelbare Produzenten einen sicheren Zugang zu ihren Subsistenzmitteln haben, kann niemand "gefeuert" werden - das andernfalls vielleicht wirksamste Mittel, effektiv Arbeit herauszupressen.

Viertens greift die herrschende Klasse, um sich Reichtum anzueignen, dort tendenziell zu Zwangsmaßnahmen, wo eine Verbesserung der Arbeitsproduktivität durch fortschrittlichere Produktionsmittel schwierig ist. Sie setzt also das Surplus zum Aufbau von Gewaltmitteln ein - zu nichtproduktiven Investitionen, zum Verbrauch statt zur Akkumulation von Kapital.

Schließlich können effektiver arbeitende Produzenten nicht einfach durch gewöhnliche Konkurrenz auf dem Markt irgendwelche vor- oder nichtkapitalistischen Eigentumsverhältnisse und Sozialbeziehungen verändern. Solange ein Großteil der Arbeit und des Bodens als Gebrauchswert unter patriarchalischer Kontrolle steht, können auf dem Markt wettbewerbsorientierte Produzenten die schwächeren "Konkurrenten" gar nicht aus dem Geschäft verdrängen.

Alles in allem muß die Entwicklung des Kapitalismus als Geschichte eines Übergangs - nämlich als Geschichte der Transformation vorkapitalistischer oder nichtkapitalistischer Produktionsverhältnisse - begriffen werden; es geht um die gesellschaftlichen Prozesse, die die Arbeitskraft zur Ware werden ließen. Natürlich hat Wallerstein (1974b, 391) recht, daß "das 16. Jahrhundert die volle Entfaltung und wirtschaftliche Vorherrschaft des Handels erlebte" - zumindest in einigen Teilen Europas. Aber diese Vorherrschaft spiegelte nur die Trennung der Organisatoren der Produktion und der unmittelbaren Produzenten vom marktunabhängigen Zugang zu ihren Reproduktionsmitteln wider, eine Trennung, die Land und Arbeitskraft zu Waren machte - und das war nicht durch den Tausch allein bedingt.

DIE GESCHICHTE DER WELTÖKONOMIE IM 16. UND 17. JAHRHUNDERT

Ich will die bisherigen Ausführungen anhand dessen, was Wallerstein die moderne Weltökonomie nennt, verdeutlichen: am Beispiel der weltweiten Arbeitsteilung, die im 16. und 17. Jahrhundert ihren Anfang nahm.

Einige Thesen vorweg:

1. Die Ursprünge der Weltarbeitsteilung bleiben im Dunkeln, wenn sie bloß als überlegene Produktionsmethode aus der "allgemeinen Krise des 14. und 15. Jahrhunderts" resultiert.
2. Weder die Wallersteinsche Peripherie (dargestellt am Beispiel Polen) noch seine Semi-Peripherie (dargestellt am Beispiel Frankreich) entwickelten in der frühen Neuzeit eine kapitalistische Dynamik.
3. Insofern die Peripherien und Semi-Peripherien die Weltökonomie mit konstituierten, blieben ihre Wirtschaftssysteme großteils feudal oder vorkapitalistisch.
4. Gerade weil der überwiegende Teil der "modernen Weltökonomie" vorkapitalistisch produzierte, wurde sie in die Produktionskrise des 17. Jahrhunderts - die eine Krise der feudalen und nicht der kapitalistischen Produktion war - hineingezogen.
5. Wo der Durchbruch zum Kapitalismus stattfand - vor allem in England -, kann er nicht allein aus der Entstehung der Weltarbeitsteilung und aus Englands Rolle in diesem Prozeß abgeleitet werden, sondern er bedarf der Erklärung durch eine Analyse des Wandels der gesellschaftlichen Produktionsverhältnisse in England.

Die Ursprünge des Kapitalismus

Nach Wallerstein können die Ursprünge der von ihm so genannten "Systeme der Arbeitskontrolle", die in den verschiedenen Regionen der modernen Weltökonomie bestanden, nur im Zusammenhang der spätmittelalterlichen Krise der Produktion und der grundherrschaftlichen Einkünfte erklärt werden. Das gilt für ganz Europa. Doch Wallerstein vermittelt den Eindruck, als sei die Entstehung der Weltökonomie irgendwie die "Antwort" auf die gewiß notwendige Lösung dieser Krise gewesen - als könnte die historische Funktion, die die Weltökonomie hatte, ihre Existenz erklären. "Die territoriale Ausdehnung Europas ist von daher schon theoretisch als entscheidende Voraussetzung zur Lösung der Krise des Feudalismus bestimmbar. Ohne diese Expansion wäre Europa wahrscheinlich in relativ dauerhafte Widersprüche und in Anarchie versunken" (Wallerstein: 1974a, 42).

Nach Wallerstein brauchte "das westliche Europa ... aufgrund der großen Krise der feudalen Produktion Lebensmittel - mehr Kalorien und eine bessere Verteilung der Nährwerte - und Brennmaterialien". So seien Handelsbeziehungen aufgenommen worden, die Weizen aus

dem Baltikum und dem Mittelmeerraum nach den Niederlanden brachten. Im Mittelmeerraum begann man Zucker zu produzieren, der mehr und mehr in den atlantischen Regionen verbreitet wurde. Wallerstein folgert, daß der "Nahrungsmittelbedarf die geographische Expansion Europas bestimmte - der Außenhandelsüberschuß an Nahrungsmitteln war sogar größer als zu erwarten" (Wallerstein: 1974a, 42ff.).
Die Gefahren einer funktionalen Erklärung historischer Phänomene sind bekannt: Nur weil etwas benötigt wird, um ein System aufrechtzuerhalten, kommt es nicht einfach daher. Ein mutmaßliches Bedürfnis kann gewöhnlich in mehr als nur einer Form befriedigt werden. Wir müssen gerade angesichts mehrerer Möglichkeiten erklären, warum die eine davon Wirklichkeit wurde. Im allgemeinen ist nur eine kausale Erklärungsweise zufriedenstellend, und nicht eine funktionale.
Außerdem ist es wohl kaum ersichtlich, wie sich die höchst dramatische geographische Ausdehnung des Welthandelsnetzes in dieser Periode zum Nahrungsmittelmangel der europäischen Bevölkerung verhielt. Die große Expansion ging nach Wallerstein von Portugal aus, gefolgt von Spanien. Diese Nationen handelten mit dem Fernen Osten und vor allem mit Afrika und dem amerikanischen Kontinent. Doch die Produkte aus dem Osten - vor allem Gewürze und Seide - hatten, wie Wallerstein selbst betont, wenig mit dem europäischen Nahrungsbedarf zu tun. Der Zuckeranbau allerdings nahm auf dem amerikanischen Kontinent immer größere Ausmaße an. Aber es ist weder zu belegen, daß das rechtzeitig geschah, um der spätmittelalterlichen Produktionskrise zu begegnen, noch gibt es einen Beweis dafür, daß die Weltzuckerproduktion irgendwann in der frühen Neuzeit mehr als nur eine marginale Rolle gespielt hätte, um den Nahrungsbedarf der europäischen Bevölkerung zu decken.
Daß die frühe Neuzeit in der Tat eine beträchtliche Ausweitung des "Weltmarkts für Getreide" - und zwar innerhalb der Grenzen Europas - erlebte, löst die Probleme der Wallersteinschen Theorie letztlich nicht, sondern wirft eher noch größere auf. Um die Weltökonomie überhaupt in Gang zu bekommen, war Wallerstein zufolge eine räumliche Expansion nötig; um aber lebens- und entwicklungsfähig zu werden, bedurfte es der regionalen Spezialisierung auf die jeweils zweckmäßigste Methode der Arbeitskontrolle für das Produkt. Tatsache ist, daß das Wachstum der Getreideproduktion für den Weltmarkt in der frühen Neuzeit auf der Grundlage verschiedenster Systeme der Arbeitskontrolle in den Regionen vor sich ging. Riesige Getreidemengen kamen in dieser Zeit auf den Weltmarkt, produziert von der auf Leibeigenschaft beruhenden Landwirtschaft Osteuropas, von der von kleinen bäuerlichen Eigentümern beherrschten Landwirtschaft Nordfrankreichs, von den Latifundien Südeuropas (z.B. Sizilien), von unterschiedlichen Arten kleiner Bauernstellen (Halbpachthöfen zum Beispiel) in Mittel- und Südfrankreich und von kapitalistisch arbeitenden Farmen in England. Wenn sich so viele Systeme der Arbeitskontrolle mit demselben Produkt - Getreide - verbanden, kann man sie dann als Ergebnis kapitali-

stischen Rentabilitätsstrebens werten? Welche Form war am einträglichsten? Für wen? Ging die Produktion durch freie oder unfreie Bauern auf die Entscheidung irgendeines mutmaßlichen Kapitalisten zurück?
Hier ist nicht der Ort, die Entwicklung des europäischen Wirtschaftssystems vom Spätmittelalter an und besonders die Ursprünge des Kapitalismus neu zu erörtern. Ich stimme Wallerstein zu, daß die feudale Krise der Produktion und der grundherrlichen Einkünfte einen Einschnitt markiert. Doch bleibt das Aufkommen regional unterschiedlicher gesellschaftlicher Produktionsverhältnisse im Gefolge der Krise in Europa unbegriffen, wenn diese bloß zum Weltmarkt in Beziehung gesetzt werden und nur nach ihrer Zweckmäßigkeit und Profitabilität für die Produktion verschiedener Güter auf dem Weltmarkt befragt werden. Statt dessen geht es mir darum, die regional verschiedenen Entwicklungen letztlich als Ergebnisse von Klassenveränderungen und Klassenauseinandersetzungen erkennbar zu machen. In ihnen versuchten die konkurrierenden ländlichen Klassen, ihre Stellung aufrechtzuerhalten und zu verbessern: zuerst in einer Situation sinkender Bevölkerungszahlen und abnehmenden Welthandels (14.-15. Jahrhundert) und dann im Zuge wachsender Bevölkerungszahlen und expandierenden Welthandels (16.-17. Jahrhundert). Die Ergebnisse waren nicht der Willkür einzelner überlassen. Vielmehr hingen sie tendenziell mit historisch begründeten, spezifischen Entwicklungsmustern der kämpfenden Klassen und ihrer Stärke in den verschiedenen Gegenden Europas zusammen: mit dem Grad interner Solidarität, dem Selbstbewußtsein und der Organisation, den allgemeinen politischen Mitteln. Von daher sind meiner Meinung nach die Beziehungen der ländlichen zu den nichtagrarischen Klassen (möglichen städtischen Bündnispartnern) und die Form der Entwicklung des mittelalterlichen Staates besonders wichtige Untersuchungsgegenstände (Brenner: 1976; 1978).

Die Peripherie und Semi-Peripherie des Weltsystems als vorkapitalistische Regionen

Die Argumentation des vorangegangenen Abschnitts gegen Wallersteins Darstellung der Ursprünge der frühen modernen Weltökonomie wird erhärtet, wenn man die polnischen Gutsherren der Peripherie oder die französischen Bauern der Semi-Peripherie betrachtet, von denen keiner eine auch nur annähernd kapitalistische Exportwirtschaft entwickelte.
In Polen hielten schon sehr bald die Erträge mit den Preisen nicht mehr Schritt. Selbst langfristig stellte sich nur ein labiles Gleichgewicht her. So stiegen die Preise während des gesamten 16. Jahrhunderts stetig an, die gesamte nationale Getreideproduktion jedoch wuchs nur langsam seit Mitte des Jahrhunderts und stagnierte um 1600, als die

Preise in die Höhe schnellten, ganz. Die Exporte stiegen in dieser Zeit schon eindrucksvoller als die Erträge, doch nirgends so schnell wie die Kornpreise. Das Wachstum des Exports war allerdings nur aufgrund einer drastischen Beschneidung der bäuerlichen Lebensgrundlagen möglich: aufgrund der erhöhten feudalen Abgaben (besonders in Form von Frondiensten) und der Verkleinerung des Bauernlandes. Dieser Weg mußte auf lange Sicht verheerend enden. Eine rasch abfallende Produktivität war die Folge, da die Arbeitskraft und die Produktionsmittel der Bauern die grundlegenden Produktivkräfte darstellten und Überschüsse auf deren Kosten erhöht wurden (Kula: 1976, 108ff.; Maczak: 1968, 78f.; Topolski: 1974, 433f.; Topolski: 1962, 32ff.; Wyczanski: 1968, 585ff.).
Die Ironie dieser Geschichte ist, daß die Produktivität auf den Parzellen der abhängigen Bauern während der ganzen Zeit merklich höher war als auf den Ländereien der Herren. Solange die Besitzgrößen ein gewisses Ausmaß nicht unterschritten, war sogar der Ertrag pro Morgen für den Markt bei den Bauern höher als bei den Gutsherren (Zytkowicz: 1968, 117f.; Maczak: 1968, 77, 95f.; Topolski: 1974, 431; Topolski: 1962, 42). So gesehen, kann Wallersteins "agrarische Marktproduktion durch Fronarbeit" als System der Arbeitskontrolle kaum von höchster Zweckmäßigkeit für die Entstehung der Weltökonomie gewesen sein, besonders nicht - wie er es verficht -, um die industrielle Tätigkeit der Zentren abzusichern. Andererseits konnten die Feudalherren nicht einfach durch den Marktmechanismus von effektiveren Produzenten abgelöst werden, weil sie einen direkten Zugang zu ihren Reproduktionsmitteln hatten. In der Tat erweiterten die Gutsherren während der ganzen fraglichen Periode ihren Landbesitz auf Kosten der Bauern durch direkte Gewalt. So war es denn der feudale, nichtkapitalistische Charakter des Systems agrarischer Marktproduktion durch Fronarbeit, der der regionalen Wirtschaft nicht nur niedrige Produktivität und Unterentwicklung bescherte, sondern Osteuropa auch noch hinderte, die westliche Entwicklung am besten zu unterstützen - es ihr aber gleichzeitig ermöglichte, trotz niedriger Rentabilität und Produktivität weiter zu bestehen (Zytkowicz: 1968, 118; Topolski: 1962, 47f.; Wyczanski: 1968, 586ff.).
Ähnliches gilt für die Landwirtschaft freier Bauern in Nordfrankreich. Zu Beginn des 16. Jahrhunderts versorgte diese Gegend - ähnlich wie Osteuropa - die Industrieregionen der Niederlande mit Getreide und dazu noch mit Wein. Die Zeit verging und die Bevölkerung wuchs. Da die Bauern das Land besaßen und die unmittelbare Subsistenzproduktion an erster Stelle stand, verringerten sie den Anbau für den Handel, zum Beispiel jenen von Wein, und konnten mit der Zeit immer weniger Getreide exportieren. In der zweiten Hälfte des 16. Jahrhunderts belieferten viele Gebiete in Nordfrankreich den Weltmarkt überhaupt nicht mehr. Damit trat der wesentlich nichtkapitalistische Charakter dieser Gegend zutage - trotz anfänglicher Integration in den Weltmarkt. Die Bauern waren nicht vom Weltmarkt eingesetzt worden. Sie

hatten es nach langen Perioden des Klassenkampfes während des gesamten Mittelalters geschafft, über ihren Besitz zu verfügen. Ihre Marktproduktion war nicht durch den Drang nach Gewinn, sondern nach zusätzlichem Einkommen bestimmt. Als sie die Marktproduktion zurückschraubten, während ihre Produktivität sank, wurden sie nicht sofort von effizienteren Produzenten abgelöst (Neveux: 1975, 113f.; Neveux: 1974, 692f., 697f.; Bois: 1977, 337ff.). Wallerstein meint, daß es in Nordfrankreich schließlich gegen Ende des 17. Jahrhunderts Landkäufe und den Aufbau von größeren Höfen gegeben habe, und dann vor allem einen Anstieg der Produktivität auf dem Lande. Das spiegele die Existenz des Nordens von Frankreich im Zentrum der Weltökonomie (Wallerstein: 1980, 89f.) wider. Sicher: In Nordfrankreich tauchte großer Landbesitz gegen Ende des 17. Jahrhunderts auf. Für die Argumentation Wallersteins ist diese Entwicklung jedoch ohne Bedeutung. Zuerst einmal sind die Prozesse, aus denen größerer Landbesitz hervorging, nicht als Auswirkung des Weltmarkts erklärbar. Wie gesagt: Die anfängliche Reaktion dieser Gegend auf Anreize des Weltmarkts war gerade eine gewisse Entkommerzialisierung, bedingt durch bäuerlichen Besitz; mehr und mehr konzentrierten sich die Bauern auf Subsistenzproduktion - ganz besonders unter dem Einfluß der Aufsplitterung ihrer Ländereien durch Erbteilung. So waren es dem Produktionssystem inhärente Kräfte und nicht der Weltmarkt, die den bäuerlichen Kleinbesitz zerstörten und die Begründung größerer Landgüter ermöglichten. Denn mit der Zeit zwang sowohl die bäuerliche Erbteilung als auch die radikale Anhebung königlicher Steuern viele Bauern unter das Existenzminimum und zum Verkauf. Schließlich gab es trotz größeren Landbesitzes keine Verbesserung, sondern eine weitere Stagnation der Landwirtschaft. Das verweist auf die fortwährende Dominanz vorkapitalistischer Produktionsverhältnisse - besonders aber auf das Weiterbestehen einer Vielzahl kleiner landbesitzender Bauern in den Gebieten großer Güter sowie in ganz Frankreich (Brenner: 1976, 74f., Anm. 111; Jacquart: 1974, 720; Jacquart: 1975, 224f., 237ff.).

War die Weltarbeitsteilung im 17. Jahrhundert kapitalistisch?

Unzweifelhaft stiegen die Getreideexporte aus der Peripherie und der Semi-Peripherie in das Zentrum. Doch ist diese Entwicklung nicht als Wirkung einer wachsenden kapitalistischen Weltökonomie im Zentrum zu verstehen. Nach Glamann (1971) versorgten die polnischen Ausfuhren selbst auf ihrem Höhepunkt nur etwa 750 000 Menschen der europäischen Gesamtbevölkerung. Richtig ist, daß der Großteil der baltischen Getreideexporte nach Amsterdam, ins Zentrum, ging. Soweit diese jedoch dem Unterhalt von Manufakturarbeitern dienten, ermöglichten sie die Herstellung von Luxustextilien. Diese gingen im Tausch für Getreide zurück an die Feudalherren Osteuropas oder anderswo. Industrielle Erzeugnisse spielten somit bei der Entwicklung der Produktivkräfte des gesamten Systems eine geringe Rolle. Sie wirkten in der Regel nicht auf die Entwicklung der Wirtschaft zurück. Vielmehr kann ihre Existenz als Widerspiegelung der vorherrschenden feudalen Produktionsweise betrachtet werden, als Antwort auf feudale Bedürfnisse.

Auf der anderen Seite wurden 75% des gesamten Getreideimports von Amsterdam aus im Tausch gegen Wein, Gewürze und koloniale Güter nach Spanien und Italien, in die südeuropäische Peripherie also, weiterexportiert (Glamann: 1971, 39ff.). Anders ausgedrückt: Der Welthandel verband weit eher Peripherie mit Peripherie als das Zentrum mit der Peripherie. Zum großen Teil auf den Austausch von luxuriösen Manufakturwaren und anderen Überflußgütern sowie Lebensmitteln spezialisiert, mag die europäische Weltökonomie der frühen Neuzeit, die Wallerstein beschreibt, zwar größer gewesen sein als die ihr vorausgegangene mittelalterliche Weltökonomie, im Grunde war sie jedoch kein neuartiges Modell.

Die Weltkrise des Feudalismus im 17. Jahrhundert

Der vorkapitalistische Charakter der europäischen Weltökonomie des 17. Jahrhunderts wird offensichtlich durch die Tatsache bestätigt, daß das europäische Wirtschaftssystem recht schnell in eine ähnliche Produktionskrise schlitterte, wie sie das feudale Europa im 14. Jahrhundert erlebt hatte.

Weder im Osten noch im Westen Europas waren die in der Landwirtschaft Tätigen in der Lage, die Produktivkräfte zu entfalten oder das Absinken der Arbeitsproduktivität aufzuhalten. Das war ein Ergebnis der anhaltenden Vorherrschaft bäuerlicher Produktion und ihrer Bindungen an patriarchalische Feudalklassen, die das Surplus durch außerökonomischen Zwang sich aneigneten und hauptsächlich in Form von Luxusgütern und Militärausrüstungen investierten. Eine Krise war unvermeidbar, eben weil es in der europäischen Landwirtschaft keinen Kapitalismus gab, nämlich so gut wie keine Kapitalakkumulation auf erweiterter Stufenleiter. Vielmehr stiegen die Konsumbedürfnisse der Herren, besonders für ihr wachsendes militärisches Engagement, während die Produktivität der Bauern nicht nur nicht wuchs, sondern zurückging. Der Druck auf die ohnehin schwindenden Produktivkräfte nahm stetig zu. So kam es in vielen Teilen Europas - wie schon im Spätmittelalter - zu einer zugespitzten Produktionskrise.

Wallerstein scheint sich ziemlich geirrt zu haben, wenn er die allgemeine Krise des 17. Jahrhunderts als kapitalistische und im Kern als "Überproduktionskrise" kennzeichnet (Wallerstein: 1978, 69). Sie war im Gegenteil eine Krise des absoluten Mangels, der Unterproduktion, wie sie vorkapitalistischen Ökonomien eigentümlich ist. Zuerst und am deutlichsten offenbarte sie sich nicht etwa in niedrigen Preisen, wie

Wallerstein zu denken scheint, sondern vielmehr in Verteuerungen - eine Auswirkung vor allem der immer tieferen und zahlreicheren Subsistenzkrisen, in denen die Nachfrage im Vergleich zum sinkenden Angebot in schwindelnde Höhen schnellte. Das späte 16. Jahrhundert und die erste Hälfte des 17. wurden in rascher Folge von Zusammenbrüchen der Produktion erschüttert, als Steuern und Kriege der herrschenden Klassen der immobilen Produktionsgrundlage unerträgliche Lasten auferlegten. Erst nach 1660 - nach einem Dreivierteljahrhundert der Produktionskrisen - scheint eine vorübergehend stagnierende Bevölkerungszahl die Preise für einige Zeit stabilisiert zu haben. (Zum Ausbruch und zur Verschärfung der Krise im Frankreich des 16. Jahrhunderts mit den daraus folgenden Subsistenzkrisen und hohen Preisen, die erst ab 1660 wieder sanken, vergleiche Neveux: 1975; Jacquart: 1975).
Im Gegensatz dazu entsteht die kapitalistische "Überproduktionskrise" aus dem Wachstum der Produktion - als Ausdruck der Akkumulation von Kapital und der Entfaltung der Produktivkräfte. Sie läßt Leute verhungern, nicht weil das System zu wenig produziert, sondern weil Produktionsmittel massenhaft stilliegen. Solche Bedingungen gab es in der Regel im 17. Jahrhundert nicht. Zu jener Zeit waren der Produktion fast überall auf dem Kontinent Schranken gesetzt: durch die Stagnation der Produktivkräfte, verbunden mit dem Weiterbestehen vorkapitalistischer gesellschaftlicher Produktionsverhältnisse.

DER DURCHBRUCH DER KAPITALISTISCHEN ENTWICKLUNG

Zu guter Letzt ist das Wallersteinsche Modell selbst für das einzige Gebiet mit einer eindeutig erfolgreichen kapitalistischen Entwicklung in der frühen Neuzeit, nämlich für England, untauglich. Nach Wallerstein entwickelte sich das Zentrum (England einbegriffen), da es sich mit Hilfe des Getreidestroms aus den östlichen Peripherien auf eine industrialisierte Produktion spezialisieren konnte. England jedoch wuchs im großen und ganzen ohne den Nutzen polnischen Getreides. Das englische Beispiel ist gewissermaßen eine Satire auf die Vorstellung, die Produktionssysteme der Peripherie und Semi-Peripherie seien für die Produktion von Grundnahrungsmitteln irgendwie passender gewesen. Der Schlüssel zur englischen Entwicklung in dieser ganzen Periode liegt vielmehr gerade in der Fähigkeit, die Produktivität des Anbaus von Grundnahrungsmitteln selbst mehr oder weniger stetig zu steigern (Brenner: 1976; 1978).
Sicherlich ist die englische Entwicklung von dem noch wesentlich feudalen Weltmarkt stimuliert worden. Als Nachfolgerin der großen Exportzentren Flanderns und Italiens konnte Englands Textilindustrie in der frühen Neuzeit einen Großteil der europäischen Nachfrage nach Qualitätsstoffen auf sich ziehen. Die schon beträchtlichen britischen

Tuchexporte verdreifachten sich von 1450 bis 1550. Entsprechend führte die Zahl industrieller Produzenten sowie die noch stärker ansteigende Bevölkerungszahl zu einer Ausweitung der Nachfrage nach landwirtschaftlichen Produkten und stellte so zweifellos den Anreiz dar (festzumachen an steigenden Preisen für Nahrungsmittel), das Volumen der landwirtschaftlichen Produktion in England zu steigern.
In der frühen Neuzeit stiegen jedoch in ganz Europa die Preise für landwirtschaftliche Produkte. Die agrarischen Lieferanten reagierten im großen und ganzen nur langsam. England war hier ein abweichender Fall: Die Fähigkeit der englischen Farmer, die Produktivität durch Spezialisierung, Investition und Melioration zu erhöhen, sucht man im ganzen übrigen Europa vergeblich. Daß England diese Umwälzung in der Landwirtschaft über lange Zeit hinweg leisten konnte, ist meiner Meinung nach von den Veränderungen der Klassenverhältnisse auf dem Lande nicht zu trennen: Letztere bedingten ersteres.
Die Entstehung kapitalistischer Klassenverhältnisse, vor allem auf dem Land, war die unabdingbare Grundlage der englischen Entwicklung. Auf diesem knappen Raum ist es nicht möglich, das Auftreten kapitalistischer Klassenverhältnisse auf dem Land zu erklären, geht es doch meiner Ansicht nach auf kompliziertere Prozesse der Herausbildung und Auseinandersetzung von Klassen im Mittelalter zurück. Man kann nur betonen, daß dieser Übergang in Europa einzigartig dasteht: Einerseits brach in ihm die grundherrschaftliche außerökonomische Macht über die Bauern zusammen (er bedeutete das Ende der Leibeigenschaft und das Aufkommen des Absolutismus); andererseits vollzog sich die Trennung der bäuerlichen Landbesitzer von ihren Subsistenzmitteln. Frei von feudalen Banden wurden die ursprünglich kleinen englischen Pächter ihrer Reproduktionsmittel beraubt. Vor allem aufgrund der steigenden Nachfrage aus dem wachsenden Tuchfabrikationssektor und des allgemeinen Bevölkerungswachstums hatten sie keine andere Wahl, als Tauschwerte und Profite zu erhöhen. Nur so konnten sie ihre soziale Stellung halten und dem Landlord die Pacht zahlen. Das Interesse des Grundherren war es wiederum, den am besten mit Anlagen ausgestatteten Pächter zu nehmen, um einen größtmöglichen Pachtzins zu erhalten. Mit der Zeit trug das dazu bei, Bedingungen für eine besonders effektive Produktion zu schaffen: den Aufbau größerer Farmen, die Einfriedung von Gemeinbesitz etc. Langfristig führte dies zu einer allmählichen sozialen Differenzierung unter den unmittelbaren Produzenten auf dem Land: zur Entstehung einer zumeist auf Pachtboden produzierenden Klasse von kapitalistischen Farmern, zur Vernichtung der abhängigen Bauern (bezogen auf das von ihnen noch kontrollierte Land und dessen Erträge) und zur Entstehung einer Schicht von landlosen Farmarbeitern.
Die Folgen dieser Umwälzung für das Wachstum der landwirtschaftlichen Produktivkräfte - dem wichtigen und gänzlich vernachlässigten Element in Wallersteins Analyse - waren tiefgreifend. Über kurz oder lang mußten sich die Farmer auf das spezialisieren, wofür die jeweili-

gen technischen Produktionserfordernisse sowie eine bestimmte Bodenqualität oder -quantität am besten geeignet waren. Während der frühen Neuzeit wurden außerdem zunehmend neue Techniken aufgegriffen, was eine Agrarrevolution zur Folge hatte. In England findet man zum ersten Mal eine wirklich kapitalistische regionale Arbeitsteilung. Jede Gegend produzierte schließlich nicht nur die geeigneten Anbausorten mit den zweckmäßigsten Mitteln. Bedeutsamer noch war der Wandel des Systems der Arbeitsteilung aus eigener Kraft heraus, als neue Techniken verfügbar wurden, die die relative "Eignung" verschiedener Gebiete für verschiedene Produkte veränderten. So gingen während einer der charakteristischen Umwälzungen jener Epoche die Regionen mit schweren und feuchten Böden, wie vor allem die Midlands - jahrhundertelang Englands Kornkammer -, zur Viehzucht über. Diese Böden waren für die Einführung der neuen, die natürliche Fruchtbarkeit bewahrenden Fruchtfolgen (zum Beispiel Rüben) nicht geeignet und auch schwer zu pflügen. Daher fand der Getreideanbau seine Heimat auf den schnell austrocknenden, leichten Böden des Südens und Westens, wo das neue System des Fruchtwechsels leichter eingeführt werden konnte und wo das Pflügen weniger Mühe machte. Durch das Wachstum der landwirtschaftlichen Produktivität konnte die englische Volkswirtschaft Menschen vom Land in die Industrie abziehen und einen beachtlichen Inlandsmarkt beliefern. Gerade durch den sich entwickelnden Inlandsmarkt entging die englische Ökonomie überwiegend der "Krise des 17. Jahrhunderts", die fast ganz Europa heimsuchte. Gegen Ende des 17. Jahrhunderts waren wohl 40-50% der englischen Arbeitskräfte in nichtagrarischen Bereichen tätig. Parallel dazu war England inzwischen der führende Getreideexporteur der Welt geworden. Von 1660 bis 1760 entwickelten sich Landwirtschaft und Industrie in wechselseitiger Abhängigkeit. Die industrielle Produktion wuchs nicht nur quantitativ; ganz neue Industriezweige entstanden. Der Boden für die industrielle Revolution war bereitet.

LITERATUR

Bois, G.: 1977,
La crise du féodalisme: économie rurale et démographie en Normandie Orientale du début du 14e siècle au milieu du 16e siècle. Paris.

Brenner, R.: 1976,
Agrarian Class Structure and Economic Development in Preindustrial Europe, in: Past & Present 70.

Brenner, R.: 1978,
Dobb and the Transition from Feudalism to Capitalism, in: Cambridge Journal of Economics II.

Brenner, R.: 1981/1982,
Reply to Critics, in: Past & Present (im Erscheinen).
Duby, G.: 1970,
Histoire de la France. Naissance d'une nation, des origines à 1348. (Bd. 1) Paris.
Duby, G.: 1971,
Histoire de la France. Dynasties et Revolutions, 1348-1852. (Bd. 2) Paris.
Duby, G.: 1972,
Histoire de la France. Les temps nouveaux de 1852 à nos jours. (Bd. 3) Paris.
Duby, G./Wallon, A. (Hg.): 1975,
Histoire de la France rurale. La formation des campagnes francaises - des origines au XIVe siècle. (Bd. 1) Paris.
Duby, G./Wallon, A. (Hg.): 1975,
Histoire de la France rurale. L'age classique des paysans, 1340-1789. (Bd. 2) Paris.
Duby, G./Wallon, A. (Hg.): 1976,
Histoire de la France rurale. Apogée et crise de la civilisation paysanne, 1789-1914. (Bd. 3) Paris.
Duby, G./Wallon, A. (Hg.): 1976,
Histoire de la France rurale. La fin de la France paysanne de 1914 à nos jours. (Bd. 4) Paris.
Fröbel, F./Heinrichs, J./Kreye, O.: 1977,
The Tendency Towards a New Division of Labor, in: Review 1.
Glamann, K.: 1971,
European Trade 1500-1700. London.
Hilton, R.H.: 1965,
Rent and Capital Formation in Feudal Society, in: Second International Conference of Economic History. Paris.
Hilton, R.H.: 1966,
A Medieval Economy: The West Midlands at the End of the Thirteenth Century. London.
Jacquart, J.: 1974,
La crise rurale en Ile-de-France 1550-1670. Paris.
Jacquart, J.: 1975,
Immobilisme et catastrophes, in: Duby, G./Wallon, A. (Hg.), Histoire de la France rurale. L'age classique des paysans, 1340-1789. (Bd. 2) Paris, 174-353.
Kula, W.: 1976,
Economic Theory of the Feudal System. London.
Le Roy Ladurie, E.: 1975,
De la crise ultime à la vraie croissance, 1660-1789, in: Duby, G./Wallon, A. (Hg.), Histoire de la France rurale. L'âge classique des paysans, 1340-1789. (Bd. 2) Paris, 359-599.

Maczak, A.: 1968,
Export of Grain and the Problem of Distribution of National Income in the Years 1550-1650, in: Acta Poloniae Historica 18.
Neveux, H.: 1974,
Les grains du Cambresis (fin du XIVe, début du XVIIe siècles). Vie et déclin d'une structure économique. Lille.
Neveux, H.: 1975,
Déclin et reprise: la fluctuation biséculaire, in: Duby, G./Wallon, A. (Hg.), Histoire de la France rurale. L'âge classique des paysans, 1340-1789. (Bd. 2) Paris, 15-173.
Postan, M.M.: 1966,
Medieval Agrarian Society in Its Prime. England, in: ders., The Cambridge Economic History of Europe. Bd. 1: The Agrarian Life of the Middle Ages. (2. Aufl.) Cambridge, 548-632.
Postan, M.M.: 1967,
Investment in Medieval Agriculture, in: Journal of Economic History 27.
Sella, D.: 1977,
The World System and Its Dangers, in: Peasant Studies 4.
Topolski, J.: 1962,
La régression économique en Pologne de XIVe au XVIIe siècle, in: Acta Poloniae Historica 7.
Topolski, J.: 1974,
Le commerce des denrées agricoles et croissance économique de la zone baltique aux XVIe et XVIIe siècles, in: Annales E.S.C.
Wallerstein, I.: 1974a,
The Modern World-System. Capitalist Agriculture and the Origins of the European World-Economy in the Sixteenth Century. New York.
Wallerstein, I.: 1974b,
The Rise and Future Demise of the World System: Concepts for Comparative Analysis, in: Comparative Studies in Society and History 16.
Wallerstein, I.: 1974c,
Dependence in an Interdependent World: The Limited Possibilities of Transformation within the Capitalist World Economy, in: African Studies Review 17.
Wallerstein, I.: 1976,
From Feudalism to Capitalism: Transition or Transitions?, in: Social Forces 55.
Wallerstein, I.: 1978,
The "Crisis of the Seventeenth Century", in: New Left Review 110.
Wallerstein, I.: 1980,
The Modern World System II. Mercantilism and the Consolidation of the European World Economy 1600-1750. New York.

Wyczanski, A.: 1968,
Le niveau de recolte des cereales en Pologne du XVIe au XVIIIe siècle, in: Third International Conference of Economic History. Paris.
Zytkowicz, A.: 1968,
An Investigation into Agricultural Production in Masovia in the First Half of the Seventeenth Century, in: Acta Poloniae Historica 18.

Bäuerliche Ökonomie und feudale Produktionsweise – Ein Beitrag zur Weltsystemdebatte aus mediävistischer Sicht

Ludolf Kuchenbuch

Was kann ein an Feudalismustheorie interessierter Historiker des europäischen Mittelalters zur "Weltsystem"-Debatte beitragen? Er kann das begriffliche Instrumentarium erweitern bzw. korrigieren, das in der Diskussion besonders zur Spezifizierung des europäischen Feudalismus im Vergleich mit außereuropäischen Agrargesellschaften benutzt wird. Er kann das neuerlich so wichtig gewordene Problem der ungleichen Entwicklung verschiedener Räume bzw. Regionen in Europa gerade vor der Entstehung einer Weltökonomie und eines hierarchischen Staatensystems für die Diskussion fruchtbar machen. Und er kann die Tendenzen zur Transformation in agrar-, handels- und gewerbekapitalistische Produktionsverhältnisse, die dem europäischen Feudalismus im Mittelalter innewohnen, historisch aufzeigen - dies mit allen Schüben, Stagnationen und Rückschritten in den verschiedenen Regionen. Ich möchte zu diesen Aufgaben nur systematisch und nur unter einem bestimmten Stichwort Stellung nehmen, dem der bäuerlichen Familienwirtschaften. Ich will deren Rolle im komplexen und abwechslungsreichen Prozeß der Modifikation regionaler Feudalgesellschaften untersuchen: ein Problem, das immer noch zu pauschal behandelt wird (Wallerstein: 1974, 17ff.; Amin: 1980, 63). Das gilt besonders für die bäuerlichen Haushalte vor der Periode des "Übergangs". Die Strukturen der ländlichen Produktionssphäre sind im Rahmen der Debatte noch nicht ausreichend behandelt worden. Ob die These vom Kampf um die (Feudal-)Rente oder um den (Handels-)Profit als "Motor" der Entwicklung des Feudalismus und seiner Transformation empirisch verifizierbar ist, hängt maßgeblich davon ab, wie sie auf die "basic similarities" (Hilton: 1973, 26) der Millionen Bauernhaushalte bezogen ist.

ZUM STAND DER FEUDALISMUSDISKUSSION

Vorbei sind die Zeiten, in denen die historistische und theorieabstinente Fachwissenschaft im Westen und das dogmatische Formationsdenken stalinistischer Prägung im Osten verachtungsvoll und hadernd

einander gegenüberstanden (Wunder: 1974; Kuchenbuch: 1977, 150f., 295ff.; Billen/Dupont: 1981; Guerreau: 1980). Manche Gräben sind inzwischen zugeschüttet und manche Stege gangbar, Fronten haben sich verschoben. Die Auseinandersetzungen sind produktiv geworden, und die Gesamtsituation ist dementsprechend unübersichtlich.
Natürlich ist die Fachwelt nach wie vor in zwei Lager gespalten. Die Vertreter eines engen Feudalismus-Begriffs halten weiter daran fest, daß dieser - wenn überhaupt (Brown: 1974) - am besten zur Kennzeichnung der Binnenverhältnisse der mittelalterlichen Herrschaftsträger tauge - das Lehnswesen bestimme maßgeblich die Form des mittelalterlichen "Personalverbands"-Staates. Andererseits wird auf der Basis solcher Grundpositionen doch vielfach nach den Bedingungsverhältnissen von Lehnswesen und Grundherrschaft gefragt (Hintze: 1962; Bloch: 1968; Boutruche: 1968/70; Slicher van Bath: 1963; Duby: 1977; Henning: 1979).
Das Lager derjenigen, die einen sozialökonomisch weit gefaßten Feudalismus-Begriff benutzen und diskutieren, ist durch eher disparate Aktivitäten gekennzeichnet. Erste Versuche, diese zu koordinieren, sind erkennbar. In der englischen Zeitschrift "Past & Present" hat Robert Brenner (1976) eine Debatte über das Verhältnis von feudalen Klassenkonflikten und wirtschaftlicher Entwicklung im vorindustriellen Europa ausgelöst, die weiter anhält (Lüdtke/Medick: 1979). In Paris tagt seit 1976 regelmäßig eine "Société d'étude du féodalisme", die auch eine Zeitschrift plant. In der DDR erscheint seit 1977 ein "Jahrbuch für die Geschichte des Feudalismus". In Trier fand im Mai 1981 eine internationale Tagung zum "Problem des Feudalismus in Europa" statt.
Wie sind die inhaltlichen Disparitäten dieser "Diskussion" zu gliedern? Einmal wird diskutiert, wie das Werk von Karl Marx - und das von Friedrich Engels und W.I. Lenin - als Orientierung dienen kann. In diesen rezeptionstheoretischen Debatten, deren politische Tinktur hier nicht interessieren soll, geht es einerseits um die Frage des "richtigen" Ausgangspunktes: Hat man den "Formations"-Begriff, die "Produktionsverhältnisse" oder die "Produktionsweise" als allgemeinen sozialökonomischen Begriff zu wählen? Es hat den Anschein, daß hier die Entscheidung für den Begriff der "Produktionsweise" gefallen ist (Foster-Carter: 1978). Schwieriger scheint die Bestimmung des theoretischen Status dieses Begriffs zu sein. Die provokante Untersuchung von B. Hindess und P.Q. Hirst (1975) hat hier Wunden bei all denen gerissen, deren Mainstream-Marxismus nun des Pragmatismus verdächtig ist. Auch die Feudalismus-Problematik ist davon nicht unberührt geblieben. Den "marxologischen" Rezeptionsweisen des Feudalismus-Begriffs (Hindess/Hirst: 1975, 221ff.; Tökei: 1977) wird die Unbrauchbarkeit ihrer abstrakten Begriffe für empirische Untersuchungen vorgeworfen. Zudem sei die Hinterlassenschaft der "Klassiker" als Quelle nur begrenzt geeignet; maßgebliche Anstöße zur Forschung könne sie kaum liefern. Es gehe nicht darum, die "Lehren" der Klassi-

ker litaneihaft zu bestätigen. Man müsse eigenständig theoretisch arbeiten und die historische Wirklichkeit in ihrer Formenfülle untersuchen. Man kann noch weitergehen und fordern, daß der "Marxologie" erst einmal die Marx-Philologie vorangestellt werden müsse: Ohne eine genauere Analyse der Feudalismus-Anschauungen im Rahmen der Werkentwicklung gerät alle theoretische Rezeption in die Nähe normativer Auslegung (Kuchenbuch: 1977, 229ff.).
Als zweite Problemebene der Diskussion könnte man das Hick-Hack um die Brauchbarkeit des Feudalismus-Begriffs für universalhistorische Ordnungsversuche ansehen: Eine "Fraktion" plädiert weiter beharrlich für eine universalgeschichtliche "Anwendung" und muß dementsprechend das Konstruktionsniveau ihres Feudalismus-Begriffs sehr hoch ansetzen (Töpfer: 1974, 221ff; Dhoquois: 1977, 427ff.; Alavi: 1981). Eine andere Partei - zum Teil polemisch gegen einen verkappten oder offenen Eurozentrismus gewendet - bestimmt die "feudale Produktionsweise" in Europa als primitive, unvollständige Form der ubiquitären "tributären Produktionsweise" (Amin: 1980, 60ff.; im Anschluß daran Senghaas: 1979, 14 und Elsenhans: 1979, 107).
In der Diskussion um die spezifische Form des europäischen Feudalismus lassen sich drei Ausgangspunkte unterscheiden. Einmal wird versucht, die Struktur der "feudalen Produktionsweise" als komplexen allgemeinen Begriff zu entwickeln (Anderson: 1978, 175ff.; Kuchenbuch/Michael: 1977, dazu kritisch Guerreau: 1980, 112ff.). Zum zweiten werden durch zum Teil quellennahe Untersuchungsformen regional bzw. epochal begrenzte Versuche zur Begriffsbildung und Differenzierung unternommen (Kula: 1970; Bois: 1976a, 351ff., dazu kritisch und weiterführend Kriedte: 1981; Nolte: 1978; Toubert: 1980; Kriedte: 1980, 9ff.; Billen/Dupont: 1981). Von diesen Arbeiten sind maßgebliche Fortschritte ausgegangen und noch zu erwarten. Die theorieorientierte Untersuchung ganz konkreter Verhältnisse zwingt nämlich zur Begriffsbildung auf niedrigerem Abstraktionsniveau, als dies bei der Abhandlung raum- und zeitübergreifender Verhältnisse der Fall ist. Nicht ganz beiseite lassen sollte man aber sektorale Untersuchungen, wie zur Entwicklung der Feudalmonarchien (Kammler: 1974), zur Gesellschaftsideologie (Duby: 1978) und zum feudalen Weltbild (Gurjewitsch: 1978). Die Frage nach der spezifischen Rolle der Bauern innerhalb der "feudalen Produktionsweise" bzw. im Rahmen des europäischen Feudalismus hat - trotz der Arbeiten von R.H. Hilton (1973, 25ff.; 1973/74; 1975) - bislang nur wenig Beachtung gefunden (Banaji: 1975/76, mit schiefen Verallgemeinerungen ausgehend von Kula: 1970).
Angesichts dieser Situation ist es nicht verwunderlich, wenn in der "Übergangs"-Debatte (Sweezy, Dobb u.a.: 1978, 7ff.; Senghaas: 1979, 7ff.; Kriedte: 1980, 197f.; Lüdtke/Medick: 1979, 124ff.) an dem Punkt der Gesamtargumentation, wo die besonderen Verhältnisse des europäischen Feudalismus angesprochen werden sollten, die Eigenart

der ländlichen Produktionssphäre, das spezifische System der europäisch-feudalen "peasant economy", nicht recht zum Zuge kommt.
Im Lager der "Internalists", auf die ich mich hier beschränken muß, ist meist der Begriff "parzellierter" bzw. "zerstückelter" Souveränität der Ausgangspunkt der Überlegungen. Dem entspricht die "dezentralisierte" Form der Aneignung des Surplus bzw. der Rente (Amin: 1980, 65; Senghaas: 1979, 14; Nolte: 1980, 191; Anderson: 1978, 176). Dieser Ansatz beansprucht dreierlei für sich: Zunächst einmal sind damit wichtige Entstehungsbedingungen des Feudalismus zugleich als "Resultat seines Daseins" (Marx: 1953, 363f.) verstehbar. Er übernimmt Erbschaften, die er in sich aufhebt, die ihn prägen. Dazu gehören aus der "primitiven kommunalen Produktionsweise" der Germanen (Anderson: 1978, 127ff.) Gefolgschaft, Heerkönigtum u.a., und aus der Antike Münzgeld, Christentum, Kolonat etc. Zweitens lassen sich so spezifische Resultate der Entwicklung des europäischen Feudalismus begründen, denen ein wichtiger Ursachenanteil am Transformationsprozeß zukommt: der Ständestaat (Anderson: 1979) und besonders die Stadt (Anderson: 1978, 178ff.; Merrington: 1978) mit ihrer welthistorisch einmaligen Verbindung von politischer (Teil-)Autonomie, Handelskapital, Gewerbe und ebenso direktem wie ungleichem Austausch mit dem (Um-)Land.
Besonders in Perry Andersons Argumentation ist drittens eine Absicht erkennbar, die methodisch ins Zentrum aller Theorie über vorkapitalistische Produktionsweisen zielt: die nähere Bestimmung der Rolle des "außerökonomischen Zwanges" für das Verhältnis von Produktion, Aneignung und Verteilung. Gegen eine falsche universalhistorische Verallgemeinerung der Feudalismus-Kategorie gerichtet, die weder der Formenfülle vorkapitalistischer Formationen gerecht werden noch die Genesis des Kapitalismus in Europa erklären kann, führt er aus: "Eine adäquate Erfassung und Darstellung vorkapitalistischer Produktionsweisen ist daher überhaupt nur dann möglich, wenn zuvor die jeweiligen politischen, rechtlichen und ideologischen Superstrukturen analysiert werden, denn sie schufen und institutionalisierten die jeweils charakteristischen Formen des außerökonomischen Zwangs. Die für jedes Einzelbeispiel einer vorkapitalistischen Gesellschaft als typisch nachweisbaren, juristisch fixierten Abhängigkeits-, Herrschafts- und Eigentumsverhältnisse sind keineswegs irgendwelche zufallsbedingten Epiphänomene, sondern ganz im Gegenteil die entscheidenden Determinanten der innerhalb eines bestimmten Sozialgefüges herrschenden Produktionsweise" (Anderson: 1979, 523). Anderson handelt denn auch die ökonomischen Verhältnisse des "unmittelbaren Produzenten" bei seinem Aufriß der feudalen Produktionsweise beiläufig ab; eher kommen Hörigkeit, skalare Eigentumsverteilung bzw. -gliederung und geteilte Zwangsgewalt in den Blick (Anderson: 1978, 175ff.; Guerreau: 1980, 177ff.).
Ich will hier keine theoretische Debatte darüber vom Zaune brechen, welche Wechselwirkungen in der feudalen Produktionsweise zwischen

der Verteilung der Produktionsvoraussetzungen, den Agenten des Produktionsprozesses und der Verteilung der Produktionsresultate bestehen (Marx: 1953, 16ff.). Immerhin fällt auf, wie schwierig es ist, die Zirkulations- und Distributionsverhältnisse im europäischen Feudalismus den Austausch-Typen zuzuordnen, die Karl Polanyi unterschieden hat (Polanyi: 1957, 250ff.): Reziprozität, Redistribution und Marktverkehr. Gerade von diesen drei Typen aus hat Immanuel Wallerstein seine Vorstellung von vier möglichen Produktionsweisen entwickelt: "reciprocal mini-systems, redistributive world-empires, capitalist world economy, socialist world government" (zit. Foster-Carter: 1978, 74). Dieser Typologie nach hätte man die europäischen Feudalgesellschaften als "redistributive world-empires" (oder als ein System solcher Reiche) zu betrachten. Diese Charakterisierung geht so gut wie ganz an den spezifischen Produktionsverhältnissen der feudalen Bauern vorbei und deckt die grundlegend asymmetrischen Appropriationsverhältnisse in der feudalen Produktionsweise mit einem "symmetrischen" Begriff ab. Dabei ist m.E. erst zu bestimmen, welche Form und welches Maß an binnenstaatlicher und innerherrschaftlicher Redistribution es in den Feudalgesellschaften Europas überhaupt gegeben hat, und das ist ohne die Charakterisierung der Aneignungsverhältnisse unmöglich. Das Problem führt also zurück zur Analyse der Produktionssphäre. Deshalb meine ich, daß sich der Versuch lohnen könnte, "die Ausbeutungsformen von den ökonomischen Verhältnissen als solchen abzulesen" (Anderson: 1979, 522). Mag ich mich damit auch dem Ökonomismus-Vorwurf aussetzen, so tue ich dies in der Hoffnung, daß mir zum besseren Verständnis der Probleme aufgeholfen wird, die mich dazu verleitet haben, überhaupt Stellung zu nehmen.

Hartmut Elsenhans fragt in einem Diskussionsbeitrag (Elsenhans: 1979) danach, warum "Durchsetzung von Konkurrenz und steigender Massenkonsum möglich wurden", die er für die entscheidenden Voraussetzungen für die Entstehung des Kapitalismus hält. Und er antwortet: "Eine Reihe dieser Faktoren ist in der spezifischen Form der 'tributären' Produktionsweise des europäischen Mittelalters zu sehen, dem Feudalismus, in dem die privilegierte Klasse ihre Einnahmen überwiegend aus dem Besitz von Ländereien (und nicht aus Ämtern) zog. Das Einkommen jedes Grundherrn war vor allem durch das Mehrprodukt bestimmt, das er sich als einzelner von seinen Bauern aneignen konnte; Produktivitätssteigerungen kamen zunächst ihm, nicht anderen Mitgliedern der Grundherrnklasse, zugute. Gleichzeitig war die Ausbeutungsrate begrenzt. Aus Verbesserungen der Produktivität zogen auch die Bauern Nutzen, so daß diese ein Interesse an Innovation hatten und langsam einen Markt für gewerbliche Produkte bildeten" (Elsenhans: 1979, 108; so schon Weber: 1956, 823). Diese Bestimmungen sind weiter gefaßt als die vorab zitierten, aber auch aus ihnen geht nicht hervor, ob es Kausalbeziehungen zwischen der bäuerlichen Produktionsstruktur, den grundherrlichen Einkommen und den Märkten gab und inwieweit vereinzelte Aneignung, begrenzte Ausbeutungsra-

te, Produktivitätssteigerung und Interesse an Innovation sich als Folgeerscheinungen solcher Kausalbeziehungen verstehen lassen.
Immerhin wird anvisiert, was sich in der Diskussion neuerer Forschungsergebnisse zunehmend als ein Bündel entscheidender Voraussetzungen für den Durchbruch des industriellen Kapitalismus - und seine regional und zeitlich so verschiedenen Ausprägungen - erweist. Es sind eben die europäischen Bauern mit ihren vielfältigen Funktionen:

- Sie tragen zur Erweiterung der regionalen Märkte und deren Verflechtung durch die Erhöhung der Marktquote pro Haushalt wie durch die Spezialisierung auf besonders nachfrageelastische (Agrar-)Produkte bei. Beides ist die Folge von verschiedenen Arten der Produktivitätssteigerung, es kann sich aber auch aus dem Entzug herrschaftlicher Ansprüche ergeben (Verfall bzw. Absinken der Rentenquote). Dies wird besonders von den Vollbauern bzw. Großbauern oder Pächtern erreicht.
- Die ländlichen Unterschichten werden für die Erweiterung des Massengüterexports in Dienst genommen - seien es Zerealien, die über Gutsherrschaft (sogenannte Leibeigenschaft) erwirtschaftet werden, seien es Textilien, die über protoindustriell verlegte Hausarbeit hergestellt werden.
- Auch dieser Vorgang selbst schafft die Bedingungen zur Ausweitung von Lohnarbeitsverhältnissen.

All dies geschieht unter sehr verschiedenen ökologischen, demographischen und politischen (d.h. auch rechtlichen) und konjunkturellen Bedingungen. Ausdruck hiervon ist die ausgeprägte räumliche Differenzierung dieser Prozesse (Rich/Wilson: 1967; Vries: 1976; Kriedte/Medick/Schlumbohm: 1977; Kriedte: 1980; Brenner: 1976). Man könnte deren Vorgeschichte darlegen, um damit zu zeigen, was die mittelalterlichen Bauern hierzu eigentlich beigetragen haben (könnten). Doch wäre ein solches Verfahren eben methodisch nur angemessen, wenn es der räumlichen Disparität der - im Mittelalter zum Teil noch ausgeprägteren - Einzelerscheinungen präzise Rechnung trüge. Das aber sprengt den hier gegebenen Rahmen.
Ich versuche deshalb einen anderen, zugegebenermaßen abstrakteren und damit spekulativeren Weg, der aber besser zum Charakter der hier versammelten Beiträge paßt. Ich frage: Sind der mittelalterlichen Bauernschaft spezifische Elemente und Beziehungen inhärent, die als systematischer Bezugspunkt für die Bemühung dienen können, die oben angedeuteten Vorgänge historisch zu erklären? Gibt es also so etwas wie eine spezifische Physiognomie der ländlichen Verhältnisse im europäischen Feudalismus, die bestimmte Entwicklungsrichtungen impliziert?

DIE BÄUERLICHE WIRTSCHAFT IN DEN QUELLEN - DREI BEISPIELE

Vor ein solches abstraktes Raisonnement möchte ich jedoch Quellenzitate stellen, die der Anschauung dienen können und zugleich zeigen sollen, von welcher Art Überlieferung man ausgehen muß, wenn man den Begriff mittelalterlich-feudaler "Bauernwirtschaft" erarbeiten will:

Erstes Beispiel:

Die karolingische Benediktinerabtei Prüm in der Eifel verfügte als Grundherrschaft am Ende des 9. Jahrhunderts über weit mehr als 2000, meist mit herrschaftlichen Fronhöfen verbundene Bauernhöfe (Hufen), die sich über ein Gebiet zwischen Zuidersee und Oberlothringen, mittlerer Lahn und Maas unterschiedlich dicht oder locker verteilten (Kuchenbuch: 1978, 46 ff.).

a. Der Ertrag der Hufen, die die Abtei in Duisburg (übersetzt nach Beyer: 1860, 190) besaß, wird wie folgt beschrieben:

> "Es sind dort 19 Lazenhufen (Lazen/Liten: persönlich freigelassene Grundhörige). Jede zinst zur Geburt des Herrn 20 Pfennige, zu Ostern ein Huhn, zehn Eier; im Frühjahr anstelle des Troßdienstes zwölf Pfennige. (Jede zinst) ein Pfund Lein und in jedem zweiten Jahr ein Schwein im Wert von fünf Pfennigen. Pro Woche sind zwei Tage zu arbeiten.
> Es sind dort zwei weitere Hufen. Jede zinst jährlich 36 Pfennige und nichts anderes weiter.
> ...
> Es sind dort vier Hufen, die Meginardus (dem Kloster) gegeben hat. Die eine von ihnen zinst 15 Scheffel Gerste, 16 Scheffel Roggen, 14 Scheffel Hafer, zwei Widder im Wert von zwölf Pfennigen; (sie front) jährlich einmal 14 Tage lang und leistet einen Pflugtag. Die zweite Hufe zinst 31 Scheffel Gerste, zwölf Scheffel Hafer, zwei Widder, front 14 Tage und pflügt einen Tag. Die dritte Hufe zinst 16 Scheffel Roggen, zwölf Scheffel Gerste, zwölf Scheffel Hafer, zwei Widder, 14 Tage Fron- und einen Tag Pflugdienst. Die vierte Hufe zinst 16 Scheffel Roggen, zwölf Scheffel Gerste, zwölf Scheffel Hafer, das übrige wie die obigen.
> Es sind dort Haistalden, jeder zahlt zwölf Pfennige; die Frauen zahlen 60 Pfennige" (kopfzinspflichtige, ledige, meist landarme Personen).

b. Die Beschreibung der Domäne in Odenbach (Nahegebiet) (übersetzt nach Beyer: 1860, 160) lautet:

> "In Odenbach ist eine Kirche, zu der 15 Joch Land gehören. Der Priester hat drei Hufen zu Lehen. Er zinst 120 Pfennige.
> Es ist dort Herrenland, auf das man 80 Scheffel aussäen kann.

Dort sind sechs Lazenhufen. Jede zinst zwei Hühner, zehn Eier; sie front zweimal 14 Tage, bestellt drei Joch Ackerland. Zur Heumahd und Getreideernte schickt sie täglich zwei Leute. Sie befördert zwei Karren Holz; je zwei Hufen befördern eine Karre Wein, wenn nicht, dann sind sieben Pfennige zu zahlen.
Es sind dort zwei Knechtshufen (auf unfreien Stand früherer Inhaber zurückgehend). Jede zinst zwei Hühner, zehn Eier; sie befördert Holz, bäckt Brot und braut Bier, hält Wache und trägt Wasser. Sie leistet Botendienst und alle anderen knechtischen Fronden."

c. Für die ca. 150 hörigen Bauern auf ca. 50 Freienhufen (auf freien Stand früherer Inhaber zurückgehend) in der großen, über mehrere Ortschaften verstreut liegenden Domäne von Villance (Ardennen) (übersetzt nach Beyer: 1860, 167) gilt die folgende Regelung ihrer Mehrarbeitsformen:

"In Libin (bei Villance) haben Amulricus, Rainfridus, Folcricus und Helpricus (zusammen) eine Freienhufe, und sie zinsen im Dezember zusammen vier Schweine oder 20 Pfennige, dazu 60 Bündel Flachs. Im August anstelle des (ursprünglich zusätzlich erbetenen) Pflugtages vier Ferkel oder 16 Pfennige, drei Hühner, 20 Eier, 20 Wollbündel oder zwei Scheffel Hafer. Sie fronen zweimal 14 Tage, wo immer befohlen. Sie pflügen und düngen mit ihrem Mist einen halben Morgen zur Wintersaatzeit, um dort Roggen einzusäen; sie pflügen vier Morgen Sommersaatland im März und April. Dort werden ihnen vier Brote und zwei Becher Bier gereicht. Sie leisten zwei (zusätzlich erbetene) Pflugtage, zu denen vier Brote und zwei Becher Bier gehören. Sie stellen einen Block Holz her, der sechs Fuß lang und breit sowie mannshoch ist. Sie leisten Fuhrdienst im Mai und Dezember; wird Roggen oder Weizen befördert, dann soll die Karre mit zwölf Scheffeln beladen sein, ist es Hafer, dann mit 20 Scheffeln. Sie fronen wöchentlich drei Tage.
Man möge folgendes beachten: Haben vier Leute eine Hufe inne, dann zinsen sie vier Schweine im Wert von 20 Pfennigen, 20 Pfennige anstelle des Troßdienstes, 16 Pfennige anstelle der vier Pflugtage, drei Hühner, 20 Eier, 20 Wollbündel oder zwei Scheffel Hafer, 60 Bündel Flachs. Sitzen drei Leute auf einer Hufe, dann zinsen sie drei Schweine im Wert von 15 Pfennigen, 15 Pfennige anstelle der Troßdienstes, zwölf Pfennige anstelle der drei Pflugtage, Hühner und das andere wie die Hufe von Amulricus (s.o.). Wenn zwei Leute auf einer Hufe sitzen, zinsen sie zwei Schweine oder zehn Pfennige, anstelle des Troßdienstes zehn Pfennige, anstelle der Pflugtage zehn Pfennige, Lein, Hühner und das übrige wie Amulricus. Wenn ein Mann eine oder eine halbe Hufe innehat, zinst er ein Schwein im Wert von fünf Pfennigen, für einen Pflugtag acht Pfennige, für den Troßdienst fünf Pfennige." (Der

Hühner-, Eier- und Wollbündelzins bei der ganzen Hufe wie Amulricus, bei der halben Hufe die Hälfte.)

Zweites Beispiel:

Im kleinen lothringischen Adelskloster St. Croix in Bouzainville ist im dritten Viertel des 12. Jahrhunderts, bedrängt von weltlichen Gewalten, ein Güterverzeichnis entstanden (Perrin: 1935, 450ff.), aus dessen fragmentarischer Überlieferung ich das Inventar des Besitzes von Zissen (südlich von Bonn) auswähle (übersetzt nach Perrin: 1935, 730):

"In Zissen (Ahr) sind acht Hufen, elf 'vangae', fünf Lehen mit Dienst am zweiten Wochentag und acht weitere Güter. Alle pflügen drei Tage, ernten, bringen in die Scheune und dreschen; während sie ernten, bekommt jeder zwei Brote. Neun 'vangae' zahlen zwei Schillinge, zwei je drei Schillinge. Die Hufner und die Inhaber der Lehen bauen das Haus des Abtes, die Scheune und die Mühle, außer den Dächern; die Inhaber der 'vangae' sorgen für den Bau, der Abt hilft dabei aber mit. Die einzelnen 'vangae' sollen in drei Pferdefuhren das Getreide des Herrn entweder nach Andernach, Hatzenport oder Nürburg bringen, wenn der Abt es befiehlt. Die obengenannten Hufen zahlen acht Schillinge. ... Wenn der Abt ins Dorf kommt, soll der Verwalter ihn und seine Pferde zur Nacht und zum Morgen verpflegen. Auch ein Viertel der Einkünfte vom Gemeindewald soll für den Abt sein.

Wenn jemand aus dem Hörigenverband stirbt, bekommt der Abt das beste Stück Vieh; ist eine Frau gestorben, dann soll er das beste Stück haben, das sie mit ihren Händen gemacht hat.

Zu Martini gibt der Müller dem Abt zwei Brot- und Fleischpfennige und einen Sester Wein. Waldhüter und Dekan geben das gleiche. Der Abt muß die Mühlsteine kaufen, der Hörigenverband sie auf seine Kosten herbeischaffen. Die einzelnen Männer und Frauen des Hörigenverbandes schulden dem Abt (jährlich) einen Kopfzins von sechs Pfennigen und zwar in der Währung, die dort gilt, wo sie wohnen. Wenn jemand aus dem Hörigenverband einen Mann tötet, gibt er dem Abt 30 Schillinge und einen Obulus. Wenn die liegende und fahrende Habe eines Mannes diesem wegen irgendeiner Missetat aberkannt worden ist, fallen zwei Drittel dem Abt, ein Drittel dem Vogt zu. Der Müller gibt pro Jahr zwölf Scheffel Getreide und zwei weitere Scheffel zum Bierbrauen.

Jeder soll wissen, daß auf allen Gerichtstagen des Vogts keine anderen Delikte als Diebstahl, Verschuldung, Schlägerei und Blutvergießen verhandelt werden sollen.

Der Abt schuldet dem Vogt folgendes: zu Weihnachten einen halben Malter Weizen, zwölf Fleischpfennige, zwei Krüge Wein, einen Krug Bier, einen Pfefferpfennig, einen Salzobulus, einen Malter Hafer; zwei Wochen später soll er dem Vogt zwölf Pfennige geben, damit dieser nicht seine Leute bedrückt. Dasselbe hat er zu Ostern und Johanni zu geben, außer dem Hafer. Von allem, was an den Gerichtstagen einkommt (Bußen, Friedensgelder), erhält der Abt zwei, der Vogt ein Drittel. Wenn einer der Abtsleute eine Frau von woanders heiratet, dann wird seine Habe nach seinem Tod außer einem Drittel, das seinen Kindern und seiner Frau überlassen wird, dem Abt zufallen..."

Drittes Beispiel:

Nachdem Kaiser Karl IV. - für seinen Sohn Wenzel - die Mark Brandenburg von Markgraf Otto 1373 erworben hatte, ließ er 1375/76 ein umfassendes Verzeichnis aller Rechte und Einkünfte, das sogenannte "Landbuch" (Schultze: 1940), erstellen, dessen zweiter Teil aus einem Dorfregister besteht, das die gesamte Mittelmark, die Uckermark, die Prignitz und Teile der Altmark erfaßt.
Aus dem Register über den Teltow (Teil der Mittelmark), das Beschreibungen von 94 Dörfern enthält, folgen hier die von Schöneberg und Lankwitz (übersetzt nach Schultze: 1940, 88, 94):

a. "In Schöneberg sind 50 Hufen (Landmaß: Anteil an der Flur; eine Vollbauernstelle hat meist drei bis vier Hufen), von denen der Pfarrer zwei, die Kirche eine (abgaben-)frei hat. Johannes Rike, Bürger in Neukölln, hat mit seinem Bruder zehn freie Hufen unter dem Pfluge, die er vom Markgrafen seit vielen Jahren hat. Parys (ritterlicher Vasall) ebendort hat zwölf freie Hufen unter seinem Pfluge von seinem Vater.
Jede Hufe gibt als Pacht (ursprünglich: Zehnt) neun Scheffel Roggen und neun Scheffel Hafer. Jede Hufe gibt als (Grund-)Zins zwei Schillinge und siebeneinhalb Schillinge als Bede (landesherrliche Steuer), drei Viertel Roggen und drei Viertel Gerste und eineinhalb Scheffel Hafer als Getreide-Bede. Die Nonnen in Spandau haben seit sehr vielen Jahren Pacht und Zins von fünf Hufen. Die Kalandsbrüder in Berlin haben Pacht und Zins von sieben Hufen seit neun oder zehn Jahren. Jakob Gortzik, Bürger in Berlin, hat von Ruthenick Pacht und Zins von zehn Hufen. Albert Rathenow in Berlin hat Pacht, Zins und Bede von zwei Hufen mit allem Recht von Parys. Parys hat vier Hufen mit allen Rechten; er hat außerdem die Bede von den anderen Hufen mit dem oberen und niederen Gericht und mit dem Patronatsrecht von seinen Eltern her.
Der Markgraf hat den Wagendienst mit dem Vasallendienst. Doch behauptet Parys, er hätte den Wagendienst nach erblichem Recht seit undenklichen Zeiten.

Dort sind 13 Kossätenhöfe (landlose bzw. -arme Kätner); jeder gibt einen Schilling an Parys und ein Huhn.
Der Krug gibt Parys 30 Schillinge."

b. "In Lankwitz sind 33 Hufen. Der Pfarrer hat vier. Als Pacht zahlt jede Hufe vier Scheffel Roggen, zwei Scheffel Gerste, fünf Scheffel Hafer; als Zins zwei Schillinge, als Bede drei Schillinge. Es gibt dort vier Kossäten; jeder zahlt einen Schilling und ein Huhn. Der Krug gibt dem Schulzen fünf Schillinge. Pacht, Zins, Bede, hohes und niederes Gericht sowie das Patronatsrecht haben die Spandauer Nonnen seit alters her."

Diese drei Quellenauszüge können für viele andere stehen, sind also als durchaus repräsentativ für die Teilepoche anzusehen, der sie angehören. Es sind Besitzbeschreibungen, besonders aber Einkunftsregister partikularer Herrschaften. Deshalb gestatten sie relativ gute Einblicke in die lokalen Rentenverhältnisse (Fossier: 1978). Quellen, die präzise Auskünfte über Haushalt, Familie und dingliche Ausstattung der Einzelbetriebe geben, sind demgegenüber rar. Für das spätere Mittelalter sind es dann die lokalen Gewohnheitsrechte (Weistümer, Coutumes), die die dörflichen Berechtigungen der Bauernhöfe "spiegeln". Allein die - seit dem 13. Jahrhundert einsetzenden - grundherrlichen Rechnungen gestatten es, die langfristige Ertragsentwicklung der ländlichen Wirtschaften zu studieren (Bois: 1976a).
Ich beabsichtige nun nicht, eine Sozialökonomik der bäuerlichen Familienwirtschaft im europäischen Feudalismus zu entwickeln. Dazu fehlt es m.E. noch an Vorarbeiten in vielen Teilbereichen. Wenn ich im folgenden einige Bemerkungen zur Stellung der Bauern innerhalb der feudalen Produktionsweise mache, dann optiere ich zugleich gegen Auffassungen, die den Begriff der "peasant economy" für einen angemesseneren Ausgangspunkt halten (eine gute Orientierung hierzu: Thorner: 1971).
Meine Bemerkungen beziehen sich auf die Elemente der bäuerlichen Produktionsstruktur, die soziale Form des Produktionsprozesses, das Verhältnis der Familienwirtschaft zur Austauschsphäre und zur Abschöpfung der Mehrarbeit durch die verschiedensten Instanzen (Kuchenbuch/Michael: 1977, 701ff.; Hilton: 1973, 25ff., deutsch in: Kuchenbuch: 1977, 481ff.; Kula: 1970, 43ff.; Banaji: 1975/76; als Fallstudie: Saint-Jacob: 1941-46; als Materialsammlung jetzt Houtte: 1980).

DIE BÄUERLICH-FAMILIALE PRODUKTIONSSTRUKTUR

In der bäuerlichen Familienwirtschaft des europäischen Mittelalters sind extensiver Mehrfruchtgetreidebau (als Regenfeldbau), komplexe

Viehzucht, die für Zugenergie (Pflug, Egge, Wagen), Dung, mannigfaltige Rohstoffe und Komsumtionsmittel sorgt, intensiver Gartenbau (Obst, Gemüse) und exhaustive Wald- und Wasserwirtschaft lokal zu einem komplizierten Verbund zusammengefaßt.
Man hat diesen Verbundcharakter des Einzelbetriebes zwar in der Forschung allenthalben herausgearbeitet und in konkreten, raumzeitlich definierten Verhältnissen beschrieben. Jedoch fehlen theorieorientierte Folgerungen auf einer abstrakteren Ebene (Vorarbeiten bei Slicher van Bath: 1965; 1971; in: Kuchenbuch: 1977, 523ff.).
Zum einen weist eine solche dingliche Betriebsgliederung eine hohe Flexibilität gegenüber dem jahreszyklischen Rhythmus der natürlichen Wachstumsprozesse auf: Die Arbeiten sind relativ gut über das Jahr verteilt. Zugleich kann ihre Vielgliedrigkeit auch den Unwägbarkeiten der Natur gegensteuern helfen: Produktionsausfälle oder -einbrüche im einen Sektor der Wirtschaft können (mindestens teilweise) durch den Ertrag eines anderen kompensiert werden (auch durch gesteigerten Arbeitseinsatz); ein kalter und nasser Winter, der die Wintersaat beeinträchtigt und damit den Ertrag dezimiert, trifft die Sommersaat nicht; der Hagel zerstört nicht unbedingt das wachsende oder reifende Getreide der gesamten Flur; Kleinviehzucht, Obst und Gemüse können - durch gesteigerte Pflege - über Engpässe in der Getreideversorgung hinweghelfen, ebenso die Jagd und das intensive Aussammeln des Waldes.
Auch die Ausstattung mit lebendigen Werkzeugen kann Flexibilität gestatten: Das Rind ersetzt das Pferd und umgekehrt.
Ebenso wichtig ist die Flexibilität im Einsatz und der Verausgabung der betrieblichen Arbeitskräfte: Mann und Frau können einander in wichtigen, üblicherweise an den Geschlechtern "haftenden" Arbeiten ersetzen; es gibt demnach keine "geschlossene" geschlechtsspezifische Arbeitsteilung (Middleton: 1979; Hilton: 1975; Shahar: 1981, 205ff.). Die Steigerung der Arbeitsanstrengung durch eine Erhöhung der Arbeitszeit pro Erwachsenen und die Ausdehnung der Arbeit auf Junge und Alte kann hinzutreten - "Selbstausbeutung" der betrieblichen Gesamtarbeit.
Man muß aber noch weiter gehen. Dieser Verbund ist nicht nur flexibel gegenüber der diskontinuierlichen Natur, sondern ebenso gegenüber der ihn "umgebenden" Gesellschaft. Einerseits kann elastisch auf Markt-, d.h. Absatzchancen reagiert werden - dies zum Beispiel in der Nähe von städtischen, geistlichen und adligen Herrschafts- und Konsumzentren oder von Kombinationen derselben, über kurz-, mittel- und langfristige (Teil-)Spezialisierung durch die Ausweitung der Produktion in einem Sektor, sei es etwa im Bereich der nachfragestarren Güter, besonders Getreide, oder in den nachfrageelastischen Bereichen wie Gemüse, Milchprodukte, Gewerbepflanzen u.a.m. Andererseits ist es möglich, den Verbund für die Veränderung von herrschaftlichen Ansprüchen zu nutzen: Falls dies sowohl dem Interesse des Haushalts als auch der Herrschaft dient, können Dienste in Abga-

ben, Getreideabgaben in Viehabgaben, Produkte in Geld - und umgekehrt - kommutiert werden.
Diese vielfache Flexibilität bildet den Bedingungsrahmen für grundlegende Entwicklungsmöglichkeiten (Wachstumspotentiale):
- Zum einen kann es (besonders in Sequenzen von "guten Jahren", frei von Mißernten, Seuchen und Krieg) zu einem beträchtlichen Wachstum der innerbetrieblichen Produktivität kommen. Deutlich wird dies bei der Steigerung der Getreideerträge (Slicher van Bath: 1971, 532), aber auch beim Ertragswachstum in anderen Sektoren. Auch hier kann die Steigerung aus einer verbesserten Arbeitsverteilung zwischen Mitgliedern und innerhalb der ineinander verschachtelten Produktionszweige im Jahreszyklus resultieren.
- Zum zweiten ist eine zwischenbetriebliche Spezialisierung als lokaldörfliche Arbeitsteilung möglich: Durch die "Freisetzung" von Dorfhandwerkern wird der Einzelbetrieb entlastet. Das beste Beispiel ist die Entstehung der Mühle und der Schmiede (Gimpel: 1980).
- Zum dritten kann so ein generatives Verhalten entstehen, das zur erweiterten Reproduktion des Haushalts(umfangs), also zu Bevölkerungswachstum führt.
- Diese qualifizierenden und expansiven Entwicklungselemente können aber auch, dies gehört zur inneren Dynamik der feudal-bäuerlichen Familienwirtschaft, in Widerspruch zu ihren Ausgangsbedingungen geraten: Die ökonomische Ertragslage des Verbundes bleibt im Laufe mehrerer Jahre gegenüber dem Wachstum der Familie zurück; es kommt zur Verknappung der Versorgungsquellen und zur "Übervölkerung" des Betriebes.
Die zwischenbetriebliche Differenzierung führt zu einer Bereicherung auf der einen und zu einer Verarmung auf der anderen Seite. Diese Entwicklung macht auch die Spaltung der Bauernschaft möglich - in investitionsfreudige Betriebe einerseits und in Höfe, die von externen Arbeitschancen abhängig sind, andererseits. Die Optimierung des Verbunds oder eines Sektors im einen Betrieb geht also zu Lasten eines anderen und kann somit auch zu direkten Abhängigkeiten führen.
Letzte Konsequenz dieses Prozesses: Der Verlust betrieblicher Autonomie löst unter Umständen die Eigentumsbeziehungen zum Boden und zu den Werkzeugen auf - die Folge ist zuerst Verschuldung, dann Enteignung und später Lohnarbeit.

DIE SOZIALE FORM DES PRODUKTIONSPROZESSES

Immer wieder hat man die Hegemonie der kleinbetrieblichen Form der Bauernwirtschaften gegenüber der herrschaftlichen Domäne und die Unabhängigkeit des bäuerlichen Produktionsprozesses von den rentenbeziehenden Aristokratien betont. Dies ist richtig und sollte keinesfalls unterbewertet werden.

Zu leicht ist dabei aber übersehen worden, daß die bäuerlichen Haushalte auch voneinander unabhängig produzieren. Der lokale Verband, die Dorfgemeinde oder -genossenschaft, dient den Reproduktionszielen der Einzelbetriebe. Die Unterschiede in der Dichte der Koordinationsaufgaben, die der Genossenschaft zufallen, resultieren natürlich einerseits aus wirtschaftstopographischen und historischen Voraussetzungen (Weiler, Haufen-, Straßen-, Wald- bzw. Marschhufendorf, Einzelhofverband u.a.), andererseits aber - und das ist für unsere Argumentation hier wichtiger - aus den ökonomischen Vorteilen verschiedener Kooperationsformen in den verschiedenen Sektoren. Im Getreidebau steht die zeitliche Koordination der Pflug-, Egg-, Saat-, Zäunungs- und Erntearbeiten im Vordergrund. In der Viehzucht bildet die räumliche Vereinigung der zu den Einzelbetrieben gehörenden Bodenanteile zur Stoppel- und Brachweide für die vereinigten Herden, die sich selbst ernähren und zugleich den Boden düngen, eine der wichtigsten Aufgaben. Im Bereich der exhaustiven Wald- und Wasserwirtschaft ist die Kontingentierung das wesentliche Ziel, das heißt die Zuteilung von Nutzungszeiten oder Mengen an Holz, Laub, Eicheln, Beeren, Honig, Klein-Wild, Trinkwasser, Fischen u.a.m. (Bader: 1963). Prinzipiell sind solchen Regulierungen die Ökonomie des Hausinnern, des Hofes, der angeschlossenen Gärten (mit der Kleinviehzucht!) und der Bodenanteile entzogen, die nicht der Getreideproduktion und dem Weidgang dienen (Hanf-, Flachs-, Rübenfelder o.ä.).
Rechtlich ergibt dies eine abnehmende Striktheit der individuellen Nutzungsweise - ausgehend vom Haus hin zur Dorfgrenze, vom intensiv bearbeiteten Zentrum des Betriebes zu seiner extensiv genutzten Peripherie (Bader: 1973).
Diese ökonomische Eigenständigkeit der Produktionszelle wird durch die soziale Organisation der in ihr lebenden und für sie arbeitenden Personen ergänzt. Sie wird bestimmt von der Kernfamilie. Den weiteren linearen, besonders aber den lateralen Verwandtschaftsbeziehungen kommt eine nur sekundäre Bedeutung zu. Wichtiger ist die ökonomische Funktion der betreffenden Verwandten als der Kernfamilie zugeordnete Haushaltsmitglieder. Der (nachgeborene) Bruder des Haushaltsvorstandes ist primär Knecht, die Nichte primär Magd usf. Die Haushaltsautonomie "bricht" gewissermaßen das Verwandschaftsprinzip. Dies kommt m.E. auch dadurch zum Ausdruck, daß beim Eheschluß - das ist in der Regel die Stiftung eines Haushalts auf der materiellen Basis eines Betriebes - die in den Betrieb hineinheiratende Partei nie ohne eigenen Besitz ist oder bleibt (Dos, Mitgift, Morgengabe, Wittum u.a.) und somit von der Herkunftsfamilie als abgefunden betrachtet wird (allgemein Goody: 1976; vergleichend Guichard: 1977). Damit gewinnt auch die Frau (als Tochter, Ehefrau und Witwe) neben, nicht nur unter dem Mann (als Vater, Gatte und Vormund) einen beachtenswerten Spielraum, dessen Bedeutung für die hier vertretene Gesamtthese allerdings noch genauer zu untersuchen ist.
Verwandtschaft und dörflicher Gemeindeverband stützen so das klein-

betrieblich orientierte Produktionsverhalten, lassen diesem aber auch Spielraum für innerdörfliche Konkurrenz - daher auch die Bedeutung des Friedens für das dörfliche Leben (Bader: 1957). Die Gemeinde bildet zugleich eine Instanz, mit deren Hilfe die Einzelbetriebe gemeinsam und geschlossen den Ansprüchen von außen entgegentreten können - insbesondere Rentenforderungen und Eingriffen in Produktionsgewohnheiten durch nicht-ansässige Eigentümer und Nutzungsberechtigte. Dies gilt besonders im Falle hoher gemeindlicher Dichte (Brenner: 1976, 46ff.).
Aber auch das Gegenteil ist denkbar. Bei schwacher Gemeindestruktur kann der Einzelbetrieb noch stärker die Chancen der lokalen Konkurrenz wahrnehmen, ist ihren Risiken aber auch ebenso ausgeliefert und steht herrschaftlichen und ortsfremden Forderungen weniger geschützt gegenüber. Auch anhand der sozial-lokalen Organisation des Produktionsprozesses ist also erkennbar, welch verschiedene Konsequenzen die relative Autonomie der "Häuser" im Dorf für diese selber haben kann.

TAUSCH UND GELD

Der bäuerliche Einzelbetrieb ist im ganzen Mittelalter direkt mit einem regionalen Marktgeschehen verbunden, dessen Tauschverkehr hauptsächlich über Münzgeld geringen Wertes als Wertmaßstab und Zirkulationsmittel abgewickelt wurde (zur Entstehung jetzt Bleiber: 1981). Außerdem sind alle dinglichen Elemente des Betriebes, ob als Produktionsmittel oder als Resultat des Produktionsprozesses, für das gleiche Geld käuflich und verkäuflich. Man sollte aber dabei im Auge haben, daß die Struktur dieser Tauschprozesse maßgeblich vom herrschaftlichen Abschöpfungsinteresse (Einnahmen wie Wegezölle, Marktgebühren, Schlagschatz) und vom bürgerlichen Streben nach angemessener Versorgung mit ländlichen Rohstoffen und vorteilhaftem "Handel" (Preisregelung, Vorkauf) mitbestimmt ist. Diese Koalition vermag dem einzelnen Bauernhaushalt ihre Bedingungen aufzuzwingen.
Welche Konsequenzen kann diese Anbindung des Einzelbetriebes an einen derart offenen Markt- und Geldverkehr haben? Alle Elemente der bäuerlichen Ökonomie können in den Sog der Monetisierung geraten - die Produktionsmittel (samt dem Arbeitsvermögen!); der für die Reproduktion notwendige Anteil des Arbeitsresultats (Saatgut, Werkzeuge, Lebensmittel, kultische Ausgaben); und natürlich das Surplus.
Was aber heißt Monetisierung? An die Stelle von Kost und Logis des Gesindes tritt der Lohn, an die von dinglicher Mitgift und Erbschaft die Auszahlung (Sprandel: 1975, 68ff.), an die der Arbeits- und Produktenrente die Geldrente. Monetisiert werden also die Binnen- und Außenbeziehungen des Einzelbetriebes, die von dem Widerspruch bestimmt sind, in den die Resultate der Produktion zu den Erfordernissen

der Reproduktion und der Appropriation zeitlich geraten können: Der jährlich schwankende Gesamtertrag, wie ihn die Natur in ihrer "Terminstruktur" liefert, ist - neben Konsum und Reinvestition - mit der Terminstruktur herrschaftlicher Forderungen und verwandtschaftlicher Abfindungsgebote zu vermitteln. Diese Spannungen drängen den Betrieb zum Markt, zur Beschaffung von Geld und zur Erhöhung des Anteils am Bruttoprodukt, der bare Münze bringt (Marktquote). So gesehen ist es der - strukturell bedingte - Hunger nach dem Gelde als Zahlungsmittel (Kuske: 1956, 75ff., 82), der den Einzelbetrieb immer intensiver mit einem Markt verkettet, dessen Arbeits-, Produkt- und Geldpreisbildung er nicht beeinflussen kann (Vorkauf, Wucher, Preis- und Lohndiktat). Übersteigen die Zahlungszwänge den Geldertrag des vermarktbaren Bruttoproduktanteils dauerhaft, dann folgt der Verschuldung die Enteignung.
Aber nicht allein der Weg in die Armut ist möglich, sondern auch der Aufstieg zur Prosperität. Aktuell und langfristig günstige Absatzkonjunkturen sowie Spezialisierungen bieten dem Betrieb Akkumulationschancen. Eine Geldentwertung kann den Betrieb dann begünstigen, wenn die Rente insgesamt oder Teile davon vertraglich oder gewohnheitsrechtlich zu Geldquanta "eingefroren" sind.
Auch die einzelbetriebliche Marktanbindung impliziert also den janusköpfigen Effekt, der oben bereits zur Sprache kam - die Differenzierung der "Häuser" in groß und klein, arm und reich, prosperierend und verschuldet.

ANEIGNUNG UND VERTEILUNG DES SURPLUS

Aus den oben vorangestellten Quellenauszügen und den Bemerkungen zur bäuerlich-familialen Produktionsstruktur, zur Form des Produktionsprozesses und zu den Austauschverhältnissen läßt sich manches ablesen, was die besondere Stellung der Bauernhaushalte im weiteren gesellschaftlichen Kontext klären hilft.

Verrentungsformen und Betriebsstruktur

Deutlich entspricht die relative Autonomie der Produktion der Funktion des Betriebs als Bezugseinheit für Rentenansprüche (Quellen 1a-c, 2). Nicht die Sippe, die mehrere Haushalte umfaßt oder in sie verzweigt ist, oder deren Ältester werden "veranlagt", nicht das ganze Dorf, die ganze Dorfflur oder der Dorfälteste (Bauermeister o.ä.), sondern der einzelne bäuerliche Betrieb (Hufe, Mansus, Hide, Meix, Bol usw.). Die Rentenansprüche können aber auch - hier liegt die Entsprechung zur Verbundsform des Betriebes - auf einzelne Elemente seiner dinglichen Ausstattung radiziert sein: auf Herd (Quelle 1c), Hof,

wichtige Werkzeuge (Pflug, Gespann), Fluranteile (Äcker) (Quellen 2, 3a,b), allmendliche Nutzungsrechte (Quellen 1c, 2), Benutzung von Einrichtungen für Weiterverarbeitung (Mühle, Back- und Brauhaus, Kelter), Instandhaltung (Schmiede). Doch nicht genug damit. Neben diesen dinglichen Elementen fungieren auch die zum Haushalt des Einzelbetriebs gehörenden Personen als Aneignungsindex: der (verheiratete) Mann und die Frau (besonders die Witwe) als Haushaltsvorstand (Quelle 1c), das Geschlecht (Quellen 1a, 2), der Familienstand (Quelle 1a), der Rechtsstand der Personen, ihre Herkunft (Quelle 2), ihre "beruflichen" Spezialisierungen (Quellen 2, 3) und nicht zuletzt auch der Umfang des Haushalts oder die Zahl der Haushalte bzw. (Kern-)Familien pro Betrieb (Quelle 1c).
Komplexer werden diese vielfältig radizierbaren Rentenansprüche noch durch sich überlagernde Zeitformen ihrer Realisierung. Neben den Fälligkeitsterminen, die an jährlich zu wiederholenden Arbeiten, Gerichts- und Festtagen festgemacht sind, können die Haushalte oder ihre Mitglieder noch an lebens- und familienzyklischen Stichtagen zahlungsverpflichtet sein (z.B. Heirats-, Tod-, Begräbnisfall); hinzu kommt der Beginn oder das Ende des Leihezyklus (Erbfall, Handwechselgebühren). Neben die Fixpunkte des jährlichen Aderlasses können also langfristige Termine treten, deren genauer Zeitpunkt meist nicht bestimmbar ist.
Nicht nur die Gesamtarbeit des Einzelbetriebs und deren Resultate, das jährliche Bruttoprodukt, sondern auch die Reproduktionsstrategie des Betriebs und dessen langfristige Chancen auf materiellen Zugewinn sind gewissermaßen im "Visier" des Aneignungsinteresses der Rentenempfänger; und auch hier stehen der Betrieb sowie dessen Mitglieder als Objekte der Verrentung zur Verfügung.
Alles Bisherige bezieht sich allein auf die besondere Form der bäuerlichen Familienwirtschaft als autonomen Produktionsorganismus: Die Vielfalt der Indizes - dinglich, persönlich und zeitlich - ergibt sich sozusagen aus der Verbundsform des Betriebes, der Selbständigkeit der jährlichen Produktion, der Orientierung der Familie und Verwandtschaft auf die Erhaltung des Betriebs. Eine solche Vielfalt läßt sich als systematische und flexible Kombination auffassen. Im historisch konkreten Fall erscheint sie als Konglomerat von sich überlagernden, beziehungsweise verschobenen Einzelformen (gutes Beispiel Quelle 3). Doch geht es hier um die systematischen Möglichkeiten. Kombination, Verschiebung und Überlagerung bedeuten, daß der bäuerliche Einzelbetrieb in vielfältiger Weise verrentet werden kann. Er ist "offen" für verschiedene Formen des Zugriffs, offen für Veränderungen, und er kann sich neuen Situationen zuordnen oder ist diesen anpaßbar. Ein solches Entwicklungspotential kann sowohl zu einer fortschreitenden Besonderung als auch zu einer Verallgemeinerung der Indizierungsform pro Betrieb führen, sei dieser Vorgang nun vom bäuerlichen "Schuldner" oder den herrschaftlichen "Gläubigern" erschlichen, ertrotzt, erzwungen oder erhandelt.

Die rechtliche Begründung der Rentenansprüche

Ebenso wichtig für die Bestimmung der Mehrarbeitsstruktur ist der Rechtsgrund der Rentenansprüche (grobe Gliederung bei Rösener: 1980). Nach der Analyse des "Wer" und "Wann" ist nun nach dem "Warum" zu fragen. Auch hier gibt es kein einheitliches Prinzip.
Im Vordergrund steht natürlich der Anspruch des Grundeigentümers, daß sein Eigentum realisiert wird. Das bezieht sich auf Haus, Hof, Werkzeug und Land gegenüber den Nutzenden, den dort Sitzenden, den Besitzern (Hinter-, Untersassen). Die Form ist der Grundzins, Arealzins, Hauszins usw. Hinzu kommt der Eigentumsanspruch an den Besitzern selber: Servilität, Unfreiheit, Leibeigenschaft, Hörigkeit usw. Die Formen sind der Kopfzins, der Tod- und Heiratsfall u.a. Inwieweit diese Eigentumsverhältnisse zugleich als Schutzbeziehungen wirken, das heißt etwa als Sicherung der Besitzverhältnisse und des Alltagslebens der Bauern und als Hilfeleistung im Falle der Not, ist nicht sicher, da die (individuelle) Rechtssprechung, deren Aufgabe gerade in solchen Sicherungen besteht, selbst als Rechtsgrund für (zusätzliche) Rentenansprüche fungiert - dies insbesondere durch die Trennung von hohem und niederem Gericht (Quelle 3) und den Ausschluß der kirchlichen Institutionen von der weltlichen Jurisdiktion auf ihren Gütern, über ihre Hintersassen (Vogtei: Quelle 2). Die Formen sind die "Gastung" des Richters und seines Anhangs zum Gerichtstermin, Friedensgeld, Bußen.
Der vierte Rechtsgrund für Rentenansprüche ist der kultische Dienst, gewissermaßen die Umsetzung des Eigentums am Sakralen, des Wissens um die Heilsgüter, also die Vermittlung des Zugangs zu ihnen bzw. ihre Verteilung. Die Formen sind der Zehnt (Quelle 3a,b), Stolgebühren, Bußen (z.B. Ablaß), Opfer.
Es lassen sich weitere Rechtsgründe für Rentenansprüche aufführen: zum einen die Sicherung des allgemeinen Landfriedens und die (ge-)rechte Kriegsführung. Die Formen sind Steuer, Bede u.a. (Quelle 3); zum andern die Förderung und der Schutz von Austausch und Verkehr. Die Formen sind der Zoll, Marktgelder, Einnahmen aus der Regulierung des Münzverkehrs, d.h. der Kontrolle des Geldes als Zirkulationsmittel (z.B. Schlagschatz, Wechsel). Von allem können die bäuerlichen Betriebe als einzelne betroffen sein. In welcher Kombination, Dichte oder Offenheit dies der Fall ist, hängt maßgeblich vom aktuellen Stand des Verteilungskampfes der Rentenempfänger untereinander ab.
An dieser Stelle nun ist, wie ich meine, ein wichtiger Berührungspunkt oder besser: eine "Scharnier"-Stelle angesprochen, die für die Bestimmung der feudalen Produktionsweise des mittelalterlichen Europa von zentraler Bedeutung ist, und hier ist auch der systematische Ort, wo die oben genannten Argumente einiger "Internalists" in unmittelbare Berührung mit meiner Gesamtargumentation geraten.
Es geht im Grunde um die Entzifferung des Verhältnisses zwischen An-

eignung und Verteilung des potentiellen und realen Surplus. Es geht um die Anspruchsstruktur und die Verwirklichungsbedingungen, um das zeitliche Verhältnis von Aneignung und Verteilung. Ich kann hier keine befriedigenden Bestimmungen zur Lösung dieser Fragen vornehmen. Ich versuche nur, das für meine Argumentation "Nötige" anzuführen.
Im europäischen Feudalismus ist der Verteilungskonflikt um das bäuerliche Mehrprodukt bestimmt durch die Dissoziation der Beteiligten in laikale und klerikale Gruppen und Stände, die in sich wiederum hierarchisch gegliedert sind. Trotz monarchischer Spitze sind diese überregionalen und regionalen Hierarchien selbst nicht so weit zentralisierbar, daß sie zu dichten Redistributionssystemen ausgebaut werden könnten. Die Macht und das Recht zur selbständigen Appropriation bleiben jedem individuellen oder korporativen Mitglied dieser Stände erhalten, solange es über Rentenansprüche, d.h. Eigentumstitel ("Gewere"), der oben erwähnten Arten verfügt und sich den damit verbundenen Verteilungsregeln fügt. Der Verteilungskonflikt geht also auf der Ebene der Aneignungsvoraussetzungen vonstatten, in der Form von Kämpfen um Rechte und Privilegien. Der Aneignungsprozeß selbst ist eine jenen Auseinandersetzungen nachgeschaltete "Privatsache". In diesem Sinn kann die Redistributionsfunktion der einzelnen Herrschaft wie auch des "Reiches" sich nur auf Bruchteile des jeweiligen Surplus beziehen.
Die Verteilungsregeln der Rentenansprüche sind denkbar variabel. Jeder Berechtigte kann für seine Zwecke legal die verschiedensten Erwerbs- und Veräußerungsformen nutzen: Vererbung und Erbe, Realtausch, Kauf und Verkauf, verschiedene Leiheformen (Lehen, Pfandschaft u.a.). Alle Formen sind auf alle Rententitel anwendbar - gleich welchen Rechtsgrunds und gleich welchen Umfangs: Ein Territorialfürst verpfändet die Bedeeinnahmen der Haushalte von mehreren Dörfern an einen patrizischen Bürger; ein Bischof kauft von einem Grafen die Vogtei über einige Hintersassen, die zu seiner Grundherrschaft gehören; eine Abtei erhält über testamentarische Verfügung eines Ritters den Zehnten von einigen weit abgelegenen Höfen. Diese Mobilisierbarkeit der Rententitel wird durch die Veräußerungsvorbehalte - bei Eigentumsbeziehungen wie Lehen, Pfandschaft und Verkauf mit Wiederkaufsrecht - nicht prinzipiell, sondern eher graduell gehemmt.
Unterschiedliche Eigentumsformen teilen so das einzelbetriebliche Mehrprodukt. Wichtig sind nun die Resultate der daraus entstehenden "Zirkulation": Die konkrete Struktur der einzelnen feudalen Herrschaften ist rechtlich, räumlich, zeitlich und - wie noch zu zeigen sein wird - sachlich inhomogen und porös. Sie kann - meist okkasionell - in ihrem Umfang (Rentenvolumen), in ihrer Territorialität (Streulage, Geschlossenheit) und in ihrer Zusammensetzung von Kontrollkompetenzen (Teilung oder Vereinigung der säkularen und kirchlichen "Gewalten") verändert werden.
Aus der Perspektive der bäuerlichen Einzelbetriebe heißt das ganz all-

gemein: Die Aneignungsstruktur ist offen für die Entwicklung sowohl niedriger wie überhöhter Surplusquoten pro Betrieb. Der Bauer, dem mehrere Herren mit sich überschneidenden bzw. überschichteten Rentenansprüchen gegenüberstehen, kann die Konkurrenz dieser Herren für seine eigenen Zwecke nutzen, indem er - deren Praxis gegeneinander abwägend - die Legitimität der für ihn ungünstigeren Herrschaft anzweifelt und, im Bunde mit dem "gerechteren" Herrn, eine Besserung seiner Situation zu erreichen sucht. Dies kann dann gelingen, wenn es übergeordnete Appellationsinstanzen gibt, also etwa vor dem Bischof über den Vogt, vor dem Grafen über den Ritter, vor dem Landesherrn über den Amtmann usw. Klagen möglich sind. Ebenso sind Flucht zu einem "besseren" Herrn oder "Kommendation" Ausdruck dieses Spielraums. Günstig kann sich auch auswirken, daß den Herren der Überblick über den gesamten potentiellen Surplus des bäuerlichen Betriebes fehlt, weil sie nur über - partikular radizierte - Anteile des reellen Surplus verfügen, die überdies gewohnheitsrechtlich fixiert sind. Sie müssen dann den aktuellen und langfristigen Zugewinn erst mühsam ausmachen und laufen ihm praktisch hinterher. Viele "neue" Rentenformen sind jeweiliger Ausdruck dieses Bemühens um "Einholung" solcher bäuerlichen "Gewinne".
Sicher gibt es noch weitere Möglichkeiten zum Abbau der Feudalquote, die aus der Inhomogenität der den Betrieb überlagernden Rentenansprüche ableitbar sind. Ebenso wichtig aber ist die Kehrseite dieser Offenheit: die Überausbeutung als Konsequenz verschärfter Verteilungskämpfe der Herren. Hier schlägt die Unkenntnis der Herren über die Gesamtlage der einzelnen Betriebe für die Bauern negativ durch: Die Erhöhung einer bestimmten Rente oder die Einführung einer neuen Rente - zum Beispiel der Steuer - kann die Existenz eines voll ausgelasteten bäuerlichen Betriebs bedrohen. Es beginnt der schreckliche Kreislauf von Hunger, Krankheit, Saatgutverzehr, unterdurchschnittlicher Ernte, Verschuldung usw. Bei einer diffusen Aufteilung des einzelbetrieblichen Gesamtsurplus unter verschiedene, einander "befehdende" Herren fehlt die Instanz, die den Betrieb als Rentenquelle "pflegt", also dessen Reproduktion gerade im Hinblick auf eine langfristige und kontinuierliche Abschöpfung sichert (für die östliche Normandie im Spätmittelalter: Bois 1976a; dazu kritisch Kriedte: 1981).
Man kann also sagen, daß die Struktur der den Produktionsbetrieb überlagernden Eigentumsformen bzw. Rentenansprüche einerseits ein systematischer Grund für die Entwicklung einer autarkie- oder marktorientierten Prosperität der Bauern war, sie aber andererseits auch eine rücksichtslose Ruinierung bäuerlicher Betriebe verursachte.

Die sachlichen Formen des Surplus, Arbeits-, Produkten- und Geldrente

Es erübrigt sich, die jeweilige Ratio dieser Formen im einzelnen zu

entwickeln. Dies ist oft genug geschehen. Zu erinnern ist hier nur an die Analyse der "vorkapitalistischen Grundrente", die Marx - im engen Anschluß an R. Jones - unter dem Gesichtspunkt der Bildung von "Profit" (Differentialrente) neben der "Feudalrente" versucht hat (Marx: 1970, 798ff.). Hier geht es um den Versuch, das für das europäische Bauerntum Spezifische herauszuheben.
Alle drei Mehrarbeitsformen koexistieren im allgemeinen, wobei meist eine Form vorherrscht, die das größte Gewicht hat. Die Gleichzeitigkeit aller Formen erleichtert den Übergang der einen in die andere. Dies bedeutet Anpassungsfähigkeit an sich verändernde Situationen ökonomischer und politischer Art zwischen den einzelnen Herren und den bäuerlichen Haushalten. Das Nebeneinander der Formen zwingt beide Parteien zur ständigen Orientierung darüber, welche Form zum gegebenen Zeitpunkt den größten Nutzen hat. Herren und Bauern folgen also einem je eigenen "Rentenkalkül". Dies äußert sich in hartnäckigen Auseinandersetzungen um die konkrete Zusammensetzung des einzelbetrieblichen Rentenaufkommens.
Konsequenzen aus der bäuerlich-familialen Produktionsstruktur sind daran zu erkennen, daß eine entsprechende Vielfalt unter den Arbeits- und Produktrentenformen erkennbar ist. Da der Getreideanbau dominiert, sind Ackerdienste oder Getreidezinse die allerorten wichtigsten Rentenformen. Daß aber auch alle anderen Sektoren der bäuerlichen Verbundswirtschaft verrentet werden können, zeigt sich - neben Diensten und Zinsen, die auf die Viehzucht, die Waldwirtschaft und die häusliche Gewerbearbeit bezogen sind - indirekt daran, daß viele Dienste oder Zinse alternativ oder substitutiv für andere erhoben werden (können). Weiter taugt die Verbundsstruktur für Regionalisierungs- und Spezialisierungsprozesse, wenn die bäuerlichen Gewohnheiten, die herrschaftlichen Bedürfnisse, die lokalen Ressourcen und die Tauschchancen dies erlauben oder gebieten. Hier liegt ein ganz wesentlicher Grund für die Vielfalt von "Rentenlandschaften" (und deren Veränderung) im mittelalterlichen Europa.
Die soziale Form des bäuerlichen Produktionsprozesses im mittelalterlichen Europa, die Selbständigkeit des einzelbetrieblichen Produktionsprozesses, hat nicht minder deutliche Entsprechungen. In der Organisation der Frondienste herrschen die auf die einzelbetriebliche Leistungskraft zugeschnittenen Formen vor: Nicht der dörflich pauschale Kollektiveinsatz, zu dem der Einzelbetrieb sein Kontingent zu stellen hat, prägt das Bild, sondern die Einzelleistung pro Haushalt oder Haushaltsmitglied. Noch präziser gesagt: Es sind sachlich festgelegte Stückdienste mit der Angabe der Dauer, des Ortes, der dazu mitzubringenden Ausrüstung (Pflug, Karre, Zugvieh, Gesinde) und - sehr wichtig - der den Fronenden hierbei zustehenden Verpflegung (Präbende). Bei sich regelmäßig wiederholenden Fronden wird den leistungspflichtigen Haushalten die Festlegung der Reihenfolge untereinander sogar überlassen (Reihendienst). Solcher einzelbetriebliche Zuschnitt der Arbeitsrentenformen (Bois: 1976b, 17) erschwert die

Kontrolle über deren Effektivität. Er erleichtert zugleich den Bauern und Herren die Bewertung der jeweiligen Leistung und damit ihre Kommutation in die Produkt- oder Geldform und schafft die Bedingung für die quantitative Festlegung der Leistungsform, die der jeweiligen Ausstattung des Betriebs angemessen ist. Die Bauern können erkennen, welcher Spielraum ihnen zwischen den herrschaftlichen Ansprüchen und ihrem Aufwand zum kruden Überleben verbleibt. Sie lernen durch Entzugs- und Verweigerungstaktiken dem Herrn gegenüber und gezielte Leistungssteigerung (Selbstausbeutung) im vom Herrn unkontrollierbaren Produktionsbereich, diesen Spielraum zu nutzen und zu erweitern - sofern Anreize dazu bestehen: Marktchancen, innerdörfliches Prestige, familienzyklische Gegebenheiten. Hier liegt also ein wichtiger Ansatzpunkt für einzelbetriebliche Akkumulation, Investition, Profitbildung und für innerdörfliche Konkurrenz. Das ist natürlich nur in Bezug zu einer Normvorstellung von der Idealkonstellation zwischen Bodenmenge und -güte, Werkzeugen und Arbeitskräften zu denken. Gerade diese - empirisch so schwer nachweisbare - Vorstellung ist aber für jeden Bauern die Grundlage seines ökonomischen Kalküls (Chayanov: 1966).
Im Falle einer vorherrschenden Produktenrente, die die Befreiung der wichtigsten Arbeitsprozesse von herrschaftlicher Kontrolle bedeutet, ist der oben angedeutete Spielraum noch größer. Durch den Bestimmungsmodus der zu entrichtenden Arbeitsresultate, d.h. durch die Festsetzung der Mengen oder Prozentsätze des (jährlich ja schwankenden) Gesamtertrags, wird der ökonomische Kalkül verfeinert. Ihm kann eigentlich nur die Natur, d.h. die brutale Mißernte, oder die "wilde" Appropriation, der aus den Fugen von Gewohnheitsrecht oder Leihevertrag geratene akzidentelle Raub, in die Quere kommen. Eine längere ungestörte Wirkung solchen Kalküls führt zur Differenzierung der bäuerlichen Betriebe, qualitativ und quantitativ: Jeder Betrieb kann die besonderen Voraussetzungen seiner dinglichen und persönlichen Ausstattung zur Produktivitätssteigerung im ganzen, d.h. zur Ausschöpfung seiner Möglichkeiten im Rahmen der gegebenen Struktur, nutzen oder durch gezielte Veränderungen sektorale Steigerungen anbahnen. Eine Steigerung des Gesamtprodukts oder eine Spezialisierung wird auch auf die Verrentung durchschlagen: Rentenforderungen werden sich diesen Veränderungen durch eine Verkürzung der Leihefristen, Kommutation u.a. anpassen. Was dann für den Einzelbetrieb als "individueller" Rentenstatus erscheint, ist für die Rentenempfänger Ausdruck höherer Rationalität der Aneignung, mitverursacht durch den Zwang zur "Veranlagung" des Einzelbetriebs. Die Marktverbindung des Einzelbetriebs wurde oben bereits behandelt. Hierzu ist noch kurz zu ergänzen: (Vorwiegende) Geldrente bedeutet für die Bauernhaushalte Freiheit der Arbeitsprozesse und ihrer sachlichen Ausrichtung von herrschaftlicher Kontrolle auf der einen, Verkaufszwang, d.h. (ergänzende) Warenproduktion, auf der anderen Seite.

Der Bauer trägt nun - stellvertretend für seine(n) Herrn - das Risiko der kurz- und langfristigen Entwicklung der Verkaufspreise und - mit steigender Spezialisierung und engerer Verbindung mit dem (örtlichen) Markt - auch der Einkaufspreise gewerblicher Güter. Ist es ihm formell freigestellt, was er verkauft, so bestimmen anonyme Marktkonjunktur oder städtisches Preiskartell, wieviel er verkaufen muß, um das erforderliche Geldrentenquantum zu erhalten. Das Hauptrisiko der Kaufkraftentwicklung des Geldes trägt der Rentenempfänger, der sich der Mühe des Verkaufs von über Frondienst erwirtschafteter oder als Produktenrente einkommender Überschüsse in bäuerlicher Gestalt entledigt hat.
Die über den Markt entstehende Vergesellschaftung der bäuerlichen Produktion hat - neben den oben angedeuteten Monetisierungseffekten - auch die Wirkung, daß die zwischenbetriebliche Konkurrenz um günstigen Absatz sich deutlich verschärft und die Klein- und Kleinstbetriebe ebenso deutlich benachteiligt. Die größeren Betriebe können die Chance, "zwischen" dem Aufwand zur einfachen Reproduktion und den Rentenpflichten "Profit"-Margen zu entwickeln, weit besser nutzen als die kleinen, weil deren Reproduktionsaufwand - eine relativ fixe Größe - immer einen höheren Anteil am Bruttoprodukt ausmacht als bei den größeren (Kula: 1970, 46f.).
Kann der kleine Betrieb bei unterdurchschnittlicher Ernte gerade noch soviel verkaufen, wie er zur Deckung seiner Rentenpflichten braucht, oder muß er sich bereits beim Herrn oder Geldverleiher verschulden, so kann der größere Betrieb den durch wachsende Nachfrage entstehenden überproportionalen Preisauftrieb durch den Verkauf des verbliebenen Überschusses nach Abzug aller Renten nutzen. Und bei reicher Ernte tut ihm der Preisverfall weniger weh als dem kleinen Bauern, der Mühe haben wird, seine Schulden aus dem Mangeljahr mit den über die Rente hinausgehenden Gelderlösen abzutragen. Ein weiterer Grund zur wachsenden Polarisierung ist gelegt - Polarisierung aber nicht nur im lokalen Rahmen: Stadtnähe oder Stadtferne der Bauernhöfe und die Städtedichte oder Städtearmut der Gegend bilden die Voraussetzung für regionale Ausformungen, für Landschaften mit verschieden scharfem Gegensatz zwischen reich und arm, mit verschiedener Verteilung der beiden Schichten usw.

FRAGESTELLUNGEN

Ich bin mir bewußt, daß meine systematischen Erwägungen abstrakt wirken können. Vielleicht besteht aber die Chance, sie im ganzen als Physiognomie spezifisch feudaler Bauernökonomie im mittelalterlichen Europa zu erkennen, wenn man die betreffenden Einzelzüge einmal im Vergleich zu den "parallelen" Gegebenheiten anderer vorkapitalistischer Bauerngesellschaften wahrnimmt. Man hätte dann zu fragen:

- ob der Ackerbau komplex zusammengesetzt ist: nach den Sorten, den Beziehungen ihrer Wachstumsperioden zueinander, den Bodenerschöpfungs- und -regenerationsformen u.a.;
- ob der Landbau sachlich und räumlich mit verschiedenen Formen der Viehzucht (Zugvieh, Düngung; Futterpflanzen) verbunden ist;
- ob die verschiedenen Sektoren der betrieblichen Wirtschaft füreinander substitutiv sein können;
- in welchen Autoritäts- und Eigentumsbeziehungen die Geschlechter (und Altersgruppen) zueinander stehen, insbesondere welche vermögensrechtliche Stellung die verheiratete und verwitwete Frau hat;
- welche Form der geschlechtsspezifischen Arbeitsteilung vorliegt, ob diese rigide oder offen ist;
- welche Form und welchen Grad von Kollektivität die verschiedenen Arbeitsprozesse haben;
- welche Beziehungen es zwischen Produktionszelle (Haushalt) und Reproduktionssystem (Verwandtschaft, Heiratskreise) gibt;
- ob die Einzelhaushalte bzw. bestimmte Personen in ihnen Zugang zu Geld und Marktgeschehen haben, ob alle Güter und Leistungen über das gleiche Tauschmittel in die Zirkulation eingehen können;
- aufgrund welcher Eigentumstitel Rentenansprüche begründet und durchgesetzt werden und in welchen Beziehungen diese zueinander stehen;
- welche Radizierungsformen der Rente existieren;
- welche Mehrarbeitsformen bestimmend sind, welche Beziehungen zwischen den verschiedenen Mehrarbeitsformen existieren;
- welche Marktquote die einzelbetriebliche Ökonomie aufweist (Aufwand zur einfachen Reproduktion, Rente, Profit).

Schon wenn man in einem der durch die obigen Fragen angesprochenen Bereich deutliche Unterschiede feststellen würde, was ich mir leicht vorstellen kann, wäre viel gewonnen. Erste Untersuchungen dieser Art sind, nach meiner unsystematischen Orientierung, vorhanden. Sie analysieren aber noch zu wenig genau die bäuerliche Sphäre oder bleiben noch an zu abstrakten Ausgangsbegriffen orientiert, z.B. dem Gegensatz von "asiatischer" und "feudaler" Produktionsweise (Nolte: 1980; Alavi: 1981). Gerade hier aber wären Differenzierungen aufzugreifen, die in der breiten Literatur zur "peasant economy" bzw. "peasant society" bereitstehen dürften (Shanin: 1971).

Der besondere Charakter der bäuerlichen Familienwirtschaft im europäischen Mittelalter, den ich vermitteln wollte - und der durch regionale Forschungen auf seine Tragweite zu prüfen wäre -, läßt sich so zusammenfassen: Nach Produktionsstruktur und -prozeß, Austausch und Appropriation kommen dem bäuerlichen Einzelbetrieb oder -haushalt Attribute zu wie Komplexität, Autonomie, Konkurrenzfähigkeit und Parzellierbarkeit. Diese Attribute entsprechen in dieser Reihenfolge nicht einfach den vier aufgezählten Dimensionen bäuerlicher Ökonomie, sondern sind jeweils für alle vier charakteristisch.

Noch kürzer gesagt: Individualwirtschaftlich ausgerichtete Verhältnisse

charakterisieren die europäisch-feudale Bauernschaft. Die Struktur der feudalen Produktionsweise in Europa wird durch diese eigenartige Physiognomie der ländlichen Produktionszellen maßgeblich bestimmt, und damit auch die Entwicklungsweise und -richtung der europäischen Feudalgesellschaften. Insofern ist von einer hegemonialen Rolle der kleinbetrieblichen Bauernökonomie auszugehen, die sich auf Struktur und Dynamik bezieht (Bois: 1976a).
Diese für Europa charakteristische Individualisierung der ländlichen Produktionssphäre könnte man in modifizierter Anlehnung an Marc Bloch (1930/1968, 223ff.) als europäisch-feudalen Agrarindividualismus bezeichnen. Bloch hatte die Entstehung des "individualisme agraire" mit der Auflösung der dörflichen Allmenden im Übergang zur Moderne seit dem 17./18. Jahrhundert begründet, also mit der verallgemeinerten Durchsetzung "unbedingter", d.h. agrarkapitalistischer Privateigentumsformen (am Boden) gegenüber den feudal "bedingten" Eigentumsverhältnissen.
Mit dieser - sicherlich problematischen - Begriffsanleihe wäre auch eine Anknüpfung daran gefunden, daß aus der Reproduktionsweise des Agrarsektors in den europäischen Feudalgesellschaften die wichtigsten Voraussetzungen für den ursprünglichen Durchbruch und die ersten regionalen Folgeentwicklungen des industriellen Kapitalismus resultieren konnten. Mit der radikalen Privatisierung der Grundelemente der Produktion (Rohstoffe, Werkzeug, Arbeit) auf dem Lande war der Grundstein gelegt für die radikale Enteignung großer Teile der ländlichen Bevölkerung von ihren Produktionsbedingungen, für die radikale Vermarktung großer Anteile der Agrarproduktion und für die radikale Akkumulation von Elementen und Resultaten der Produktion.

LITERATUR

Alavi, Hamza: 1981,
Die koloniale Transformation in Indien. Rückschritt vom Feudalismus zum Kapitalismus, in: Jan-Heeren Grevemeyer (Hg.), Traditionale Gesellschaften und europäischer Kolonialismus. Frankfurt, 158-208.

Amin, Samir: 1980,
Class and Nation. Historically and in the Current Crisis. New York/London.

Anderson, Perry: 1978,
Von der Antike zum Feudalismus. Spuren der Übergangsgesellschaften. Frankfurt.

Anderson, Perry: 1979,
Die Entstehung des absolutistischen Staates. Frankfurt.

Bader, Karl Siegfried: 1957,
Das mittelalterliche Dorf als Friedens- und Rechtsbereich. Weimar.

Bader, Karl Siegfried: 1963,
Dorfgenossenschaft und Dorfgemeinde. Köln/Graz.
Bader, Karl Siegfried: 1973,
Rechtsformen und Schichten der Liegenschaftsnutzung im mittelalterlichen Dorf. Köln/Wien.
Banaji, Jairus: 1975/76,
The Peasantry in the Feudal Mode of Production: Towards an Economic Model, in: Journal of Peasant Studies 3, 299-320.
Beyer, Heinrich (Hg.): 1860,
Urkundenbuch zur Geschichte der jetzt die Preußischen Regierungsbezirke Coblenz und Trier bildenden mittelrheinischen Territorien. Düsseldorf.
Billen, Claire/Dupont, Christian: 1981,
Problématique marxiste et histoire rurale du Moyen Age (VIIIe - XIIIe S.) entre Loire et Rhin, in: Acta Historica Bruxellensia IV. Bruxelles, 89-128.
Bleiber, Waltraut: 1981,
Naturalwirtschaft und Ware-Geld-Beziehungen zwischen Somme und Loire während des 7. Jahrhunderts. Berlin-Ost.
Bloch, Marc: 1930/1968,
Les caractères originaux de l'histoire rurale française. Paris.
Bloch, Marc: 1968,
La société féodale. Paris.
Bois, Guy: 1976a,
Crise du féodalisme. Economie rurale et démographie en Normandie orientale du début du 14e siècle au milieu du 16e siècle. Paris.
Bois, Guy: 1976b,
Les rapports entre la grande exploitation et la petite exploitation dans les sociétés féodales... Le cas de l'Europe du Nord-Ouest, in: Compte-Rendu des Scéances de la Société d'Etudes du Féodalisme, I, 16ff.
Boutruche, Robert: 1968/1970,
Seigneurie et féodalité, 2 Bde. Paris.
Brenner, Robert: 1976,
Agrarian Class Structure and Economic Development in Pre-Industrial Europe, in: Past and Present 70, 30-75.
Brown, Elizabeth A.R.: 1974,
The Tyranny of a Construct: Feudalism and Historians of Medieval Europe, in: The American Historical Review 79, 1063-1088.
Chayanov, A.V.: 1966,
The Theory of Peasant Economy. Homewood.
Dhoquois, G.: 1977,
Feudalität und Feudalismus, in: Kuchenbuch, L. (Hg.), Feudalismus. Materialien zur Theorie und Geschichte. Berlin, 427-437.

Duby, Georges: 1977,
Krieger und Bauern. Frankfurt.
Duby, Georges: 1978,
Les trois ordres ou l'imaginaire du féodalisme. Paris.
Elsenhans, Hartmut: 1979,
Grundlagen der Entwicklung der kapitalistischen Weltwirtschaft, in: Senghaas, D. (Hg.), 1979, Kapitalistische Weltökonomie. Kontroversen über ihren Ursprung und ihre Entwicklungsdynamik. Frankfurt, 103-148.
Fossier, Robert: 1978,
Polyptyques et censiers (= Typologie des sources du moyen age, fasc. 28). Louvain.
Foster-Carter, Aidan: 1978,
The Modes of Production Controversy, in: New Left Review 107, 47-77.
Gimpel, Jean: 1980,
Die industrielle Revolution des Mittelalters. Zürich.
Goody, Jack: 1976,
Inheritance, property and women: some comparative considerations, in: Goody, J./Thirsk, J./Thompson, E.P. (Hg.), Family and Inheritance. Rural Society in Western Europe 1200 - 1800. Cambridge, 10-36.
Goody Jack/Thirsk, Joan/Thompson, E.P. (Hg.): 1976,
Family and Inheritance, Rural Society in Western Europe 1200 - 1800. Cambridge.
Guerreau, Alain: 1980,
Le Féodalisme. Un horizon théorique. Paris.
Guichard, Pierre: 1977,
Structures sociales 'orientales' et 'occidentales' dans l'Espagne musulmane. (Civilisations et Sociétés 60). Paris.
Gurjewitsch, Aaron J.: 1978,
Das Weltbild des mittelalterlichen Menschen. Dresden.
Henning, Friedrich-Wilhelm: 1979,
Landwirtschaft und ländliche Gesellschaft in Deutschland, Bd.1: 800 - 1750. Paderborn.
Hilton, Rodney H.: 1973,
Bond Men Made Free. Medieval Peasant Movements and the English Rising of 1381. London.
Hilton, Rodney H.: 1973/74,
Medieval Peasants - Any Lessons?, in: Journal of Peasant Studies 1, 207-219.
Hilton, Rodney H.: 1975,
Women in the Village, in: ders., The English Peasantry in the Later Middle Ages. Oxford, 95-110.
Hindess, Barry/Hirst, Paul Q.: 1975,
Pre-Capitalist Modes of Production. London.

Hintze, Otto: 1962,
Wesen und Verbreitung des Feudalismus, in: ders., Staat und Verfassung. (2. Aufl.) Göttingen, 84-119.

v. Houtte, A. (Hg.): 1980,
Europäische Wirtschafts- und Sozialgeschichte im Mittelalter (Handbuch der europäischen Wirtschafts- und Sozialgeschichte, hg. v. H. Kellenbenz, Bd. 2). Stuttgart.

Kammler, Hans: 1974,
Die Feudalmonarchien. Politische und wirtschaftlich-soziale Faktoren ihrer Entwicklung und Funktionsweise. Köln/Wien.

Kriedte, Peter: 1980,
Spätfeudalismus und Handelskapital. Grundlinien der europäischen Wirtschaftsgeschichte vom 16. bis zum Ausgang des 18. Jahrhunderts. Göttingen.

Kriedte, Peter: 1981,
Spätmittelalterliche Agrarkrise oder Krise des Feudalismus?, in: Geschichte und Gesellschaft 7, 42-68.

Kriedte, Peter/Medick, Hans/Schlumbohm, Jürgen: 1977,
Industrialisierung vor der Industrialisierung. Gewerbliche Warenproduktion auf dem Land in der Formationsperiode des Kapitalismus. Göttingen.

Kuchenbuch, Ludolf (Hg.): 1977,
Feudalismus - Materialien zur Theorie und Geschichte. (in Zusammenarbeit mit B. Michael) Frankfurt.

Kuchenbuch, Ludolf: 1978,
Bäuerliche Gesellschaft und Klosterherrschaft im 9. Jahrhundert. Studien zur Sozialstruktur der Familia der Abtei Prüm. (Vierteljahrsschrift für Sozial- und Wirtschaftsgeschichte, Beih. 66) Wiesbaden.

Kuchenbuch, Ludolf/Michael, Bernd: 1977,
Zur Struktur und Dynamik der "feudalen" Produktionsweise im vorindustriellen Europa, in: Kuchenbuch (Hg.), Feudalismus - Materialien zur Theorie und Geschichte. (in Zusammenarbeit mit B. Michael) Frankfurt, 694-761.

Kula, Witold: 1970,
Théorie économique du système féodal. Pour un modèle de l'économie polonaise 16e-18e siècles. (Civilisations et Sociétés 15) Paris.

Kuske, Bruno: 1956,
Die Entstehung der Kreditwirtschaft und des Kapitalverkehrs, in: ders., Köln, der Rhein und das Reich. Köln/Graz.

Lüdtke, Alf/Medick, Hans (Hg.): 1979,
Feudalismus und Kapitalismus auf dem Lande, in: Sozialwissenschaftliche Informationen für Unterricht und Studium 8.3.

Marx, Karl: 1953,
Grundrisse und Kritik der politischen Ökonomie (Rohentwurf 1857-58). Frankfurt/Wien.

Marx, Karl: 1970,
Das Kapital, 3. Band. MEW Bd. 25. Berlin/Ost.
Merrington, John: 1978,
Stadt und Land im Übergang zum Kapitalismus, in: Sweezy, Paul/Dobb, Maurice/u.a., Der Übergang vom Feudalismus zum Kapitalismus. Frankfurt, 229-268.
Middleton, Christopher: 1979,
The Sexual Division of Labour in Feudal England, in: New Left Review 113/114, 147-168.
Nolte, Hans-Heinrich: 1978,
Zur Stellung Rußlands im europäischen Feudalismus, in: Gesellschaftsformationen in der Geschichte (Argument, Sonderband 32). Berlin, 149-163.
Nolte, Hans-Heinrich: 1980,
Zur Stellung Osteuropas im internationalen System der frühen Neuzeit. Außenhandel und Sozialgeschichte bei der Bestimmung der Regionen, in: Jahrbücher für die Geschichte Osteuropas 28, 161-197.
Perrin, Charles-Edmond: 1935,
Recherches sur la seigneurie rurale en Lorraine d'après les plus anciens censiers. (Publications de la Faculté des Lettres de l'Université de Strasbourg 71) Paris.
Polanyi, Karl/u.a. (Hg.): 1957,
Trade and Market in the Early Empires. Economies in History and Society. New York/London.
Rich, E.E./Wilson, C.H. (Hg.): 1967,
The Economy of Expanding Europe in the Sixteenth and Seventeenth Centuries. (The Cambridge Economic History of Europe IV) Cambridge.
Rösener, Werner: 1980,
Art. Abgaben, in: Lexikon des Mittelalters, Bd. I. München/Zürich, 32ff.
Saint-Jacob, Pierre de: 1941-1946,
Etudes sur l'ancienne communauté rurale en Bourgogne I, II, III, in: Annales de Bourgogne XIII, 169ff.; XV, 173ff.; XVIII, 237ff.
Schultze Johannes (Hg.): 1940,
Das Landbuch der Mark Brandenburg von 1375. (Veröffentlichungen der Historischen Kommission für die Provinz Brandenburg und die Reichshauptstadt Berlin VIII, 2.) Berlin.
Senghaas, Dieter (Hg.): 1979,
Kapitalistische Weltökonomie. Kontroversen über ihren Ursprung und ihre Entwicklungsdynamik. Frankfurt.
Shahar, Shulamith: 1981,
Die Frau im Mittelalter. Königstein/Ts.
Shanin, Teodor (Hg.): 1971,
Peasants and Peasant Societies. Harmondsworth.

Slicher van Bath, B.H.: 1963,
The Agrarian History of Western Europe A.D. 500-1850. London.
Slicher van Bath, B.H.: 1965,
Les problèmes fondamentaux de la société pré-industrielle en Europe occidentale, in: Afdeling Agrarische Geschiedenis Bijdragen 12. Wageningen, 3-46.
Slicher van Bath, B.H.: 1971,
Landwirtschaftliche Produktivität im vorindustriellen Europa, in: Kuchenbuch, L. (Hg.), Feudalismus - Materialien zur Theorie und Geschichte. Berlin, 523-555.
Sprandel, Rolf: 1975,
Das mittelalterliche Zahlungssystem, nach hansisch-nordischen Quellen des 13.-15. Jahrhunderts. (Monographien zur Geschichte des Mittelalters 10) Stuttgart.
Sweezy, Paul/Dobb, Maurice/u.a. (Hg.): 1978,
Der Übergang vom Feudalismus zum Kapitalismus. Frankfurt.
Thorner, Daniel: 1971,
Peasant Economy as a Category in Economic History, in: Shanin, Teodor (Hg.), Peasants and Peasant Societies. Harmondsworth, 202-218.
Tökei, Ferenc: 1977,
Antike und Feudalismus. Budapest.
Töpfer, Bernhard: 1974,
Zu einigen Grundfragen des Feudalismus. Ein Diskussionsbeitrag, in: Wunder, H. (Hg.), Feudalismus. Zehn Aufsätze. München, 221-253.
Toubert, Pierre: 1980,
Les Féodalites méditerranéennes: un problème d'histoire comparée, in: Structures féodales et féodalisme dans l'Occident méditerranéen (Xe-XIIIe siècle). Bilan et perspectives de recherches. Rome.
Vries, Jan de: 1976,
The Economy of Europe in an Age of Crisis, 1600-1750. London/New York/Melbourne.
Wallerstein, Immanuel: 1974,
The Modern World System. Capitalist Agriculture and the Origins of the European World-Economy in the Sixteenth Century. New York/San Francisco/London.
Weber, Max: 1956,
Wirtschaft und Gesellschaft. Grundriß der verstehenden Soziologie. Studienausgabe (hg. von Johannes Winckelmann). Köln/Berlin.
Wunder, Heide: 1974,
Einleitung: Der Feudalismus-Begriff. Überlegungen zu Möglichkeiten der historischen Begriffsbildung, in: dies. (Hg.), Feudalismus. Zehn Aufsätze. München, 9-76.

Autozentrierte Entwicklung im Weltsystem – Versuch einer Typologie

Ulrich Menzel und Dieter Senghaas

VORBEMERKUNG

Um die Jahreswende 1977/78 haben wir in einem Positionspapier, das inzwischen publiziert wurde, in entwicklungstheoretischer und entwicklungspolitischer Absicht die Frage gestellt, warum die heutigen metropolitan-kapitalistischen Gesellschaften und Ökonomien Metropolen und nicht Peripherien wurden (Senghaas/Menzel: 1979, 280ff.). Wir konnten seinerzeit auf diese Frage noch keine Antwort geben, weil wir uns mit der Frühgeschichte der heute hochentwickelten OECD-Gesellschaften empirisch noch nicht beschäftigt hatten. In dem benannten Papier wurden Fragestellungen aus dem Umkreis der konventionellen Entwicklungstheorie und der Theorie des peripheren Kapitalismus formuliert; sie sollten wenigstens ausschnitthaft in eine systematisch-komparative Analyse der frühen Entwicklungsphasen der heutigen OECD-Gesellschaften eingebracht werden. Die Gründe, die uns seinerzeit veranlaßten, entwicklungstheoretische Überlegungen über sogenannte Peripherisierungsprozesse und Prozesse der Unterentwicklung in die Untersuchung von Fallbeispielen einzuführen, die heute alle dem Typus der hochindustrialisierten kapitalistischen Gesellschaft und Ökonomie (metropolitaner Kapitalismus) zuzuordnen sind, wurden in dem Positionspapier dargestellt und brauchen deshalb an dieser Stelle nicht ausführlich wiederholt zu werden. In der Hauptüberschrift des Positionspapiers "Autozentrierte Entwicklung trotz internationalem Kompetenzgefälle" kommt der Brennpunkt unseres Forschungsinteresses zum Ausdruck: Wie ist es trotz eines infolge der Industriellen Revolution wachsenden Kompetenzgefälles zwischen England und der übrigen Welt den heutigen europäischen und außereuropäischen OECD-Gesellschaften gelungen, sich autozentriert zu entwickeln und nicht zu Peripherien in der internationalen Ökonomie umfunktioniert zu werden? Welche Rolle spielte dabei die Eingliederung (Integration, Assoziation) in den Weltmarkt, welche Rolle spielte Abkopplung (Dissoziation)?
Der vorliegende Beitrag ist eine Art von Werkstattbericht. Nach Sichtung des vor allem wirtschaftshistorischen Materials haben die Autoren versucht, eine Typologie autozentrierter Entwicklung zu formulieren. Der Anhang I gibt Auskunft über die Materiallage. Der Anhang II ent-

hält Kurzdarstellungen der einzelnen Fallbeispiele. Diese werden hier abgedruckt, um die historisch-empirischen Gründe für die Zuordnung einzelner Fälle zu spezifischen Typen in der vorliegenden Typologie autozentrierter Entwicklung transparent zu machen. Inzwischen haben eingehende monographische Studien zu einzelnen Fällen (Schweiz, Dänemark, Schweden, Kanada) und vergleichende Untersuchungen (Dänemark, Uruguay, Neuseeland etc.) die früher getroffene Zuordnung einzelner Fälle zu spezifischen Typen als sinnvoll erscheinen lassen (1).
Frühere Untersuchungen, die sich in entwicklungstheoretischer oder entwicklungspolitischer Absicht auf die Problematik autozentrierter Entwicklung beziehen, werden im folgenden als bekannt vorausgesetzt, weshalb sich die diesbezüglichen Bemerkungen in der Einleitung auf wenige umrißhafte Aussagen beschänken (Senghaas: 1978; ders.: 1979, 376ff.). Die Ergebnisse unserer Untersuchungen zur neueren Entwicklungsgeschichte europäischer Gesellschaften werden demnächst in Buchform veröffentlicht (Menzel: 1982; Senghaas: 1982).

EINFÜHRUNG

Das Konzept autozentrierter Entwicklung bezieht sich auf einen Entwicklungsprozeß, in dem sich im Endergebnis ein sich selbst tragendes Wirtschaftswachstum und eine breitgefächerte soziale Entwicklung verschränken. Eine solche Entwicklung baut in der Regel auf sich immer stärker differenzierenden Agro-Industriestrukturen auf, welche durch eine wachsende innere Arbeitsteilung, wachsende Vermaschungen innerhalb und zwischen Sektoren in der Art von dichten Input-Output-Wechselbezügen zwischen Landwirtschaft, Konsumgüterindustrie, Zwischengüterindustrie und Produktionsgüterindustrie charakterisiert sind. Solche autozentrierten Entwicklungsprofile lassen sich gegenwärtig in drei Typen von Gesellschaften beobachten: 1. in den meisten OECD-Ländern (Ausnahmen sind Türkei, Spanien, Portugal und Irland - die Peripherie-Länder innerhalb der OECD, die nicht Gegenstand unserer Untersuchungen sind); 2. tendenziell in metropolitan-sozialistischen Ländern wie der Sowjetunion und jenen Osteuropas; 3. tendenziell in wenigen sozialistischen Entwicklungsländern mit einer längeren Aufbaugeschichte wie in China, Nord-Korea, Albanien und in wachsendem Maße auch in Kuba (Menzel: 1978; Juttka-Reisse: 1979; Ruß: 1979; Fabian: 1981) (2).
Ein peripherer Entwicklungsweg wird durch die Abwesenheit der eigentlichen Merkmale von autozentrierter Entwicklung charakterisiert, d.h. durch den Mangel an sozio-ökonomischem Zusammenhalt (Kohärenz), was sich in fehlenden kohärenten Input-Output-Vermaschungen ausdrückt und zu einem Mangel an sozio-ökonomischer Lebensfähigkeit führt. Die grundlegende Auseinandersetzung über Entwick-

lungsprobleme bezieht sich heute auf die Frage, wie es möglich ist, Peripherie-Ökonomien auf einen autozentrierten Entwicklungspfad überzuführen (Senghaas: 1978; 1979).

TYPEN AUTOZENTRIERTER ENTWICKLUNG

Geschichte und Gegenwart lehren, daß es höchst unterschiedliche autozentrierte Entwicklungswege gegeben hat. Obgleich das Endergebnis autozentrierter Entwicklungswege im einen oder anderen Fall eher ähnlich als unterschieden ist, so sind doch die Wege zu einem reifen autozentrierten Entwicklungsprofil höchst unterschiedlich.
In der folgenden Typologie wird angenommen, daß eine mögliche Grundlage für eine Typologiebildung in der Bestimmung des Ausmaßes und der Art der Eingliederung bzw. Nichteingliederung nationaler Ökonomien in die internationale Arbeitsteilung während kritischer früher Entwicklungsphasen besteht (Senghaas/Menzel: 1979). Das hier eingeführte Konzept einer kritischen frühen Entwicklungsphase bezieht sich auf jene Zeit innerhalb der Geschichte nationaler Ökonomien, in der diese entweder autozentriert oder peripherisiert wurden. Sofern ein Land erfolgreich durch eine derartige kritische Phase hindurchgegangen ist, ist die Wahrscheinlichkeit eines Rückfalls von autozentrierter Entwicklung in eine Art von erneuter Peripherisierung praktisch nicht gegeben. Wenigstens hat es in der Geschichte bisher keinen einzigen Fall einer derartigen Regression gegeben. Was man in der Wirtschaftsgeschichte autozentrierter Ökonomien beobachtet, ist deren wechselnder Status innerhalb einer hierarchisch strukturierten Weltwirtschaft. In ihr gibt es eine Aufwärts- und Abwärtsbewegung, doch selbst im Falle einer Abwärtsbewegung, wie am Beispiel England in den vergangenen Jahrzehnten ablesbar, fand wenigstens bis heute in keinem Fall eine Regression von autozentrierter Entwicklung zu einer Peripherie-Ökonomie statt.
Hinsichtlich historischer und gegenwärtiger Erfahrung lassen sich fünf Typen von autozentrierten Entwicklungswegen unterscheiden (3). In manchen Fällen spielte die wirtschaftliche Beziehung einzelner Nationalökonomien zur Umwelt während der kritischen Entwicklungsphase keine hervorragende Rolle. In anderen Fällen war die Entwicklung in einer tiefen Eingliederung von Nationalökonomien in die internationale Arbeitsteilung gemäß der Doktrin komparativer Kosten und Vorteile begründet. Ein solches Entwicklungsmuster wird "assoziativ" genannt, weil sich das individuelle Land zum Teil oder ganz in die Struktur des Weltmarktes einbindet und sich dessen Wirkungsweise aussetzt. Es gibt andere Fälle, in denen eine bewußte Abkopplung vom Weltmarkt als eine wichtige Bedingung für autozentrierte Entwicklung angesehen werden muß. Ein solcher Entwicklungsprozeß wird hier als "dissoziativ" bezeichnet. Wie in der folgenden Typologie deutlich wird, gibt es

auch Fälle, bei denen sich eine Art Mischung zwischen assoziativer und dissoziativer Entwicklung findet.
Nach diesen kurzen einleitenden Bemerkungen sollen nunmehr die grundlegenden Typen autozentrierter Entwicklung vorgestellt werden (s. Tabelle 1).

Typus I

Das typische Merkmal dieses Entwicklungsweges besteht in einer Dynamisierung des inneren Marktes - einer Dynamisierung, welche vor allem privatwirtschaftliche Investitionen und den Konsum von Privathaushalten an Ausrüstungsgütern und Massenkonsumgütern zur Grundlage hat. Hier spielen während der kritischen Entwicklungsphase weder staatliche Investitionen noch der Export eine überragende Rolle, und auch die staatliche Intervention in das Wirtschaftsgeschehen bleibt relativ beschränkt. Erst nach einer gewissen Zeit, oft handelt es sich um Jahrzehnte, kommt in Ergänzung zur Binnenmarkterschließung eine mehr oder weniger akzentuierte Exportorientierung hinzu. Unter den kleineren Ländern der heutigen OECD-Staaten ist Belgien das einzige, das diesem Typus zuzurechnen ist, obgleich man in diesem Zusammenhang betonen muß, daß der Staat in der belgischen Entwicklung nach 1830 als Investor in Infrastruktur-Maßnahmen und sogar in manchen Industriezweigen relativ aktiv gewesen ist. Repräsentativere Fälle stellen Frankreich und Österreich im 19. Jahrhundert dar. Andere Fälle wie Deutschland und die Vereinigten Staaten können mit einer gewissen Einschränkung diesem Typ zugeordnet werden; doch sind sie (vor allem die USA) weit komplexer strukturiert, als daß diese Zuordnung eindeutig geschehen könnte (4).

Typus II

Bei diesem Typus handelt es sich um den klassischen Fall eines ricardianischen Entwicklungsweges: Nationalwirtschaften bilden sich heraus und entwickeln sich, indem sie sich tief in die internationale Arbeitsteilung gemäß dem Prinzip komparativer Kosten und Vorteile eingliedern (assoziative Entwicklung). Exportaktivitäten werden entwickelt, oft ehe der eigene innere Markt erschlossen ist. Die Entwicklung des inneren Marktes ist vollständig den Kräften des Weltmarktes ausgesetzt. Im allgemeinen gibt es keine Phasen leichter oder umfassender Abkopplung und damit auch keinen bemerkenswerten Protektionismus, höchstens punktuelle und kurzfristige segmenthafte Schutzmaßnahmen. Nicht allzu viele Fälle lassen sich diesem Typus zuordnen. Der einzig eindeutige ist die Schweiz, und in gewisser Hinsicht könnte man auch die Niederlande hier erwähnen. Die Entwicklung erfolgt in einer Art, wie sie heute von seiten der OECD-Staaten der Dritten Welt empfohlen wird: offen, weltmarktintegriert und dem Wettbewerb aller übrigen Teilnehmer in der Weltwirtschaft ausgesetzt.

Typus III

Fälle, die diesem Typus zuzurechnen sind, werden durch eine Mischung von assoziativer und dissoziativer Entwicklung gekennzeichnet. Ein erster Wachstumsschub resultiert zunächst aus exportorientierten Aktivitäten. Während dieser Phase verhalten sich diese Länder ricardianisch: Wo immer sie komparative Vorteile nutzen können, exportieren sie landwirtschaftliche und mineralische Rohstoffe und führen industrielle Fertiggüter ein (sowohl Konsumgüter als auch Investitionsgüter). In Ergänzung zu solchen Exportaktivitäten tritt nach einem gewissen Zeitverzug (oft handelt es sich um mehrere Jahrzehnte) eine Import-Ersatzindustrialisierung (Import-Substitution). Solche Industrialisierung wird mit Hilfe einer selektiven dissoziativen Wirtschaftspolitik gefördert. In der Mehrzahl der Fälle geschieht das durch staatlich verordnete Schutzmaßnahmen wie Erziehungszölle, Devisenbewirtschaftung, Exporthemmnisse für Rohprodukte etc.
Auf Grund dieser Kombination von assoziativen und dissoziativen Strategien haben solche Ökonomien, welche während ihrer ersten Entwicklungsphase eine Art Exklavenwirtschaft darstellen, bemerkenswerte Höhen autozentrierter Entwicklung trotz einer kontinuierlichen Exportorientierung erreicht. Sobald ihre Import-Ersatzindustrialisierung Früchte zeitigte, fuhren sie nicht nur wie während der ersten Phase fort, unverarbeitete agrarische und mineralische Rohstoffe zu exportieren; sie gingen dazu über, verarbeitete Konsumgüter und später auch Produktionsgüter auf den Weltmarkt zu werfen.
Einige Untertypen dieses Typus III lassen sich unterscheiden:
a) In manchen Fällen bestand der Export zu einem erheblichen Maße aus Stapelgütern (wie im Falle Australiens, Kanadas, Finnlands und Norwegens).
b) In anderen Fällen setzte die Verarbeitung agrarischer Rohstoffe sehr früh ein, und der Exportwarenkorb enthielt deshalb frühzeitig verarbeitete landwirtschaftliche Güter. Der prominenteste Fall dieses Untertypus ist sicherlich Dänemark; auch die Niederlande und Neuseeland wären hier anzuführen.
c) In wenigen Fällen läßt sich sehr frühzeitig (in Ergänzung zum weiteren Export von mineralischen Rohstoffen) der Export von verarbeiteten Industriegütern beobachten. Dies gilt z.B. für Schweden hinsichtlich seines Exports von schwerindustriellen Gütern.
d) Es gibt auch einige Fälle, in denen internationale Dienstleistungen (wie Schiffahrt, Transithandel etc.) als ein erster Schritt zu einer umfassenden Dynamisierung der internen Ökonomie wichtig waren: so z.B. der Transithandel in den Niederlanden zwischen den Küstenstädten und dem Rheinland; der Transithandel Kanadas aus dem amerika-

nischen Westen über den St. Lorenz-Strom; die international operierende Schiffsflotte der Norweger; Schiffahrt und -bau in Dänemark.
In allen Fällen des Typus III kamen zunächst erhebliche Wachstumsschübe infolge exportorientierter Tätigkeiten zustande; eine dissoziative Wirtschaftspolitik diente dem Schutz der eigenen Industrialisierung und wurde als instrumental notwendig und zeitlich begrenzt betrachtet. Die meisten dieser Fälle sind langfristig (d.h. auch in der Regel nach der Rekonstruktionsphase im Anschluß an den Zweiten Weltkrieg) zu einer umfassenden assoziativen Position übergegangen.

Typus IV

Wie die Fälle des Typus I lassen sich auch die Fälle des Typus IV durch den Primat innerer Entwicklungsdynamik charakterisieren. Aber im Unterschied zu den Fällen des Typus I ist hier die Entwicklungsdynamik nicht so sehr in den privatwirtschaftlichen Investitionen und der Ausweitung des Privatkonsums begründet, sondern vielmehr in staatlichen Aktivitäten (meistens in Investitionen in die Schwerindustrie und den Maschinenbau) und im Staatskonsum (meistens hinsichtlich Rüstungsgüter und der Schaffung von Infrastruktur). Natürlich gibt es Export- und Importtätigkeiten, doch sind sie von eher untergeordneter Bedeutung.
Lange Zeit spielt der Privatkonsum keine vitale Rolle bei der Herausbildung der inneren Dynamik in einem solchen Entwicklungsweg, weshalb der traditionelle Sektor lange Zeit ein großes Gewicht behält und die Gesellschafts- und Wirtschaftsstrukturen dualistischer Natur sind. Den prominentesten Fall stellt ohne Zweifel Japan nach der Meiji-Restauration dar, aber auch das zaristische Rußland nach 1880 versuchte erfolglos einen solchen Weg. In gewisser Hinsicht wären diesem Typus auch Italien nach 1890 und Ungarn (innerhalb der Österreichisch-Ungarischen Monarchie) nach 1880 zuzurechnen, obgleich in beiden letzteren Fällen die Exporttätigkeiten ganz bedeutsam waren, und die Produktion für den Privatkonsum vor allem in Italien für den inneren Wachstumsprozeß sehr frühzeitig relevant wurde.

Typus V

Es hat wenige Fälle einer eindeutig dissoziativen Entwicklung gegeben; bei allen von ihnen handelt es sich um sozialistische Entwicklung (5). Wenigstens bis heute wird in diesen Fällen Dissoziation nicht als ein kurzes und zeitweiliges Instrument zur Förderung innerer Entwicklung begriffen, sondern vielmehr als ein relativ anhaltendes Merkmal des Entwicklungsprozesses. Das bedeutet selbstverständlich nicht, daß es in diesen Fällen keine ökonomische Beziehung sowohl mit der sozialistischen als auch mit der kapitalistischen Umwelt gegeben hat.

Aber diese Beziehungen waren äußerst selektiv und wurden vor allem als Instrument zur Förderung weiterer innerer Entwicklung begriffen. Im Unterschied zur historischen Erfahrung in den Fällen vom Typus II und III ist die innere Entwicklungsdynamik nicht in den Weltmarkt eingebunden, das heißt sie findet statt außerhalb weltmarktorientierter Investitionskalküle und der diesen zugrundeliegenden Rentabilitätsbemessungen. Eine stärkere Öffnung reifer dissoziativer Fälle gegenüber der kapitalistischen Weltwirtschaft muß nicht zu einer Restrukturierung der inneren Ökonomie gemäß weltweit bezogener komparativer Kosten- und Vorteilskalküle führen. Je nach Größe der individuellen Nationalökonomie werden die Anpassungszwänge unterschiedlich groß sein und in der Regel zu einer Effizienzsteigerung beitragen. Diesem Typus sind Länder wie China, Nord-Korea und Albanien zuzurechnen, aber auch Fälle aus Osteuropa und Südosteuropa (wie Polen, Ungarn, Bulgarien, Rumänien und Jugoslawien). Die Sowjetunion und die Mongolei gehören zu den frühesten Fällen dissoziativer Entwicklung (6).

EINIGE ÜBERLEGUNGEN ZUR TYPOLOGIE

Noch einmal muß betont werden, daß die einzelnen Länder innerhalb dieser fünffachen Typologie hinsichtlich ihrer Entwicklungserfahrung während kritischer früher Entwicklungsphasen lokalisiert worden sind. In manchen dieser Fälle waren diese kritischen Phasen relativ kurz, während es in anderen lange Zeit benötigte, ehe die betreffende Nationalwirtschaft ein einigermaßen sich selbst tragendes Wachstum und eine ausreichend breit gefächerte Entwicklung erreichte. Für den Beobachter der gegenwärtigen Entwicklungsdebatte ist es vielleicht bemerkenswerter, daß es vielfältige Entwicklungswege gegeben hat. In den meisten wissenschaftlichen Abhandlungen und öffentlichen Äußerungen zur Entwicklungsdebatte wird zur Zeit unterstellt, die heutigen OECD-Gesellschaften hätten sich dadurch entwickelt, daß sie sich umfassend in eine "freie Weltwirtschaft" eingegliedert haben. Freihandel wird als der Schlüssel für erfolgreiche Entwicklung ausgegeben. Im historischen Rückblick ist Freihandel jedoch nur ein Weg unter anderen zur Entwicklung gewesen, und nicht einmal der am häufigsten beschrittene. Vielmehr kann festgestellt werden, daß Freihandel in der Regel typischerweise in spezifischen Stadien von den Repräsentanten solcher Gesellschaften propagiert wurde, deren Ökonomien insgesamt oder sektoral wettbewerbsfähig waren. In der französischen Debatte wurden sie deshalb korrekt als "économies dominantes" bezeichnet. Eine solche "vorherrschende Ökonomie" war seit dem Beginn der industriellen Revolution Großbritannien. Andere Länder folgten diesem Beispiel und wurden ebenfalls freihändlerisch – jedoch in der Regel erst, nachdem sie einen relativ hohen Grad an ökonomischer Reife, innerer Kohärenz und Lebensfähigkeit erreicht

TYPEN AUTOZENTRIERTER ENTWICKLUNG

REPRÄSENTATIVE THEORIEN (1)	TYPEN	AUTOZENTRIERTE ENTWICKLUNG (2)	GRENZFÄLLE	PERIPHERE ENTWICKLUNG
Schumpeter	Typus I: Primat innerer Entwicklungsdynamik: Marktökonomie	Belgien 1820–1860 Frankreich (19. Jahrhundert) Österreich (19. Jahrhundert) Deutschland (19.Jahrhundert) (USA) ab 1860		
Ricardo	Typus II: assoziativ	Schweiz (19. Jh./20. Jh.) Niederlande Israel (1978 –) Belgien (1860 –)	Taiwan (1962 –) Hongkong Singapur	Portugal (1703 –) Franco-Spanien (1959 –) Latein-Amerika (19. Jh. – 1930) Afrika (1880 – 1965) Asien (1880 – 1965)
Ricardo Hamilton List CEPAL	Typus III: assoziativ/ dissoziativ	Finnland Schweden Norwegen ab Dänemark 1860/80 – Kanada Australien Neuseeland USA vor 1860		Portugal (1880 –) Spanien (1880 – 1937) Latein-Amerika (1930 –) Afrika (1965 –) Asien (1965 –)

REPRÄSENTATIVE THEORIEN (1)	TYPEN	AUTOZENTRIERTE ENTWICKLUNG (2)	GRENZFÄLLE	PERIPHERE ENTWICKLUNG
List Witte Mahalanobis	Typus IV: Primat innerer Dynamik: staats- kapitalistisch	Japan (1868 –) Rußland (1880 –) Italien (1890 –) Ungarn (1880 –)		Indien (1947 –)
List Kitamura Manoilesco Kim Il-sung Mao Tse-tung	Typus V: dissoziativ dissoziativ/ assoziativ	Sowjetunion (1917 –) Mongolei (1924 –) Jugoslawien (1945 –) Polen (1945 –) Ungarn (1945 –) Rumänien (1945 –) Bulgarien (1945 –) Albanien (1945 –) Nordkorea (1945 –) China (1949 –) Israel (1950 – 1965) Kuba (1964 –)	Algerien (1965 –)	Franco-Spanien (1938 – 1959) Burma (1962 –)

1) Vgl. dazu die Literaturhinweise am Ende dieses Beitrags

2) Zu den genauen Zeitangaben siehe die Darstellungen in Anhang II

hatten. Aber ehe sie diese Höhe der Entwicklung erlangt hatten, verfuhren sie in der Außenwirtschaftspolitik gemäß ihrem egoistischen Wirtschaftsinteresse, das entweder Protektionismus, teilweise Freihandel und Protektionismus oder gar völlige Dissoziation nahelegte (7).
Daß die Integration in ein weltweites Freihandelssystem nur ein Weg unter anderem ist, um Entwicklungsziele zu erreichen (und nicht einmal der repräsentativste), wurde immer schon von Repräsentanten solcher Länder zum Ausdruck gebracht, welche trotz einer hierarchischen Weltwirtschaft und damit der Existenz von produktivitätsstarken "économies dominantes" noch einmal eine umfassende und erfolgreiche nachholende Entwicklung unternehmen wollten. Der prominenteste Repräsentant in der Theorie und der praktischen Entwicklungsplanung war in der ersten Hälfte des 19. Jahrhunderts der deutsche Nationalökonom Friedrich List. In seiner Theorie der "Produktion produktiver Kräfte" begründete er eine dissoziative Entwicklungsstrategie, wobei auch er Dissoziation als ein zeitweilig notwendiges Mittel für den Aufbau kohärenter interner Agro-Industriestrukturen begriffen hat. Dissoziation wurde als eine Entwicklungsstrategie in einer Übergangszeit verstanden, weil ohne eine solche Phase innerer Differenzierung und Konsolidierung angesichts eines wachsenden Kompetenzdrucks von seiten "vorherrschender Ökonomien" aus Ländern, die sich potentiell autozentriert entwickeln könnten, Peripherien würden - so wie es klassischerweise Portugal gegenüber England im Anschluß an den Methuen-Vertrag von 1703 ergangen ist.
Es gibt aber heute in der Welt nicht nur ein Portugal, sondern mehr als hundert. Und der entwicklungstheoretische Scharfsinn eines Friedrich List läßt sich nicht nur auf das Europa des 19. Jahrhunderts beziehen, sondern auch auf die heutige Entwicklungsproblematik, die er selbstverständlich noch nicht detailliert voraussah (Senghaas: 1978).
Nur wenige Entwicklungstheorien und Entwicklungsplaner haben sich so entschieden den entwicklungspolitisch skrupellosen Plädoyers für Freihandel entgegengestellt. Zu ihnen gehört der rumänische Wissenschaftler und Politiker Manoilesco und der Nordkoreaner Kim Il-sung. Der erste wurde in den dreißiger Jahren bekannt, weil er ein fundamentales Buch über Außenhandel und Protektion publizierte und in der praktischen rumänischen Politik seine Ideen zu verwirklichen suchte; die Schriften Kim Il-sungs sind bis heute den meisten zeitgenössischen Entwicklungstheoretikern und -planern unbekannt geblieben, obgleich sie angesichts ihrer pragmatischen Differenziertheit für die gegenwärtige entwicklungspolitische Diskussion von erheblicher Bedeutung sind (Senghaas/Menzel: 1979, 280ff.; Menzel: 1980).
Manoilesco argumentierte aus der Sicht einer Peripherie-Ökonomie, nämlich Rumäniens, welches den westeuropäischen "économies dominantes" zugeordnet war. Während Freihandelstheoretiker jegliche Protektion als ineffizient und verschwenderisch unterstellten (und damit als eine unnötige Belastung von Nationalwirtschaften) und während Friedrich List eine solche Bürde als notwendige Lernkosten für Öko-

nomien betrachtete, um sie intern zu konsolidieren und autozentrisch zu machen, konnte Manoilesco nachweisen, daß für einen Fall wie Rumänien der Aufbau von Industrien selbst unter Bedingungen einer anhaltenden Nicht-Wettbewerbsfähigkeit zum Nutzen dieses Landes ist, da auch eine solche Industrialisierung die durchschnittliche Produktivität der gesamten Ökonomie anheben würde. Dies hielt er insbesondere dann für gegeben, wenn die Ökonomie noch weitgehend agrarisch strukturiert ist, die durchschnittliche Produktivität der Landwirtschaft niedrig ist und die Mehrzahl der Menschen noch in der Landwirtschaft lebt. Dies sind ganz offensichtlich repräsentative Bedingungen für die meisten Länder der Dritten Welt heute.

DIE TYPEN AUTOZENTRIERTER ENTWICKLUNG IN HISTORISCHER PERSPEKTIVE

Im folgenden soll die Frage beantwortet werden, ob es eine spezifische zeitliche Abfolge hinsichtlich der oben dargestellten fünf Typen autozentrierter Entwicklungswege gegeben hat. Wenn man Großbritannien als den frühesten "Vorreiter" innerhalb des OECD-Bereichs nimmt, so zeigt sich hinsichtlich aller "Nachzügler" eine klare Folge von Entwicklungstypen.
Die Repräsentanten des Typs I sind entweder kleine Länder wie Belgien, das neben England sehr früh zu einem weiteren "Vorreiter" wurde, oder größere Flächenstaaten wie Frankreich und Österreich, welche durch einen relativ lang hingezogenen Entwicklungsprozeß ohne besondere "Durchbruchsphase" gekennzeichnet sind.
Die Schweiz als der typische Repräsentant des Typus II gehört zu den Frühentwicklern, deren Entwicklung durch eine tiefe Weltmarktintegration und eine sehr frühzeitige Spezialisierung innerhalb der internationalen Arbeitsteilung ermöglicht wurde.
Die Entwicklung der repräsentativen Fälle des Typus III kann in einer ersten Aufschwungphase nur in Ergänzung zu der schon stattfindenden hochdynamischen Entwicklung Großbritanniens begriffen werden (8); sie ist also komplementär. Während vieler Jahrzehnte war der Export dieser Länder nach Großbritannien gerichtet (später auch nach Kontinentaleuropa und den USA), und in diesem Sinne waren die Länder des Typus III Außenposten einer florierenden englischen Ökonomie, die einen wachsenden Bedarf an agrarischen und mineralischen Rohstoffen verzeichnete. Die Import-Ersatzindustrialisierung setzte in den siebziger, achtziger und neunziger Jahren des vergangenen Jahrhunderts ein, und in der Mehrzahl der Fälle war sie innerhalb von zwei bis drei Jahrzehnten erfolgreich. Der Erfolg war in der Tatsache begründet, daß die Import-Ersatzindustrialisierung zu einer breiten Dynamisierung des Binnenmarktes führte. Diese wiederum ist auf den nichtoligarchischen Charakter der Agrarstruktur und eine relativ egali-

täre Einkommensverteilung zurückzuführen (9). Hier liegt eine ganz andere Ausgangssituation vor als im Falle der Import-Ersatzindustrialisierung in der Dritten Welt, die angesichts der überkommenen oligarchischen Strukturen und krasser innerer Ungleichheit sehr frühzeitig in eine Sackgasse hineinführte.
Aus einer vergleichend-historischen Perspektive ist es interessant zu beobachten, daß zum Zeitpunkt, da die Repräsentanten des Typus III ihre Import-Ersatzindustrialisierung begannen (in Ergänzung zu einer anhaltenden Exportorientierung), eine forcierte Wachstumsdynamik der Repräsentanten des Typus IV einsetzte: Japans und Rußlands, aber auch Italiens (und zu einem gewissen Ausmaße auch Ungarns). Insbesondere in den beiden erstgenannten Fällen wurde ein starker Staat zur entscheidenden Modernisierungsagentur, gewissermaßen als Ersatz für fehlende entwicklungsfördernde lokale Bedingungen und soziale Kräfte, wie sie in den Fällen des Typus I relativ breit existierten. In den Fällen des Typus IV könnte man auch argumentieren, daß deren Entwicklung zu einem hohen Maße politisch begründet war. Japan wollte modernisieren, um dem Schicksal eines immer stärker imperialistisch durchdrungenen China zu entgehen. Im zaristischen Rußland bestand sicherlich ein Bezug zwischen der traumatischen Erfahrung des Krim-Krieges und den nachfolgenden, sehr wechselhaften Anstrengungen hinsichtlich einer beschleunigten und forcierten Modernisierung des Landes.
Während solche politischen Faktoren keine vergleichbar hervorragende Rolle in den Fällen der Typen I, II und III spielten, waren politische Faktoren viel bedeutsamer in den Fällen des Typus V, wo eine umfassende Dissoziation vorliegt. Die Fälle des Typus V sind die letzten in der historischen Abfolge, und keiner von ihnen ist in kapitalistischer Entwicklung begründet. Die erste Abkoppelung erfolgte 1917 in der Sowjetunion - und alle anderen Fälle resultierten aus den politischen, militärischen und ökonomischen Zerrüttungen des Zweiten Weltkrieges. Nur Kuba stellt in dieser Hinsicht eine Ausnahme dar (Fabian: 1981).
Wenn man die Abfolge all dieser typischen unterschiedlichen Entwicklungswege vom frühen 19. Jahrhundert bis heute betrachtet, so drängt sich die Beobachtung auf, daß autozentrierte Entwicklung immer schwieriger und immer mehr eine politische Angelegenheit wurde, je mehr man von der Vergangenheit in die Gegenwart voranschreitet. Und dokumentiert nicht die gegenwärtige Debatte über eine "Neue Weltwirtschaftsordnung" ebenfalls die wachsende Politisierung der Entwicklungsfrage?
Noch vor 150 Jahren schien es möglich, sich an der Seite Großbritanniens relativ unabhängig zu entwickeln (wie im Falle Belgiens) - oder, wie im Falle der Schweiz, in unmittelbarem Wettbewerb mit Großbritannien. Und noch vor 100 Jahren war es Ländern möglich, sich zu entwickeln, indem sie zunächst hinsichtlich der fortgeschritteneren englischen Ökonomie die Rolle einer Art von Exklave einnahmen, um

später vermittels einer Import-Ersatzindustrialisierung ihre eigene innere Struktur aufzufächern und zu ergänzen. Typischerweise handelt es sich hierbei um relativ bevölkerungsschwache Länder, während zur selben Zeit größere Flächenstaaten schon die Option einer staatskapitalistischen Entwicklung verfolgten.
In den vergangenen 60 Jahren erreichte kein einziges Land mehr eine umfassende Kohärenz, Reife und Lebensfähigkeit ohne Dissoziation von den Wirkungsmechanismen des Weltmarktes.
Man sollte eine solche Perspektive, in der die oben dargelegten typischen Entwicklungswege in zeitlicher Abfolge erscheinen, nicht leichtfertig in die Zukunft projizieren. Man sollte auch nicht unterstellen, daß es in den kommenden Jahrzehnten keine unterschiedlichen Entwicklungswege mehr gäbe. Obgleich bezweifelt werden kann, ob unter heutigen Weltmarktbedingungen noch ein ausreichender Spielraum für neue Repräsentanten des Typus I besteht, könnte es in Ausnahmefällen durchaus noch neue Repräsentanten des Typus II geben. Taiwan scheint sich, bis zu einem gewissen Maße, zu einem solchen Fall zu entwickeln. A priori sollte auch nicht unterstellt werden, daß Fälle vom Typus III nicht noch einmal möglich seien. Aber der Schlüssel für den Erfolg des Entwicklungsweges vom Typus III bestand zu allererst nicht in der Ausbeutung internationaler Wirtschaftsbeziehungen zum eigenen Vorteil, sondern in der Nutzung eines über den Außenhandel erwirtschafteten Einkommens für eine breit angelegte innere Entwicklung. Ohne eine angemessene innere Struktur (wie eine wachsende produktive Landwirtschaft, relative Gleichheit und eine weite Streuung der internationalen Einkommen, die lobbyistische Organisation der wichtigsten Interessengruppierungen) hätten auch in diesen historischen Fällen angestrengte Exportaktivitäten und die darauf aufbauende Import-Ersatzindustrialisierung zwar zu Wachstum geführt, aber nicht zu einer breit gefächerten sozialen Entwicklung - wir hätten in diesen Fällen, wie in der Dritten Welt, Entwicklungsfehlschläge feststellen müssen (Menzel: 1982; Senghaas: 1982).
Ob eine Entwicklung vom staatskapitalistischen Typus IV wahrscheinlich ist, ist eine offene Frage. Die gegenwärtige Erfahrung zeigt, daß ein starker Staat allein noch keine Garantie für eine umfassende Entwicklung ist. In Fällen wie Japan war der Staat stark, aber zur gleichen Zeit war für die allgemeine Entwicklung eine wachsende Produktivität der Landwirtschaft und eine wachsende Vermaschung zwischen Landwirtschaft und lokaler Industrie entscheidend. Was man hinsichtlich der Fälle wie Japan oft vergißt, ist die relative Einkommensgleichheit und die Existenz relativ homogener Konsummuster. Jahrzehntelang gab es in Japan keine Produktion für Luxuskonsum, vielmehr war parallel zum Aufbau eines immer größer werdenden Produktionskapitals eine mühsame und schrittweise Befriedigung von Grundbedürfnissen zu beobachten (10).
Wenn man sich den Entwicklungsweg der einzelnen Länder ansieht, so bewegen sich die meisten von ihnen (mit Ausnahme der Repräsentan-

ten des Typus V) langfristig auf ein assoziatives Entwicklungsprofil hin, das heißt auf die Integration in den Weltmarkt unter Zugrundelegung der Ausnutzung komparativer Vorteile. Die Unterscheidung einer kurzfristigen von einer langfristigen Entwicklungsdynamik ist deshalb in der historischen Analyse wie in der aktuellen Entwicklungsdebatte äußerst wichtig. In kurzfristiger Perspektive gibt es erhebliche Unterschiede, und solche Unterschiede sind, historisch gesprochen, wichtig für den allmählichen Aufbau autozentrierter Entwicklungsprofile. Langfristig gesehen gibt es jedoch eine weit geringere Vielfalt; die meisten Länder verhalten sich schließlich und endlich so, wie es die vorherrschende Außenhandelstheorie gerne sieht - allerdings mit der wichtigen Ausnahme, daß gerade auch in den fortgeschrittenen reifen Ökonomien jene Sektoren, die unterdurchschnittlich produktiv sind, geschützt werden, sofern sie nicht ausgelagert werden. Hier handelt es sich allerdings um einen Schutz, der nicht mit jenen Maßnahmen verwechselt werden darf, die zu Beginn von Entwicklungsprozessen oft darüber entschieden haben, ob ein Land sich letztlich autozentriert entwickeln kann oder zur Peripherie absinkt. Beim heutigen Protektionismus in den OECD-Gesellschaften, zum Beispiel im Falle der Textilienindustrie, dient Schutz nicht dem Aufbau von neuen Produktionspotentialen, er verhindert vielmehr die allmähliche Beseitigung überalterter Strukturen.

Lange Zeit hat man fast ausnahmslos gegenüber der Dritten Welt mit ökonomischen Theorien operiert, deren wesentliche Aussagen aus der Beschäftigung mit hochindustrialisierten Gesellschaften gewonnen wurden. Dieses Vorgehen ist in den vergangenen Jahren immer wieder kritisiert worden, weil in ihm die in einem bestimmten Kontext gewonnenen Erkenntnisse unreflektiert auf einen nicht vergleichbaren Zusammenhang übertragen wurden. Die der heute gängigen ökonomischen Theorie zugrundeliegenden Annahmen über Entwicklungsprozesse ließen sich auch angesichts der frühen historischen Entwicklungserfahrung der gegenwärtigen OECD-Gesellschaften kritisieren. Gängige Verallgemeinerungen (wie die über die heilsamen Wirkungen von Freihandel im Unterschied zu den abträglichen Folgen von Protektionismus) treffen nur einen kleinen, in der Tat unrepräsentativen Ausschnitt aus einer breiten, höchst unterschiedlichen historischen Erfahrung. Wenn beispielsweise die Länder des Typus I, III, IV und V sich gemäß den heute allenthalben der Dritten Welt empfohlenen Entwicklungsrezepten verhalten hätten, hätten sie sich wahrscheinlich niemals zu reifen, kohärenten und lebensfähigen Ökonomien heranbilden können. Sie hätten sich aller Wahrscheinlichkeit nach zu Peripherie-Ökonomien entwickelt, und würden alle Symptome aufweisen, die die Dritte Welt heute kennzeichnen; sie hätten sich eventuell wie die dissoziativen Fälle des Typs V entwickeln müssen - andernfalls wären sie "Dritte Welt" geblieben.

ASSOZIATIVE UND DISSOZIATIVE STRATEGIEN ALS ENTWICKLUNGSINSTRUMENTE

Die vorangehenden Überlegungen sollten nicht in der Weise mißverstanden werden, als ob assoziative und/oder dissoziative Strategien als Allheilmittel für eine erfolgreiche Entwicklung betrachtet würden. Assoziative/dissoziative Entwicklungsstrategien sind Instrumente, um sozio-ökonomische Ziele zu verfolgen. Wenn man diese Instrumente einsetzt, gibt es immer noch keine Garantie für eine erfolgreiche Entwicklung.

Eine solche Beobachtung kann deutlich belegt werden, indem historische und gegenwärtige Fälle untersucht werden, bei denen assoziative/dissoziative Entwicklungsstrategien benutzt wurden und keine autozentrierte Entwicklung sich einstellte, sondern die eine oder andere Art von Peripherisierung.

Viele der Länder der Dritten Welt waren in ein weltweites Freihandelssystem eingegliedert; in ihm haben sie Rohstoffe exportiert und Fertiggüter importiert, und in einer späteren Phase durchliefen sie eine Import-Ersatzindustrialisierung, die sich, oberflächlich betrachtet, ähnlich darstellt wie diejenige in den Ländern vom Typus III. Aber wie schon die Unterschiede in der historischen Erfahrung von Schweden-Spanien, Australien-Rumänien, Dänemark-Portugal usf. beweisen, hängt eine erfolgreiche Entwicklung von dem inneren Zustand von Gesellschaften ab (Agrarstruktur, Agro-Industrievermaschungen, Einkommensverteilung etc.) - dieser Zustand ist dafür entscheidend, ob spezifische assoziative/dissoziative Strategien erfolgreich sein können. Wenn es beispielsweise einen ausgeprägten Latifundium-Minifundium-Komplex gibt und die Erträge aus dem Außenhandel monopolisiert werden, und wenn die Einkommensverteilung krass ungleich ist (wie beispielsweise in einer Plantagenökonomie), wird es ungeachtet des Einsatzes von assoziativen/dissoziativen Strategien keine breit gefächerte Entwicklung geben, obgleich ein und dieselben Strategien an anderer Stelle (z.B. in Schweden im Unterschied zu Spanien) angesichts entwicklungsfördernder innerer Bedingungen ausgesprochen erfolgreich sind.

Man muß also betonen, daß Dissoziation als solche keine ausreichende Grundlage für Entwicklung ist. Wenn dies der Fall wäre, wäre heute Burma nicht mehr eine Peripherie-Ökonomie, sondern befände sich auf dem Wege zu autozentrierter Entwicklung. Dies ist ganz offensichtlich nicht der Fall. Es war auch nicht der Fall im frankistischen Spanien vor 1959, wo immerhin eine politisch motivierte Autarkie (kombiniert mit Embargos von außen) zu einem durchaus bemerkenswerten Aufbau und einer gewissen Diversifizierung der Industrie geführt hat, aber keineswegs zu einer intra- und interindustriellen Kohärenz, noch weniger zu einer Kohärenz zwischen Landwirtschaft und Industrie und schon gar nicht zu einer Überwindung der überkommenen oligarchisch-autokratischen Strukturen. Aber auch nach der Auf-

gabe der Autarkie führte die Wiederöffnung zum Weltmarkt nach 1959 keineswegs zu einer wirklich kohärenten inneren Entwicklungsdynamik; andernfalls würde der Eintritt Spaniens in die Europäische Gemeinschaft keine Probleme mit sich bringen.
Andere Fälle könnten noch angeführt werden. Sie beweisen, daß Erfolg oder Mißerfolg von Entwicklungsprozessen nachdrücklich von dem inneren sozio-politischen Zustand einer Gesellschaft und Ökonomie abhängt, und wenn dieser entwicklungshemmend ist, dann wäre nicht einmal die beste aller möglichen internationalen Umwelten gut genug, um solche inneren Widerstände und Mängel überwinden zu helfen.

RESUMEE

Geschichte und gegenwärtige Erfahrung zeigen, daß es markant unterschiedliche Wege bei der Herausbildung autozentrierter Entwicklungsprofile gibt. Außerdem wird deutlich, daß bei der Formulierung von entwicklungspolitischen Konzepten keineswegs immer die ganze Breite dieser Erfahrung berücksichtigt wurde; und es wird auch deutlich, daß die historische Erfahrung in den meisten Fällen den gegenwärtig vorherrschenden Entwicklungsrezepten widerspricht.
Für die Mitglieder der heute hochentwickelten OECD-Länder mag es ganz nützlich sein, auf ihre eigene Geschichte zurückzublicken und zur Kenntnis zu nehmen, welches die Grundlagen ihres Weges zu autozentrierter Entwicklung und zur Verhinderung einer Peripherisierung waren. Für die Mitglieder von Entwicklungsländern mag es ganz nützlich sein, einmal die Erfahrung der heute hochentwickelten Gesellschaften nicht nur schemenhaft, sondern im Detail zur Kenntnis zu nehmen, denn viele dieser Länder mußten sich unter keineswegs optimalen äußeren Bedingungen entwickeln. Die Austauschrelationen (terms of trade) fluktuierten für sie genauso wie für die Dritte Welt. Auch viele der heute hochentwickelten Gesellschaften waren in ihrer Frühphase vom Auslandskapital durchdrungen und mußten eine hochkomplexe auswärtige Technologie verdauen, so wie das heute die Dritte Welt tun muß. Die meisten von ihnen allerdings mußten niemals die Erfahrung des Kolonialismus machen, obgleich es Ausnahmen gibt (Finnland, Norwegen, Australien, Neuseeland, USA), und deshalb wurden ihnen nicht jene sozio-politischen und sozio-ökonomischen Deformationen aufgeprägt, die typischerweise aus kolonialistischer Durchdringung resultieren. Aber die Phase der Entkolonialisierung liegt schon geraume Zeit zurück, und obgleich die internationale Umwelt für Entwicklungsländer nicht besonders rosig aussieht, könnte der innere Zustand für eine potentiell autozentrierte Entwicklung als Ergebnis lokaler Anstrengungen weit günstiger sein. Ohne solche Anstrengungen wird Entwicklung in den meisten Ländern fehlschlagen. Nur

wenige "glückliche" Fälle wie Kuwait werden auf längere Zeit von opulenten Renteneinkommen leben können, ohne sich allerdings deshalb schon entwickeln zu müssen. Gerade jene europäischen Länder, deren Reproduktion auf den Schätzen anderer aufbaute (Portugal, Spanien), entwickelten sich nur bruchstückhaft und wurden Peripherien bzw. Semiperipherien.

ANHANG I
- ÜBERSICHT ÜBER DIE LITERATURLAGE

Im nachfolgenden Anhang I wird das Ergebnis der Sichtung fallspezifischer Literatur zusammengefaßt. Im einzelnen werden Angaben zu folgenden Dimensionen gemacht:

- Verfügbarkeit von allgemeiner Literatur zur Wirtschaftsgeschichte einzelner Fallbeispiele (Literaturlage);
- Verfügbarkeit von Statistiken (Datenlage);
- Verfügbarkeit von Literatur zum Verhältnis von Staat und Wirtschaft und zu außenwirtschaftlichen Aspekten des Entwicklungsverlaufes;
- nachgeforscht wurde insbesondere, ob es eine explizite fallspezifische entwicklungstheoretische Literatur gibt (beispielsweise Beiträge aus dem Umkreis der Modernisierungstheorien, der Wachstumstheorien usw.).

ÜBERSICHT ÜBER DEN STAND DER WIRTSCHAFTSHISTORISCHEN UND ENTWICKLUNGSTHEORETISCHEN LITERATUR ZU DEN 17 METROPOLITANEN FÄLLEN
(in den kritischen Frühphasen)

LAND	ALLGEMEINE LITERATUR ZUR WIRTSCHAFTSGESCHICHTE STATISTISCHES MATERIAL	LITERATUR ZUM VERHÄLTNIS VON STAAT UND WIRTSCHAFT	LITERATUR ZU AUSSENWIRTSCHAFTLICHEN ASPEKTEN	ENTWICKLUNGSTHEORETISCHE LITERATUR (WACHSTUMSTHEORIE U.A.)
Australien	reichhaltig über den gesamten Zeitraum Datenlage gut	wenig Spezialliteratur	befriedigend, insbesonders der englische Einfluß gut dokumentiert	Ansätze, die Stapeltheorie auf Australien anzuwenden (s. Kanada), wenige komparative Aufsätze zu Argentinien
Belgien	wenige Monographien Datenlage befriedigend für das 19. Jh.	wenig Spezialliteratur	sehr wenig Spezialliteratur	keine speziell auf den Fall bezogene Aufsätze; komparative Literatur zu den Niederlanden
Dänemark	reichhaltige Literatur zu Agrarentwicklung, Genossenschaftswesen, Volkshochschulen; weniger zur Industrialisierung Datenlage gut, besonders bei der Agrarstatistik; allgemein ab 1870	hauptsächlich zur Agrarpolitik	außenwirtschaftliche Einflüsse auf die Landwirtschaft, insbesondere durch England und Deutschland, gut dokumentiert	kaum; komparative Literatur zu anderen skandinavischen Ländern
Finnland	kaum ausreichende monographische Literatur, wenig Spezialuntersuchungen Datenlage allenfalls ausreichend	kaum	Literatur zur weltwirtschaftlichen Verflechtung	kaum

LAND	ALLGEMEINE LITERATUR ZUR WIRTSCHAFTSGESCHICHTE STATISTISCHES MATERIAL	LITERATUR ZUM VERHÄLTNIS VON STAAT UND WIRTSCHAFT	LITERATUR ZU AUSSENWIRTSCHAFTLICHEN ASPEKTEN	ENTWICKLUNGSTHEORETISCHE LITERATUR (WACHSTUMSTHEORIE U.A.)
Frankreich	sehr reichhaltig und kontrovers, starker Einfluß der quantitativen Wirtschaftsgeschichte Datenlage neuerdings gut bis sehr gut	hauptsächlich zu den politischen und sozialstrukturellen Hintergründen der franz. Wirtschaftsentwicklung; Lit. zum franz. Merkantilismus; Saint-Simonismus	insbesondere zur Handels- und Zollpolitik und Einfluß auf andere Länder (Kapitalexport)	insbesondere zur sogenannten "Stagnation" bzw. zu "verzögertem Wachstum": "Frankreich-Paradoxon"; komparative Literatur zu England
Italien	reichhaltig Datenlage ab ca. 1860/80 gut	einige Literatur, Rolle der Banken	zum Protektionismus, Emigration	Literatur zum Nord-Südgefälle, zu Stagnation und "Niedergang"
Japan	sehr reichhaltig in jeder Hinsicht Datenlage gut bis sehr gut	zentrales Thema der Literatur	alle wichtigen Aspekte; selektive Adaption, Abschließung und eigene Expansion gut dokumentiert	viel Literatur zum japanischen "Modell"; einige komparative Literatur zu China, Rußland
Kanada	sehr reichhaltig über den ganzen Zeitraum, besonders über Rohstoffgewinnung und Transportwesen Datenlage gut	wenig Spezialliteratur	zentrales Thema der Literatur, insbesondere über Exportorientierung, aber auch zu Direktinvestitionen, zur Einwanderung u. zum Verhältnis zu den USA u. zu England	explizite eigene Theorie: Stapeltheorie am kanadischen Fall entwickelt, bezieht sich nicht nur auf die wirtschaftliche, sondern auf die Gesamtentwicklung

LAND	ALLGEMEINE LITERATUR ZUR WIRTSCHAFTSGESCHICHTE STATISTISCHES MATERIAL	LITERATUR ZUM VERHÄLTNIS VON STAAT UND WIRTSCHAFT	LITERATUR ZU AUSSENWIRTSCHAFTLICHEN ASPEKTEN	ENTWICKLUNGSTHEORETISCHE LITERATUR (WACHSTUMSTHEORIE U.A.)
Neuseeland	wenig, aber noch ausreichend; mehr allg. histor. Darstellungen Datenlage leidlich ausreichend	wenig Spezialliteratur, eher über politische und soziostrukturelle Hintergründe ("frühe Sozialstaatsorientierung")	weniger Literatur als bei Australien und Kanada	kaum
Niederlande	kaum allg. Monographien, schlechter als im Falle von Belgien Datenlage schlecht, erst ab ca. 1850 gut	kaum, da nur geringe Bedeutung	hauptsächlich zum Handel, speziell über Beziehungen zu Preussen/Deutschland; holländische Auslandsinvestitionen	komparative Literatur zu Belgien im 19. Jahrhundert, zu England im 17./18. Jh.; zentrales Thema: Stagnation und Niedergang von 1650-1850
Norwegen	befriedigend Datenlage befriedigend	wenig Spezialliteratur, eher politische und sozialstrukturelle Hintergründe	wichtige Themen: Außenorientierung, Emigration, Schiffahrt, Exportproduktion	Literatur zur Überwindung des "Dualismus"; etwas komparative Literatur zu den skandinavischen Ländern
Österreich/ Ungarn	reichhaltig zu allen Landesteilen Datenlage gut	Josephinismus, Merkantilismus, Kameralismus; retardierende oder fördernde Rolle des Staates	Protektionismus Verhältnis zu Preußen/ Deutschland einerseits Balkan andererseits	wenig; komparative Literatur zu Deutschland
Preußen/ Deutschland	sehr reichhaltig zu allen Bereichen Datenlage gut bis sehr gut	Zollverein, Rolle des preuß. Staates, Agrarreform, Rolle der Banken	Protektionismus versus Freihandel, Außenhandel, Technologie- und Kapitalimport	wenig; komparative Literatur zu England und Frankreich

LAND	ALLGEMEINE LITERATUR ZUR WIRTSCHAFTSGESCHICHTE STATISTISCHES MATERIAL	LITERATUR ZUM VERHÄLTNIS VON STAAT UND WIRTSCHAFT	LITERATUR ZU AUSSENWIRTSCHAFTLICHEN ASPEKTEN	ENTWICKLUNGSTHEORETISCHE LITERATUR (WACHSTUMSTHEORIE U.A.)
Rußland	sehr gut in jeder Hinsicht gute Datenlage	zentrales Thema in der Lit. von Peter d. Gr. bis Stalin, insbesondere der Witte-Ära; besonders Industrialisierungspolitik, Agrarreform	Zollpolitik, Handelspolitik, Währungspolitik, Direktinvestitionen, Technologieimport, Getreideexport	Diskussion expliziter Theorien (Gerschenkron, Laue u.a.); monographische Literatur im allgemeinen einigermaßen theoretisch reflektiert; komparative Literatur zu Japan
Schweden	gut, allerdings wenig übergreifende Monographien Datenlage sehr gut ab 1860; Tendenz zur quantitativen Wirtschaftsgeschichte	wenig Spezialliteratur, eher politische und soziostrukturelle Hintergründe	Exportproduktion von Rohstoffen, technologische Einflüsse, Handelspolitik, Auswanderung	Nischentheorie wenig komparative Literatur zu den skandinavischen Ländern
Schweiz	befriedigend, wenig neue Monographien Datenlage schlecht	kein besonderes Thema in der Literatur	befriedigend, insbesondere zum Waren- und Dienstleistungsexport	kaum
Vereinigte Staaten	viele Gesamtdarstellungen, Lit. über die Zeit vor und nach 1860; fast unüberschaubar Datenlage sehr gut, bes. zum Wachstum	besonders über wirtschaftliche Hintergründe von Unabhängigkeitsbewegung und Bürgerkrieg; Hamiltons Wirtschaftspolitik	engl. Kolonialpolitik, Außenhandel, Agrarexport, Zollpolitik, Kapitalimport und -export	wachstumstheoretische Modelle; zur Rolle der Plantagenökonomie und Sklaverei

ANHANG II
- LÄNDERKURZBERICHTE

Es erschien uns nicht sinnvoll, die von uns vorgeschlagene Typologie einfach im Ergebnis kurz zusammenzufassen und darzustellen; wir haben deshalb als Hinführung zu unserer Typologie den Weg der Länderkurzberichte gewählt, um interessierten Lesern einige Informationen zu liefern, die deutlich machen sollen, warum wir im Einzelfall zu dem genannten Ergebnis gekommen sind. Bei den Kurzberichten sahen wir uns dem Dilemma ausgesetzt, in aller Kürze einige wesentliche Aspekte der vermuteten Entwicklungsdynamik der 17 gesichteten Fälle zu Papier zu bringen. Ein solches Vorhaben muß natürlich angesichts der Gefahr unvertretbarer Verkürzungen problematisch bleiben. Wir hielten dieses Vorgehen jedoch für eine weitere Diskussion unserer Typologie für hilfreich. Die von uns konsultierte Literatur wird in den Endauswertungen des Forschungsprojektes ausführlich dokumentiert werden.

AUSTRALIEN

Die Entwicklung Australiens wurde durch eine Folge externer Anstöße bestimmt, die sich mit den gegebenen natürlichen und geographischen Bedingungen des Landes vereinbaren ließen. Am Anfang stand die Gründung der englischen Sträflingskolonie Neu-Südwales (1788) als Ersatz für den Verlust der nordamerikanischen Kolonien (1776). Die bis 1830 überwiegende Sträflingsbevölkerung bildete ein Reservoir zwangsrekrutierter Arbeitskräfte, die einen wesentlichen Beitrag zur ursprünglichen Akkumulation der Kolonie lieferten. Der mit der Kontinentalsperre verbundene Rückgang der englischen Wollexporte aus Sachsen und Spanien initiierte ab 1813 den Aufbau der Schafzucht, der durch großzügige Landvergabe und die vorhandenen natürlichen Weideflächen gefördert wurde. Wolle war ein Stapelprodukt, das den langen Transportweg nach England unbeschadet überstehen konnte.
Diese erste Erschließungsphase wurde ab 1851 durch reiche Goldfunde abgelöst. Der Goldboom bis 1860 rief zwar eine enorme Einwanderungswelle hervor, führte aber auch zu einer Verknappung der Arbeitskräfte in den Weide- und Manufakturbetrieben, was erhebliche Lohnsteigerungen und die rasche Mechanisierung nach sich zog. Das Ende des Goldrausches und die anschließende Arbeitslosigkeit konnten durch umfangreiche Landvergaben (130 ha pro Siedler) überwunden werden. Neben die Schafzucht trat die Erzeugung von Weizen, Fleisch und Butter für den englischen Markt, nachdem die Erfindung des Gefrierverfahrens (1882) und die Reduktion der Transportkosten infolge des Übergangs zur Dampfschiffahrt das Problem der weiten Entfernung gelöst hatten. Konsumgüter wurden weitgehend importiert.
Die Gründung der australischen Bundesstaaten (1901) und die erste

Labour-Regierung (1908) mit ihrer Verbindung zu einer starken Gewerkschaftsbewegung, die ihre Anstöße seit Mitte des 19. Jahrhunderts durch die Arbeitskräfteknappheit und den politischen Einfluß der deportierten Chartisten erhalten hatte, leiteten eine dritte Entwicklungsphase ein, deren Kennzeichen der rasche Anstieg der Zölle bis 1920 (Industrieprotektionismus) war. Dem lag ein Bündnis von protektionistischen Industriellen und Gewerkschaften gegen die freihändlerischen Großagrarier zugrunde; dabei basierte das gewerkschaftliche Verhalten auf der Einsicht, daß hohe Löhne und sozialpolitische Forderungen nur bei einer konkurrenzfähigen Industrie durchzusetzen waren. Den eigentlichen Anstoß zur Industrialisierung im Konsumgüterbereich brachte die Unterbrechung der Importe durch den Ersten Weltkrieg. Diese Industrialisierung traf 1920 bereits auf einen Markt von 5 Millionen Konsumenten mit im Weltmaßstab relativ hohen Einkommen (6. Stelle nach USA, Kanada, Neuseeland, Argentinien und England). In den zwanziger Jahren wurde die Infrastruktur für eine zweite Industrialisierungswelle im Bereich der Schwerindustrie gelegt, die durch den englischen Rüstungsbedarf im Zweiten Weltkrieg hervorgerufen wurde. Die Umstellung auf die Friedenswirtschaft im Jahre 1950 konnte deshalb auf einem breiten industriellen Fundament erfolgen.

BELGIEN

Belgien war das erste Land auf dem europäischen Kontinent, das eine zunächst binnenmarktorientierte Industrialisierung in den klassischen Branchen Textil- und Montanindustrie durchlief. Erst nachdem ein gewisses Reifestadium erreicht war, gewannen die Exportaktivitäten ein bestimmendes Gewicht für die weitere Entwicklung. Der Öffnung zum Freihandel ging also die Herausbildung einer kohärenten Produktionsstruktur voraus.
Die südlichen Niederlande gehörten von 1714-1797 zum Habsburgerreich. Trotz günstiger natürlicher Ausstattung mit reichen Kohle- und Erzlagern, Wasserkraft und Wasserstraßen, trotz geographischer Nähe zu den Industriezentren des Rheinlands und Nordfrankreichs sowie einer langen haus- und kleinindustriellen Tradition im Textil- und Eisengewerbe mußte die Region gegenüber den wohlhabenden nördlichen Niederlanden (Holland) als rückständig gelten. Ein wesentlicher Grund war sicherlich die Sperrung der Scheldemündung durch die Holländer, die damit den Antwerpener Hafen zur Bedeutungslosigkeit verurteilt hatten.
Die französische Besetzung 1795 und die Abtretung des Landes an Frankreich im Jahre 1797 erwiesen sich als Auslöser für die weitere Entwicklung (im Gegensatz zu Holland, wo dasselbe Ereignis zur gegenteiligen Entwicklung führte; vgl. Länderskizze "Niederlande"). Die Öffnung der Schelde, die zolltarifliche Gleichstellung mit Frankreich,

die Einbeziehung in das Kontinentalsystem ab 1806 und damit die Ausschaltung der englischen Konkurrenz führten wie in der Schweiz und in einigen Rheinbundstaaten zu einem raschen Aufschwung, der die Region zu einem industriellen Zentrum Frankreichs werden ließ, das die napoleonischen Armeen mit Uniformen und Waffen und den französischen Markt mit Kohle und Eisen versorgte. Textilindustrie und Textilmaschinenbau wurden zu ausgesprochenen Leitsektoren.
Die Vereinigung mit den nördlichen Niederlanden (1815-1830) und der Verlust des französischen Marktes, bei gleichzeitigem Freihandel und einer Rückkehr der englischen Konkurrenz, bedeuteten zwar einen zeitweiligen Rückschlag, insbesondere im Textilbereich, ab 1820 setzte aber eine allmähliche Erholung ein, die bis 1830 mit Hilfe englischer Technologie und französischem Kapital zu entscheidenden qualitativen Veränderungen in der Montanindustrie und im Maschinenbau führte. Ab 1822 wurden gemäßigte und ab 1834 hohe Zollsätze erhoben.
Nach der Gründung des Königreiches Belgien (1831) erfolgte der eigentliche industrielle Durchbruch, der, gefördert durch staatliche Eisenbahnbauten und Industriebeteiligungen, zunächst auf den Binnenmarkt orientiert blieb. Bemerkenswert war der Aufbau integrierter schwerindustrieller Betriebe, die vom Bergbau bis zum Maschinenbau alle Zwischenstufen in sich vereinigten. Die Eisenbahnverbindungen zum Rheinland und nach Nordfrankreich machten Antwerpen zu einer wichtigen Durchgangsstation nach Mitteleuropa. Nach 1850 verlagerte sich der Schwerpunkt auf Exportproduktion, wobei der industrielle Aufschwung im Deutschen Zollverein und in Frankreich wichtige Anstöße gab. Weiterhin wurde dieser Prozeß durch den Übergang zum Freihandel in vielen Ländern, so auch - 1861 - in Belgien, gefördert. Gleichzeitig gingen die staatlichen Aktivitäten im Innern zurück.

DÄNEMARK

Dänemark könnte als Paradebeispiel für einen Weg bezeichnet werden, wo der gesamtwirtschaftliche Entwicklungsprozeß auch über die Intensivierung, Modernisierung und Spezialisierung der Landwirtschaft nach Maßgabe komparativer Vorteile erfolgen kann, wenn entsprechende politische und wirtschaftliche Rahmenbedingungen vorhanden sind. Ausschlaggebend waren die sehr frühe und gründliche Überwindung des Feudalsystems und die Herausbildung eines bäuerlichen Mittelstandes im Zuge der ersten Agrarreformperiode gegen Ende des 18. Jahrhunderts.
Bereits seit 1682 (Verbot des Bauernlegens) und 1769 (Bodengesetzgebung) wurden entscheidende Maßnahmen eingeleitet, die 1788 in der Bauernbefreiung, der Aufhebung des Flurzwangs und der Einführung der gesetzlichen Erbpacht gipfelten. Dominierend wurden Mittelbetriebe von 20 - 40 ha, bei einem zunehmenden Rückgang des Pachtbesitzes, die sich auf die Produktion und den Export von Grund-

nahrungsmitteln (hauptsächlich Getreide) spezialisierten, wofür im Zuge der europäischen Industrialisierung ein wachsender Markt entstand. Damit korrespondierten außenwirtschaftlich die frühe Abkehr vom Merkantilismus (1797) und der Übergang zu einem gemäßigten Protektionismus, der 1864 für den Bereich der Landwirtschaft in konsequenten Freihandel einmündete. Die Konzentration auf die Landwirtschaft bot sich an, da Dänemark als Verbündeter Napoleons 1807 seine Flotte an England verloren hatte (was gleichbedeutend mit dem Ende der dänischen See- und Handelsmacht war) und 1815 Norwegen an Schweden abtreten mußte. Das kurze Aufblühen der Industrie während der Kontinentalsperre erwies sich als Scheinblüte. Von 1830 bis 1870 ist ein stetiges Agrarwachstum zu beobachten, wobei der Export nach England (1846 Fall der Kornzölle) und dessen wachsender Bedarf den Hauptantrieb bildeten.

Seit Mitte der siebziger Jahre des 19. Jahrhunderts geriet die Landwirtschaft allerdings in eine schwere Krise, weil angesichts des massiven Exports billigen amerikanischen und russischen Getreides nach Europa infolge verbesserter und billiger Transportmittel die dänische Landwirtschaft nicht mehr konkurrenzfähig war. Hinzu kamen ab 1879 die deutschen und französischen Getreidezölle. Die dänische Antwort bestand in der raschen Umstellung der Agrarbetriebe auf Viehhaltung und Futteranbau sowie auf die Produktion von Vieh, Butter (1870 Erfindung der Zentrifuge) und Eiern, wofür ein wachsender Markt in England und Deutschland vorhanden war. Das deutsche und englische Einfuhrverbot für Lebendvieh (1887 und 1888) wurde durch die Umstellung auf Fleischexport umgangen. Bei diesem Umstellungsprozeß muß dem hohen Bildungsstand der Bevölkerung - bereits 1814 wurde die allgemeine Schulpflicht eingeführt - und dem innovatorischen Einfluß der ländlichen Volkshochschulen (seit 1844) große Bedeutung zugemessen werden. Da die Mittelbetriebe aus eigener Kraft die aufwendige Veredelung nicht finanzieren konnten, wurden seit den achtziger Jahren des 19. Jahrhunderts in großem Stil Meiereien, Schlachthöfe und Eierexport auf genossenschaftlicher Basis betrieben. Später kamen Absatz-, Kredit- und Ankaufgenossenschaften hinzu. Das führte ab 1888 zu einem sprunghaften Anstieg breit gestreuter Agrareinkommen, die wiederum eine Industrialisierung im der Landwirtschaft vor- und nachgelagerten Bereich, bei Konsumgütern sowie im Transport- und Handelswesen anregten. Die seit 1870 einsetzende Gewerkschaftsbewegung und der Aufschwung der Sozialdemokratie trugen ein übriges zum steigenden Lohnniveau bei. Erst der Übergang der wichtigsten Absatzmärkte England und Deutschland zum Protektionismus bzw. Neoprotektionismus im Zuge der Weltwirtschaftskrise (Zölle, Kontingentierung, Abwertung) sowie der verstärkte Konkurrenzdruck von Seiten Kanadas, Australiens und Neuseelands bei tierischen Produkten führte in den Jahren 1931 - 1933 zur Abkehr von der Agrarexportstrategie. Die inzwischen an die Regierung gekommene Sozialdemokratie leitete vor allem mit den Mitteln der Währungspolitik eine Binnenorientierung ein, die in den dreißiger Jahren zu einer breit angelegten Importsubstitutions-Industrialisierung führte.

FINNLAND

Finnland war von 1150 bis 1809 integraler Bestandteil Schwedens und fiel anschließend an Rußland, wo es einen Sonderstatus als Großherzogtum erhielt. Erst 1917 erlangte es die Unabhängigkeit. Bis in die Mitte des 19. Jahrhunderts schien sich an der agrarischen Prägung des Landes, auch wenn nur 12% des Bodens als Ackerland genutzt wurden, kaum etwas geändert zu haben. Im Zentrum stand der Getreideanbau, der im Zuge des Bevölkerungswachstums (1850 etwa 1,6 Mio.) die Viehwirtschaft immer weiter verdrängte, da die extensiven Produktionsmethoden unverändert blieben. Die reichen Waldvorkommen (72% der Fläche) blieben weitgehend ungenutzt und waren im Bewußtsein der Bevölkerung nahezu wertlos.
Ein grundsätzlicher Wandel trat erst ein, als die fortschreitende europäische Industrialisierung nach 1850 einen wachsenden Bedarf an Holz und die Ausbreitung der Alphabetisierung und des Zeitungswesens einen wachsenden Papierbedarf hervorriefen. Die Senkung des englischen Holzzolls (1842) und die Erfindung der Schiffsschraube in Verbindung mit der Ausbreitung der Dampfschiffahrt, die die Frachtkosten zwischen Finnland und England halbierten, ließen finnisches gegenüber dem in England dominierenden kanadischen Holz konkurrenzfähig werden. Die so stimulierte Holzwirtschaft wurde zusätzlich durch Maßnahmen im Innern wie die Erlaubnis des Gebrauchs von Dampfmaschinen in Sägewerken (1867) und Kanal- und Eisenbahnbauten, die das Binnentransportnetz der südlichen Seengebiete mit der Küste verbanden, gefördert. Diese Ereignisse führten seit den sechziger Jahren des 19. Jahrhunderts zu einem raschen Anwachsen des Exports von zunächst unverarbeitetem Holz, der 1866 bereits die Hälfte des gesamten Exports ausmachte. Die steigenden Holzpreise und die Wertsteigerung der Wälder kamen breiten bäuerlichen Kreisen zugute, da der Waldbesitz breit gestreut war und auch blieb. In der Folgezeit wurde mit diesen Einkünften die Agrarmodernisierung finanziert. Der Holzexport initiierte daneben aber auch den Aufbau einer Sägewerks- und Papierindustrie (ab 1860), wobei letztere durch die Einführung chemischer Verfahren nach 1880 (Zellstoff) von dem Engpaß der Lumpenzufuhr befreit wurde.
Die Errichtung der russisch-finnischen Freihandelszone im Jahre 1859 initiierte zusätzlich eine speziell auf den russischen Markt orientierte Baumwoll- und Eisenindustrie (erstere war seinerzeit die größte in Skandinavien), die zwischen 1860 und 1880 zwei Drittel ihrer Produktion exportierte. Während die verarbeitende Industrie vom Freihandel mit Rußland profitierte, sah sich die Landwirtschaft in den siebziger Jahren des 19. Jahrhunderts dem starken Konkurrenzdruck des russi-

schen Getreides ausgesetzt, was - wie in anderen kleinen europäischen Ländern - zu einer sukzessiven Verlagerung auf Viehhaltung, Fleisch- und Milchwirtschaft führte. Finnland importierte zunehmend Getreide und exportierte Butter, die 1897 einen Anteil von 18% am Gesamtexport erreichte.
Der Übergang zum Protektionismus in Rußland ab 1886 reduzierte den für Finnland wichtigsten Exportmarkt drastisch; nach 1917 ging er völlig verloren. Das bedeutete für die zwar in Rußland, nicht aber in Westeuropa konkurrenzfähigen Industrien die zwangsläufige Orientierung auf den einheimischen Markt. Die holzverarbeitende Industrie konnte demgegenüber weiter expandieren und stimulierte nach 1885 auch den Maschinenbau, der vor allem Ausrüstungen für Sägewerke und Dampfmaschinen erzeugte. Dennoch schritt die Industrialisierung nur langsam voran: Ihr Beitrag zum Sozialprodukt übertraf erst Anfang der dreißiger Jahre des 20. Jahrhunderts den der Landwirtschaft, in der 1920 noch 65 Prozent der ökonomisch aktiven Bevölkerung tätig waren. Die eigentliche Modernisierung der Landwirtschaft erfolgte offenbar erst zwischen den Weltkriegen, sie wurde in besonderem Maße durch die rasche Ausbreitung des Genossenschaftswesens nach 1901 gefördert. Die sowjetischen Reparationsforderungen nach dem Zweiten Weltkrieg waren schließlich ein wesentlicher Anstoß zum Aufbau einer Maschinenbauindustrie.

FRANKREICH

Frankreich ist im Vergleich zu England weniger ein wirtschaftlicher Nachzügler als vielmehr ein Land, dessen Entwicklung sich langsam und in einem im Vergleich zu England eigenständigen Rhythmus vollzog, wobei Aufschwünge mit langen Stagnationsperioden abwechselten. Die Endphase des Ancien régime sah von 1760 - 1790 eine rasche industrielle Entwicklung in der Textil- und Eisenindustrie und bedeutende Erfindungen (Berthollets Chlorbleiche, Leblancs Sodafabrikation, Jacquard-Webstuhl), wobei die Produktion von Luxusgütern allerdings breiten Raum einnahm. In der Landwirtschaft hatte der ausgeprägte Absolutismus zu einer Schwächung der Feudalherren geführt, so daß bereits im 18. Jahrhundert de facto der bäuerliche Kleinbesitz dominierend war.
Hauptnutznießer der französischen Revolution waren die Bauern, die jetzt auch de jure zu Grundeigentümern wurden, ohne Entschädigung leisten zu müssen, und einen Teil der ehemaligen Kirchen- und Adelsländereien hinzukaufen bzw. hinzupachten konnten. Dadurch wurde auf lange Zeit eine Kleinbauernwirtschaft stabilisiert, die sich, neben dem starken konservativen Element in der Innenpolitik, auch - gemessen am englischen Fall - als Hemmnis für eine Kommerzialisierung, Modernisierung und entsprechende Freisetzung von Arbeitskräften er-

wies; das wiederum hatte retardierende Auswirkungen auf die Industrialisierung.
Obwohl Revolution und Erstes Kaiserreich durch eine fortschrittliche Gesetzgebung und das Kontinentalsystem (ab 1806) einen wirtschaftlichen Aufschwung hätten fördern sollen, waren die Rückschläge, ausgenommen in der Textilindustrie (Elsaß, Nordfrankreich), infolge der Revolutionskriege, der englischen Blockade und des Verlusts der Flotte und der Kolonien (insbesondere Santo Domingos) erheblich.
Restauration und Julimonarchie (1815 - 1848) brachten nur ein langsames Wachstum, wofür - entsprechend einer in der Literatur häufig vertretenen These - neben der genannten Agrarsituation das innenpolitische Patt verantwortlich zu machen ist. Es scheint, daß die Bourgeoisie auf das Bündnis mit den Kleinbauern und Kleinbürgern gegen den reaktionären Adel einerseits und die aufstrebende Arbeiterschaft andererseits angewiesen war, was eine konservative Grundhaltung in der Wirtschaftspolitik und -gesinnung zur Folge hatte. Kleinhandel und Handwerk spielten eine wichtige Rolle. Die Gründung von Aktiengesellschaften wurde bis 1867 behindert, so daß Familienbetriebe mit geringer Kapitalkraft vorherrschend blieben. Viele Unternehmer und Grundbesitzer legten ihre Gewinne in weniger riskanten Rentenpapieren an, statt sie zu reinvestieren. Hinzu kamen ungünstige natürliche Bedingungen wie der Kohlemangel und der Lauf der Flüsse, was zu erheblichen Transportengpässen führte.
Erst das Zweite Kaiserreich (1851 - 1871) brachte den industriellen Durchbruch, der durch staatliche Maßnahmen gefördert wurde. Beeinflußt durch den Saint-Simonismus wurde ein Eisenbahnprogramm entwickelt, öffentliche Aufträge wurden vergeben, und mit der Gründung des Crédit Mobilier wurde ein Instrument zur Industriefinanzierung geschaffen. Der Freihandelsvertrag mit England (1860), der durch das Meistbegünstigungsprinzip rasch auf andere europäische Länder ausgedehnt wurde, förderte die Partizipation am industriellen Aufschwung Europas. Die Dritte Republik erlebte die Große Depression (1875 - 1876) und dann eine erneute Expansion im Zeichen des Protektionismus, der 1882 als Reaktion auf die allgemeine Agrarkrise wieder eingeführt worden war und im Méline-Tarif von 1892 seinen Höhepunkt erreichte.

ITALIEN

In typologischer Hinsicht ist der Fall Italien von besonderem Interesse, weil auf eine Phase fehlgeschlagener Industrialisierung im Zeichen eines wirtschaftlichen Liberalismus und einer externen Orientierung der Industrialisierungsdurchbruch erst mit Hilfe massiver Staatsintervention und durch eine Binnenorientierung erfolgte.
Dem zunehmenden Konkurrenzdruck der Engländer, Holländer und Franzosen waren die noch im 17. Jahrhundert blühende italienische

Textilindustrie, die Schiffahrt und das Bankwesen erlegen. Bis in die erste Hälfte des 19. Jahrhunderts stagnierten Landwirtschaft und Industrie. Erst der wachsende europäische Bedarf nach Seide führte ab 1830 zu einem Aufschwung der Seidenindustrie mit teilweiser Mechanisierung. Seide blieb bis 1914 das Hauptexportprodukt. Die Produkte der gleichzeitig expandierenden Baumwollindustrie waren dank der 1815 eingeführten Zölle auf dem Binnenmarkt absetzbar.
Die mit französischer Hilfe gegen Österreich geführten Befreiungskriege und die nationale Einigung im Jahre 1861 leiteten eine Phase ein, die durch wirtschaftlichen Liberalismus gekennzeichnet war. Die liberalen Zolltarife Piemonts wurden auf ganz Italien ausgedehnt in der Hoffnung, daß die enge Anlehnung an die Freihandelsländer England und Frankreich auch für Italien den wirtschaftlichen Durchbruch bringen würde. Dahinter standen die Interessen der exportorientierten Großgrundbesitzer (Seide, Käse, Olivenöl, Wein). Ein ehrgeiziges Eisenbahnprogramm - zwischen 1861 und 1876 ausgeführt - blieb allerdings ohne industrielle Koppelungseffekte, da die benötigten Materialien weitgehend aus England importiert wurden. Bis 1880 ging der Anteil der Industrie am Sozialprodukt gegenüber der expandierenden Landwirtschaft sogar zurück.
Erst die europäische Agrarkrise, die 1876 auch Italien erreichte und die Großagrarier ins protektionistische Lager trieb, leitete den grundsätzlichen Wandel einer auf den Binnenmarkt orientierten Industrialisierung ein. Zollerhöhungen 1878, 1887 und 1895 (Italien hatte seitdem die höchsten Getreidezölle in Europa) sollten zusammen mit den seit 1883 bestehenden staatlichen Subventionen und Abnahmegarantien den Aufbau einer eigenen Schwer- und Maschinenbauindustrie in die Wege leiten. Da die Eisenbahn als Leitsektor versagt hatte, sollten Rüstungs- und Werftindustrie diese Rolle spielen. Von flankierender Bedeutung für die zivilen Branchen (Wasserkraftwerke, Elektroindustrie) waren die im letzten Jahrzehnt des 19. Jahrhunderts nach deutschem Muster und zum Teil mit deutschem Kapital gegründeten Universalbanken. Ein anderer wesentlicher Faktor war die ab 1901 massiv einsetzende Auswanderung, die den Bevölkerungsdruck in der Landwirtschaft milderte und zu erheblichen Geldüberweisungen der Auswanderer führte. Dieses Bündel von Faktoren führte ab 1896 zum industriellen Durchbruch, der nach 1900 von einer Agrarmodernisierung begleitet wurde, die allerdings den Großgrundbesitz unangetastet ließ. Der Rüstungsbedarf im Ersten Weltkrieg und der Faschismus ab 1922 setzten die staatsinterventionistische Tradition fort.

JAPAN

Seit Beginn der Tokugawa-Periode (1603 - 1868) betrieb Japan eine strikte Abschließung nach außen. Die politische Macht lag in den Händen des Shogunats, das die grundbesitzenden Daimyos und die mit

Reisstipendien versehenen Samurai angehalten hatte, ihren Aufenthalt bei Hofe zu nehmen. Das führte in der Folge zu einem hohen Kommerzialisierungsgrad der Landwirtschaft (weit höher als in China) in Verbindung mit einer hochentwickelten Hausindustrie, um die großen Feudalstädte zu versorgen.
Das Eindringen der USA im Jahre 1853 und die durch ungleiche Verträge erzwungene Öffnung des Landes (1858) setzten das Land der Gefahr aus, den Weg der unterentwickelten Länder zu gehen. Der damit verbundene Legitimationsverlust des Shogunats führte 1867/68 zur Meiji-Restauration mit dem Ziel, einen politisch souveränen und wirtschaftlich autonomen Staat zu errichten. Die wichtigsten Maßnahmen bestanden in der Abschaffung der Daimyo-Lehen gegen eine Abfindung, der Privatisierung des Bodens, der Einführung der allgemeinen Wehrpflicht und der Kürzung der Samuraigehälter, der Gewährung der Freizügigkeit und freier Berufswahl, des Aufbaus einer leistungsfähigen Bürokratie und der Erlassung eines neuen Agrarsteuergesetzes, das nicht mehr den Ertrag, sondern die Bodengröße zur Grundlage nahm, um dem Staat stabile Einnahmen zu garantieren. Das politische Resultat war die Integration der Daimyos, die ihre Abfindungen in Rentenkapital anlegten, und die Ausschaltung der Samurai als Klasse, die in den Staatsdienst eintraten. Die Macht lag in der Folge bei der Bürokratie, dem Militär und der entstehenden Großbourgeoisie. Wirtschaftliches Ziel war die Überführung der agrarischen Überschüsse via Steuer in den Staatshaushalt, um damit in der Anfangsphase staatliche Betriebe im Bereich der Schwer- und Rüstungsindustrie zu gründen. Kapitalgüter wurden zunächst selektiv importiert und mit den exportierten Produkten der traditionellen Hausindustrie bezahlt, die gleichzeitig auch den inländischen Konsumgüterbedarf abdecken sollte. Von 1885 bis 1890 wurden die meisten Staatsbetriebe zu niedrigen Preisen an die großen Handelshäuser (Zaibatsu) verkauft. Das staatlich garantierte niedrige Lohnniveau (Verbot von Gewerkschaften) garantierte zwar geringe Kosten, verzögerte aber auch die schnelle Herausbildung eines umfangreichen Binnenmarkts, so daß der Staat selber im schwerindustriellen Bereich bzw. der Export im Konsumgüterbereich die wichtigsten Abnehmer wurden. Um diese Märkte zu sichern und den Rohstoffmangel Japans zu beseitigen, betrieb das Land ab 1894 eine expansive Politik um die Vorherrschaft in Ostasien (1894/95 Krieg mit China, 1904/05 Krieg mit Rußland).
Ab 1905 erfolgte der eigentliche Durchbruch im Bereich der Schwerindustrie und Chemie, der weiterhin in erster Linie durch Rüstungsanforderungen und ab 1930 durch einen Exportboom stimuliert wurde, da immer noch keine gleichgewichtigen Beziehungen zur Leichtindustrie und Landwirtschaft bestanden. Die japanische Aufrüstung erforderte und ermöglichte die weitere Expansion in Asien und im Pazifik, was zum Konflikt mit den USA und deren "open-door"-Politik führte. Der Pazifik-Krieg (1941 - 1945) brachte das Ende des auf militärischen Bedarf und kriegerische Expansion gegründeten Wirtschaftswachs-

tums, während dem Export infolge der immer noch vergleichsweise niedrigen Löhne und infolge des begrenzten Binnenmarktvolumens weiterhin strategische Bedeutung zukam.

KANADA

Kanadas Entwicklung und interne Erschließung wurde von Anbeginn durch die Erzeugung unterschiedlicher Stapelprodukte für den europäischen und später für den US-amerikanischen Markt bestimmt. Die Fischerei führte ab 1530/40 zu ersten Küstensiedlungen am Atlantik. Französische Kolonisatoren begannen ab 1604 mit dem Pelzhandel, der durch Kontakte mit den Indianern zustande kam. Die Folge waren Handelsniederlassungen entlang der Flüsse. Der Konflikt zwischen englischen Siedlern, die sich von den Neuenglandstaaten nach Westen über die Appalachen ausbreiteten, und den französischen Pelzjägern im Gebiet der Großen Seen und im Mississippi-Tal wurde durch den englisch-französischen Krieg von 1754 bis 1760 entschieden, der 1763 die französische Herrschaft in Kanada beendete. Die amerikanische Unabhängigkeit und der Verlust der Gebiete südlich der Seen drängte den Pelzhandel endgültig nach Norden und Westen ab.
Die nächste Phase begann mit der Kontinentalsperre (1806), als die englischen Holzimporte (Schiffsmasten) aus dem Baltikum versiegten und damit die englische Vormacht zur See in Gefahr geriet. Kanada wurde Lieferant von Schiffsholz aus den Küstenregionen; Holz wurde ab 1820 wichtigstes Exportgut. Die zunehmende Einwanderung ließ die Bevölkerung bis zur Mitte des Jahrhunderts langsam auf 2,5 Millionen ansteigen und in der Folge den Weizen aus dem Ontario-Gebiet zum dritten wichtigen Stapelprodukt werden. Erst der Fall der englischen Kornzölle (1846) und der Übergang zum Freihandel rief einen Rückschlag für Kanada hervor, da ähnlich wie auf dem Markt für Holz der privilegierte Zugang zum englischen Markt verlorenging. Die Folge war die schrittweise Verlagerung der Handelsbeziehungen auf die USA, wo Industrialisierung und Eisenbahnbau einen wachsenden Bedarf nach Holz schufen. Um das System des St. Lorenz-Stroms gegenüber der Konkurrenz New Yorks (Erie-Kanal) als Einfallstor in den amerikanischen Westen zu erhalten und den Weizen- und Holzexport zu fördern, wurde der Bau von Kanälen (ab 1825) und Eisenbahnen (ab 1836) begonnen. Die Exporte nahmen weiter zu, als im Zuge des Krim-Krieges (1853 - 1856) die russischen Getreide- und Holzlieferungen nach Europa zurückgingen.
Die sukzessive Nationalstaatbildung ab 1867 leitete schließlich eine neue Phase, die sogenannte "nationale" Politik (ab 1878), ein. Deren wesentliche Bestandteile waren der forcierte Eisenbahnbau (verbunden mit einer Siedlungspolitik in den westlichen Präriegebieten) und die Errichtung von Schutzzöllen als Reaktion auf die Große Depression. Bevor diese Politik allerdings zum Tragen kam, mußte Kanada

mit dem Ende des Segelschiffbaus den Niedergang der Küstenprovinzen hinnehmen. Erst die Eröffnung der transkontinentalen Eisenbahn 1886 und das Ende der freien Landnahme in den USA 1890 machten den Weg frei für die angestrebte massive Besiedlung des kanadischen Westens, die den Weizenanbau zum neuen Leitsektor werden ließ. Die Bevölkerung wuchs auf 11 Millionen (1911) und gewährleistete damit erstmals einen durch Zölle geschützten Binnenmarkt. Im Zuge des Ersten Weltkriegs nahm die Produktion von Weizen, Fleisch, Holz und Mineralien weiter zu, bis die Weltwirtschaftskrise die Weltmarktkonjunktur für diese Güter beendete. Gleichzeitig begann die Industrialisierung, die durch den englischen Rüstungsbedarf im Zweiten Weltkrieg auf den Bereich der Montanindustrie ausgedehnt wurde, wo Kanada reiche Rohstoffvorkommen anzubieten hat.

NEUSEELAND

Ähnlich wie in Australien und Kanada wurde die neuseeländische Entwicklung durch die Spezialisierung auf wenige Exportprodukte, für die komparative Vorteile und eine hohe Nachfrage auf dem Weltmarkt bestanden, vorangetrieben. Dabei gelang es dank staatlicher Interventionen, die Exporteinkommen breit zu streuen und auf den Binnenmarkt zu lenken.

Seit 1796 wurden zwar punktuelle Niederlassungen von Wal- und Robbenfängern errichtet, aber erst die Gründung der englischen Kolonie im Jahre 1840 leitete eine planmäßige Erschließung durch staatliche Landkäufe von den Ureinwohnern (Maoris) und den Weiterverkauf an Siedler zu hohen Preisen ein, um eine tatsächliche Nutzung der Böden zu garantieren. Goldfunde führten von 1861 bis 1869 zu einer verstärkten Einwanderung, während gleichzeitig ab 1858 Schafzucht und Wollexport nach England zur Grundlage der Wirtschaft wurden. Die Landwirtschaft erfuhr seit 1870 (250 000 weiße Einwohner) staatliche Förderung durch öffentliche Infrastrukturmaßnahmen, was aber auch die Verteuerung des Bodens, Spekulation und eine erhebliche Konzentration ungenutzter Ländereien mit sich brachte. Die Große Depression führte zur ersten Agrarkrise.

Ein Resultat dieser Krise war, daß 1890 eine liberale Regierung, gestützt auf Kleinbauern und Arbeiter, an die Macht kam, die eine umfassende Sozial- und Bodengesetzgebung in Gang brachte. Ziel war die Zerschlagung des Großgrundbesitzes und die Schaffung von bäuerlichen Mittelbetrieben, die die seit Erfindung des Gefrierverfahrens (1882) mögliche exportorientierte Fleisch- und Milchwirtschaft betreiben sollten. Bis 1926 konnte tatsächlich eine weitgehend nivellierte Bodenverteilung erreicht werden. Die wieder erholte weltwirtschaftliche Lage seit der Mitte der neunziger Jahre des 19. Jahrhunderts rief bis 1921 eine Prosperität bei Fleisch, Molkereiprodukten und Wolle hervor, die eine komplementäre Industrialisierung (Schlachthöfe,

Molkereien, Kühlhäuser, Agrarmaschinenbau) stimulierte und seit 1895 durch Zölle gefördert wurde.
Die Weltwirtschaftskrise hatte erneut verheerende Folgen für die neuseeländische Landwirtschaft - das Volkseinkommen sank um ein Drittel, und dies brachte 1935 die erste Labour-Regierung an die Macht. Die Folge war eine verstärkte Staatsintervention: Hebung der Massenkaufkraft durch hohe Mindestlöhne, Protektionismus, Neulanderschließung u.a., was in Verbindung mit der Weltkonjunktur des Zweiten Weltkriegs zu einer weiteren Intensivierung der Landwirtschaft, zu steigenden und breit gestreuten Einkommen (bei einer Bevölkerung von 1,6 Millionen im Jahre 1939), zu weiteren, dem Exportsektor angelagerten Industrien und zu einer Konsumgüterindustrialisierung führte. Eine darauf bezogene Schwerindustrie wurde erst seit den sechziger Jahren aufgebaut.

NIEDERLANDE

Obwohl Holland im 17. Jahrhundert die mit Abstand reichste Handelsnation in Europa war, setzte seit etwa 1650 ein im Vergleich zum expandierenden England relativer und bis zum Ende des 18. Jahrhunderts auch absoluter Niedergang ein. Dominierend war bis dahin der maritime Sektor, der den Handel mit Drittländern, Schiffahrt, Schiffsbau, Lagerung, Banken und Versicherungen umfaßte. Die günstige Lage Amsterdams und Rotterdams an der Rheinmündung verhalf auch dem Transithandel und der Binnenschiffahrt zu großer Bedeutung.
Die Industrie gliederte sich in den "trafieken"-Sektor, der importierte Kolonialwaren für den Export verarbeitete, und den "fabrieken"-Sektor, wo Massenkonsumgüter für den Binnenmarkt hergestellt wurden. Daneben bestand eine intensive und zum Teil exportorientierte Landwirtschaft. Obwohl also ähnliche Ausgangsbedingungen wie in England vorhanden waren, kam es nicht zu einer industriellen Revolution. Gründe dafür sind erstens der strikte Freihandel, zweitens die Ablehnung staatlicher Aktivitäten im wirtschaftlichen Bereich durch die politisch dominierende Handelsbourgeoisie - was jede Industrialisierung, die nicht unmittelbar mit den Handel zusammenhing, behinderte -, und drittens die tendenzielle Verlagerung vom Handels- zum Rentenkapital, das zwar geringere Risiken, aber auch eine weniger dynamische Entwicklung versprach.
Die englisch-französischen Auseinandersetzungen ab 1795 versetzten der überkommenen holländischen Ökonomie den Todesstoß. Der französische Protektionismus schloß Holland von den Märkten Frankreichs, Belgiens, Italiens und des Rheinlands aus, so daß Rotterdam und Amsterdam wesentliche Marktanteile an Antwerpen verloren. Die Kontinentalsperre, die englische Blockade und der Seekrieg mit England führten zum vorübergehenden Verlust der Kolonien und des Überseehandels sowie zur Einstellung der Rohstoffimporte, so daß der

gesamte Transithandel und die Exportindustrie bis 1811/12 völlig zum Erliegen kamen. Trotz einer leichten Erholung seit dem Ende der Franzosenherrschaft (1815) dauerte die Stagnation bis 1850, da der Überseehandel endgültig an England verloren war. Im Gegensatz zu Belgien fehlten die Rohstoffe und der dort anfänglich so stimulierende Zugang zum französischen Markt. Weitere Unterschiede bestanden im geringen staatlichen Engagement in der Wirtschaft und in der Rückkehr zum Freihandel nach der Trennung von Belgien.
Erst nach 1850 zeichnete sich ein neuer Aufschwung ab, ohne daß ein ausgesprochener industrieller Leitsektor vorhanden war. Entscheidend war einmal die rasche Zunahme des Transithandels via Rotterdam und Amsterdam zur Belieferung der expandierenden Industrie an Rhein und Ruhr, was umfangreiche Schiffs-, Kanal-, Straßen- und Eisenbahnbauten nach sich zog, zum anderen die Versorgung dieser Industrieregionen mit Getreide, Fleisch und Milchprodukten. Die Agrarkrise der siebziger Jahre des 19. Jahrhunderts vermochte die niederländische Landwirtschaft durch eine verstärkte Spezialisierung auf Veredelung von Tierprodukten und Gemüseanbau zu überwinden. Steigende Einkommen förderten in der Folge auch die Industrie, die von da an eine technische Modernisierung erfuhr und von 1890 bis 1910 ihren Durchbruch erzielte. Dabei spielten neben der Nahrungsmittelindustrie (Margarine) völlig neue Branchen wie Elektro, Chemie und Petrochemie die führende Rolle.

NORWEGEN

Aus entwicklungspolitischer Sicht ist der Fall Norwegens von besonderem Interesse, weil es hier einem ehemaligen Kolonialland mit vielen Kennzeichen struktureller Heterogenität trotz durchgängig extern bestimmter Entwicklung gelungen ist, ein hohes Entwicklungsniveau zu erreichen. Von 1387 bis 1814 war Norwegen ein Bestandteil Dänemarks, wobei die Landwirtschaft im Gegensatz zum Mutterland, angesichts der geographischen Lage, ausgesprochen dürftig war, so daß sich weder Großgrundbesitz noch Feudaladel herausbildeten. Von Bedeutung waren die exportorientierte Forstwirtschaft, die Fischerei und der Bergbau. Die Kontinentalsperre erwies sich deshalb als ausgesprochen nachteilig. Insbesondere ging der Holzexport nach England zurück, das außerdem zur Förderung der Importe aus Kanada Holzzölle einführte. Die Trennung von Dänemark und die Vereinigung in Personalunion mit Schweden brachte zwar im Innern die Souveränität, aber auch den Verlust des Absatzmarkts für Eisen in Dänemark. Diese Ereignisse führten zur wirtschaftlichen Stagnation bis in die dreißiger und vierziger Jahre des 19. Jahrhunderts, zumal bis zu dieser Zeit in Europa wenig Bedarf für die norwegischen Exportgüter bestand.
Der grundlegende Wandel in der Außenwirtschaftspolitik der europäischen Länder und deren einsetzende Industrialisierung seit Mitte des

19. Jahrhunderts führten dann aber in Norwegen zu einem raschen Aufschwung. Von besonderer Bedeutung waren die Senkung der englischen Holzzölle (1842), das Ende der Navigationsakte (1849) und der allgemeine Übergang zum Freihandel, dem sich Norwegen 1860 anschloß. Die große Nachfrage nach Holz, Fisch und Bergbauprodukten initiierte ab 1870 neben dem Export dieser Güter eine Industrialisierung im Bereich der Holz- und Fischverarbeitung. Die komparativen Vorteile bei Schiffbau und Schiffahrt (Küstenlage, Golfstrom, Holzreichtum) führten zum Aufbau der - 1880 nach Großbritannien und USA drittgrößten - Handelsflotte, die vor allem Transporte zwischen Drittländern durchführte. Als günstig erwies sich auch die Massenemigration in die USA ab 1860, die die unterbäuerlichen Schichten verschwinden ließ und den Weg für eine Agrarmodernisierung und steigende agrarische Einkommen freimachte.
Da die Wirtschaftsstruktur auf den Freihandel der Partnerländer angewiesen war, erzwang der Übergang zum Protektionismus in Europa im Anschluß an die Große Depression ein entsprechendes Vorgehen für Norwegen. Der ab 1905 massive Schutzzoll förderte den Beginn einer allgemeinen Industrialisierung, wobei besonders die reichlich vorhandene Wasserkraft zum Aufbau einer elektrochemischen (Kunstdünger) und elektrometallurgischen (Aluminium, Kupfer) Industrie genutzt wurde. Begünstigt durch die Hochkonjunktur im Ersten Weltkrieg und die Erfolge einer starken Gewerkschaftsbewegung setzte ab 1905 ein rasches Pro-Kopf-Wachstum ein.

PREUSSEN/DEUTSCHLAND

Preußen bzw. Deutschland gehörte im europäischen Spektrum zu den Ländern mit später einsetzender Industrialisierung, verzeichnete in der zweiten Hälfte des 19. Jahrhunderts aber die höchsten Wachstumsraten, so daß der relative Rückstand rasch aufgeholt wurde. Die Situation des Nachzüglers war insofern von Vorteil, als man sofort und in großem Stil die fortgeschrittensten Technologien und Institutionen der Vorreiter England, Frankreich, Belgien und Schweiz übernehmen konnte.
Den entscheidenden Anstoß zur Modernisierung des absolutistischen preußischen Staates gab die Niederlage gegen Frankreich von 1806. In den linksrheinischen Gebieten und den Rheinbundstaaten hatte die Französische Revolution unmittelbaren Einfluß. Die Stein-Hardenbergschen Reformen brachten in rascher Folge eine Verwaltungs-, Städte- und Heeresreform, die Gewerbefreiheit und vor allem die Bauernbefreiung mit dem berühmten Oktoberedikt von 1807. Ihr Resultat war die Konsolidierung des agrarischen Großgrundbesitzes einerseits und die Schaffung einer neuen Klasse von Landarbeitern andererseits, da nur die Mittelbauern ihren Boden behalten konnten. Die ostelbischen Junker, weiterhin in Preußen politisch dominierend, gingen zur kom-

merziellen Landwirtschaft und zum Getreideexport über. Dieser Interessenlage entsprach der preußische Zolltarif von 1818, der der liberalste in ganz Europa war.
Die industrielle Anlaufperiode von 1834 bis 1847 wurde durch die Gründung des Zollvereins (1834) und den Beginn des Eisenbahnbaus (1835) eingeleitet. Der Zollverein, der bis 1867 schrittweise ausgedehnt wurde, schaffte zum ersten Mal einen einheitlichen Markt mit einem gemeinsamen Außenzoll, der 1844 und 1846 zur Abwehr der englischen Konkurrenz angehoben wurde. Die Eisenbahn sollte diesen Wirtschaftsraum erschließen, und sie gab gleichzeitig den Anstoß für eine vorgelagerte Industrie im Bereich von Montanindustrie und Maschinenbau. In diese Phase fielen die ersten Auseinandersetzungen zwischen Freihändlern und Schutzzöllnern (1841 Lists "Nationales System"), wobei die Freihandelsinteressen der preußischen Junker den Ausschlag gaben.
Der industrielle Durchbruch erfolgte zwischen 1850 und 1873, wobei Eisenbahn- und Städtebau als Leitsektoren mit breitgestreuten Kopplungseffekten wirkten. Die Eisen- und Stahlindustrie erfuhr ihre entscheidende Modernisierung. Die Aktienbanken (1853 - 1856 gegründet) und später die Universalbanken (gegründet 1870 - 1881) spielten eine wesentliche Rolle bei der Industriefinanzierung. Preußen ging ab 1862 (der Zollverein ab 1864) im Zeichen wirtschaftlicher Prosperität schrittweise zum Freihandel über. Die an die spekulativen Gründerjahre 1870 - 1873 (Kriegsboom und französische Kontributionszahlungen) anschließende Große Depression, die ab 1875 durch die europäische Agrarkrise verstärkt wurde, leitete unter Bismarcks Ägide das konservative Bündnis von Schwerindustrie und Großgrundbesitz ein, deren gemeinsame Interessenlage (Abwehr von billigem englischem Bessemerstahl und US-amerikanischen Weizen) sich im 1879 eingeführten, 1885 und 1887 verstärkten Protektionismus ausdrückte. Die kartellierte Schwerindustrie nahm seit den achtziger Jahren einen erneuten Aufschwung. Dieser setzte sich von 1896 bis 1913 in einem Boom fort, der zusätzlich durch die neuen Branchen Chemie und Elektroindustrie getragen wurde. 1913 hatte Deutschland industriell mit England gleichgezogen.

ÖSTERREICH/UNGARN

Eine Charakterisierung des Falls Österreich/Ungarn wird durch die regional sehr ungleiche Entwicklung und wechselnde politische Zugehörigkeit der einzelnen Reichsteile erschwert. Das Kaiserreich Österreich wurde 1867 durch die Doppelmonarchie Österreich-Ungarn (bis 1918) abgelöst, in der beide Reichsteile im Innern weitgehend souverän waren, aber seit 1851 eine gemeinsame Zollgrenze nach außen aufwiesen. Die industriellen Zentren lagen in der westlichen Reichshälfte,

und dort insbesondere im Gebiet des heutigen Österreich und der Tschechoslowakei.
Ähnlich wie bei Frankreich handelt es sich um eine relativ früh einsetzende, aber im Vergleich zu Deutschland langsame Entwicklung ohne eindeutige Take-off- oder Spurt-Phase, wobei weder ein Leitsektor noch entwicklungsfördernde institutionelle Maßnahmen herausragten.
Die österreichische Variante des aufgeklärten Absolutismus (Josephinismus) hatte zwischen 1740 und 1790 eine Reihe fortschrittlicher Institutionen (Quasi-Bauernbefreiung, größere Gewerbefreiheit, Ersetzung des Feudalsystems durch den Beamtenstaat, Abschaffung der Binnenzölle bereits 1775) hervorgebracht, die durch einen strikten außenwirtschaftlichen Merkantilismus (u.a. Importverbote) ergänzt wurden. Zu Beginn des 19. Jahrhunderts war kein signifikanter Rückstand gegenüber Preußen/Deutschland festzustellen. Der sich seit 1790 durchsetzende Kameralismus, dessen oberstes Ziel fiskalisch (Einnahmesteigerungen für die Staatskasse) bestimmt war, muß allerdings als eher hemmender Faktor angesehen werden. Anfänge einer mechanisierten Textilindustrie während der Kontinentalsperre setzten sich von 1830 bis 1846/47 in einer ersten Industrialisierungswelle in den klassischen Branchen fort.
Die Revolution von 1848 brachte zwar eine Reihe liberaler Reformen aber nicht den parlamentarischen Durchbruch; der erfolgte erst im Anschluß an die Niederlage gegen Preußen bei Königgrätz 1866. Die Bauernbefreiung, die im Vergleich zu Preußen und Rußland in der österreichischen Reichshälfte für die Bauern sehr vorteilhaft ausfiel, leitete eine Kommerzialisierung und Modernisierung der Landwirtschaft ein; in Ungarn blieb der Großgrundbesitz, der zum Getreideanbau überging, dominierend. Die 1851 eingeführte Zolleinheit mit Ungarn, der gemäßigte Zolltarif von 1852 und der Übergang zum Freihandel 1865 im Anschluß an den preußisch-österreichischen Handelsvertrag waren von einem wirtschaftlichen Aufschwung begleitet. Die Folge war eine regionale Spezialisierung (Böhmen, Niederösterreich - Industrie; Ungarn - Getreide; Galizien - Erdöl etc.) bei weitgehender Autarkie des gesamten Wirtschaftsraumes ohne herausragenden Exportsektor. Der nach 1850 einsetzende massive Eisenbahnbau vermochte infolge des Freihandels (analog zu Italien) nur wenig Koppelungseffekte zu erzielen.
Die europäische Agrarkrise führte auch in Österreich/Ungarn zum konservativen Bündnis von ungarischen Großagrariern und österreichisch/tschechischen Industriellen. Es leitete 1878 die protektionistische Phase ein, die bis 1909 durch weitere Zollerhöhungen und eine Kartellierung der Industrie gekennzeichnet war. Eine dritte Industrialisierungswelle von 1880 bis 1913 stand im Zeichen weiteren Eisenbahnbaus und breiter Schwerindustrie, deren Zentrum sich von den Alpenländern nach Böhmen verlagerte. Weitergehende staatsinterventionistische Bestrebungen Koerbers zwischen 1900 und 1904 nach Witteschem Muster wie in Rußland scheiterten aus innenpolitischen

und fiskalischen Gründen. Lediglich Ungarn verzeichnete ab 1880 eine Sonderentwicklung, bei der der Staat im bis dahin agrarisch geprägten Land eine forcierte Industrialisierung in Gang setzte, die höhere Wachstumsraten als in Österreich aufzuweisen hatte.

RUSSLAND

Bis in die Mitte des 19. Jahrhunderts befand sich das Zarenreich in einer tiefen wirtschaftlichen Stagnation. Selbst die einst bedeutende Eisenindustrie am Ural konnte den Niedergang nicht vermeiden, denn sie war nicht in der Lage, ähnlich wie in Schweden die Umstellung auf die moderne Hüttentechnologie mitzuvollziehen. Die Kohlevorkommen lagen zu weit entfernt, und es waren keine modernen Transportmittel vorhanden. Die russische Niederlage im Krimkrieg (1853 - 1856) offenbarte, auf welch tönernen Füßen das Riesenreich mit seinen 81 Millionen Menschen (einem Drittel der Bevölkerung Kontinentaleuropas 1860) stand. Nur eine rasche gesellschaftliche und wirtschaftliche Modernisierung konnte das Absinken auf den Status einer zweitrangigen Macht verhindern.
Diese Erkenntnis gab den Anstoß zu einer Reformpolitik, deren Angelpunkt die Transformation der Landwirtschaft und die Förderung der Industrie war. Da aus politisch-militärischen Gründen die schrittweise Modernisierung der Landwirtschaft, die Herausbildung eines Binnenmarktes und die führende Rolle der Bourgeoisie bei der Industrialisierung als zu langwierig verworfen wurde, sollte der Staat die entscheidende Nachfrage für die Industrie schaffen. Diese sollte durch agrarische Überschüsse ohne vorangegangene Produktivitätssteigerungen finanziert werden, indem man nur die Surplusabschöpfung (Steuern u.a.) erhöhte. Die Bauernbefreiung von 1861 brachte deshalb zwar die Abschaffung der Leibeigenschaft und eine geringe Landzuteilung bei erheblichen Ablösezahlungen, der überschußfähige adelige Großgrundbesitz blieb aber unangetastet. Die Bauern wurden nicht zu Privateigentümern; ihr Boden blieb in der Verfügungsgewalt der Obschtschina, deren Umverteilungsprinzip und Solidarhaftung die Leistung der Agrarsteuer und der Ablösezahlungen garantieren sollten. Außerdem sollte dies damit zu einer Stabilisierung der labilen Agrarsituation beitragen. Nachteilig erwiesen sich der innovationshemmende Effekt der Obschtschina wie des adeligen Großgrundbesitzes und das bei der Landzuteilung nicht berücksichtigte rasche Bevölkerungswachstum, das zu einer allmählichen Verelendung der ländlichen Bevölkerung führte. Dennoch wurde der Getreideexport gesteigert, bis die Konkurrenz der produktiveren amerikanischen Landwirtschaft ab 1880 das genannte Akkumulationsmodell ins Wanken brachte. Der Eisenbahnbau wurde bis 1880 so weit vorangetrieben, daß die wichtigsten Wirtschaftsregionen miteinander verbunden waren. Die eigentliche Industrialisierung schritt aber nur langsam voran.

Nach der katastrophalen Hungersnot von 1891/92 wurde Witte zum Finanzminister berufen (bis 1903). Sein Wirtschaftsprogramm entwickelte die Politik von 1860 weiter und sah vor, daß der Staat durch umfangreiche Eisenbahnbauten und Rüstungskäufe eine künstliche Nachfrage zu schaffen habe, wobei die Eisenbahn als Leitsektor andere Branchen in den Bereichen Montanindustrie und Maschinenbau anregen sollte. Finanziert wurde das ganze durch massive Steuer- und Zollerhöhungen sowie Staatsanleihen. Daneben wurden die Agrarexporte weiter gesteigert, um die importierten Investitionsgüter zu bezahlen und die Währung zu stabilisieren - und damit auch Ausländern Investitionsanreize zu geben. Der ab 1891 extrem hohe Zoll sollte die Staatseinnahmen erhöhen, den Import auf strategisch wichtige Güter reduzieren und die einheimische Industrie schützen, um auch auf diese Weise ausländische Investitionen anzulocken, die tatsächlich in großem Maße erfolgten. Vor allem französisches Kapital floß seitdem ins Land. Diese Maßnahmen führten von 1890 bis 1900 zu einer ersten Industrialisierungswelle, wobei sofort Großbetriebe errichtet wurden, die wegen ihrer Monopolsituation hohe Gewinne abwarfen. Ab 1900 brach, ausgelöst durch eine industrielle Überproduktion, die erste Krise über das System herein, die angesichts der weiterhin desolaten Landwirtschaft, die an ihre Belastbarkeitsgrenze gestoßen war, auch zu einer politischen Krise wurde und in der Revolution von 1905 endete.
Der Ausweg konnte nur in einer weiteren Reform der Landwirtschaft liegen, die von Stolypin 1906 bis 1911 eingeleitet wurde. Sie sah die Auflösung der Obschtschina, einst konservatives Bollwerk und jetzt Modernisierungshindernis, den Erlaß der Ablösezahlungen und die Privatisierung des Bodens zur Schaffung eines bäuerlichen Mittelstandes vor, der die Agrarmodernisierung betreiben sollte. Die Auswirkungen waren bis zum Ersten Weltkrieg noch nicht abzusehen. In der Industrie setzte 1909 bis 1913 eine neuer Aufschwung ein, bei dessen Förderung die Banken eine größere Rolle spielten.

SCHWEDEN

Das besondere Merkmal des schwedischen Industrialisierungsprozesses bestand darin, daß von Anfang an die erst export- und dann binnenmarktorientierte Produktionsgüterindustrie im Vordergrund stand. Dabei gelang es in ausgewählten Bereichen mittels hoher technologischer Flexibilität auch gegenüber den großen Industrieländern, auf dem Weltmarkt konkurrenzfähig zu bleiben.
Das merkantilistische Schweden trat ins 19. Jahrhundert im Zeichen wirtschaftlicher Stagnation ein, die bis zur Mitte des Jahrhunderts andauerte. Die agrarische Versorgung war unzureichend (Nettoimporteur), und die einstmals in Europa neben Rußland führende Eisenindustrie, die wegen Kohlemangels auf Holzkohlenbasis arbeitete, war seit etwa 1820 der modernen englischen Hüttentechnologie erlegen. Erst

seit den fünfziger Jahren des 19. Jahrhunderts setzte ein spürbarer Wandel ein, der im Bereich der Landwirtschaft durch Neulanderschließung, agrarische Hypothekenbanken und den Kartoffelanbau eingeleitet wurde und seit den achtziger Jahren zu einem landwirtschaftlichen Nettoexport führte. Die günstige Weltmarktkonjunktur für Getreide und der Fall der englischen Kornzölle regten den Getreideexport an, vor allem jenen von Hafer zur Versorgung des Londoner Pferdebestandes. Die fortschreitende Industrialisierung Englands förderte den Export von Holz und Qualitätsstahl, dessen Herstellung auch mit Hilfe von Holzkohle noch rentabel war. 1860 ging Schweden zum Freihandel über.
Die letztgenannten Branchen leiteten seit den siebziger Jahren des 19. Jahrhunderts eine verstärkte Exportindustrialisierung bei eigenständiger technologischer Weiterentwicklung ein (Verhüttung und Metallverarbeitung, Sägewerke, Papier), wobei sich der Schwerpunkt des Exports tendenziell auf Deutschland verlagerte. Hinzu kamen entscheidende Neuerungen in der Stahlindustrie (Thomas- und Siemens-Martin-Verfahren), die die Verhüttung des hochwertigen, aber phosphorhaltigen schwedischen Eisenerzes möglich machten. Schweden importierte jetzt auch Kohle, spezialisierte sich ganz auf die Herstellung und den Export von Qualitätsstahl und exportierte ab 1887 in großem Umfang phosphorhaltiges Eisenerz, das in Nordschweden gefördert wurde.
Seit etwa 1890 kam es, eingeleitet durch den Übergang zum Protektionismus - 1888/92 - zu einer binnenmarktorientierten Industrialisierung, die 1914 in ihr Reifestadium eintrat. Als günstig erwies sich die Auswanderung, die in den achtziger Jahren ihren Höhepunkt erreicht hatte. Zusammen mit massivem Kapitalexport, angesichts günstiger natürlicher Ressourcen und eines hohen technologischen Niveaus veränderte sie die Kapital/Arbeitskraft-Relation drastisch, so daß, nicht zuletzt dank des Einflusses der Gewerkschaften, das Einkommensniveau stark anstieg. Neben der weiteren Ausdifferenzierung der vorvorhandenen Branchen in der Holz- und Metallverarbeitung inklusive Maschinenbau förderte die Erschließung der reichlich vorhandenen Wasserkraft ganz neue Bereiche, wie die Elektrometallurgie (Elektrostahl), die Elektrochemie und den Elektromaschinenbau.

SCHWEIZ

Die Eidgenossenschaft verfügte über keine nennenswerten Rohstoffe und, abgesehen von der Wasserkraft, über keine Primärenergie. Die Landwirtschaft war, gemessen an der dichten Besiedelung, außerordentlich karg, und die natürlichen Verkehrsverbindungen (kein Zugang zum Meer, keine schiffbaren Flüsse, geographische Zerklüftung des Landes) waren denkbar schlecht. Als Entwicklungspotentiale müssen vor allem die reichlich vorhandene und saisonal ungenutzte Arbeitskraft sowie die verkehrsgeographisch günstige Lage zwischen Nord- und Südeuropa angesehen werden. Als vorteilhafte Randbedingungen ergaben sich seit dem Vertrag mit Frankreich im Jahre 1515 ein Jahrhunderte langer Friede, der privilegierte Zugang zum wichtigen französischen Markt gegen die Zusicherung kontinuierlicher Söldnerkontingente und ein vergleichsweise liberales und stabiles politisches System. Das führte in der Folge zur Einwanderung religiöser und politischer Minderheiten (z.B. Hugenotten) und zu einem entsprechenden Zufluß von Kapital, Fertigkeiten und Unternehmungsgeist. Bei dieser Ausgangslage erscheint zur Deckung des Nahrungsmitteldefizits die Spezialisierung auf arbeitsintensive Exportprodukte (Textilien und Uhren), deren Fertigung zumindest anfänglich nur einen geringen Kapitalaufwand erforderte und deren Transportkosten, sowohl beim Import der Rohstoffe als auch beim Export der Fertigprodukte, im Verhältnis zum Warenwert sehr niedrig waren, fast zwangsläufig. Hinzu kamen nicht unerhebliche Einnahmen aus dem ebenfalls außenorientierten Tertiärsektor (Söldnerexport, Transithandel, später Finanzwesen und Tourismus), die das säkulare Handelsdefizit auszugleichen halfen. Die bis zum Ende des 18. Jahrhunderts bestehenden Zunftbeschränkungen konzentrierten die Industrialisierung in den ländlichen und gebirgigen Gegenden in der Form des Verlagswesens und der Hausindustrie. Die Einkommen aus diesen Aktivitäten blieben breit gestreut. Die politische Macht der Handels- und Finanzaristokratie war weitgehend auf die Städte beschränkt. Bis 1780 war die Schweiz das im Bereich der Textilindustrie fortgeschrittenste Land auf dem Kontinent - England hatte da kaum einen Vorsprung - und der Welt größter Exporteur von Baumwollerzeugnissen.

Der technologische Durchbruch in der englischen Baumwollspinnerei zwischen 1764 und 1779 brachte jedoch die Schweizer Industrie ab 1780 in harte Bedrängnis, da sie gegenüber dem billigeren und qualitativ besseren englischen Garn nicht mehr konkurrenzfähig war. Die erste Reaktion war die Aufgabe der Handspinnerei, der Import von Garn und die Verlagerung auf die Weberei. Ab 1801 wurden mit Hilfe englischer Spinnmaschinen eigene mechanische Spinnereien begründet. Die politischen Ereignisse im Anschluß an die französische Besetzung und den französich-englischen Wirtschaftskrieg verschafften der Schweiz eine Atempause, in der die entscheidende Umstellung der Industrie gelang. Neben der Abschaffung der Feudalrechte, der Einführung der Gewerbefreiheit und der zunehmenden Integration der Kantone befreite die französische Herrschaft im Zuge der Kontinentalsperre das Land für acht Jahre vom englischen Konkurrenzdruck. Die Schweiz wurde zu einem Textillieferanten des Kontinents. Die gleichzeitige Behinderung des Textilmaschinen- und Baumwollimports (aus dem Orient und Brasilien) wurde durch den Nachbau geschmuggelter Maschinen und den Bezug amerikanischer Baumwolle über die russischen Ostsee- und Schwarzmeerhäfen umgangen. Dem erneuten englischen Konkurrenzdruck nach 1815 vermochte das Land eher

standzuhalten, zumal da es sich in der Folge auf die Herstellung gehobener Qualitäten verlegte. Nach 1830 ging der Garnimport fast völlig zurück. Der zweiten Herausforderung, dem kontinentaleuropäischen Protektionismus nach 1815, wurde durch die Erschließung neuer Märkte in Übersee und entsprechende Anpassung der Designs und Qualitäten begegnet. Im Anschluß an die Textilindustrie entwickelte sich bis 1850 der Textil- und Kraftmaschinenbau. Im Uhrengewerbe wurde in den vierziger Jahren des 19. Jahrhunderts die Umstellung von Luxusuhren zu einfacheren Ausführungen vollzogen, für die sich inzwischen ein weltweiter Markt eröffnet hatte.
Die Gründung des schweizerischen Bundesstaates 1848 und die Schaffung eines einheitlichen Wirtschaftsraumes erfolgten bereits im Zeichen einer fortgeschrittenen Industrialisierung. Die Beseitigung der Reallasten und Allmenden machte eine schrittweise Spezialisierung der Landwirtschaft auf die Vieh- und Milchwirtschaft möglich. Die landwirtschaftliche Eigenversorgung sank bis 1913 auf 15 Prozent. Der Eisenbahnbau, besonders gefördert in den Jahren 1852 - 1864, und der Anschluß an das europäische Netz verbilligte die Nahrungsmittel- und Rohstoffimporte, förderte den weiteren Export, der insbesondere durch den europäischen Übergang zum Freihandel zwischen 1847 und 1876 einen starken Aufschwung nahm, und erhielt der Schweiz den Transithandel. Das alles geschah bis 1884, abgesehen von den bis 1848 bestehenden interkantonalen Zollgrenzen, im Zeichen weitgehenden Freihandels. Das Bankwesen erfuhr seinen Aufschwung ebenfalls erst nach dem Industrialisierungsdurchbruch und diente weniger der Finanzierung der eigenen Industrie als dem Auslandsgeschäft. Seit den siebziger und achtziger Jahren des 19. Jahrhunderts kamen neue exportorientierte Branchen wie Nahrungsmittel, Chemie und Elektro hinzu.

VEREINIGTE STAATEN

Der wirtschaftliche Aufschwung der Vereinigten Staaten wurde zwar anfänglich durch den Export von Grundnahrungsmitteln und agrarischen Rohstoffen ausgelöst, es gelang aber sehr bald, diese Exporteinkommen in eine Binnennachfrage zu verwandeln, so daß der innere Markt zum Hauptträger der Industrialisierung wurde. Als die Engländer nach der siegreichen Beendigung des Krieges mit Frankreich (1754 - 1760) eine verstärkte politische und wirtschaftliche Kontrolle ihrer nordamerikanischen Kolonien anstrebten, um ein exklusives Absatzgebiet für ihre Manufakturwaren zu erhalten, kam es zum Konflikt, der mit der amerikanischen Unabhängigkeit (1776), der Gründung der Vereinigten Staaten (1787/89) und der Herausbildung eines einheitlichen Marktes endete. Die Besiedlung des Westens nach dem Kauf von Louisiana (1803) und das von Hamilton entworfene Wirtschaftsprogramm der "federalists" - gegen England gerichteter Pro-

tektionismus und staatliche Förderung der Wirtschaft im Bereich der Finanzpolitik und Infrastruktur - schufen die Grundlagen für eine Prosperität im Bereich der Landwirtschaft, die durch die napoleonischen Kriege und den Bedarf der englischen Baumwollindustrie zunächst von außen bestimmt war.
Die bis 1890 weitgehend freie Landnahme im Westen (nach 1848 waren die von Mexiko abgetretenen Gebiete bis zum Pazifik hinzugekommen) führte zu einer Verknappung der Arbeitskräfte an der Ostküste (die massive Einwanderung setzte erst Ende des 19. Jahrhunderts ein) und entsprechenden Lohnsteigerungen. In der ersten Hälfte des 19. Jahrhunderts bildeten sich drei Wirtschaftssektoren heraus: im Süden die Plantagenökonomie (Baumwolle, Tabak u.a.) auf der Basis von Sklavenarbeit mit hohen, auf wenige Plantagenbesitzer konzentrierten Exporteinkommen; im Westen die Grundnahrungsmittel erzeugenden Familienbetriebe, die bei großen Höfen und rasch einsetzender Mechanisierung ebenfalls über hohe, allerdings breit gestreute Einkommen verfügten; im Nordosten schließlich die 1820 einsetzende und durch hohe, bis 1828 weiter ansteigende Zölle geschützte Industrie. Der interne Dreieckshandel, gefördert durch die Schiffahrt auf dem Mississippi und den Eisenbahnbau (seit 1830), bestand darin, daß der Nordosten die anderen Regionen mit Konsum- und Produktionsgütern versorgte, der Westen die Grundnahrungsmittel für den Nordosten und Süden lieferte und die Exporteinkommen des Südens infolge der Schutzzölle weitgehend auf den Binnenmarkt umgeleitet wurden. Letzteres war verantwortlich für den Nord-Süd-Konflikt zwischen den freihändlerischen Plantagenbesitzern und der protektionistischen Industrie, da der skizzierte Kreislauf eine Ressourcenumverteilung zuungunsten des Südens bedeutete, der die Zölle subventionieren mußte. Die Sklavenfrage bzw. die Frage der Ausdehnung des Sklavenrechts auf weitere der Union beitretende Staaten und damit die Veränderung der Machtverhältnisse im Kongreß akzentuierte den Konflikt. Hier waren die Existenzgrundlage der Plantagenökonomie und ihre weitere Ausdehnung in Frage gestellt. Die Siedler des Westens stellten sich dabei auf die Seite des Nordens, da sie an einer starken Zentralgewalt gegen die Indianer sowie an der Erschließung der Westgebiete interessiert waren. Der Sieg der Nordstaaten im blutigen Sezessionskrieg (1861 - 1865) und die Wiedereingliederung des Südens (bis 1871) verhinderten, daß die USA oder zumindest die Südstaaten eine "brasilianische Entwicklung" nahmen, da die Exporteinkommen weiterhin in binnenmarktorientierte Massenkaufkraft verwandelt werden konnten.

ANMERKUNGEN

1) Zum gegenwärtigen Zeitpunkt sind umfangreiche Fall- und Problemstudien nur als Forschungsberichte greifbar. Die ins Auge gefaßte Endauswertung wird in zwei Buchmanuskripten erfolgen. Die eine Veröffentlichung (Menzel: 1982) wird die umfangreichen Fallstudien und eine systematische Auswertung der im einzelnen untersuchten Fallbeispiele enthalten; die andere (Senghaas: 1982) wird sich mit den aus dem Projekt ergebenden entwicklungstheoretischen Erkenntnissen auseinandersetzen.

2) Beide Typen von sozialistischen Gesellschaften werden hier aufgeführt, um eine längerfristige entwicklungsgeschichtliche Perspektive zu vermitteln (siehe Typus V in der nachfolgend entwickelten Typologie). Die genannten sozialistischen Entwicklungsländer waren Gegenstand eines früheren Forschungsprojektes. Über die systematische Relevanz sozialistischer Entwicklung in einer säkulären entwicklungsgeschichtlichen Betrachtung siehe Senghaas (1982, Teil III).

3) Die nachfolgenden Typologie setzt den Schrittmacher Großbritannien voraus. Die Agrarrevolution des 18. Jahrhunderts, die Infrastrukturrevolution und die Industrielle Revolution des späten 18. und 19. Jahrhunderts hat zu einer in Europa und der Welt prädominanten Position Englands geführt, wodurch eine erhebliche Hierarchisierung (Produktivitätsgefälle, allgemeines Kompetenzgefälle etc.) in der Weltwirtschaft eingetreten ist - und damit ein erheblicher Peripherisierungsdruck auf jene Gesellschaften, die sich in relativer Interdependenz zu England befanden. Diese Beobachtung geht von dem Faktum höherer Kompetenz in England aus; es wird nicht die Frage gestellt, warum in England und nicht anderswo solche Durchbrüche erfolgt sind. Zur letzteren Problematik siehe die jüngst erschienene vorzügliche Studie von Kriedte (1980).

4) In den letztgenannten Fällen gibt es Wirtschaftsregionen wie der Westen und Süden Deutschlands, die eindeutig dem Typus I entsprechen; andere Wirtschaftsregionen entsprechen dem Typus III (z.B. in den USA der Export von Baumwolle und Tabak aus den Südstaaten; von Getreide aus dem Mittleren Westen etc.); in spezifischen Phasen nimmt der Protektionismus erhebliche Ausmaße an (so z.B. in den USA vor dem Ersten Weltkrieg).

5) Mit diesem Typus V verlassen wir den Bereich der heutigen OECD-Gesellschaften; es handelt sich vielmehr um Gesellschaften, die vor ihrem politischen Umbruch kapitalistische Peripherien in der internationalen Ökonomie waren (peripherer Kapitalismus) und bei denen "sozialistische Entwicklungspolitik" die Funktion hat, noch einmal eine nachholende Entwicklung zu ermöglichen. Zur Problematik siehe den in Anmerkung 2 zitierten Beitrag.

6) Nicht hinzuzurechnen sind Gesellschaften wie die DDR und die CSSR, da sie niemals Peripherie-Ökonomien waren, sondern hochentwickelte industriell-kapitalistische Gesellschaften. Siehe hierzu Senghaas (1980).

7) Diese Überlegung zeigt noch einmal, wie außergewöhnlich der in der Tendenz umfassend freihändlerische Entwicklungsweg der Schweiz ist. Nicht vergessen werden sollte, daß England als das sogenannte klassische Land des Freihandels erst in den vierziger Jahren des 19. Jahrhunderts zum Freihandel überging, also nach erfolgter Agrarrevolution und Industrieller Revolution, und vergessen werden sollte auch nicht, daß England in erster Linie zollfreie Nahrungsmittel und Rohstoffimporte zur Verbilligung der Lebenshaltungskosten der Bevölkerung und der Produktionskosten anstrebte, während es gleichzeitig seine mit hoher Produktivität erzeugten Güter wettbewerbsgünstig in weniger produktiven Ökonomien absetzen wollte. Siehe hierzu jetzt auch Röpke (1980).

8) Und seit der zweiten Hälfte des 19. Jahrhunderts zunehmend in Ergänzung zu Deutschland. England und Deutschland bildeten als industrielle Kernländer Europas die Hauptmärkte für Rohstoffe und Nahrungsmittel.

9) Wichtig war in diesem Zusammenhang auch die frühe Entwicklung einer effizienten Gewerkschaftsbewegung, von Bauerngenossenschaften und von Labour-Regierungen.

10) Darin liegt der große Unterschied zur brasilianischen Entwicklung in den letzten Jahrzehnten.

LITERATUR

Fabian, Horst: 1981,
Der kubanische Entwicklungsweg. Ein Beitrag zum Konzept autozentrierter Entwicklung. Opladen.

Hamilton, Alexander: 1790,
Report on the Subject of Manufactures, in: Syrett, H.C. (Hg.), 1961ff., The Papers of Alexander Hamilton. Bd. 10. New York, 1-340.

Juttka-Reisse, Rosemarie: 1979,
Agrarpolitik und Kimilsungismus in der Demokratischen Volksrepublik Korea. Ein Beitrag zum Konzept autozentrierter Entwicklung. Meisenheim.

Kim Il-sung: 1978a,
Über den sozialistischen Aufbau und die südkoreanische Revolution in der Koreanischen Volksdemokratischen Republik, in: Ausgewählte Werke. Bd. 4. Pjöngjang, 234-289.

Kim Il-sung: 1978b,
Verwirklichen wir noch konsequenter den revolutionären Geist der Unabhängigkeit, der Selbständigkeit und der Selbstverteidigung auf allen Gebieten der Tätigkeit des Staates, in: Ausgewählte Werke. Bd. 4. Pjöngjang, 634-709.

Kitamura, Hiroshi: 1941,
Zur Theorie des internationalen Handels. Ein kritischer Beitrag. Weinfelden.

Kriedte, Peter: 1980,
Spätfeudalismus und Handelskapital. Grundlinien der europäischen Wirtschaftsgeschichte vom 16. bis zum Ausgang des 18. Jahrhunderts. Göttingen.

Laue, T.H.: 1954,
A Secret Memorandum of Sergei Witte on the Industrialization of Imperial Russia (darin: Witte, S.Iu.: 1899, Report of the minister of finance to His Majesty on the necessity of formulating and thereafter steadfastly adhering to a definite program of a commercial and industrial policy of the empire. Extremely secret), in: The Journal of Modern History XXVI/1, 60-74.

List, Friedrich: 1927-1936,
Das nationale System der Politischen Ökonomie, in: Schriften, Reden, Briefe. Bd. 6. Berlin.

Mahalanobis, Prasanta Chandra: 1961,
Talks on Planing. London.

Manoilesco, Mihail: 1937,
Die nationalen Produktivkräfte und der Außenhandel. Berlin.
Mao Tse-tung: 1975,
Das machen wir anders als Moskau. Kritik der sowjetischen Politökonomie. Reinbek.
Menzel, Ulrich: 1978,
Theorie und Praxis des chinesischen Entwicklungsmodells. Ein Beitrag zum Konzept autozentrierter Entwicklung. Opladen.
Menzel, Ulrich: 1980,
Autozentrierte Entwicklung in historischer Perspektive. Dogmengeschichtliche und typologische Aspekte eines aktuellen Konzepts, in: Khan, Khushi M. (Hg.), "Self-Reliance" als nationale und kollektive Entwicklungsstrategie. München, 33-65.
Menzel, Ulrich: (1982),
Autozentrierte Entwicklung trotz Weltmarktintegration. Historisch-komparative Analysen nachholender Entwicklung. (Im Erscheinen).
Ricardo, David: 1972,
Grundsätze der politischen Ökonomie und der Besteuerung (Neu herausgegeben von Fritz Neumark). Frankfurt/M.
Röpke, Jochen: 1980,
Außenhandelstheorie und wirtschaftliche Entwicklung aus theoretischer und wirtschaftsgeschichtlicher Sicht. Marburg (Ms.).
Ruß, Wolfgang: 1979,
Der Entwicklungsweg Albaniens. Ein Beitrag zum Konzept autozentrierter Entwicklung. Meisenheim.
Schumpeter, Joseph: 1964,
Theorie der wirtschaftlichen Entwicklung. Eine Untersuchung über Unternehmergewinn, Kapital, Zins und Konjunkturzyklus. Berlin.
Senghaas, Dieter: 1978,
Weltwirtschaftsordnung und Entwicklungspolitik. Ein Plädoyer für Dissoziation. Frankfurt.
Senghaas, Dieter (Hg.): 1979a,
Kapitalistische Weltökonomie. Kontroversen über ihren Ursprung und ihre Entwicklungsdynamik. Frankfurt.
Senghaas, Dieter: 1979b,
Dissoziation und autozentrierte Entwicklung. Eine entwicklungspolitische Alternative für die Dritte Welt, in: ders. (Hg.), Kapitalistische Weltökonomie. Kontroversen über ihren Ursprung und ihre Entwicklungsdynamik. Frankfurt, 376-412.
Senghaas, Dieter: 1980,
Wirtschaft, Gesellschaft, Sozialismen, in: Leviathan 8/2, 273-278.

Senghaas, Dieter: (1982),
Von Europa lernen. Entwicklungsgeschichtliche Betrachtungen. Frankfurt.

Senghaas, Dieter/Menzel, Ulrich: 1979,
Autozentrierte Entwicklung trotz internationalem Kompetenzgefälle. Warum wurden die heutigen Metropolen Metropolen und nicht Peripherien, in: Senghaas, D. (Hg.), Kapitalistische Weltökonomie. Kontroversen über ihren Ursprung und ihre Entwicklungsdynamik. Frankfurt, 280-313.

Die Rolle des Krieges im kapitalistischen Weltsystem

Ekkehart Krippendorff

"Wer die Entfaltung der Zeitalter überblickt, dem erscheint der Krieg als das eigentliche Wesen staatlicher Tätigkeit."

Bertrand de Jouvenel

Es gibt wohl kein anderes gesellschaftliches bzw. politisches Problem von so zentraler Bedeutung für das Leben und Überleben des Individuums, von Bevölkerungen und heute gar der Menschheit, über das gleichzeitig so wenig analytische Klarheit herrscht, dessen wissenschaftliche Erforschung gewissermaßen noch "mittelalterlich" ist und wo scheinbare Rationalität mit einem erschreckenden Maß an Obskurantismus und Fatalismus einhergehen. Moralische Verurteilung und fatalistische Hinnahme der Realität des Krieges - als mit der menschlichen Natur gegeben - gehen Hand in Hand. Pazifisten und Abrüstungsbewegungen ist es bisher nie gelungen, auch mit noch so überzeugenden Argumenten gegen die extrem pathologische Irrationalität von Rüstungsausgaben durchzudringen und sich eine wirkliche Massenbasis zu schaffen. Zu tief verankert ist das historische Stereotyp, und anscheinend zu überwältigend die historische Evidenz vom Krieg als ewigem Bestandteil menschlicher Geschichte, wozu inzwischen auch noch eine Anthropologie getreten ist, die ihn aus einem dem Menschen qua Mensch innewohnenden Aggressionstrieb ableitet, der allenfalls eingehegt, nicht aber überwunden und aufgehoben werden kann. Dieses populäre und wissenschaftlich bislang nicht auf breiter Front widerlegte Stereotyp rekurriert nicht nur auf die verhängnisvolle Sentenz "Wenn Du den Frieden willst, bereite den Krieg vor", sondern z.B. auch auf die ebenfalls dem sogenannten klassischen Erbe entnommene und verzerrt übersetzte Maxime des Heraklit, der Krieg sei der Vater aller Dinge - anstatt, wie es richtig heißen müßte, der Konflikt ist die Wurzel aller Dinge und allen Lebens.
In Henry Kissingers Memoiren steht der erschreckende Satz: "Bis heute ist es die schwierigste Aufgabe geblieben, eine vernünftigere Nuklearstrategie zu entwickeln, die es erlaubt, wenigstens einen Teil des zivilisierten Lebens zu erhalten..." (Kissinger: 1979, 237). Der Krieg ist also nicht nur nach wie vor legitimes Mittel der Politik von Klein- und

Großmächten, auch unter optimalen - laut Kissinger "vernünftigeren" - Umständen kann bestenfalls ein "Teil" des "zivilisierten" Lebens (wer auch immer die glücklichen Privilegierten sein mögen) erhalten werden. Diesem analytischen Fatalismus, der zugleich ein historisches Versagen darstellt, nämlich ein Versagen vor dem Begreifen geschichtlicher Zusammenhänge und ihrer erst dadurch prinzipiell möglich werdenden Überwindung, gilt dieser Essay.
Hier ist folgendes Argument zu entwickeln: Einerseits hat es unbestritten zu allen uns bekannten Zeiten und zwischen allen bekannten Gesellschaftsformationen gewalttätige Konflikte und, entsprechend dem erreichten Grad gesellschaftlicher Großorganisation, Kriege gegeben; andererseits ist es sicherlich in der Geschichte des Verhältnisses von Krieg und Gesellschaft mit der Durchsetzung der kapitalistischen Produktionsweise zu einem signifikanten Bruch gekommen. Krieg und mehr noch Rüstung haben seither eine historisch neuartige Funktion, die es rechtfertigt, Krieg und Rüstung in nicht-kapitalistischen Gesellschaften von Krieg und Rüstung in unserer Epoche deutlich zu unterscheiden. Wenn es - zumindest ansatzweise - gelingt, das Stereotyp von Krieg und Rüstung als immer-schon-dagewesen aufzubrechen und das qualitativ Neuartige in Umrissen herauszuarbeiten, was "Militär" in allen seinen Aspekten spätestens seit dem 16. Jahrhundert bedeutet, dann wäre das auch ein wichtiger Schritt zur Emanzipation von der Fatalität des Krieges als leider unvermeidlichem Mittel der Politik und nähme den pazifistischen Argumenten ihren moralisch-utopischen Charakter - jedenfalls dann, wenn diese Argumente sich auf den größeren und schwierigeren, den politökonomischen Kontext einlassen.

KRIEG UND DIE ENTSTEHUNG DES KAPITALISTISCHEN WELTSYSTEMS

Dieser Kontext ist näher und historisch durch die Entstehung des modernen Staates bestimmt, einer qualitativ neuen politischen Organisationsform im Rahmen des sich als Weltmacht herausbildenden internationalen Systems. Dieses internationale System ist gleichermaßen Produkt der modernen Staatsformation wie der Staat ein Produkt des internationalen Systems ist; beide bedingen sich gegenseitig, sind zwei Seiten desselben historischen Prozesses (Krippendorff: 1975, Kap. V; Krippendorff: 1970). Der moderne Krieg muß als unauflösbar verknüpft mit dem modernen Staat und der kapitalistischen Produktionsweise begriffen werden. In der Formulierung von Harold Laski: "... Der Staat der kapitalistischen Gesellschaft braucht die Souveränität, um die Interessen des Kapitalismus zu sichern. In letzter Instanz müssen die Interessen durch den Krieg geschützt werden, der seinerseits den höchsten Ausdruck der Souveränität in den internationalen Beziehungen darstellt. Solange es darum, von innen betrachtet, der eigentliche

Zweck des Staates ist, die kapitalistischen Prinzipien abzusichern, solange wird es, nach außen gewendet, des Krieges als Instrument nationaler Politik bedürfen. Ebenso wie Souveränität und eine tatsächliche Welt-Ordnung miteinander unvereinbar sind, so sind auch Kapitalismus und Welt-Ordnung unvereinbar - denn der Krieg ist zutiefst im kapitalistischen System verankert und ist zu dessen Funktionieren nach unserer Erfahrung eine Notwendigkeit" (Laski: 1935, 229). Später spricht Laski vom Zusammenhang zwischen Aufrechterhaltung der Klassengesellschaft im Inneren und dem Suprematie-Streben nach außen und folgert daraus: "Erst mit der Transformation der Klassenverhältnisse können auch die zwischenstaatlichen Antagonismen grundsätzlich miteinander versöhnt werden" (Laski: 1935, 245).
Der "Bruch" in der Funktion von Krieg und Rüstung tritt, äußerlich betrachtet, im 16. und 17. Jahrhundert ein und wurde bereits von einem so prominenten und scharfsinnigen Zeitgenossen wie Montesquieu in seinem "De l'esprit des lois" deutlich erkannt: "Eine neue Krankheit hat sich über Europa ausgebreitet. Sie hat unsere Fürsten befallen und veranlaßt sie, unangemessene Truppenzahlen zu unterhalten. ... Sobald der eine Staat die Zahl der zu den Fahnen Gerufenen erhöht, tun die anderen sofort dasselbe, mit dem Ergebnis, daß nichts dabei gewonnen wird als der gemeinsame Ruin. Jeder Monarch unterhält so viele Armeen in ständiger Bereitschaft, wie er benötigte, wenn sein Volk in tatsächlicher Gefahr schwebte; und dieser Zustand der Rivalität aller gegen alle wird dann Frieden genannt" (Montesquieu, 1949/50, 470).
Die historische Statistik gibt Montesquieu hinsichtlich der sprungartigen Zunahme der Heeresgrößen recht. Er konnte jedoch nicht sehen, daß der Rückgang in der Anzahl tatsächlicher Schlachten mit einer deutlichen Zunahme von Kriegstaten gekoppelt war.
Aus der folgenden Tabelle wird der qualitative Sprung im Kriegswesen während des 16. und 17. Jahrhunderts deutlich ablesbar (Sorokin: 1957, 549).

Heeresgrößen und Kriegstote für neun europäische Staaten von 1101 bis 1925

Periode	Heeresgrößen	Kriegstote
1101-1200	1 161 000	29 940
1201-1300	2 372 000	68 440
1301-1400	3 947 000	169 929
1401-1500	6 910 000	364 220
1501-1600	16 707 300	896 185
1601-1700	25 796 000	3 711 090
1701-1800	31 055 500	4 505 990
1801-1900	24 233 800	3 625 627
1901-1925	60 425 000	22 035 150

Es würde zu weit führen, auf die Kriege des Altertums zurückzugehen (Diesner: 1971); hier muß es genügen, den modernen Krieg vom Mittelalter abzuheben - für das klassische Altertum mag die quantitativ belegte Bilanz Sorokins genügen, daß etwa das Römische Imperium gerade hinsichtlich seines Militäraufwandes und seiner Gewaltanwendung durchaus friedlich zu nennen sei. Auch das Mittelalter, "obwohl von einem martialischen Stil geprägt, kannte erstaunlich wenige wirkliche Schlachten" (Preston/Wise: 1970, 80) - es war langwierig und kostspielig, eine Armee auf die Beine zu stellen, die Lehnsmänner verweigerten dem Lehnsherren nicht selten den Dienst, und ihre tatsächliche Kriegs-Zeit betrug aufgrund anderweitiger Verpflichtungen im Durchschnitt nur ca. 40 Tage im Jahr. Außerdem war es aus logistischen Gründen schwer, großräumige und zeitlich ausgedehnte Kampagnen zu führen, die sich dann ohnehin darauf beschränkten, "das mit Waffengewalt zu nehmen, was man im Handel nicht billiger bekommen konnte" (Lattimore: 1962, 544; zum Krieg im Mittelalter siehe Duby: 1977).
Das ändert sich grundlegend erst mit der frühkapitalistischen Revolution in Westeuropa und der Herausbildung des Handels- und Kaufmannskapitals. Die königliche Zentralgewalt wurde gestärkt, und diese konnte erst große Söldnerheere und dann stehende Heere in Dienst und Sold nehmen. Das ist im wesentlichen bekannt und braucht hier nicht näher ausgeführt zu werden. Anläßlich der kriegerischen Auseinandersetzungen zwischen den italienischen Republiken verbanden sich - in der Strategie der Condotieri - erstmalig frühkapitalistischer Kommerz und Krieg. Der Feldzug wurde für die ohne politisch-ideologisches Engagement kämpfenden Heerführer zum Geschäft. Sieg hätte bedeutet, sich überflüssig zu machen, weshalb die Condottieri diesen oft kunstvoll vermieden. Man wird die Landsknechtsformationen als die ersten modernen Heere bezeichnen können: Sie bestanden aus Lohnarbeitern ("Söldnern"), waren qualifizierte und berufsstolze Fachhandwerker der Kriegskunst und nicht selten demokratisch organisiert (Wahl von Vertrauensmännern gegenüber dem Hauptmann, der sog. "Gemeinweibel"). Es kam hier auch wiederholt zu Kampfverweigerungen, also - modern ausgedrückt - zu Streiks. Als Beispiele: Nach der Schlacht von Marignano (1515) empörten sich die Schweizer Söldner, da ihre deutschen Kollegen inzwischen fast genausoviel verdienten wie sie; ein Jahr später meuterten die deutschen Landsknechte gegen Maximilian, weil ihnen der Sieg in eben jener Schlacht nicht die erwartete Lohnangleichung an das Schweizer Niveau gebracht hatte. Hingegen bedeutete bereits der Sieg Charles VIII. von Frankreich über die italienischen Republiken nicht nur den Sieg der Kanone über das Söldnerheer, es siegte auch und vor allem der zentralistische Großflächenstaat über den Stadtstaat (1494-1527, "Sacco di Roma"), der sich als politische Organisationsform zur Fortentwicklung der kapitalistischen Produktionsweise und des Bürgertums als zu eng erwies. Machiavelli war nicht nur der erste große Theoretiker des neuzeitlichen Staates

(den zu schaffen er dem "Principe" als historische Aufgabe für Italien darlegte), er war auch der erste große Theoretiker des modernen Krieges, der den Zusammenhang zwischen militärischer, politischer und ökonomischer Macht begriff.
Wenn Montesquieu in der oben zitierten Stelle vom "gemeinsamen Ruin" als Ergebnis von Rüstung und Krieg spricht, so hatte er damit kurzfristig recht: Die aufwendige Kriegsführung Ludwigs XIV., auf die er sich bezieht, brachte das Frankreich des 18. Jahrhunderts in der Tat an den Rand des wirtschaftlichen Zusammenbruchs und trug mit zur späteren Revolution bei. Aber Montesquieu konnte dabei den Zusammenhang zwischen Rüstung und Kapitalismus nicht erkennen, der sich überall in Westeuropa in den verschiedensten Formen und unter verschiedenen Bedingungen herzustellen begann. Wo dieser Zusammenhang fehlte, wo die Ausrüstung der immer größeren und aufwendigeren Armeen nicht zum Motor der Manufaktur wurde, war der langfristige Niedergang geradezu unvermeidlich. Dies traf vor allem auf Spanien zu, das, trotz seiner großen Kolonialbeute im 16. Jahrhundert, durch den kostspieligen Krieg gegen die rebellische Bourgeoisie der Niederlande ruiniert wurde. Dieser Krieg kostete Spanien weit mehr, als es den Kolonien gleichzeitig abpressen konnte. Daneben entwickelte es wegen der Entfernung der Kriegsschauplätze vom Mutterland keine Kriegswirtschaft.
"In der scheinbar absurden Behauptung der spanischen Merkantilisten, daß die Kriege während der zweiten Hälfte des 17. Jahrhunderts besonders schädlich für die spanische Ökonomie waren, weil die wichtigsten Kriegsschauplätze nicht im Heimatland, sondern in Italien und Flandern lagen, steckt doch ein Kern an Wahrheit. Material und Nachschub der Armeen in fernen Ländern konnten nicht ohne beträchtliche Vorschüsse (in Spanien selbst) beschafft und transportiert werden. Zumindest in zwei Fällen beschleunigte die Beschaffung von Hartgeld für Einkäufe in ausländischen Kriegsgebieten die Abwertung des kastilischen Geldes gegenüber Gold, Silber, ausländischen Devisen und einheimischen Waren" (Hamilton: 1969, 3f.).
Für die holländische Bourgeoisie dagegen bedeutete der Krieg, an dem das spanische Weltreich zerbrach, nicht nur Kolonial-, sondern auch Kriegsprofit (obwohl im Befreiungskampf der Niederlande etwa eine viertel Million Menschen umkamen!).
Der Militärhistoriker Howard: "Bis zur ersten Hälfte des 17. Jahrhunderts war Kriegsführung in Westeuropa Lebensinhalt für wesentliche Sektoren der Gesellschaft. Frieden war für sie eine Katastrophe, und die Verlängerung des Krieges war, ausgesprochen oder unausgesprochen, legitime Aufgabe eines jeden Mannes von Geist und Verstand. Selbst im 17. und 18. Jahrhundert war der Krieg, so kompliziert und formalisiert er auch geworden war, ein akzeptierter, fast unverzichtbarer Teil des gesellschaftlichen Lebens, und er wurde abgekürzt und unterbrochen nur wegen seiner wachsenden Kosten. Wenn man am Krieg verdienen konnte, wie das für die holländischen Händler des 17.

und die englischen des 18. Jahrhunderts der Fall war, dann wurde sein Ausbruch ebenso begrüßt wie sein Ende bedauert" (Howard: 1971, 204).

Ähnliches gilt für den Aufstieg Englands zur Weltmacht. Verglichen mit Frankreich (über 10 Millionen Einwohner) oder Spanien (7 Millionen, dazu 4 Millionen Menschen in Italien) war es mit seinen 4 Millionen Menschen im 16. Jahrhundert (England und Wales) sowohl am Pro-Kopf-Einkommen gemessen als auch hinsichtlich seiner Rüstungsproduktion eher ein unterentwickeltes Land: Die politisch-militärischen Ambitionen Heinrichs VII., mit den kontinental-europäischen Konkurrenten gleichzuziehen, stimulierten entscheidend die englische Rüstungsindustrie. Technologische Verbesserungen machten englische gußeiserne Kanonen bald zu einer begehrten Handelsware. Der sich daraus ergebende faszinierende Konflikt zwischen den Waffenproduzenten, die durch Exportsteigerungen verdienen wollten, und der Krone, die solche Exporte zur Erhaltung des eigenen Rüstungsvorsprungs zu unterbinden trachtete, kann hier nur kurz erwähnt werden. Die im 17. Jahrhundert auf Initiative der Krone rasch verbesserte englische Militärkapazität zahlte sich in der Folge reichlich aus. Die Zeit des Ausbaus der englischen Handelsvormachtstellung (1689-1760) war auch durch gesteigerte kriegerische Aktivität gekennzeichnet: Fast die Hälfte dieser Periode hindurch wurde Krieg geführt, und zwar bewußt zur Förderung des englischen Handels (Neidhart: 1979). "Am Ende eines jeden Krieges hatte der Handel gegenüber Kriegsbeginn meist an Volumen gewonnen; er wuchs auf Kosten des feindlichen Handels, in der Regel des französischen" (Pollard/Crossley: 1968, 168). Nahezu die gesamte englische Industrie (Eisen- und Nichteisenmetallgewinnung, Kohlebergbau, Tierzucht, Lederwarenproduktion, Schiffsbau, Chemikalien, selbst Luxusgüter wie Seide) profitierte entweder direkt als Zulieferer oder indirekt durch Importzölle vom Krieg.

"Der Krieg war das in letzter Instanz entscheidende Instrument der Politik, welches die Engländer so geschickt zur Schaffung einer Handelsflotte praktisch über Nacht einsetzten und mittels dessen sie Konzessionen von den Besiegten erzwangen ... (Sie) bildeten eine Handelsmarine aus den rund 1700 Schiffen, die sie den Holländern in zwei Kriegsjahren (1652-54) als Beute abgejagt hatten. Es scheint, als ob die Engländer Lord Bacons politischem Ratschlag vom 'Lucrative and Restorative Warre' gefolgt seien. Seit der Mitte des 17. Jahrhunderts zwangen sie Spanier und Portugiesen zu Zollkonzessionen für den Import englischer Waren und zur Stärkung der Position ihrer in Lissabon und Sevilla residierenden Kaufleute" (Stein/Stein: 1970, 26f.).

Der große englische Historiker Robert Seeley charakterisiert das Jahrhundert der Ausbreitung Englands - 1688-1815 - als ein Jahrhundert permanenter Kriegsführung: "Sieben große Kriege führten wir von der Revolution bis zur Schlacht von Waterloo, der kürzeste dauerte sieben und der längste zwölf Jahre. 64 von 126 Jahren, also mehr als die Hälfte, waren 'Kriegsjahre'" (Seeley: 1954, 28). Insbesondere die

zweite Hälfte des 18. Jahrhunderts mit der "Trilogie" von Österreichischem Erbfolgekrieg, Siebenjährigem Krieg und Amerikanischem Krieg sollte man richtigerweise "als einen einzigen Krieg mit gelegentlichen Pausen ansehen" (Seeley: 1954, 33). Es war nicht nur die Periode der "Ausbreitung Englands" und seines Kampfes mit Frankreich um die Weltherrschaft, nämlich um die Beherrschung des kolonialen Weltsystems, sondern zugleich die Periode, während der England - nach der Cromwellschen Revolution - zum modernen Staat als dem Machtinstrument des Bürgertums geworden war.
Für Rußland läßt sich derselbe Zusammenhang zwischen moderner Staatlichkeit und Kriegskapazität als Stimulus zur Entwicklung von Manufakturen und damit zur Schaffung der strukturellen Voraussetzung und der Durchsetzung der kapitalistischen Produktionsweise festmachen. Damit entstand eine bürgerliche Klasse, deren Entfaltung in Ländern wie Spanien und Portugal verhindert wurde. In Rußland waren es - viel mehr noch als die Hugenotten für Preußen-Brandenburg - ausländische Kaufleute und Experten, die die militärisch erforderlichen Manufakturen auf Initiative der Monarchie schufen - denn: "Hätte Rußland weiterhin vom Westen importiert, ohne gleichzeitig eine parallele Entwicklungspolitik für eigene Manufakturproduktion zu betreiben, so wäre die Fähigkeit des Staates, Kriege zu führen, völlig von der Aufrechterhaltung guter Beziehungen zu den fortgeschrittenen Nationen Westeuropas abhängig gewesen" (Fuhrmann: 1972, 173). Darüber hinaus erwies sich auch die Rüstungsindustrie als Devisenbringer: Um die Mitte des 17. Jahrhunderts exportierte Rußland in großen Mengen Kanonen, Kanonenkugeln, Handgranaten und Säbel, vor allem über den holländischen Markt. Generell hat Schumpeter (1969, 47) die historische Rolle der absoluten Monarchie, die die erste Erscheinungsform des modernen Staates darstellt, so zusammengefaßt: "Die Ziele ihrer Politik waren fraglos Reichtum und Macht des Staates. Höchstes Volkseinkommen - für Hof und Armee zu konsumieren - war Zweck der Wirtschaftspolitik, Sorge für die Wohlfahrt der Klassen, von denen das Regime sich nährte, war in diese Politik einbezogen. Die daraus hervorgehende Wirtschaftsordnung war Planwirtschaft, und geplant wurde in erster Linie in Hinsicht auf Krieg" (dazu auch Hinsley: 1973).
Auch hier bleibt formal richtig, aber inhaltlich leer, daß es Kriege, nämlich bewaffnete Auseinandersetzungen zwischen konkurrierenden gesellschaftlichen Einheiten, geführt von ausgebildeten Experten für organisierte Gewalt (Soldaten, Armeen, Heerführer), schon immer gegeben habe. Das historisch qualitativ Neuartige besteht jedoch in der Einbeziehung immer größerer Reproduktionssektoren in das Militärwesen. Sehr grob und zugespitzt formuliert: Kriege blieben in früher Zeit, was die Gesellschaften selbst anbetraf, relativ äußerliche Vorgänge und dienten meist der Herstellung neuer dynastischer Besitzstandsverhältnisse; Herrschaftsklassen wurden gegeneinander ausgetauscht, ohne daß die sich landwirtschaftlich reproduzierenden Gesellschaften

strukturell verändert wurden - was große Verwüstungen und das Niederbrennen von Städten und Dörfern etc. keineswegs ausschloß. In dem Maße jedoch, in dem militärische Stärke zur Funktion der Entwicklung der Produktivkräfte wurde, wuchs auch das direkte oder indirekte Interesse immer größerer Sektoren an Krieg und vor allem an Rüstung.
Hatte ich bisher betont, daß kapitalistische Konkurrenzverhältnisse die Voraussetzung staatlicher Konkurrenzverhältnisse und damit auch von staatlich organisierten, bewußt geplanten Gewaltanwendungen sind, so ließe sich nun das Verhältnis geradezu umgekehrt beschreiben: Die Entfaltung kapitalistischer Produktionsverhältnisse wurde zunehmend zur Voraussetzung politisch-militärischen Überlebens. Die sich feindlich gegenüberstehenden Staaten schufen sich moderne, kapitalistisch strukturierte Ökonomien zur qualitativen Verbesserung ihrer Angriffs- und Verteidigungskapazitäten - die staatlich vorangetriebene Rüstung wird zur Lokomotive der Manufaktur, durch die der in Zünften organisierten Produktion der Todesstoß versetzt wird.
"Krieg und die Vorbereitung des Krieges stellen einen kraftvollen Impuls - wenn auch vielleicht nicht gerade den einzigen - für die Entwicklung moderner industrieller, kommerzieller und finanzieller Organisationen dar. Gustav Adolf, Ludwig XIV. und Peter der Große von Rußland legten Arsenale an, die zu den frühesten Modellen des Fabriksystems wurden. Staatliche Kreditaufnahme und die Gründung der Bank von England, ihrerseits grundlegende Neuerung staatlicher Finanzierung von größter Bedeutung, waren das direkte Ergebnis der Notwendigkeit, genügend Kapital zum Kampf gegen Ludwig XIV. zu mobilisieren" (Preston/Wise: 1970, 117).
Für die englische Eisenindustrie ist zum Beispiel der Nachweis geführt worden, daß sie in hohem Grade einer der zentralen Motoren der Industriellen Revolution wurde, indem sie durch ihren Einsatz für die Rüstung unverhältnismäßig hohe Gewinne abwarf. Umgekehrt führten darum Friedenszeiten und nicht-ausgelastete Kapazitäten zu sektoralen Krisen (Ashton: 1974, 152f.). Das vermutlich "klassische" Modell zur Demonstration des Zusammenhangs zwischen staatlich forcierter Rüstung und frühkapitalistischer Industrialisierung stellt jedoch das unter ehrgeizigen Monarchen aufstrebende Preußen dar: Die Errichtung von Manufakturen und Fabriken, die Anlage von Straßen und Depots waren weitgehend das Werk militärisch inspirierter Initiativen der königlichen Bürokratie, die - nicht zuletzt mittels billiger staatlicher Kredite - Landadel und Aristokratie zur Gründung von Manufakturen und Bergwerken antrieb. Ebenso förderte sie die Einwanderung der als fleißig bekannten Hugenotten aus Frankreich, die im preußischen Staat den Grundstein zu einer modernen Wirtschaftsstruktur legten. Das auf England gemünzte Urteil zweier Wirtschaftshistoriker, daß "die Kriege ebenso unverzichtbar zur Entwicklung des Kapitalismus im 18. Jahrhundert gehören, wie die Sklaverei zur Entwicklung der Zuckerplantage" (Pollard/Crossley: 1968, 169), gilt für Preußen gleicher-

maßen. Es gilt aber auch - immer mit den spezifischen Bedingungen entsprechenden Variationen - etwa für den japanischen Industrialisierungsprozeß im Zuge der Meji-Restauration. Auch diese zielte sehr konkret auf den Auf- und Ausbau militärischer Kapazitäten zur Überlebenssicherung in einer feindlichen, kapitalistischen Umwelt, in der bloßer Samurai-Heroismus selbstmörderisch sein mußte - diese Kriegerkaste wurde nach einem blutigen Aufstand denn auch ausgeschaltet.

Rüstung, Krieg, aber auch das Militär als gesellschaftliche Organisation wie als Instrument der Machterhaltung und -ausdehnung sind von zentraler Bedeutung für den modernen Staat. Sie sind das "Herz der Souveränität" (Laski), in welchem Begriff sich bekanntlich das Neue dieser politischen Struktur ideengeschichtlich manifestiert. Staaten sind souverän, sofern sie in der Lage sind, sich gegeneinander und innergesellschaftlich militärisch zu organisieren und zu behaupten. Die berühmte Formel vom "Primat der Außenpolitik" meint eben dieses: Militärische Angriffs- und Abwehrbereitschaft in einer Welt potentieller Feinde oder ökonomischer Konkurrenten, die Unterordnung gesellschaftlicher Verhältnisse unter die Zwänge militärisch definierten staatlichen Überlebens in feindlicher Umwelt werden zum Wesen von Politik überhaupt. Wettrüsten, Ideologien nationaler Überlegenheit, Nationalismus als Rechtfertigungen gesellschaftlicher Disziplinierungsstrategien und politischer Repression entspringen eben diesem Zusammenhang und führen schließlich zu Kriegen nicht nur universaler, sondern auch totaler Dimensionen.

Bekanntlich hat Schumpeter (1918, 1-39; 275-310) versucht, einen fundamentalen Widerspruch zwischen dem vermeintlich "atavistischen" Kriegsgeist, der aus industriellen Gesellschaftsschichten übriggeblieben sei, und dem friedlichen Profitmotiv des kapitalistischen Händlers zu konstruieren - Kapitalismus bedeute in seinem Wesen, und zur vollen Verwirklichung seiner selbst gebracht, Frieden. Darüber hatte sich schon rund vierzig Jahre früher der scharfsinnige Seeley lustig gemacht: "Das Charakteristische für das Wesen Englands in dieser Zeit liegt darin, daß es zugleich Handelsmacht und Kriegsmacht ist. Die landläufige Vorstellung verbindet Handel mit Frieden, und man kommt zu dem Schluß, daß die Kriege des modernen Englands durch den Einfluß der Feudalaristokratie entstanden seien. Aristokratien seien ja durch ihren militärischen Ursprung von Natur zu Kriegen geneigt, während der Kaufmann ebenso von Natur den Frieden brauche, um seinem Handel ungestört nachgehen zu können. Da haben wir wieder einmal ein gutes Beispiel des aprioristischen Denkens in der Politik! Wie kamen wir denn zur Eroberung Indiens? - doch ganz unmittelbar infolge unserer dortigen Handelsbeziehungen. Das ist nur das schlagende Beispiel für ein Gesetz, welches durch die ganze englische Geschichte des 17. und 18. Jahrhundert hindurchgeht: das Gesetz der innigen Wechselbeziehungen von Krieg und Handel, nach dem in dieser ganzen Periode der Handel naturgemäß zum Kriege führt und der

Krieg den Handel begünstigt" (zitiert nach der deutschen Ausgabe, Seeley: 1954, III).

Derselbe Seeley war aber auch einer der ersten, der - wieder im Unterschied zu Schumpeters "Apriorismus" - auf die enge Verwandtschaft, ja Identität von händlerischer und (see-)räuberischer Mentalität, sprich vom Geist des Profits und dem dazu notwendigen Mittel der kriegerischen Gewalt, aufmerksam machte: "Ich sagte schon, daß die englischen Kapitäne sehr viel Ähnlichkeit mit Seeräubern hatten; für England war der Krieg tatsächlich ein Gewerbe, ein Mittel zur Bereicherung, das einträglichste Geschäft und die beste Kapitalanlage jener Zeit. Dieser spanische Krieg wurde zur Wiege des englischen Außenhandels; die erste Generation von Engländern, die überhaupt Kapital anzulegen hatte, legte es in diesem Kriege an. Wie wir jetzt unser Geld in Eisenbahnen und wer weiß was anlegen, so bezog der damalige gewandte Geschäftsmann Anteile an einem neuen Schiff, das John Oxenham oder Francis Drake in Plymouth ausrüsteten, um den spanischen Silberschiffen aufzulauern oder Beutezüge gegen die spanischen Städte am Golf von Mexiko zu unternehmen. Und dabei waren die beiden Länder nicht einmal im Kriegszustand miteinander. Infolge dieses Monopolsystems waren schließlich in der Neuen Welt Handel und Krieg untrennbar. Das nächste und noch überraschendere Beispiel für diese Regel bietet uns der Wohlstand in Holland. Was konnte für einen kleinen Staat verderblicher sein als ein langer Krieg? - so möchte man fragen. Und doch begründete Holland seinen Wohlstand in einem achtzigjährigen Krieg mit Spanien, denn dieser Krieg gab die ausgedehnten Besitzungen seines Gegners in der Neuen Welt seinen Angriffen preis, die ihm im Frieden unzugänglich gewesen wären. Dem Weltreich, das sich Holland durch diese Eroberungen schuf, verdankte es dann seinen Reichtum" (Seeley: 1954, 113f.).

Darüber hinaus muß jedoch eine noch entschieden grundsätzlichere, strukturelle Verwandtschaft zwischen den Prinzipien kapitalistisch-industrieller Organisation (Hierarchie, Disziplin, Autorität) und denen des Militärs (Hierarchie, Disziplin, Gehorsam, Effizienz und Rationalität der Mittel zu Zwecken, die selbst nicht rationalen Kriterien unterworfen werden) hervorgehoben werden. Sieht man den Widerspruch militärischer Organisation so zwischen Rationalität der Mittel und Irrationalität des Zwecks, dann erscheint auch darin die Verwandtschaft zur kapitalistischen Produktionsweise, ist diese doch unter anderem durch den Widerspruch zwischen "der gesellschaftlichen Organisation in der einzelnen Fabrik und der gesellschaftlichen Anarchie in der Gesamtproduktion" gekennzeichnet (Engels: 1962a, 227).

Werner Sombart hat bereits 1913 den von der heutigen Rüstungsdiskussion vergessenen oder unterschlagenen Nachweis geführt, "daß der Krieg noch viel unmittelbarer am Aufbau des kapitalistischen Wirtschaftssystems beteiligt ist. Deshalb daran beteiligt ist, weil er die modernen Heere geschaffen hat und die modernen Heere wichtige Bedingungen kapitalistischer Wirtschaft erfüllen sollten. ...: die Vermö-

gensbildung, der kapitalistische Geist und vor allem ein großer Markt. ... Das moderne Heer ist vielleicht die erste Stelle, wo sich der Gesellschaft das dynamische Streben nach Ausweitung und Anderssein bemächtigt, das das alte statisch-ruhige Verhalten der mittelalterlichen Welt ablöste und unsere gesamte Kultur ja so von Grund aus umgestürzt hat. Die damit verbundenen quantifizierenden Tendenzen, die dann ihre stärkste Entfaltung im Kapitalismus fanden, treten ebenfalls hier zuerst in den modernen Heeren auf. ... Heeresvergrößerung und Kapitalakkumulation sind durchaus verwandte Vorgänge" (Sombart: 1913, 14, 32f.).
Der historische Rekurs zeigt auch hier, daß der in jüngster Zeit als scheinbar ganz neuartiges Phänomen entdeckte "militärisch-industrielle Komplex" zumindest so alt ist wie der Manufakturkapitalismus. Er ist darum ein fester Bestandteil des modernen Staates überhaupt und gewissermaßen – wenn wir Sombart folgen wollen – sogar dessen ureigenste Kreation. Jene oft als alarmierend zitierten plus/minus zehn Prozent Anteil des Rüstungssektors am amerikanischen Bruttonationalprodukt – und zwar in Friedenszeiten – finden wir – allerdings für die Kriegsjahre – bereits im 18. Jahrhundert (Wolfe/Erickson: o.J.):

Kriegskostenanteil am gemeinsamen Nationalprodukt der Beteiligten pro Kriegsjahr (in %)

Spanischer Erbfolgekrieg (nur England)	1702-1713	8
Siebenjähriger Krieg (nur England)	1756-1763	10
Amerikanischer Unabhängigkeitskrieg	1776-1781	10
Napoleonische Kriege	1793-1815	13
Krimkrieg	1854-1856	8
Amerikanischer Bürgerkrieg	1861-1865	30
Deutsch-Französischer Krieg	1870-1871	
Frankreich		64*
Deutschland		20
Russisch-Japanischer Krieg	1904-1905	19

* Incl. Reparationen an das Deutsche Reich, zu zahlen in fünf Nachkriegsjahren, etwa ein Viertel eines Jahresnationalproduktes.

DER TENDENZIELL TOTALE KRIEG

Geht man bei der Analyse der militärischen Dimension des internationalen Systems von jener historischen Symbiose - von Staatenbildung, Kapitalismus-Entfaltung und Rüstung - aus, so finden viele Probleme, mit denen sich die Theorie der Internationalen Beziehungen beschäftigt, eine Erklärung: Scheinbare Widersprüche enthüllen ihre gesellschaftliche Logik und in letzter Konsequenz die Logik der Selbstzerstörung dieses aus der Entfaltung der Produktivkräfte ebenso wie des Zerstörungspotentials sich gleichermaßen eskalierend reproduzierenden Systems.

Friedrich Engels schrieb schon 1887: "Acht bis zehn Millionen Soldaten werden sich untereinander abwürgen und dabei ganz Europa so kahlfressen, wie noch nie ein Heuschreckenschwarm. Die Verwüstungen des Dreißigjährigen Krieges zusammengedrängt in drei bis vier Jahre und über den ganzen Kontinent verbreitet; Hungersnot, Seuchen, allgemeine, durch akute Not hervorgerufene Verwilderung der Heere wie der Volksmassen; rettungslose Verwirrung unseres künstlichen Getriebs in Handel, Industrie und Kredit, endend im allgemeinen Bankrott; Zusammenbruch der alten Staaten und ihrer traditionellen Staatsweisheit, derart, daß die Kronen zu Dutzenden über das Straßenpflaster rollen und niemand sich findet, der sie aufhebt; absolute Unmöglichkeit vorherzusehen, wie das alles enden und wer als Sieger aus dem Kampf hervorgehen wird; ... Das ist die Aussicht, wenn das auf die Spitze getriebene System der gegenseitigen Überbietung in Kriegsrüstungen endlich seine unvermeidlichen Früchte trägt" (Engels: 1962b, 350f.).

Allerdings sah Engels in der allgemeinen Erschöpfung "die Herstellung der Bedingungen des schließlichen Sieges der Arbeiterklasse" als "unvermeidlich". Im Kontext einer historischen Theorie der Internationalen Beziehungen, d.h. einer Theorie, die das Weltsystem von seiner Genese her in seinen Widersprüchen auf den Begriff zu bringen versucht, schließt sich daran die - hier nicht erfüllbare - Forderung an, auch das Studium der Kriegsführung selbst nicht auszuschließen und sie aus ihren historischen, nämlich den politökonomischen Bedingungen abzuleiten und zu verstehen.

DIE MODERNE KRIEGSFÜHRUNG

Es ist schon darauf hingewiesen worden, daß sich mit der frühbürgerlich-kapitalistischen Revolution auch eine quantitativ meßbare, qualitative Veränderung in der Bedeutung von Krieg und Kriegsführung vollzieht. Nur hinsichtlich dieses "Sprunges" in der Entfaltung der Destruktionskapazitäten lohnt sich der Hinweis auf jene Strategietheorie, die Menschen als Kriegsmaterial schont. Die Kriegslehre formulierte

unter anderem: "Man kann Kriegsunternehmungen mit geometrischer Strenge einleiten und ständig Krieg führen, ohne jemals in die Notwendigkeit zu kommen, schlagen zu müssen" (General Lloyd um 1780). Tatsächlich kosteten jedoch auch die Feldzüge und Schlachten des vorrevolutionären Absolutismsus Zehn-, ja Hunderttausende von Menscnenleben (Vedel-Petersen: 1923).
Richtig aber ist das gleichgerichtete Interesse von Monarchie und Bourgeoisie aller kriegführenden Staaten an der Nichtbeeinträchtigung der Wirtschafts- und Handelsbeziehungen über die Grenzen hinweg. Den eigentlichen Wendepunkt zu neuzeitlicher Kriegsführung stellten die Kampagnen Napoleons und die aus der Französischen Revolution hervorgehenden Kriege dar, wobei die Französische Revolution selbst aus dem größeren Kontext der von England ausgehenden Industriellen Revolution zu interpretieren ist. Die radikal innovative Kriegsführung des revolutionären Frankreich basierte nicht auf neuen militärtechnologischen Durchbrüchen - Napoleon selbst war hier eher konservativ -, sondern auf der historisch neuartigen Massenmobilisierung, der Identifikation der Massen mit dem zu verteidigenden revolutionären Regime, die es ermöglichte, die starke Linienkriegsführung zu sprengen, ohne fürchten zu müssen, daß die Soldaten dann schließlich davonliefen (1). Sie wurden, weil es sich nicht mehr um gepreßte, unwillige Söldner handelte, billiger - Napoleon rühmte sich, jährlich über 200 000 neue Rekruten zu verfügen - und erlaubten die Strategie der Entscheidungsschlacht, in der mit Sieg oder Niederlage oft die staatliche Existenz oder Nichtexistenz des Gegners auf dem Spiele stand.
"Während der letzten Jahre des 18. Jahrhunderts", so heißt es bei einem englischen Militärhistoriker, "entwickelten sich sowohl die politischen Bedingungen als auch die Militärtechniken derart, daß bisher beispiellose Bevölkerungsmengen eingezogen und Armeen von ebenfalls beispielloser Größe gebildet werden konnten. Diese Armeen konnten so kontrolliert und manövriert werden, daß sie sich in einer einzigen Schlacht oder einer Reihe von Schlachten trafen, die für das Ergebnis des Krieges entscheidend waren" (Howard: 1971, 186).
"Die moderne Kriegsführung", schreibt Engels (1960, 477), "setzt ... die soziale und politische Emanzipation der Bourgeoisie und der Parzellenbauern" voraus. Mit der gesellschaftlichen Entfesselung des Krieges und mit der Entfesselung gesellschaftlicher Kräfte - der Bourgeoisie - als Motor staatlicher Selbstbehauptung im internationalen Konkurrenzkampf beginnt der Krieg aber nun tendenziell jenen totalen Charakter anzunehmen, der sich schließlich in den beiden Weltkriegen entlud (2). Nicht nur der Nationalismus, sondern auch die neuzeitliche Heroisierung des Krieges als einer gesamtgesellschaftlich positiven Aktivität hat hier ihren Ursprung. Einem deutschen Festredner zum Siege von 1871 wird der unübertreffliche Satz zugeschrieben: "Nun soll uns noch einmal einer als 'Volk der Dichter und Denker' verketzern!" (Mehring: 1967, 368). Aber auch noch im Jahre 1964 (!) konnte in der Bundeswehr-Zeitschrift "Wehrkunde" ein mit redaktionellem

Vorspann uneingeschränkt gebilligter Aufsatz über "Feldherrentum und Generalstab" erscheinen, in dem es heißt: "Im Kriege offenbaren sich die edelsten und viele niedrige Eigenschaften der Menschen. Im Kriege offenbart sich Gott dem Menschen. ... Das Denken des 20. Jahrhunderts ist nicht geneigt, solche Gedanken zu verstehen. Es ist die Aufgabe der Generalstabserziehung, das heilige Feuer in der Brust der Offiziere zu entfachen, damit sie dem Krieg, der höchsten Steigerung des menschlichen Lebens, gewachsen sind und die Schwäche ihrer Zeit überwinden" (nach Friedeburg: 1966).

Der tendenziell totale Krieg entwickelte seine Dynamik aber nicht nur aus der national-bürgerlichen Emanzipation, sondern aus deren Symbiose mit den technologischen Errungenschaften der Industriellen Revolution, die, was die Kriegsführungs selbst anbetrifft, sowohl in der sprungartig ansteigenden Feuerkraft der Heere als auch in der Revolutionierung des Transportwesens und der Mobilität der Truppen sich unmittelbar niederschlagen (3). Darüber hinaus veränderte sich aber nun noch etwas anderes: Wegen der unmittelbaren funktionalen Abhängigkeit der militärischen von der ökonomisch-industriellen Kapazität wurde das gegnerische Hinterland notwendigerweise zu einem der strategischen Ziele der Zerstörung. Die vorindustrielle, manufakturelle Basis der Kontrahenten während der napoleonischen Feldzüge implizierte noch deren Immunität - auch preußische Manufakturen konnten gezwungen werden, für den französischen Bedarf zu produzieren, und blieben darum nützlich. Im industriell geführten Konflikt jedoch kann keine auch noch so tapfer kämpfende Truppe ohne funktionierende Industrie lange überleben. Der Erste Weltkrieg hat das deutlich demonstriert - vor allem auf deutscher Seite, wo es trotz des historisch ersten Experiments eines staatlich dirigierten Kriegs-Kapitalismus nicht gelang, die materielle Unterlegenheit an Rüstung auszugleichen. Es bedurfte allerdings dann des Zweiten Weltkrieges, um diese Strategie des Überrüstens des Gegners, gekoppelt mit der Zerstörung seiner industriellen Reproduktionsbasis, nahezu zu vollenden; "nahezu" insofern, als die spätere amerikanische Vietnam-Strategie neben der tendenziellen Vernichtung auch noch die Zerstörung der infrastrukturellen und ökologischen Überlebensbedingungen des Gegners kalkulierte und so dem Krieg eine Dimension hinzufügte, die vordem nicht im Bereich des Möglichen lag.

Die historisch neuartige Verschwisterung von industrieller Technologie und Kriegsführung bedeutete für das internationale System noch mehr: Dieses war - mit den Ausnahmen der spanischen Kolonisation Lateinamerikas und der Unterwerfung Indiens durch England - bis zu Beginn des 19. Jahrhunderts im wesentlichen durch die überlegenen europäischen Flotten zusammengehalten worden, weshalb der indische Historiker Panikkar für diesen Zeitraum den Begriff der "Vasco-da-Gama-Periode" prägte. Mit der kostspieligen - die industriekapitalistische Produktion entscheidend stimulierenden - Entwicklung von Destruktionswaffen beispielloser Wirkung wurde es nun möglich, die

großen Bevölkerungsmassen Asiens und Afrikas effektiv zu unterwerfen und zum Teil - wie dies mit den Indianerbevölkerungen Nord- und vor allem Südamerikas während der zweiten Hälfte des 19. Jahrhunderts geschah - auszurotten.
Adam Smith hatte das zu Beginn der Industriellen Revolution bereits deutlich erkannt: "Im modernen Krieg bedeutet die Kostspieligkeit von Feuerwaffen einen klaren Vorteil für die Nationen, die sich diese Ausgaben am besten leisten konnten - und folglich einen Vorteil der reichen und zivilisierten über die armen und barbarischen Nationen. Im Altertum hatten es die wohlhabenden und zivilisierten Nationen schwer, sich gegen die armen und barbarischen zu verteidigen. Heutzutage finden es die letzteren schwierig, sich gegen die ersteren zu wehren. Die Erfindung der Feuerwaffen, die auf den ersten Blick so bösartig erscheint, ist zweifellos günstig für die Erhaltung und Ausdehnung der Zivilisation" (Smith: 1951, 230f.).
Faktisch führte diese kriegstechnologische Überlegenheit der "Zivilisation" zu Blutbädern ohnegleichen. Allein bei der Schlacht von Omdurman (2. September 1897) - eine britisch-ägyptische "Strafexpedition" im Kontext der Unterwerfung des Sudan - gab es 386 Tote und Verwundete auf der Seite der "Zivilisierten" und 11 000 Tote und 16 000 Verwundete bei den "Barbaren", von denen eine große Zahl nachträglich noch gestorben sein dürfte. Die Brutalisierung des Krieges im allgemeinen und die der Pazifizierung unbotmäßiger Völker an der Peripherie des internationalen Systems, die im Vietnam-Krieg einen neuen Höhepunkt gefunden hat, ist dem von der kapitalistischen Konkurrenz geprägtem internationalem System strukturell eigen.
Angesichts der unwiderstehlichen Wucht, mit der sich der Kapitalismus als staatlich organisierter Kriegskapitalismus ausbreitete und sich das seinen Interessen entsprechende Globalsystem schuf, schien es für die nicht-kapitalistischen Gesellschaften auch in dieser Hinsicht keine Alternative zu geben als die der konkurrierenden Nachahmung. Nur in einem Falle ist das erfolgreich gelungen - nämlich in Japan, das innerhalb eines knappen halben Jahrhunderts zur mehr als ebenbürtigen Militärmacht aufstieg. Die Türkei beispielsweise, die im 16. Jahrhundert Westeuropa militärisch überlegen war und noch im 17. Jahrhundert eine ernstzunehmende Gefahr dargestellt hatte, zerbrach schließlich an der Starrheit ihrer sozio-ökonomischen Strukturen und dem Ausbleiben einer kapitalistischen Revolution im Innern, die allein die steigenden Kosten für technologie- und kapitalintensive Rüstung hätte decken können. Das gewaltige chinesische Reich, dessen Sozialgeschichte auch dadurch gekennzeichnet ist, daß es hier wegen des frühzeitig zentralisierten Monopols der Verteidigung nicht zur Herausbildung einer spezialisierten Kriegerkaste kam, und von dem es heißt, daß es sich durch seine durch die Jahrhunderte tradierte Geringschätzung des Militärischen auszeichne, wurde eben darum das Opfer einer wiederum militärisch erzwungenen Eingliederung in das kapitalistische Weltsystem mit allen seinen bekannten Konsequenzen. Die Führer des

nachrevolutionären China haben daraus die Lehre ziehen müssen, die auch die Sowjetunion mehr als fünfzig Jahre früher schon gezogen hatte: Ohne technologieintensive industrielle Rüstung in einer kapitalistischen Staatenwelt ist kein eigengesellschaftliches Überleben möglich.

Der Erste Weltkrieg stellt für das Problembewußtsein der allgemeinen Gefährdung der kapitalistischen Gesellschaftsordnungen und der modernen Staatenwelt überhaupt durch Krieg und Rüstung einen Wendepunkt dar. Die in der prinzipiell korrekten Einschätzung des Katastrophenpotentials unternommenen Abrüstungsversuche mußten jedoch scheitern - die Staatenstruktur, die doch an der Wurzel von Wettrüsten und latenter Kriegsgefahr liegt, konnte und sollte nicht in Frage gestellt werden. Im Gegenteil: Der Völkerbund sanktionierte aufs Neue das absolute Recht der Staaten auf ihre Existenz, auf ihre Souveränität in der internationalen Politik, deren Kriterium identisch ist mit dem Recht, Krieg zu führen, ganz gleich wann und gegen wen. Lord Bryce artikulierte in einem Vortrag über Internationale Beziehungen, den er 1921 in den USA hielt, die außenpolitische Maxime der herrschenden Klassen unzweideutig so: "Jede politische Gemeinschaft, ungeachtet ihrer Staatsform, sei sie republikanisch oder monarchisch, befindet sich gegenüber jeder anderen politischen Gemeinschaft im Naturzustand, d.h. eine unabhängige Gemeinschaft steht jenseits des Rechtes. ... (Sie) befindet sich im Grunde im Zustand des Wilden, ehe er sich mit anderen zu gesetzlich organisierten Gemeinschaften zusammenschloß" (zitiert nach Williams: 1927, 1). Die große und noch immer unübertroffene Arbeit über den Krieg von Quincy Wright, während des Zweiten Weltkrieges geschrieben, schien zu bestätigen, daß der Krieg gewissermaßen in die Naturgeschichte von Gruppenzusammenschlüssen gehöre, deren historisch höchstes - und kriegsanfälligstes - Stadium das der Staatlichkeit generell sei: Staaten "mit den unterschiedlichsten Verfassungen haben dazu tendiert, unter ähnlichem äußeren Druck ähnlich zu reagieren". Und: "Es läßt sich statistisch kaum belegen, daß Demokratien weniger in Kriege verwickelt gewesen wären als Autokratien" (Wright: 1964, 157, 161). Eine weitere quantitative Untersuchung der Kriege während des Jahrhunderts von 1837 bis 1937, die sich auf die Frage nach der funktionalen Beziehung zwischen Gesellschaftsordnung und außenpolitischem oder aggressivem Verhalten konzentrierte, kam zu dem Schluß, daß es für keine der untersuchten Variablen - ökonomisches Entwicklungsniveau, politische Verfassung, akkumulierte Macht, innenpolitische Stabilität oder Labilität, kollektivpsychologische Disposition etc. - einen nachweisbaren, statistisch signifikanten Zusammenhang mit friedlicher oder kriegerischer Außenpolitik gibt (Rummel: 1968, 187-214).

Die Tatsache der rapiden Zunahme von Kriegen sowie das sprunghafte Anwachsen ihres Zerstörungspotentials im Kontext der Entwicklung des Weltsystems seit dem 16. Jahrhundert können auch diese wissenschaftlichen Ergebnisse nicht erklären. Aber dann kamen, mit dem

Zweiten Weltkrieg, als anscheinend neue Realität im internationalen System die Explosion der beiden Atombomben, das unerwartet rasche Aufholen der Sowjetunion, das "Gleichgewicht des Schreckens", auch "nukleares Patt" genannt, dann der als "Kalter Krieg" in die Geschichte eingegangene Waffenstillstand zwischen den konkurrierenden "Supermächten" und schließlich die sogenannte "Entspannung". Nun schien der Weg zu einer Eliminierung des Krieges aus dem internationalen System möglich zu sein, und zwar aufgrund der objektiv nicht mehr zu rechtfertigenden, weil weder wirksamen Schutz noch sinnvollen Einsatz versprechenden Kosten für Rüstung. Muß der inzwischen eingetretene Frieden zwischen den großen Staaten, die in der Vergangenheit die Protagonisten der Kriege gewesen waren, - wie prekär er auch sein mag - nicht doch positiv interpretiert werden als zwar ungewollte, aber gleichwohl logische Konsequenz aus jenen technologischen Durchbrüchen und Entwicklungen, die mit der Industriellen Revolution begannen?

Die zur Klärung einer solchen Einschätzung notwendigen Fragen sind vielfältig - aber die Antworten darauf hängen vor allem von der Genauigkeit ab, mit der wir unsere Fragen überhaupt erst stellen. Denn zunächst wären die Prämissen einer solchen positiven Interpretation des gegenwärtigen Friedenszustandes kritisch und empirisch zu überprüfen - und diese stellen sich dabei als zumindest brüchig, wenn nicht gar als falsch heraus, denn: Der Kalte Krieg war und die Entspannung ist alles andere als eine friedliche Periode.

Eine vor wenigen Jahren von Istvan Kende unternommene quantitative Analyse der bewaffneten Konflikte nach dem Zweiten Weltkrieg kommt zu dem immerhin überraschenden Ergebnis, daß mehr Menschen und größere Territorien "heiße" Kriege über sich haben ergehen lassen müssen als sowohl im Ersten als auch im Zweiten Weltkrieg, und daß die Zahl bewaffneter Konflikte im untersuchten Zeitraum von 1945 bis 1968 ständig zugenommen hat. Der Autor folgert daraus keineswegs abwegig, daß wir in der Tat bereits in einem Dritten Weltkrieg leben - mit dem einzigen Unterschied, daß sich dieser diesmal an der Peripherie des internationalen Systems und vor allem in der Form dessen abspielt, was er "Anti-Regime-Kriege" nennt und wofür wir das einfachere Wort "Bürgerkriege" einsetzen können - und zwar Bürgerkriege mit aktiver Partizipation und Intervention der Metropolitanmächte, allen voran der USA, gefolgt von Frankreich und England (Kende: 1973, 242-269).

In zahlreichen Fällen - nicht nur in Vietnam! - hat diese durch externe Intervention oder ermutigte Duldung stimulierte Gewaltpolitik des bis an die Grenze des Genozids gehenden "Blutbades" Formen und Ausmaße angenommen, die denen des Nazismus kaum mehr viel nachstehen. Es ist lediglich der Friede im Zentrum, zwischen den hochbewaffneten und über eine mehrfache "overkill"-Kapazität verfügenden Großmächten, der zu der weitverbreiteten Täuschung geführt hat, es funktionierten die moderne Waffentechnologie und das Rüstungsgleichgewicht durch beiderseitiges "Kontrollieren" des Rüstungswettlaufs objektiv friedenserhaltend. Die solche Friedenserwartungen in Frage stellenden Warnungen - etwa der chinesischen Politiker - vor einem wahrscheinlich kriegerischen Zusammenstoß der um imperialen Einfluß konkurrierenden Großmächte USA und Sowjetunion werden in der Regel als Zweckpropaganda abgetan zugunsten einer durchaus einleuchtend klingenden Konvergenz der objektiven Sicherheits- und Selbsterhaltungsinteressen der Großmächte. Das aber hatte z.B. Karl Kautsky selbst noch unmittelbar am Vorabend des Kriegsausbruches im August 1914 (sein Aufsatz erschien im September) erwartet, als er die friedliche - wenn auch von ihm keineswegs begrüßte - Perspektive eines "Überimperialismus" der großen Antagonisten entwickelte. Mit dem irakisch-iranischen Krieg vom Herbst 1980 rückte die Kriegsgefahr erstmals aus der "weiteren" (Asien) an die "engere" Peripherie und machte deutlich, wie wenig die Gefahr eines Groß-Weltkrieges mit aktiver Beteiligung der konkurrierenden Großmächte USA - UdSSR gebannt ist. Seit dem Jahre 1980 wird zum erstenmal nach dem Ende des Zweiten Weltkrieges wieder offiziell und allerorts von der nicht mehr auszuschließenden Möglichkeit eines "heißen Krieges" auch in Europa selbst gesprochen.

Im Lichte dieser Tatsachen müssen Fragen gestellt und Antworten versucht werden: Die Einengung auf das bloße Ausbleiben totaler Kriege im internationalen System würde eine die Sache selbst verfehlende Verzerrung oder Reduktion auf nur einen Aspekt von Rüstung, Krieg und Militärwesen darstellen. Wenn man hingegen die beiden großen Weltkriege als nur eine spezifische, in besonderem Maße extreme Manifestation der aufgezeigten Symbiose zwischen staatlicher Organisation, Mobilisierung ökonomischer Ressourcen im Konkurrenzkampf der Nationen und Militärapparaten versteht, dann vermeidet man die Fehlinterpretation des Kalten Krieges und seiner Fortsetzung - der Entspannung - als Anzeichen einer prinzipiell möglichen Selbstkorrektur des internationalen Systems, dessen strukturelle Basis, die Nationalstaaten, angeblich selbst außerhalb der Diskussion bleiben kann. Demgegenüber zeigt die historische Analyse der Entwicklung von Militär- und Rüstungswesen, daß der moderne Krieg eine durchaus neuartige Qualität in den Gewaltverhältnissen, wie sie sich für nahezu alle früheren historischen Gesellschaften nachweisen lassen, darstellt, und daß dieser moderne Krieg das Korrelat zum modernen, kapitalistischen Staat bildet, der seinerseits als Kriegsstaat die geschichtliche Bühne betritt. Zwar bleibt der Krieg die ultima ratio des Staates zur Verteidigung der von ihm repräsentierten sozio-ökonomischen Interessen, aber seine gesellschaftliche Funktion übt er als Motor der Ökonomie und als Disziplinator auch und gerade in Friedenszeiten aus.

Es ist bereits darauf hingewiesen worden, daß die Regierenden des 18. Jahrhunderts mittels einer rationalistischen Strategie die eigentliche Schlacht - wegen der damaligen Knappheit der menschlichen und

ökonomischen Ressourcen - zu vermeiden suchten; aber der sozialen Funktion der Heere als Instrument von nationaler Integration und repressiver Disziplinierung waren sie sich gleichwohl vollauf bewußt. So waren der noch heute bisweilen sichtbare Bau von Kasernen und die Stationierung der Truppen an der unmittelbaren Peripherie der Städte für Bürger und alle Untertanen gleichermaßen eine ständige Ermahnung zu politischem Wohlverhalten, eine Demonstration der zentralstaatlichen Präsenz, die in unruhigen Zeiten ihren keineswegs nur symbolischen Charakter unter Beweis stellte. Für das aufgeklärte Bürgertum des 19. Jahrhunderts galt darum das stehende Heer als unvereinbar mit moderner, liberal-demokratischer Gesellschaft; es wußte sehr wohl - und hatte dies in Deutschland beispielsweise 1848 konkret erfahren -, was Otto Hintze formulierte: Die Armee "ist zwar als Mittel zur auswärtigen Machtpolitik geschaffen, aber sie dient zugleich auch zur Aufrechterhaltung und Ausdehnung der monarchischen Gewalt im Inneren. Jeder Widerstand im Lande wird diesem ungeheuren monarchischen Machtmittel gegenüber unmöglich" (zitiert nach Friedeburg: 1966, 13). Dieselbe generelle Erkenntnis gab auch der späte Friedrich Engels als Antwort auf die Frage "Kann Europa abrüsten?": "... daß vom rein militärischen Standpunkt der allmählichen Abschaffung der stehenden Heere absolut nichts im Wege steht; und daß, wenn trotzdem diese Heere aufrechterhalten werden, dies nicht aus militärischen, sondern politischen Gründen geschieht, daß also mit einem Wort die Armeen schützen sollen nicht so sehr gegen den äußeren wie gegen den inneren Feind" (Engels: 1963, 371).
Wir sehen, daß der Komplex Staat-Rüstung-Krieg-Ökonomie in unserer historischen Epoche, der Epoche des Kapitalismus in seiner weltweiten Selbstverwirklichung, im Grunde aus nur wenigen Variablen komponiert ist, die unter je spezifischen Bedingungen in verschiedener Konstellation erscheinen, ohne jedoch damit ihre strukturelle Bedeutung für die politische Ökonomie des internationalen Systems als Ganzen oder für seine Teile zu verändern. Richtig ist, daß mit atomaren "Over-Kill-Kapazitäten" nunmehr eine Tendenz verwirklicht wurde, die in der Symbiose von Industrietechnologie und Rüstung nur angelegt war und die das Risiko des Erfolges beim Einsatz von Krieg als Mittel der Politik so hoch schraubt, daß ein totaler Großkrieg noch unwahrscheinlich erscheint. Aber die Betonung muß auf der Verwirklichung einer seit langem strukturell angelegten Tendenz liegen. Es ist daran zu erinnern, daß - analog zum Kapital selbst, in dessen Begriff der Weltmarkt immer schon tendenziell enthalten ist - der Weltkrieg im Begriff der Welt-Staatengesellschaft notwendig angelegt ist und in dieser Verklammerung auch bereits im 17. Jahrhundert erstmalig erscheint. Es ist folglich keine abwegige historische Analogie, sondern in der begrenzten Logik des Systems selbst angelegt, wenn wir in der Strategie der zweiten Hälfte des 20. Jahrhunderts eine neue Version von Kriegsführung und Militärfunktion des 18. Jahrhunderts erkennen, die selbst, rückblickend, nur Zwischenspiel war: die Vermeidung des

"Schlagens", des Heißen Krieges zwischen den hochgerüsteten Konkurrenten, zugunsten eines Manöverkrieges um jeweils günstigere Druckpositionen, die es dem Gegner als aussichtslos erscheinen lassen, effektiv zu kämpfen - ein eklatantes Beispiel ist der Abzug der sowjetischen Raketen aus Kuba.
Und damals wie heute sehen die Antagonisten keinen Widerspruch darin, einerseits die mächtigsten Waffen gegeneinander zu entwickeln und den vernichtenden Schlag des Gegners ständig einzukalkulieren, aber andererseits gleichzeitig kulturelle, diplomatische, kommerzielle und andere Beziehungen intensiv zu pflegen und auszubauen. In der Tat ist dies kein Widerspruch, insofern Rüstung in ihrer Eigendynamik gar nicht mehr - wenn überhaupt je in reiner Form militärischer Rationalität - primär am Kriegsfall selbst orientiert und festgemacht ist. Vielmehr hat sich der vielzitierte militärisch-industrielle Komplex inzwischen als ein systematisch einsetzbares und auch de facto eingesetztes Mittel der Kontrolle und Steuerung von Wirtschaft und Gesellschaft erwiesen und ist innerhalb der spätkapitalistischen Gesellschaften zu einer derartigen Schlüsselfunktion geworden, daß er zur Selbsterhaltung anscheinend unentbehrlich geworden ist (4). Die Feststellung dürfte heute - mit allen notwendigen Qualifikationen - als wissenschaftlich gesichert gelten, daß jede echte Abrüstung, das heißt jeder reale Abbau des Militärapparates und jede substantielle Reduktion des Rüstungssektors, in besonderem Maße die USA, aber aufgrund seiner jüngsten Expansion auch Frankreich, die Bundesrepublik bis hin zu Italien in ökonomische und sozio-politische Krisen stürzen würde, in deren Konseqeunz die kapitalistische Wirtschafts- und Gesellschaftsordnung selbst kaum mehr überlebensfähig wäre.
Vergleichbare Analysen zur Bedeutung und Funktion des Militärbudgets innerhalb der sowjetischen Ökonomie gibt es erst in Ansätzen (als Beispiel Jahn: 1979). Aber obwohl es strukturell denkbar erscheint, daß die Sowjetunion mit den rein ökonomischen Konsequenzen einer hypothetisch denkbaren Abrüstung relativ leichter und ohne prinzipielle Gefährdung in der zentralen Planwirtschaft fertigwerden würde, wären doch die politischen Konsequenzen des Verlustes des Militärapparates für die eigene innere Stabilität und für die des Warschauer Paktes, für die sowjetische Außenpolitik und damit für die Herrschaft der bürokratisch-politischen Klasse überhaupt ebenso gravierend und unakzeptabel, wie das aus anderen Gründen für die kapitalistischen Staaten gilt. Die offensive Sicherung der eigenen Peripherie durch das Mittel der militärischen Intervention - Afghanistan - gehört offensichtlich zu ihrem eingesetzten Instrumentarium.
Bisher ist es kaum schlüssig bewiesen, daß die Abwesenheit von Krieg in den Zentren - jene Scheinsicherheit, für die sehr treffend der Begriff vom System "organisierten Unfriedens" geprägt wurde (Senghaas) - eine Konsequenz der astronomisch hohen Rüstungsausgaben ist, wie das von den Apologeten der Abschreckungsstrategie so selbstsicher immer wieder behauptet wird. Zwar ist es angesichts der

historisch präzedenzlosen Größenordnungen heutiger Rüstung eher problematisch, aus der Geschichte Lehren über den Zusammenhang zwischen Rüstung und Kriegswahrscheinlichkeiten abzuleiten, die unter quantitativ ganz anderen Bedingungen gelten. Andererseits bestehen derartige statistische Korrelationen etwa zwischen dem Anteil von Rüstungsausgaben am Bruttonationalprodukt und Kriegswahrscheinlichkeit und -unwahrscheinlichkeit. Eine stastistische Untersuchung zweier kanadischer Friedensforscher kommt zum Beispiel zu dem Schluß, daß ein Anteil der Rüstungsausgaben von 4,63% am Bruttosozialprodukt die kritische Schwelle für die wahrscheinliche Verwicklung eines Landes in kriegerische Konflikte während der folgenden fünf Jahre sei (Newcombe/West: 1972). Und wenn diese Korrelationen auch für die Supermächte selbst heute nicht mehr gültig sein mögen, so sind sie es doch zumindest für Konflikte an der Peripherie des internationalen Systems, welche ihrerseits nahezu immer potentiell die militärische Konfrontation der ersteren früher oder später provozieren. Auch der Erste Weltkrieg war schließlich aus einem ganz und gar peripheren Konflikt hervorgegangen.
Bei aller Bedeutung des Repressions- und Zerstörungspotentials für die Aufrechterhaltung der hierarchischen Strukturen des internationalen Systems und seiner nationalstaatlichen Komponenten darf jedoch die historisch neuartige Tatsache der letzlichen Impotenz auch und gerade der höchstentwickelten Militärtechnologie gegenüber unterdrückten Völkern, die entschlossen für ihre Emanzipation zu kämpfen bereit sind, nicht übersehen werden. Vietnam ist zweifellos das faszinierendste Beispiel, wo ein kleines, jahrzehntelang unterdrücktes, aber schließlich zur Militanz entschlossenes Volk sich nicht durch die technologische Überlegenheit der höchstentwickelten Militärmaschine der Welt hat einschüchtern lassen. Es ist nicht unwesentlich, daran zu erinnern, daß der Widerstand in Südvietnam buchstäblich mit Pfeil und Bogen gegen Hubschrauber begonnen hatte und daß er für mehrere Jahre ohne wesentliche Änderung seiner eigenen Technologie die amerikanische Kriegsmaschine auf den Weg immer weiterer technischer Eskalation zwang, ehe auch auf Seiten der Befreiungsbewegung importierte schwere Waffen eingesetzt wurden. Das Phänomen des Guerillakrieges - historisch mindestens so alt wie der Widerstand des spanischen Volkes gegen die napoleonische Besetzung - hat überall und in den verschiedensten Formen eine neue Bedeutung erlangt - eben aufgrund der besonderen Verwundbarkeit hochentwickelter und technisch komplexer Repressionsmechanismen. Im Iran mit seinen revolutionär mobilisierten Bevölkerungsmassen haben die USA nicht einmal daran denken können, militärisch zu intervenieren. Von den Philippinen bis zu den afrikanischen Kolonien Portugals, vom Baskenland bis Nordirland reihen sich die Beispiele für die Unfähigkeit der Militärapparate, mit einem Gegner fertigzuwerden, der seine Stärke aus der Artikulation der Klassenstruktur nationaler und internationaler "Ordnung" zieht, der auf den organisierten Unfrieden struktureller Ge-

walt mit offener Gewalt, mit bewaffnetem Widerstand reagiert und es dabei zugleich vermeidet, den Konflikt auf jener Ebene militärischer Organisation auszutragen, auf der das Material, die Technologie, die große Militärmaschinerie (5) unschlagbar sind - der offenen Schlacht. Andererseits kann es in solchen Situationen, wo die militärische Verteidigung von Klassenprivilegien und - im globalen Kontext - von "Einflußzonen" bis zum Punkt der Impotenz unterlaufen wird, tendenziell zur Totalvernichtungsstrategie gegenüber dem anders nicht mehr schlagbaren Gegner kommen: zur Zerstörung seiner biologischen Umwelt und zum Genozid, was in Vietnam zu demonstrieren versucht wurde.

Ist ein derartiger Punkt erreicht, so gewinnt der militärisch-ideologische Antagonismus zwischen kapitalistischen und staatssozialistischen Ländern, so viel den letzteren an einer Zusammenarbeit mit den ersteren und an einem gemeinsamen Management des internationalen Systems auch gelegen sein mag, seine konkrete Bedeutung zurück: Die Vereinigten Staaten sind nicht mehr der unbestrittene und alleinige Führer eines allumfassenden kapitalistischen Weltsystems, wie das für England bis in die zweite Hälfte des 19. Jahrhunderts galt, das seinerzeit jedes auch nur denkbare Mittel zur Unterdrückung von Widerstand gegen imperialistische Expansion und Stabilisierung bedenkenlos einsetzen konnte; der vietnamesische Widerstand wäre ohne die aktive militärische Unterstützung der Sowjetunion noch entschieden rücksichtsloser und wahrscheinlich auch mit Erfolg unterdrückt worden.

Die reaktive Verstaatlichung der antikapitalistischen Revolution in Rußland, die die Sowjetunion einmal vor der faschistischen Vernichtung gerettet hatte und die ihr heute so etwas wie eine Rüstungsparität mit den kapitalistischen Ländern ermöglicht, hat darum eine durchaus widersprüchliche Bedeutung: Sie hat den Weg zur Kooperation zwischen ideologisch, historisch und sozio-ökonomisch antagonistischen Staatsgesellschaften mit dem erklärten Ziel einer prinzipiellen Erhaltung der hierarchischen Strukturen des internationalen Systems eröffnet, und sie begrenzt und behindert gleichzeitig die militärischen Disziplinierungskapazitäten der kapitalistischen Metropolen, ohne deren vollen Einsatz das kapitalistische System sich nicht halten kann.

Das zeigt die Geschichte des Weltsystems, insbesondere während des 19. Jahrhunderts - also während seiner post-kolonialen Stabilitätsphase - nur zu deutlich. Andererseits führt der Einsatz militärischer Mittel seitens der Sowjetunion zugunsten von anti-imperialistischen Befreiungsbewegungen (Angola) seinerseits zu einer erneuten Eskalation des Militarisierungssyndroms auch und gerade dort, wo Rüstung und militärische Organisation von Gesellschaft in so extremer Weise Unterentwicklung und Armut perpetuieren. Erst die Überwindung nationalstaatlicher, partikularistischer Organisation von Gesellschaft, und das heißt letztlich die Überwindung des Weltsystems als Staatenwelt, wird die im 16. Jahrhundert beginnende historische Periode der Weltkriege abschließen können.

ANMERKUNGEN

1) Funktion des absolutistischen Kadavergehorsam war es, daß der Soldat, wie Friedrich II. in seinem militärischen Testament schrieb, "seine Offiziere mehr fürchtet als die Gefahren, welchen man ihn aussetzt" (zit. bei Mehring: 1967, 228). - Allerdings zeigten sich bereits gegen Ende des Absolutismus gewisse Veränderungen in der Kriegsführung: Die Aufstellung von leichten, beweglichen Truppen - Aufstiegschancen für das mittlere Bürgertum in den Offiziersstand, während die stehenden Heere dem Adel vorbehalten blieben - ergab das Spezifikum des "kleinen Krieges", der allerdings erst von der revolutionären französischen Kriegsführung in der Flankierung der großen Entscheidungsschlachten voll entwickelt wurde (Kunisch: 1973).

2) "Kämpfen als Kulturfunktion setzt jederzeit beschränkende Regeln voraus und fordert bis zu einem gewissen Grade die Anerkennung der Spielqualität. Erst die Theorie des totalen Krieges verzichtet auf den letzten Rest des Spielmäßigen im Kriege und damit zugleich auf Kultur, Recht und Menschlichkeit überhaupt" (Huizinga: 1965, 90f.).

3) Beides wurde zum erstenmal exemplarisch demonstriert im amerikanischen Bürgerkrieg, dessen Kriegsschauplätze in einem dünn besiedelten, aber von der Eisenbahn strategisch erschlossenen Gebiet von der Größe Europas lagen und wo sich z.B. in der Schlacht von Gettysburg 80 000 Föderierte und 100 000 Bundestruppen gegenüberstanden, deren Verluste 23 059 bzw. 20 451 an Toten, Verwundeten und Vermißten betrugen - d.h. rund 25 Prozent (Preston/Wise: 1970, 244f.).

4) Die Literatur hierzu ist inzwischen zu umfangreich geworden, um an dieser Stelle mit einigen wenigen Titeln repräsentiert zu werden. Vorzüglich jedoch (wenngleich nicht ganz auf der hier angedeuteten Interpretationslinie liegend) Dieter Senghaas (1972). - So neu ist jedoch selbst die "keynesianische" Instrumentalisierung des Rüstungssektors nicht: Dem forcierten Flottenbau unter Tirpitz z.B. lag diese Funktion der krisen-entschärfenden Arbeitsplatzbeschaffung sehr bewußt zugrunde.

5) Bidwell (1973, 76): "Eine Armee ist eine Maschine spezifischer Art, konstruiert für einen bestimmten Zweck, die für eine spezifische Aufgabe in Bewegung gesetzt werden kann." Sie ist "ein gigantisches Waffensystem, das den Gesetzen eines jeden kybernetischen Systems unterworfen ist". Man vergleiche diese angelsächsische Nüchternheit mit der (bundes-)deutschen Beschreibung des Kriegswesens in der Bundeswehr.

LITERATUR

Ashton, Thomas Southcliffe: 1924,
Iron and Steel in the Industrial Revolution. New York.

Bidwell, Shelford: 1973,
Modern Warfare. A Study of Men, Weapons and Theories. London.

Diesner, Hans-Joachim: 1971,
Kriege des Altertums. Griechenland und Rom im Kampf um den Mittelmeerraum. Berlin (Ost).

Duby, Georges: 1977,
Krieger und Bauern. Die Entwicklung von Wirtschaft und Gesellschaft im frühen Mittelalter. Frankfurt.

Dumal, Samuel/Vedel-Petersen, K.O.: 1923,
Losses of Life Caused by War. Oxford.
Engels, Friedrich: 1960,
Bedingungen und Aussichten eines Krieges der Heiligen Allianz gegen ein revolutionäres Frankreich im Jahre 1852, in: MEW Bd. 7, 468-493 (zuerst als MS 1851).
Engels, Friedrich: 1962a,
Die Entwicklung des Sozialismus von der Utopie zur Wissenschaft, in: MEW Bd. 19, 181-228 (zuerst in: Revue Socialiste 1880).
Engels, Friedrich: 1962b,
Einleitung (zu Sigismund Borkheims Broschüre "Zur Erinnerung für die deutschen Mordspatrioten. 1806-1807"), in: MEW Bd. 21, 346-351 (zuerst in Borkheim, Sigismund: 1888, Zur Erinnerung für die deutschen Mordspatrioten. 1806-1807. Hottingen-Zürich).
Engels, Friedrich: 1963,
Kann Europa abrüsten?, in: MEW Bd. 22, 369-399 (zuerst 1893 als Artikelserie im "Vorwärts").
Friedeburg, Ludwig von: 1966,
Zum Verhältnis von Militär und Gesellschaft in der Bundesrepublik, in: Picht, Georg (Hg.), Studien zur politischen gesellschaftlichen Situation der Bundeswehr (Bd. 2). Witten/Berlin, 10-65.
Fuhrmann, Joseph T.: 1972,
The Origins of Capitalism in Russia. Industrialization and Progress in the Sixteenth and Seventeenth Century. Chicago.
Hamilton, Earl Jefferson: 1969,
War and Prices in Spain, 1651-1800. New York.
Hinsley, F.H.: 1973,
Nationalism and the International System. London.
Howard, Michael: 1971,
Studies in War and Peace. New York.
Huizinga, Johan: 1965,
Homo Ludens. Vom Ursprung der Kultur im Spiel. Hamburg.
Jacoby, Henry: 1969,
Die Bürokratisierung der Welt. Neuwied/Berlin.
Jahn, Egbert: 1979,
Die Rolle des Rüstungskomplexes in der Sowjetgesellschaft, in: Lutz, Dieter S. (Hg.), Die Rüstung der Sowjetunion. Rüstungsdynamik und bürokratische Strukturen. Baden-Baden.
Kende, Istvan: 1973,
Fünfundzwanzig Jahre lokaler Krieg, in: Krippendorff, Ekkehart (Hg.), Internationale Beziehungen. Köln, 242-269.
Kissinger, Henry Alfred: 1979,
Memoiren. München.

Krippendorff, Ekkehart: 1970,
Staatliche Organisation und Krieg, in: Senghaas, Dieter (Hg.), Friedensforschung und Gesellschaftskritik. München, 23-36 (auch Frankfurt: 1973).
Krippendorff, Ekkehart: 1975,
Internationales System als Geschichte. Frankfurt.
Krippendorff, Ekkehart: 1977,
Internationale Beziehungen als Wissenschaft. Frankfurt.
Kunisch, Johannes: 1973,
Der kleine Krieg. Studien zum Heerwesen des Absolutismus. Wiesbaden.
Laski, Harold: 1935,
The State in Theory and Practice. London.
Lattimore, Owen: 1962,
Studies in Frontier History. Collected Papers 1928-1958. London.
Mehring, Franz: 1967,
Zur Kriegsgeschichte und Militärfrage. (Gesammelte Schriften, Bd. 8). Berlin.
Montesquieu: 1949/50,
Œuvres complètes. Texte présenté et annoté par Roger Caillois. (2 Bde.) Paris.
Newcombe, Alan/West, James: 1972,
An Inter-Nation Tensiometer for the Prediction of War. Oakville.
Niedhart, Gottfried: 1979,
Handel und Krieg in der britischen Weltpolitik 1738-1763. München.
Pollard, Sidney/Crossley, David W.: 1968,
The Wealth of Britain, 1085-1966. New York.
Preston, Richard E./Wise, Sidney F.: 1970,
A History of Warfare and Its Interrelationships with Western Society. New York.
Rummel, Rudolf J.: 1968,
The Relationship between National Attributes and Foreign Conflict Behavior, in: Singer, David (Hg.), Quantitative International Politics. New York, 187-214.
Schumpeter, Josef A.: 1918,
Zur Soziologie der Imperialismen, in: Archiv für Sozialwissenschaft 45, 1-39; 275-310.
Seeley, John Robert: 1954,
Die Ausbreitung Englands. Berlin/Frankfurt.
Senghaas, Dieter (Hg.): 1972,
Rüstung und Militarismus. Frankfurt.
Smith, Adam: 1951,
The Wealth of Nations (Hg.: Edwin Cannon). (Vol. 2) London.

Sombart, Werner: 1913,
Krieg und Kapitalismus. München/Leipzig.
Sorokin, Pitrim: 1957,
Social and Cultural Dynamics. A Study in Major Systems of Art, Truth, Ethics, Law, and Social Relationships. Boston.
Stein, Barbara H./Stein, Stanley J.: 1970,
The Colonial Heritage of Latin America. New York.
Vedel-Petersen, K.O.: 1923,
Losses of Life Caused by War. Oxford.
Williams, Bruce: 1927,
State Security and the League of Nations. Baltimore.
Wolfe, J.N./Erickson, John (Hg.): o.J.,
The Armed Forces and Society: Alienation, Management and Integration. Edinburgh.
Wright, Quincy: 1964,
A Study of War. Chicago.

Die Zukunft der Weltökonomie

Immanuel Wallerstein

Wir neigen dazu, Zeitphasen einander gegenüberzustellen oder Bruchstellen im Zeitablauf zu betonen. Wir unterscheiden dann die Zukunft von der Vergangenheit, das Neue vom Alten oder beschäftigen uns mit der Gegenwart, der Krise oder dem Übergang. Aber Zeit ist keine physische, sondern eine soziale Realität. Unsere Vorstellungen von Zeit, oder besser von Raum und Zeit, spiegeln einerseits die sozialen Systeme wider, von denen sie selbst ein Teil sind, und sie bilden andererseits die grundlegenden Elemente eben dieser Systeme.
Wir können die Zukunft des modernen Weltsystems nur diskutieren, wenn wir uns zuvor darüber verständigen, auf welche Vergangenheit wir uns beziehen. Für mich wird die Antwort immer deutlicher: Die moderne Welt ist eine kapitalistische Weltökonomie, die sich in der Zeit von 1450 bis 1550 in Europa herausbildete – ihre Entwicklung beendete die "Krise des Feudalismus", die Europa in der Zeit von 1300 bis 1450 erschüttert hatte. Die europäischen Arbeitskräfte hatten während dieser Krisenzeit immer erfolgreicher ihre Fähigkeit demonstriert, gegenüber der grundherrschaftlichen und städtischen Honoratiorenschicht Surplus für sich zurückzuhalten, den diese Schichten sich im Feudalismus sonst angeeignet hatten. Aus solcher Perspektive erwies sich die kapitalistische Weltökonomie, die die Stelle des feudalen Systems einnahm, als wunderbar funktionstüchtig. Die Periode von 1450 bis 1600 war durch ein drastisches Absinken der Realeinkommen der unmittelbaren Produzenten in Europa gekennzeichnet. Parallel zum sich kontinuierlich vergrößernden Umfang der Weltökonomie hat dieser Prozeß der Polarisierung – und um einen altmodischen Begriff zu benutzen, der "absoluten Verelendung" – nie aufgehört, sich auszuweiten. Mißt man diese Polarisierung an der Weltökonomie als ganzer und nicht an den Volkswirtschaften einzelner Staaten, so kann sie empirisch nachgewiesen werden.

STRUKTUREN DER WELTÖKONOMIE

Um die sich gegenwärtig vollziehenden und zukünftigen realen Veränderungen einzuschätzen, müssen wir einerseits die strukturellen Mechanismen, durch die sich das System erhält und stärkt, und andererseits die strukturellen Widersprüche, durch die es sich bisher selbst geschwächt hat, untersuchen. Ich werde dies im folgenden jedoch nur

skizzieren, da ich mich auf die Organisationsformen, mit denen die unterdrückten Schichten auf diese Polarisierung reagiert haben, und auf die Politik systemüberwindender sozialer Bewegungen, die während der historischen Entwicklung der kapitalistischen Weltökonomie entstanden sind, beschränken will. Es sind nämlich genau diese sozialen Bewegungen, die den Zusammenhang von Selbstzerstörung und Selbsterhaltung innerhalb der kapitalistischen Weltökonomie markieren. Alle Systeme bedeuten Struktur und Wandel und sind von Zyklen und Trends gekennzeichnet. Eine sinnvolle Analyse darf darum nur vorsichtig das eine auf Kosten des anderen hervorheben. Es sollte vermieden werden, nur die sich wiederholenden Strukturen zu betonen oder nur immer wieder "das Neue" zu entdecken. Vieles von dem, was als "neu" erscheint, ist schon dagewesen, und Wiederholungen verlaufen in der Regel spiralförmig.
Die grundlegenden ökonomischen Mechanismen der kapitalistischen Weltökonomie leiten sich aus einer Tatsache ab: Eine übergreifende politische Struktur ist nicht vorhanden, so daß jene Produzenten, die den Imperativ der unbegrenzten Kapitalakkumulation zur Grundlage ihres Handelns machen, langfristig jene vom Markt verdrängen, die auf der Basis irgendwelcher anderer normativer Prinzipien wirtschaften. Produzenten/Unternehmer haben somit ihre Produktions- und Investitionsentscheidungen daran zu orientieren, wie sich mit mittelfristiger Wahrscheinlichkeit der individuelle Profit vergrößert.
Der grundlegende Widerspruch des kapitalistischen Systems sieht also folgendermaßen aus: Einerseits werden weltweite Produktionsentscheidungen auf individueller Basis getroffen und die Summe der Aktivitäten individueller Produzenten/Unternehmer erhöht kontinuierlich die weltweite Produktion. Andererseit hängt die Aufrechterhaltung der Profitabilität vom Zuwachs der weltweiten Nachfrage ab. Diese ist jedoch nicht die Funktion der Entscheidungen individueller Produzenten/Unternehmer. Wenn überhaupt, dann dient die Summe dieser Entscheidungen faktisch der Verringerung der weltweiten Nachfrage, denn die Unternehmer unterliegen dem Zwang, die Kosten der Produktionsfaktoren und damit auch der Lohnkosten zu reduzieren.
Im wesentlichen entspricht die weltweite Nachfrage der Summe vorgegebener Kompromisse innerhalb einzelner Staaten. Als Teile der Weltökonomie legen die Staaten für eine mittelfristige Zeitdauer (ca. 50 Jahre) den Modus der Einkommensverteilung im Rahmen des Kapitalkreislaufes fest. Bei der Diskussion dieses Phänomens wird oft auf Begriffe wie "historisches Lohnniveau" zurückgegriffen. Lohnniveaus basieren in der Tat auf historischen Faktoren, sie sind langfristig jedoch alles andere als unveränderbar.
Ein ökonomisches System, in dem sich das weltweite Angebot kontinuierlich erhöht, die weltweite Nachfrage sich jedoch mittelfristig kaum verändert, muß zwangsläufig Bruchstellen der Entwicklung oder Zyklen aufweisen. Tatsächlich ist die kapitalistische Weltökonomie von solchen Zyklen der Konjunktur und der Depression, die sich empirisch

für mindestens 500 Jahre zurückverfolgen lassen, gekennzeichnet. Der wichtigste dieser Zyklen scheint der sogenannte Kondratieff-Zyklus zu sein, ein 50 bis 60 Jahre andauernder Expansions-Stagnations-Verlauf.

In der Stagnationsphase des Zyklus, der durch eine globale Überproduktion herbeigeführt wird, streben die individuellen Unternehmer danach, ihren eigenen relativen Profitanteil zu bewahren oder sogar zu steigern. Sie erweitern die Produktion oder verringern die Kosten - entweder durch Lohnkürzungen oder durch produktivitätssteigernde technologische Innovationen -, reduzieren die Konkurrenz oder wenden eine Kombination dieser Methoden an. Eine der vielfältigen Möglichkeiten der Kostenreduzierung ist die Verlagerung des Produktionsstandortes in Niedriglohnzonen - von der Stadt in ländliche Gebiete, vom Zentrum in die Peripherie innerhalb der einzelnen Staaten oder im globalen Maßstab. Damit einhergehend wird Druck ausgeübt, um die weltweiten Ströme der Arbeitsimmigration umzukehren - nach "draußen" - vom Zentrum in die Peripherie - und nicht mehr nach "innen" - von der Peripherie in das Zentrum - wie in Phasen der Expansion.

Die Stagnationsphase kann also für einzelne Unternehmer und für bestimmte Regionen von Vorteil sein. Stagnation verstärkt jedoch weltweit den ökonomischen Druck auf schwächere Unternehmer, bedroht diese durch Kapitalkonzentration mit Konkurs und setzt Teile des globalen Arbeitskräftepotentials, die zuvor ständig als Lohnabhängige beschäftigt waren, dem Risiko der Entlassung aus.

Dieses Risiko ist geographisch ungleichmäßig verteilt. Jedoch wo immer Lohnarbeiter in ausreichender Zahl vorhanden sind, werden Klassenkämpfe als sichtbares Produkt der Stagnationsphase ausgetragen. Und wo immer Teile der Kleinbourgeoisie im Zuge der Stagnationsphase ihren Besitz verlieren, schalten sie sich in die offenen sozialen Konflikte ein. Der zugespitzte Klassenkampf während der Stagnationsphase führt in den verschiedenen Staaten zum Bruch der vorangegangenen historischen Kompromisse, womit die Grundlage für den Modus der Verteilung des angeeigneten Surplus verloren geht.

Außerdem werden semiperiphere Zonen in die Lage versetzt, höhere Preise für ihre Waren durchzusetzen oder einen größeren Anteil am Weltmarkt zu erobern. Diese Regionen sichern sich somit in der Stagnationsphase einen zunehmenden Anteil am globalen Mehrprodukt. Die notwendige Umverteilung des Mehrprodukts an die Bourgeoisie der Semiperipherie und an Teile der Arbeiterschaft in den Zentren führt zu einer Ausweitung der weltweiten monetären Nachfrage und belebt schließlich die in der kapitalistischen Weltökonomie angelegten expansionistischen Tendenzen. Durch diese Umverteilung des Mehrprodukts wird die Weltbourgeoisie und besonders jene in den alten Zentren mit der Verringerung ihres Anteils am globalen Mehrprodukt konfrontiert. Diese Situation kann sie nur durch zwei Gegenmaßnahmen verhindern: Sie sichert sich kurzfristige und oft erhebliche

Superprofite durch technologische Innovationen und entsprechende zeitlich begrenzte Monopole, oder sie erweitert die äußeren Grenzen der Weltökonomie um neue Niedriglohnzonen, um noch nicht vollständig proletarisierte Arbeiter einzubeziehen.

INSTITUTIONEN DER WELTÖKONOMIE

Diese zyklischen Mechanismen kennzeichnen die Zwänge, die zur Entstehung und Verstärkung der vier grundlegenden Institutionen der kapitalistischen Weltökonomie führen - Staaten, Klassen, ethno-nationale Statusgruppen und Haushalte. Ich werde im folgenden ihre jeweilige Funktion skizzieren.

Gerade die Stärkung und Nutzung des jeweiligen Staatsapparates erhöht die Profitabilität zugunsten der Unternehmer/Produzenten. In den Staaten, in denen die jeweiligen Unternehmer/Produzenten beheimatet sind, schützt sie der politische Apparat besonders in der Stagnationsphase vor der Unberechenbarkeit des Marktes, gegenüber anderen Unternehmern und gegenüber den arbeitenden Klassen. Der daraus resultierende Druck, die Effektivität der Staatsmaschinerie zu verbessern, trifft nicht auf den Gegendruck der Arbeiterklasse.

Weit davon entfernt, sich grundsätzlich gegen den Staat zu richten, zielen die arbeitenden Klassen eines bestimmten Staats in ihrem Kampf mit der Bourgeoisie dieses Staates gleichfalls darauf, die Staatsmaschinerie zu stärken. Dabei macht es keinen Unterschied, ob jene reformistische oder revolutionäre Taktiken verwenden. Auch spielt es kaum eine Rolle, in welchem Ausmaß sie sich politisch gegen die Dominanz bürgerlicher Elemente im herrschenden Regime wenden. Folglich sind im Laufe der Zeit - und besonders während der Stagnationsphasen - in allen Teilen der Welt die Staatsmaschinerien in der Tat systematisch ausgebaut und gestärkt worden. Das heißt jedoch nicht, daß sich der Unterschied zwischen dem - größeren - staatlichen Machtpotential in den Zentren und dem - geringeren - Machtpotential der Staaten an der Peripherie veringert hätte. Im Gegenteil: Zwar sind sämtliche Staatsapparate im Verhältnis zu den innerstaatlichen Kräften gewachsen, und freilich zeichnet sich immer deutlicher die Institutionalisierung eines präzis definierten zwischenstaatlichen Systems ab, das in der Gründung der Vereinten Nationen auf der Grundlage formeller Gleichheit und Souveränität jedes Mitgliedstaates kulminierte, aber dennoch hat eine ständig zunehmende Polarisierung staatlicher Machtpotentiale stattgefunden.

Staaten sind nicht die einzigen Institutionen, die ihre Entstehung den Mechanismen der Weltökonomie verdanken; auf die Klassen trifft das Gleiche zu. Marxens Erkenntnis, daß das kapitalistische System zwei klar unterscheidbare und polarisierte Klassen hervorgebracht hat, ist in der Tat empirisch bestätigt worden und konnte bislang nicht widerlegt werden. Dagegen müssen die vorangehenden sozialen Kompromisse so verstanden werden, daß die überwiegende Mehrzahl der Haushalte in ihren Handlungen teilweise als Ausbeuter und teilweise als Ausgebeutete agiert hatte. Sie waren also sowohl "proletarisch" als auch "bürgerlich". Die langsame, aber stetige Umwandlung der Arbeitskraft in Ware, sei es nun in den Tätigkeitsbereichen von Arbeitern oder von Managern, hat den "gesellschaftlichen Schleier", der die Klassenstruktur bis dahin verdeckt hatte, gelüftet. Heute können die meisten Haushalte eindeutig durch zwei Kategorien bestimmt werden: Entweder ist das Einkommen in wirklich allen Teilen des Gesamthaushaltes geringer als dessen erarbeitetes Sozialprodukt - der Haushalt ist folglich objektiv proletarisch -, oder der Haushalt partizipiert in sämtlichen Einkommensbereichen am weltweiten Mehrprodukt - er ist dann objektiv bürgerlich.

Für unseren Zusammenhang sind zwei Tatsachen von Bedeutung. Der hinter dem Rücken der Beteiligten verlaufene Aufklärungsprozeß - die Lüftung des "gesellschaftlichen Schleiers" - ist das Resultat periodischer Phasen der Stagnation und des entsprechenden Drucks auf Unternehmer und Arbeiter. Und insbesondere wenn diese sozialen Gruppen auf die Manipulation staatlicher Strukturen zielten, hat sich ihr Klassenbewußtsein im einzelstaatlichen und im globalen Rahmen geschärft. Historisch entwickelte sich zuerst das Bewußtsein der Bourgeoisie, später das der Proletarier.

Mit der Entstehung der Klassen formierte sich eine Vielzahl von Statusgruppen - sei es entlang nationaler, ethnischer, rassischer, religiöser oder sprachlicher Linien. Diese entstanden oder bildeten sich immer wieder neu als Instrumente von Teilen der Bougeoisie oder des Proletariats, um kurzfristige Interessen innerhalb der regelmäßigen Zyklen der Weltökonomie durchzusetzen. In Zeiten ökonomischer Depression - den B-Phasen - versuchen Gruppen mit einem mittleren oder höheren Status, den möglichen Rückgang von Marktvorteilen dadurch zu verhindern, daß sie Anrechte an bestimmte Positionen über die Gesetzgebung kulturell zu spezifizieren versuchen. Wenn die Terminologie der Arbeiterklasse durch Gruppen mit mittlerem Status vereinnahmt worden ist, streben diejenigen mit niedrigem Status Klassenziele über Statusorientierungen an. Die erneute Betonung von Statusunterschieden hilft somit, die Interessen bestimmter Teile der Weltökonomie durchzusetzen. Die Formierung von Statusgruppen dient, wie die Staatsaktivität, dazu, Kräfte des Marktes oder von Klassen zugunsten einer oder mehrerer Gruppen, die andernfalls mittelfristig den kürzeren ziehen würden, zu verzerren.

Schließlich sollte die Tatsache nicht vergessen werden, daß die kapitalistische Weltökonomie ihre Bourgeoisie und ihr Proletariat auf ganz spezifische Weise in Haushalte mit jeweils gemeinsamem Einkommensfonds organisiert hat. Trotz des Individualismus, mit dem die kapitalistische Ideologie prahlt, bestehen die Klassen und Statusgruppen nicht aus einzelnen Personen, sondern aus Haushalten, und diese Haushalte sind ebenfalls Produkte der Weltökonomie: Der Umfang der konkreten Wirtschaftseinheiten ergibt sich nämlich aus den ökonomischen Zwängen, unter denen Verwandtschafts- und Nachbarschaftsgruppen stehen. Diese müssen ihre Grenzen unterschiedlich erweitern oder zusammenziehen, um die notwendigen Arbeitskräfte mit angemessenen Lohnniveaus in den jeweiligen Regionen der Weltökonomie zu produzieren.

Insbesondere besitzt die sogenannte "Großfamilie", die in Wirklichkeit selten eine reine Verwandtschaftsgruppe ist, keine natürliche Struktur. Sie ist entstanden, da sie zeitweise Lohnarbeiter bereitstellt, die umgerechnet auf ein Arbeitsleben mit einem Minimallohn auskommen können. Diese Arbeitskräfte werden in gemeinsame Einkommensfonds einbezogen, welche zum Nutzen der kapitalistischen Unternehmer durch den von anderen Mitgliedern und zeitweise auch von den Lohnarbeitern geschaffenen "Mehrwert" gebildet wurden. Umgekehrt vergrößert die Verbreitung der sogenannten "Kleinfamilie", die auch nicht unbedingt eine Verwandtschaftsgruppe sein muß, die monetäre Nachfrage, da der Anteil der Konsumgüter, die nicht auf dem Markt gekauft werden, zurückgeht. Die widersprüchlichen Zwänge der weltweiten Wirtschaftskräfte führen zu zyklischen Mustern, nach denen sich Haushaltsstrukturen verändern - das mag entlang der Konjunktur-Depressions-Phasen geschehen oder entlang regionaler Wirtschaftsgrenzen.

Die zyklischen Stagnationsphasen der Weltökonomie sind im wesentlichen durch die Kombination dreier Mechanismen behoben worden: Erstens haben sich einige Produzenten technologische Innovationen zunutze gemacht, um neue oder effizienter zu produzierende Waren herzustellen. Sie vermochten so mit anderen Produzenten, die zuvor bestimmte Warenmärkte beherrscht hatten, zu konkurrieren. Auf diese Art wurden sogenannte "dynamische" Produktionssektoren geschaffen. Zweitens sind Segmente von "Großfamilien", mit ihrer nur partiellen Abhängigkeit von der Lohnarbeit, entwurzelt, enteignet oder auf andere Weise zwangsproletarisiert worden. Sie sind also weitaus stärker darauf angewiesen, ihre lebenszeitlichen Haushaltseinkommen über den Lohnarbeitsmarkt zu beziehen. Für jene, die diesen erzwungenen Übergangsprozeß durchstehen, bedeutet das real einen Anstieg der Geldeinkommen - was nicht unbedingt auch ein wachsendes Realeinkommen heißt. Drittens sind neue unmittelbare Produzenten an den Grenzen der Weltökonomie eingebunden worden. Diese bildeten wiederum Reserven für niedrig bezahlte Lohnarbeit und trugen natürlich auch zur Erzeugung von Rohmaterialien für die weltweite industrielle Produktion bei, soweit dies die konjunkturelle Phase der Weltökonomie sicherte.

Betrachtet man die wissenschaftliche Literatur zu diesen Mechanismen - dem technischen Wandel, der Proletarisierung, der Einbindung in die Weltökonomie -, so zeigt sich, daß die meisten Autoren den technischen Wandel als den am deutlichsten linearen Prozeß innerhalb der kapitalistischen Weltökonomie betrachten. Wenn jedoch der Prozeß technologischer Innovationen nicht als losgelöste Entwicklung, sondern hinsichtlich seiner Auswirkungen auf die Struktur des Weltsystems als solcher untersucht wird, ist das Gegenteil richtig. Mehr als andere Mechanismen sind die Auswirkungen technischen Wandels in höchstem Maße zyklisch und mit am wenigsten regelmäßig. Durch den technologischen Fortschritt wird vor allem eine Gruppe von Unternehmern in die Lage versetzt, mit anderen Unternehmern erfolgreich zu konkurrieren. Das hat zwei Konsequenzen gehabt: Die spezifische Zusammensetzung der gewinn- und lohnintensiven Waren veränderte sich wiederholt zugunsten jener Güter, die mithilfe der neuen Technologien hergestellt wurden. Produkte dieser Kategorie rutschten also auf dem Parameter der Profitabilität nach unten, und die Lohnstrukturen veränderten sich entsprechend. Außerdem verschoben sich andauernd die regionalen Standorte der "dynamischen" Sektoren - sowohl innerhalb der Staatsgebiete als auch über die Staatsgrenzen hinweg.

Daher haben sich die Paletten der Waren, die in den ungleichen Tausch einbezogen sind, und die regionalen Standorte der Wirtschaftsabläufe zwischen den Zentren und Peripherien andauernd verschoben. Das globale System des ungleichen Tauschs und dessen Grundlage, die weltweite Arbeitsteilung, wandelte sich jedoch nicht. Anfangs wurde Weizen gegen Textilien, später Tuch gegen Stahl, und heute wird Stahl gegen Computer und Weizen getauscht. Einst war Venedig das Zentrum und England die Semiperipherie, darauf wurde Britannien das Zentrum und die nördlichen Teile der Vereinigten Staaten die Semiperipherie, und dann wieder waren die USA das Zentrum und Rußland, Japan und viele andere Staaten die Semiperipherie - und in der Zukunft? Auf diese Weise entstand durch den technischen Fortschritt ein Zustand der andauernden geopolitischen Neuordnung des Weltsystems. Es ist jedoch zu fragen, ob dadurch dessen Lebensfähigkeit unmittelbar geschwächt wurde. Ich vermute das nicht!

Ich bin der Meinung, daß sich eher in den beiden anderen zyklischen Prozessen - der Reorganisation der Haushalte und der Einbindung neuer Regionen in die Weltwirtschaft - die grundlegenden Widersprüche des Kapitalismus als Weltsystem herausarbeiten lassen, und daß diese Widersprüche die Systemkrisen verursachen, mit denen wir heute konfrontiert werden. Immer wenn ein Teil der weltweiten Haushaltsstrukturen reorganisiert wurde, wuchs der relative Anteil der von uns als proletarisiert bezeichneten Haushalte an der Gesamtzahl der Arbeitskräfte in der Welt. Immer wenn neue Regionen in die laufenden Produktionsprozesse der Weltökonomie eingebunden wurden, stieg im Verhältnis zur weltweiten Nutzfläche und zur Weltbevölkerung der relative Anteil der Ländereien und Menschen an, die konkret an den Mechanismen der kapitalistischen Weltökonomie partizipierten. Diese Zahlen haben jedoch ein Maximum, und das ist 100 Prozent. Somit tendieren diese beiden Mechanismen - Proletarisierung und Einbindung - in zwei Richtungen. Sie machen die zyklische Erneuerung durch die Expansion des Weltsystems erst möglich, und sie sind gleichzeitig Faktoren der Selbstzerstörung. Je erfolgreicher sie sind, desto weniger wahrscheinlich ist ihr Nutzen als Instrumente einer zukünftigen Erneuerung.

SOZIALE BEWEGUNGEN UND WANDEL DES WELTSYSTEMS

Dies ist also eine Möglichkeit, das Prinzip der Widersprüche des Kapitalismus systemtheoretisch zu verstehen. Die regelmäßigen Trends resultieren aus dem grundlegenden Widerspruch zwischen der Anarchie der Produktion einerseits und der gesellschaftlichen Festsetzung der Nachfrage andererseits. Sie führten zu wachsenden wirtschaftlichen Zwängen und sind gerade auf der politischen Ebene die Ursache der sich gegen das System wendenden sozialen Bewegungen - der entscheidenden gesellschaftlichen Vermittler für eine Veränderung des Weltsystems. Diese sozialen Bewegungen haben sich seit ihrer Entstehung im 19. Jahrhundert auf zweierlei Art formiert - als sozialistische und als nationalistische Bewegung.
Die Unzufriedenheit von Landarbeitern und städtischen Armen spielte im System immer eine Rolle und führte häufig zu Hungerrevolten und Bauernaufständen. Doch erst im 19. Jahrhundert, mit der Konzentration von proletarischen Haushalten in den Ländern des Zentrums der kapitalistischen Weltökonomie, formierten sich sozialistische Bewegungen als Gewerkschaften, sozialistische Parteien und so weiter. Die sozialistische Bewegung betonte die Polarisierung von Arbeiter und Bourgeoise und forderte eine gründliche Veränderung des auf Ungleichheit beruhenden Systems. Unterdessen organisierten sich bestimmte Bewegungen mit dem Ziel, die Staatsmacht ganz oder teilweise zur Durchsetzung der Interessen des Proletariats an sich zu reißen. Dieser doppelte Ansatz kommt am Beispiel des Kommunistischen Manifests ganz deutlich zum Ausdruck: Einerseits fordert es eine grundsätzliche Umgestaltung und andererseits die Verfolgung von mittelfristigen und kurzfristigen Zielen.
Auch das Streben der schwächeren Staaten nach mehr Macht spielte im System ein dauernde Rolle. Doch erst die Neugestaltung des zwischenstaatlichen Systems nach den Napoleonischen Kriegen und nach der Heiligen Allianz sowie die damit einhergehende kulturelle, sprachliche und religiöse Vereinheitlichung einzelner peripherer und semiperipherer Regionen führte dazu, daß diese das Banner des Nationalismus erhoben. Die nationalistische Bewegung betonte die zunehmende Polarisierung zwischen Zentrum und Peripherie und verlangte eine grundlegende Veränderung des auf Ungleichheit beruhenden Systems. Unterdes forderten bestimmte Bewegungen jedoch stärkere nationale

Einheiten - zu Territorialstaaten gehörende Gebiete beanspruchten Autonomie, Kolonien Unabhängigkeit, schwache Staaten forderten Machtzuwachs. 1848 war nicht nur das Jahr des Kommunistischen Manifests, sondern auch die Zeit des Frühlingserwachens der Nationen.

Seit 1848 haben sozialistische Bewegungen atemberaubende Entwicklungen durchgemacht. Die sozialistische Bewegung bereitete sich vom Zentrum auf die Semiperipherien und Peripherien aus. So gibt es heute kaum einen Winkel der Erde, der nicht von derartigen Bewegungen berührt wurde. Die nationalistische Bewegung hat heute das Zentrum erreicht und zu einem neuen Ausbruch politisch-ethnischer Aktivitäten in Westeuropa und Nordamerika geführt.

Während sich die sozialistischen Bewegungen vom Zentrum zur Peripherie und die nationalistischen Bewegungen von der Peripherie zum Zentrum ausbreiteten, haben sich beide Bewegungen auf zweierlei Art beeinflußt. Erstens waren sie an ihrem historischen Ausgangspunkt im 19. Jahrhundert ideologische Rivalen. Heute jedoch gibt es kaum eine sozialistische Bewegung, die sich nicht nationalistisch definiert, und es gibt kaum nationalistische Bewegungen, die sich nicht als sozialistische verstehen. Diese Entwicklungen haben natürlich nicht zu einer vollkommenen Übereinstimmung beider Bewegungen geführt. Heute betrachten jedoch weite Teile der Weltbevölkerung nationalistische Bewegungen, die nicht sozialistisch sind, und sozialistische Bewegungen, die nicht nationalistisch sind, mit erheblichem Mißtrauen. Eine zweite Tatsache ist noch bedeutender: Beide Weltbewegungen haben einen ähnlichen Verlauf genommen. Die anfängliche Zweideutigkeit - der Versuch, Gleichheit einerseits durch eine grundsätzliche Umgestaltung und andererseits über die Verwirklichung von Zwischenzielen zu verwirklichen - war letztlich keine ideologische Option von Individuen oder Kollektiven, sondern resultierte aus den strukturellen Zwängen des Weltsystems selbst.

Die kapitalistische Weltökonomie ist dasjenige System, das die Grenzen aller politischen Herrschaftsbereiche überschreitet. Darum sind die Entwicklungen innerhalb dieses Systems nicht einfach auf die politischen Entscheidungen einzelner, und sei es hegemonialer, Staaten zurückzuführen. Das gilt natürlich in noch viel stärkerem Maße für die Staaten der Peripherie. Die Mechanismen dieser mit nur begrenzter Macht ausgestatteten Staaten sind jedoch am leichtesten zu manipulieren - besonders durch soziale Bewegungen mit systemüberwindenden Zielen. Deshalb ist es sowohl für die nationalistische als auch für die sozialistische Bewegung nahezu unumgänglich, mittelfristige Ziele über die totale oder partielle Kontrolle der vorgegebenen staatlichen Apparate zu verwirklichen. Zur Durchsetzung des staatlichen Machtanspruchs stärken die Bewegungen dann diese Apparate, was wiederum die zwischenstaatlichen Mechanismen und damit den Kapitalismus als Weltsystem kräftigt - ein nicht unerhebliches Dilemma.

Ich bin der Meinung, daß sich auch dieses Dilemma historisch in Form von Zyklen und Trends vollzieht. Der Zyklus verläuft sehr einfach und ist von vielen - oft recht zynisch - beschrieben worden: Bei ihrer Entstehung haben die sozialen Bewegungen revolutionäre Zielsetzungen formuliert, und diese haben zu ihrer Entwicklung beigetragen. Einmal an der Macht, haben sie natürlich Veränderungen durchgesetzt. Diese waren jedoch weniger grundlegend als anfangs geplant. Sie haben sich auf Kompromisse eingelassen und sind deshalb des "Verrats" oder des "Revisionismus" angeklagt worden. Und es ist schließlich zum Thermidor gekommen - entweder durch Konterrevolutionen oder durch einen internen Wandel der Bewegung. Die alten Kämpfer sind - soweit sie überlebt haben - desillusioniert worden, und für die nächste Generation wurden die revolutionären Parolen zu ideologischen Mythen der Unterdrückung.

Entspricht ein solch einfacher Zyklus der historischen Realität? Nur teilweise. Es ist natürlich richtig, daß die europäischen Sozialdemokraten des 19. Jahrhunderts diese Richtung eingeschlagen hatten, als sie Anfang des 20. Jahrhunderts (teilweise) an die Macht kamen. Es stimmt auch, daß man Ähnliches über die verschiedenen kommunistischen Parteien - vor allem über die der UdSSR und Chinas - sagen kann. Und es trifft zu, daß sich anscheinend jede antikoloniale Revolution nach diesem Muster richtet. Doch das ist eben nicht alles. Vor allem hatte die Mobilisierung in der Frühphase der Bewegung ihre Auswirkungen. Viele Bewegungen scheiterten völlig. Andere setzten sich durch, weil sie organische Strukturen schaffen konnten, mit denen sie in drei konzentrischen Kreisen unterschiedlicher Intensität ihr Gefolgschaftspotential einbanden: in einem inneren Kreis überzeugter Funktionäre, einem mittleren Kreis von Aktivisten und einem äußeren Kreis von Sympathisanten. Der Entstehungsprozeß dieser Strukturen hatte immense Konsequenzen für die politische Struktur des Weltsystems und dabei vor allem für den politischen "rapport de forces" in den betreffenden Staaten.

Eine auch nur teilweise Übernahme der Macht in solchen Staaten bedeutete für diese Bewegungen eine "Machtergreifung". Sie führte nicht nur zu bestimmten Reformen, sondern auch zu einem Mentalitätswandel, der dann selbst wieder die politischen Strukturen beeinflußte. Die Reformen selbst wurden nur zurückhaltend kritisiert. Sie mochten gegenüber dem, was vorher erstrebt war, armselig erscheinen. Ist das jedoch so entscheidend? Können diese Entwicklungen nicht einfach so verstanden werden, daß die rasant voranschreitende Polarisierung des Weltsystems insgesamt verlangsamt wurde? Sind damit nicht die materiellen Voraussetzungen für systemüberwindende Aktivitäten erhalten geblieben? Aus dieser Perspektive waren solche "Revolutionen" in Wirklichkeit weder "falsch" noch folgenlos. Es gibt jedoch keinen Zweifel, daß die sozialen Bewegungen in einer ganz bestimmten Weise "zu Kräften gekommen sind". Die Übernahme der staatlichen Macht zwang die Bewegungen nämlich früher oder später, sich den Normen des zwischenstaatlichen Systems anzupassen. Sie

mußten sich - ob sie wollten oder nicht - dem Wertgesetz unterwerfen, das den Mechanismen der kapitalistischen Weltökonomie zugrunde liegt.
Es ist einfach eine Tatsache, daß ein einzelner Staatsapparat weder das zwischenstaatliche System noch die Weltökonomie umwandeln kann, und daß es nicht so einfach ist, den Rest der Welt als unwesentlich zur Seite zu schieben. Die von den sozialistischen und nationalistischen Bewegungen in Gang gesetzten Reformen - so radikal sie auch gewesen sein mögen - haben das deutlich gezeigt. Ein Staat kann, unter der Führung einer bestimmten Bewegung, eine "Abkopplung" von den politisch-ökonomischen Strukturen des Weltsystems versuchen. Das Kambodscha des Pol Pot war vielleicht ein besonders tragisches Beispiel. Ganz abgesehen von dem Problem, ob man die hier eingeschlagene Taktik angesichts der entsetzlichen Folgen überhaupt als wünschenswert bezeichnen darf, hat sich herausgestellt, daß es jedenfalls keine durchführbare Taktik war. Das übrige Weltsystem war einfach nicht bereit, eine Abkopplung zuzulassen - noch nicht einmal die Dissoziation eines so kleinen Teils der Erde wie Kambodscha. Bislang konnte noch keine Bewegung, die eine Abkopplung der Produktionsprozesse eines Staates aus der Weltökonomie auf ihre Fahnen geschrieben hatte, eine solche Strategie auch durchsetzen. Sie mag damit zeitweilig erfolgreich gewesen sein und durch eine Stärkung des einheimischen Produktionssystems und der internen politischen Strukturen den Staat befähigt haben, seine relative Stellung in der Weltökonomie zu verbessern. Das hat aber lediglich bedeutet, daß bestimmte relative Preise für spezifische Austauschverhältnisse so festgesetzt wurden, daß innerhalb derartiger Staaten die eine soziale Gruppe zugunsten einer anderen verlor. Auf diese Art und Weise hat die kapitalistische Weltökonomie natürlich immer funktioniert. Die Logik Mao Tse Tungs ist folglich nicht zu widerlegen: Der Klassenkampf geht auch in Staaten weiter, die sich im "sozialistischen Aufbau" befinden. Es bleibt jedoch das Problem, was mit einer solchen Position anzufangen ist.
In diesem Zusammenhang müssen wir uns wiederum mit den sozialen Bewegungen beschäftigen: Die Übernahme der gesamten und/oder geteilten Staatsmacht machte immer - mehr oder weniger begrenzte - Kompromisse notwendig. In den vielen Fällen, in denen dies einen totalen Kompromiß bedeutete, haben die sozialen Bewegungen ihre systemüberwindende Funktion verloren. Diese Entwicklungen sollten aber in ihren historischen Kontext gestellt werden. Für fundamentaloppositionelle Gruppen trat nach der Mobilisierungsphase die Phase einer mit Kompromissen verbundenen Machtausübung ein. Das war keinesfalls dasselbe wie eine Aufgabe der fundamentaloppositionellen Ziele. Mit Hilfe dieser Phase des Kompromisses entstand eine Spiralwirkung, die ein zyklisches Phänomen in einen regelmäßigen Trend des Weltsystems insgesamt verwandelte.
Die Übernahme der Macht durch eine Bewegung hatte immer - unge-

achtet der Reformen, die in bestimmten Staaten verwirklicht werden konnten - zwei Folgen: Erstens inspirierten und verstärkten solche Bewegungen deutlich entsprechende politische Unternehmen im angrenzenden Raum. Das gilt besonders für die Frühphase der Machtübernahme. Die Geschichte des 20. Jahrhunderts ist ohne eine Berücksichtigung dieses Streueffekts nicht zu verstehen. Mobilisierungen zogen neue Mobilisierungen nach sich, und der Erfolg der einen beflügelte die Hoffnungen der anderen. Zweitens hat der Erfolg der einen sozialen Bewegung den politischen Spielraum der anderen vergrößert. Immer wenn eine fundamentaloppositionelle Bewegung teilweise oder ganz die Macht übernommen hatte, verschob sie das Machtgleichgewicht im zwischenstaatlichen System und schuf so mehr Spielraum für andere systemüberwindende Bewegungen.

Hat aber die Tatsache, daß die alten Bewegungen - die den neuen Inspirationen und Handlungsspielräume verschaffen sollen - ihre Macht auf Kompromisse bauten, nicht gerade die Inspirationen und Handlungsspielräume eingeschränkt? Die Antwort heißt nein, denn die Mechanismen des Weltsystems sind weitaus komplexer, als es eine derart simple Symmetrie nahelegen würde. Die späteren sozialen Bewegungen sind nicht nur inspiriert worden - sie haben überdies Handlungsanweisungen bekommen. Sie haben gelernt, daß es im weltweiten politischen Kampf wichtig ist, auf die sich bereits an der Macht befindlichen Bewegungen Druck auszuüben: Deren interne Stärke hängt ja zum Teil von der Aufrechterhaltung einer gewissen ideologischen Kontinuität ab. Die mobilisierenden Bewegungen zögerten darum nicht, dieses Faktum in ihr Kalkül miteinzubeziehen und die Bewegungen an der Macht zu zwingen, weniger Kompromisse einzugehen, als diese es unter anderen Umständen gerne getan hätten. Sie nahmen sich ihre Handlungsspielräume und selbst die Inspiration von Partnern, die inzwischen unschlüssig geworden waren.

Die politische Wirkung fundamentaloppositioneller Bewegungen, die als einfacher Auf-und-Ab-Zyklus erscheint, erweist sich also bei näherem Hinsehen als ein Aufwärts-Abwärts-Schub. Faßt man diese dreifachen Schübe zeitlich und im Rahmen der Weltökonomie zusammen, so kann man sehr rasch für die Vergangenheit und für die mögliche Zukunft einen regelmäßig aufsteigenden Trend der Gesamtstärke der systemüberwindenden Bewegungen im Verlauf der letzten 150 Jahre beobachten. Diese Feststellung gilt trotz aller "wieder zu Kräften gekommenen" politischen Strukturen innerhalb des Systems. Darum auch sind die Untergangspropheten nicht unter den fundamentaloppositionellen Kräften, sondern eher unter den Verteidigern des Systems zu finden. Die systemüberwindenden Kräfte sind nicht deswegen wichtig, weil sie Reformen durchsetzen oder neue Regime etablieren: Viele dieser Regime sind in Wirklichkeit nur Parodien der von ihnen gesetzten Ziele. Ihre Bedeutung ist struktureller Art und bezieht sich auf das Weltsystem als Ganzes. Sie verändern nicht die ökonomischen, sondern vielmehr die politischen Bedingungen der kapitalistischen Weltwirtschaft. Treffen sie mit den im engeren Sinne sozio-ökonomischen Trends zusammen, wie wir sie vorhin beschrieben haben, dann bedrohen sie die Funktionstüchtigkeit des Weltsystems.

PERSPEKTIVEN

In diesem Zusammenhang wollen wir einen kurzen Blick auf die gegenwärtigen Entwicklungen werfen. Obwohl es sicherlich schwierig ist, aus so geringem historischen Abstand etwas darüber zu sagen, war entweder das Jahr 1967 oder das Jahr 1973 innerhalb des Kondratieffschen Nachkriegszyklus der Wendepunkt für den Abschwung. Setzen wir als Wendepunkt das Jahr 1967 an - und das scheint im Moment einsichtig -, so können wir eine Zuspitzung des weltweiten Klassenkampfes konstatieren. Das gilt für den unmittelbaren Beginn der B-Phase (Anmerkung des Übersetzers: Die B-Phase des Kondratieff-Zyklus ist im Gegensatz zur A-Phase die Depressionsphase). Die Instabilität der Weltmärkte für Produkte der Metropolen, deren Menge wesentlich die Weltnachfrage überschritt, wurde durch das Ende der Dominanz des US-Dollars im Weltwährungssystem signalisiert. Die Instabilität des Weltmarkts führte zu einer Ausgabenklemme im Sozialbereich, die sich sowohl in der Ausgabenstruktur einzelner Haushalte als auch in der "Finanzkrise" des Staates und den fiskalischen Problemen in anderen öffentlichen Bereichen widerspiegelte.
Am Wendepunkt zur B-Phase konnten sehr schnell soziale Unruhen festgestellt werden. In China brach die Kulturrevolution aus. In der Tschechoslowakei führte eine soziale Bewegung innerhalb der Kommunistischen Partei zu den Dubcek-Reformen, die sich auf die Beziehungen der osteuropäischen Staaten zur UdSSR auswirkten. 1968 und 1969 waren die Höhepunkte der antiautoritären Aufstände von Studenten und Arbeitern im Westen. In vielen Ländern verband sich das mit der Intensivierung politischer Forderungen von seiten ethno-nationalistischer Bewegungen und mit einem neuen "Nationalismus" in den sozialistischen Bewegungen (als Beispiel: der Eurokommunismus).
Die Finanzkraft und die politische Stabilität der Staaten des Zentrums wurden geschwächt. Für die USA bedeutete das den Rückzug aus Südostasien. Wie die Portugiesen in Afrika konnten sie keinen konkreten Widerstand mehr gegen den andauernden Kampf der nationalistischen Bewegungen leisten. 1973 machten die ölproduzierenden Staaten sich die veränderte Lage zunutze und erhöhten in dramatischer Weise den Preis ihres entscheidenden Produkts. Das führte sowohl zu Einschränkungen der Weltproduktion als auch zu einer Umverteilung des weltweiten Surplus. In einer Reihe von peripheren Regionen führte die weltwirtschaftliche Depression zu akuten Hungersnöten. In ausgedehnten Agrargebieten starben große Teile der produzierenden Bevölkerung und die meisten der Überlebenden waren zu einer marginali-

sierten Existenz in den städtischen Gebieten verurteilt. Der Rückgang der weltweiten Agrarproduktion bevorteilte das industrialisierte "Agrobusiness" bestimmter Zentrumsländer. Dieser erste Ausbruch politischer Auseinandersetzungen im Zuge der gegenwärtigen weltweiten Stagnationsphase scheint inzwischen eingedämmt worden zu sein: Die Kulturrevolution wurde rückgängig gemacht; Truppen der UdSSR besetzten die Tschechoslowakei; die verschiedenen sogenannten radikalen Bewegungen in Nordamerika und Westeuropa wurden unterdrückt; in Südost-Asien brachen "sozialistische Kriege" aus; auf Südafrika wurde zugunsten "interner Lösungen" Druck ausgeübt; OPEC-Gelder fließen zurück.

Andererseits ist die B-Phase bei weitem noch nicht vorüber: Relativ hohe Arbeitslosenraten, weitere Finanzkrisen und vielleicht sogar ein akuter inflationärer Zusammenbruch, das sind die Perspektiven der achtziger Jahre.

Die USA sind einer der Staaten, in denen weitere soziale Unruhen zu erwarten sind. Die Vereinigten Staaten werden sich aufgrund ihres relativen Niedergangs gegenüber anderen Ländern des Zentrums zu einer weitgehenden Einkommensumverteilung gezwungen sehen. Das führt wahrscheinlich zum Ausbruch von Klassenkämpfen, die besonders von Forderungen der Schwarzen und Chicanos geprägt sein werden. Eine solche Entwicklung wird umso denkbarer, wenn die USA ihre Unterstützung der Interessen von weißen Siedlern in Südafrika verstärken.

Ähnliche Auseinandersetzungen sind für die UdSSR zu erwarten. Die Notwendigkeit einer restriktiven Einkommenspolitik in der Sowjetunion ergibt sich aus dem Zwang, sowjetische Waren auf dem Weltmarkt wettbewerbsfähig zu machen. Das kann zur Abwanderung moslemischer Bevölkerungsgruppen aus bäuerlichen Gebieten Asiens in die Industriegebiete und dort zu einer ganz deutlichen Klassenschichtung nach ethnischen Kriterien führen. Wie in den USA können so auch in der UdSSR in den kommenden mageren Jahren Klassenspannungen in die Formen ethnischer Konflikte gezwungen werden.

Auch in vielen semiperipheren Gebieten wird es zu sozialen Aufständen kommen, was mit der Sicherung von Einkommensanteilen in der Phase der wirtschaftlichen Depression zusammenhängt. Diese Unruhen werden natürlich den betroffenen Staat aus dem Rennen werfen, das die semiperipheren Staaten gegeneinander veranstalten: Es werden wahrscheinlich nur ein oder zwei Staaten den Hauptgewinn davontragen. Iran war das erste Beispiel für derartige Entwicklungen, und Ereignisse mit ähnlicher Wirkung - wenn nicht in gleicher Form - lassen sich für so unterschiedliche Gebiete wie China, Indien, Südafrika und Brasilien nicht ausschließen.

Schließlich sind wir Zeugen einer größeren Transformation des internationalen Systems. Der Ausgleich Chinas mit den USA und - noch deutlicher - mit Japan mag in den kommenden Jahren in ähnlich spektakulären Neuordnungen der Bündnissysteme seine Entsprechung

finden. Ich würde zum Beispiel eine Entente zwischen Deutschland und der UdSSR nicht ausschließen.
Für die neunziger Jahre erwarte ich einen nochmaligen deutlichen Aufschwung der Weltwirtschaft. Unruhen und Neuordnungen der Bündnissysteme werden - wie früher schon - eine Steigerung der Weltnachfrage zur Folge haben und so ein weiteres Wachstum der Weltproduktion stimulieren. Vor allem im Bereich der Energieversorgung wird es bedeutende kostensparende technologische Innovationen geben. Es wird eine weitere "Proletarisierung" festzustellen sein, die besonders der anhaltenden Auslagerung traditioneller Industrien in semiperiphere Gebiete zuzuschreiben ist. Aber auch die lohnabhängigen Haushalte in den Zentren werden umstrukturiert. Das ist einerseits eine Auswirkung der gigantischen Zunahme des Dienstleistungssektors und andererseits auf die Einbeziehung der Frau in das System der Lohnarbeit zurückzuführen. Die Neudefinition sozialer Rollen durch verschiedene antisexistische und antirassistische Bewegungen hat dazu beigetragen. Das Jahr 2000 werden wir wahrscheinlich mit den neu aufklingenden Hosianna-Rufen der blauäugig-optimistischen Apologeten des Kapitalismus im Ohr beginnen. Und das wird besonders dann der Fall sein, wenn wir die kritischen achtziger Jahre ohne ernsthaften zwischenstaatlichen Krieg überstehen.
Unter der Oberfläche werden jedoch weiterhin die strukturellen Gegensätze des Kapitalismus und auch die daraus entstandenen fundamentaloppositionellen sozialen Bewegungen an den Eingeweiden des Systems nagen. Details lassen sich unmöglich voraussagen, aber das grobe Muster ist klar.
Wir leben in einer weltgeschichtlichen Phase des Übergangs vom Kapitalismus zum Sozialismus. Allerdings - 100 bis 150 Jahre wird die Phase noch andauern. Das System kann noch mehrere Perioden des Niedergangs durchstehen. Und es können wieder Phasen entstehen, in denen der Kapitalismus aufzublühen scheint. Aber im Lebenszyklus sozialer Systeme ist das moderne Weltsystem in einer Spätphase. Ganz sicher wird nicht Utopia an seine Stelle treten. Doch mit dem Ende dieser sonderbaren moralischen Verirrung, die der Kapitalismus darstellt - mit dem Ende eines sozialen Systems, in dem der Nutzen weniger mit einer größeren Ausbeutung vieler zusammengefallen ist, als in allen vorangegangenen sozialen Systemen - kann der langsame Aufbau einer relativ freien und egalitären Welt beginnen: Nur dies, scheint mir, wird wahrscheinlich jedem Einzelnen und der Menschheit insgesamt die Realisierung ihrer Möglichkeiten erlauben.

Die gegenwärtige Krise und die Perspektiven des Weltsystems

Andre Gunder Frank

Krise heißt nicht Ende - im Gegenteil: Der Begriff bezieht sich auf einen "kritischen" Zeitabschnitt, in dem Neuanpassungen nötig werden; nur wenn diese scheitern, wird das Ende unvermeidlich. Das Lexikon definiert "Krise" als einen "Wendepunkt" - besonders bei einer Krankheit, im Augenblick der Gefahr oder bei Unsicherheiten in der Politik, zum Beispiel als Kabinettskrise oder als Finanzkrise. Es leitet sich vom griechischen Wort "krisis", Entscheidung, ab. Die Krise ist ein Zeitabschnitt, in dem ein kranker sozialer, ökonomischer und politischer Organismus nicht wie bisher fortbestehen kann und deshalb gezwungen ist, sich unter Todesqualen zu verändern, um weiterzuleben. Sie ist daher eine Periode der Gefahr und der Unsicherheit, während der entscheidende Beschlüsse gefällt werden, die die künftige Entwicklung des Systems bestimmen und seine soziale, ökonomische und politische Basis verändern. Für die Chinesen bedeutet das Wort "Krise" eine Kombination von Gefahr und Gelegenheit.
Der unbefriedigende Aufschwung nach der Rezession der Jahre 1973 bis 1975 hat die Öffentlichkeit zunehmend darin bestärkt, die neue Weltkrise nicht als ein lokal und zeitlich begrenztes Phänomen zu sehen, das bald vorübergeht: Politiker und Journalisten ziehen mehr und mehr Parallelen mit den dreißiger Jahren, obwohl solche Vergleiche angesichts der Entstehung von Faschismus und Krieg - wesentlichen Bestandteilen jener Krise - vielleicht nicht angebracht sind. Wirtschaftshistoriker verweisen immer häufiger auf Analogien zwischen der gegenwärtigen Krisenentwicklung und der Periode zwischen den beiden Weltkriegen. Auch die Krise vor hundert Jahren - die sogenannte Große Depression der Jahre 1873 bis 1895 - gilt als Beispiel. Diese Krise endete mit dem Aufstieg von Monopolkapitalismus und Imperialismus, aber sie war auch mit dem Niedergang der Pax Britannica verbunden. Großbritanniens Führungsposition war angesichts der Herausforderung durch Deutschland und die USA stark angeschlagen. Die gegenwärtige Weltkrise scheint den Anfang vom Ende der Pax Americana zu verkünden, von den weitreichenden Neuordnungen der internationalen Arbeitsteilung und den weltweiten Kräfteveränderungen der Zukunft einmal abgesehen.
In der internationalen kapitalistischen Wirtschaft wird die Akkumulation im Weltmaßstab nicht mehr so weitergehen wie während der Expansionsphase nach dem Zweiten Weltkrieg. Ungleiche Entwicklung und abhängige Akkumulation müssen auf eine neue Grundlage gestellt

werden. Die internationale Arbeitsteilung wird auf drei Ebenen neu geordnet: Sozialistische Ökonomien gliedern sich wieder in den Weltmarkt ein; bestimmte Weltmarktindustrien werden sowohl in RGW-Ländern als auch in Regionen der Dritten Welt, wo die Löhne niedrig und die Arbeitsdisziplin hoch sind, verlagert; andererseits wird die Industrieproduktion im Westen durch technologische Investitionen erhöht, Arbeitskräfte werden eingespart, Arbeitslosigkeit und Lohndruck steigen.

Es war kein Zufall, daß trotz des Rückgangs des Handels zwischen den kapitalistischen Industrieländern um fast 15 Prozent die Exporte der Industrie in die sozialistischen Länder und in die Dritte Welt soweit anstiegen, daß der Welthandel insgesamt nur um fünf Prozent zurückging. Seither bilden die Profite aus Ostexporten und Ausfuhren in die Dritte Welt sowie Gewinne aus den dort errichteten Produktionsstätten ein wichtiges Sicherheitsnetz für Unternehmen und Regierungen im Westen. Gleichzeitig verschob sich jedoch der Schwerpunkt der überall stagnierenden Investitionen von der Errichtung neuer Produktionsanlagen auf die Rationalisierung bestehender Fabriken.

Die politischen Transformationen, die diese neue internationale Arbeitsteilung begleiten, heißen: Militarismus, Krieg, Ost-West-Konkurrenz im Süden, Détente und eine Achse Washington-Peking-Tokyo. Obwohl diesmal die frühere Legitimation durch eine "rote Gefahr" fehlt, gibt es eine neue "Verteidigungslücke", die an die hochgespielte "Raketenlücke" der sechziger Jahre erinnert, ohne daß das damalige Schlagwort der "Vertrauenslücke" wieder auftaucht. Man kann davon ausgehen, daß all diese ökonomischen, sozialen und politischen Transformationen sich auf die etablierte Politik und Ideologie nachhaltig auswirken werden.

Die weltweite politisch-ökonomische Krise hat so auch eine Krise der Ideologie und Theorie herbeigeführt: Es werden neue soziale Theorien für eine alternative politische Praxis gefordert. In den kapitalistischen Industrieländern des Westens - einschließlich Japan, Australien und Neuseeland - weckt diese schwerste Krise seit über einer Generation längst vergessene Erinnerungen an die Große Depression, wenn auch noch nicht an die beiden Weltkriege selbst. Unter dem Druck der internen ökonomischen und politischen Krise und dem zusätzlichen Sog der Krise im Westen vollzieht sich in der "Zweiten Welt" des Ostens zunehmend eine Wiedereingliederung der sozialistischen Ökonomien in die sich verändernde internationale Arbeitsteilung. Beide Krisen, wie auch das Scheitern zweier Entwicklungsdekaden in der "Dritten Welt", bürden den Völkern in den meisten Ländern des Südens Billigarbeit und politische Unterdrückung auf und nähren ihre Zweifel am Wert der nationalen Befreiung und an den Aussichten für den Sozialismus.

Durch die Intervention immer mächtigerer und repressiverer Staaten werden die verschiedenen Teile der Welt noch fester in ein einziges ökonomisches System integriert. Paradoxerweise bedroht aber überall auf der Welt eine neue Welle des Nationalismus die internationalen Be-

ziehungen und die Machtinstanzen innerhalb der Nationalstaaten. Diese realen Krisen in den verschiedenen Teilen der Welt - oder sind sie Ausdruck einer Krise in einem einzigen Weltsystem? - rufen weltweit auch Krisen der Theorien und Ideologien hervor.
Die offensichtlich zunehmende - und zunehmend offensichtliche - Unzulänglichkeit von Partialtheorien zur Lösung dieser weltweiten Krise verlangt nach theoretischen und ideologischen Alternativen. Die Titel vieler kürzlich erschienener Veröffentlichungen wie "Die Krise der Demokratie. Bericht an die Trilaterale Kommission über die Regierbarkeit von Demokratien"; "Die Alternative" des DDR-Kommunisten Rudolf Bahro; "Die Grenzen des Wachstums" und "Wir haben nur eine Zukunft. Reform der internationalen Ordnung" des Club of Rome sowie die durch die Länder der Dritten Welt in den Vereinten Nationen erhobene Forderung nach einer neuen Weltwirtschaftsordnung sind einige der besonders sichtbaren Ausdrucksformen dieser Krise. Obwohl diese theoretischen Ansätze versuchen, zukünftige Entwicklungen vorherzusagen und mitzugestalten, erschließt doch keiner eine historische Perspektive; Vergangenheit, Gegenwart und Zukunft werden nicht als Abschnitte eines einzigen historischen Prozesses gesehen. Diese ideologischen Unternehmen sind - mit der bemerkenswerten Ausnahme Bahros - manchmal sehr bewußt im Interesse der herrschenden Klassen oder dominierenden Gruppen im Westen und Süden verfaßt worden.

DIE DIMENSIONEN DER GEGENWÄRTIGEN KRISE

Wie in den vorangegangenen Expansionsphasen produzierte besonders die Industrie auch während der Konjunktur nach dem Zweiten Weltkrieg im Verhältnis zur eingesetzten Arbeit einen Überfluß an Kapital; in marxistischer Terminologie: Die organische Zusammensetzung des Kapitals wächst. Die relative Überinvestition bei industriellen Ausrüstungen ging in den meisten kapitalistischen Ländern mit einer verhältnismäßigen Unterinvestition in den Produktionsbereichen des Bergbaus und des landwirtschaftlichen Sektors einher. Nicht zufällig ist diese Tatsache im wesentlichen für die Öl- und Landwirtschaftskrise der siebziger und vielleicht auch der achtziger Jahre verantwortlich. Seit Mitte der sechziger Jahre haben wir in den industrialisierten Volkswirtschaften ein wachsendes Verhältnis von Kapital zu Arbeit, eine zunehmende Produktivität und einen damit verbundenen heftigeren und häufig militanteren Lohnkampf der Arbeiter zu verzeichnen. Das führte zu einem Rückgang der Profitrate, der Wachstumsrate und in einigen Bereichen zu absoluten Nachfrageeinbußen für industriell gefertigte Artikel, besonders für Investitionsgüter. Das bereits erwähnte Ungleichgewicht dürfte nunmehr zu einem relativen Anstieg der Förderung von Rohstoffen und der landwirtschaftlichen Produktion

führen. Zudem waren die Zuwachsraten für Produktivität und Produktion in den wichtigsten kapitalistischen Industrieländern recht unterschiedlich. Noch bis vor kurzem stieg die Produktivität in Westeuropa doppelt so schnell und in Japan viermal so schnell wie in den USA.
Als Konsequenz dieser Entwicklungen versuchte man, den Rückgang der Profitrate und die Marktrestriktionen durch massiven Zufluß von gedrucktem Geld und von Krediten in die Wirtschaft aufzuschieben, einzuschränken oder - wie in einigen monopolisierten Sektoren - zu verhindern. Diese Politik nahm ihre spektakulärsten Formen in den USA an, als während der Defizitfinanzierung des Krieges gegen Vietnam die Welt mit Dollars überflutet wurde. Eine zweite Konsequenz war der verschärfte Wettbewerb, besonders zwischen den nationalen Sektoren des Kapitals der einzelnen Länder auf dem verbliebenen Markt. Diese Entwicklung zeigte sich am deutlichsten in den wiederholten Abwertungen des Dollars. Die überseeischen Märkte sollten für den US-Export gesichert oder erweitert werden; der einheimische Markt war gegen das Vordringen der Deutschen und Japaner, deren aufgewertete Währungen gegenüber dem Dollar beträchtlich gewannen, zu schützen. Bislang allerdings hat sich die Waage des Weltmarktes nicht zugunsten der USA geneigt. Dennoch sind die Löhne und die Bodenpreise durch den Sturz des Dollars in den USA im Verhältnis zu Japan und Europa zurückgegangen, was dazu führte, daß ausländische Investitionen wieder verstärkt in die USA fließen. Zögernde Nachfrage und ein sich verschärfender Wettbewerb beschleunigen die Konkurse und Monopolbildungen auf nationaler Ebene, die aggressiven Exportanstrengungen und den wiedererwachten Protektionismus im internationalen Raum.
Ein anderes deutliches Anzeichen für die Überproduktion und die nicht befriedigende Nachfrage war die Zunahme an ungenutzten Produktionskapazitäten in der Industrie. Dieses Problem wird besonders in der Stahlindustrie sichtbar, die sich weltweit und über Jahre hinweg in einer Krise befand und immer noch, trotz Stillegung zahlreicher Stahlwerke, überall in der industrialisierten Welt nur mit sechzig oder siebzig Prozent ihrer Kapazität arbeitet. Konsequenterweise hat es auch einen Markteinbruch bei Investitionen gegeben. Angesichts überschüssiger, jedoch ungenutzter Kapazitäten und niedriger Profite sehen sich die Unternehmen kaum zu großartigen neuen Investitionen veranlaßt. Das 1973 in den industriellen Ökonomien vorhanden gewesene Investitionsniveau wurde erst 1978 wieder erreicht, in Großbritannien allerdings bis heute noch nicht. Folglich gab es von 1973 bis 1978 eine klaffende Investitionslücke, und wegen der erneuten Rezession gehen die Investitionen abermals zurück.
Darüber hinaus hat sich der Charakter der Investitionen gewandelt. Expansive Investitionen zur Schaffung neuer Produktionskapazitäten für mehr und neue Erzeugnisse sind allmählich durch Rationalisierungs-Investitionen abgelöst worden, weil die Produktionskosten gesenkt werden sollten, insbesondere die Lohnkosten. In der Energie-

versorgung, aber auch auf vielen anderen Gebieten, wurde über den Einsatz neuer Technologien nachgedacht. Trotz dem sprunghaften Anstieg der Energiepreise nach 1973 wird auf dem Energiesektor nicht nennenswert investiert. Obwohl die Suche und das Bohren nach Erdöl seit 1973 auffallend zugenommen haben, hat es keine größeren Neuinvestitionen beim Bau von Erdölraffinerien gegeben, und das ist ein wichtiger Grund für die Versorgungsengpässe der letzten Jahre. Es sind auch keine größeren Neuinvestitionen zur Erschließung alternativer Energiequellen aus Schieferöl, Kohle oder nuklearen Brennstoffen zu verzeichnen. Wirtschaftlich gesehen hat die Atomindustrie keinen leichten Stand; das erklärt zu einem großen Teil die Anstrengungen, Atomreaktoren sowohl im eigenen Lande als auch im Ausland zu verkaufen. Dies wiederum führte zu verschärftem Wettbewerb und zu Streitereien auf dem internationalen Parkett (zum Beispiel zwischen den USA und der BRD über Exporte nach Brasilien und zwischen den USA und Frankreich über Exporte nach Pakistan) sowie zu scharfen Reaktionen gegen Atomkraftwerke in vielen Teilen der Welt. Über alternative Energiequellen, einschließlich der Sonnenenergie und synthetischer Brennstoffe, wurde zwar viel geredet, aber bisher hat man nichts unternommen. Der Hauptgrund dafür ist, daß die allgemeine Profitrate und die Marktaussichten irgendwelche bedeutenden Investitionen in den Energiesektor oder in einen anderen Bereich derzeit nicht rechtfertigen.
Eine Ausnahme bildet offenkundig die Mikro-Chip-Industrie. Investitionen in diesem Bereich dienen bis jetzt in erster Linie dazu, die Arbeitskosten während der Produktion zu reduzieren. Sie haben darum die Produktion noch nicht auf eine völlig neue Grundlage gestellt. Bevor solch ein Investitionsprogramm unter der Verwendung bedeutender neuer Technologien durchgeführt werden kann, muß sich die Profitrate wieder erhöht haben, und das wird weltweit ungeheure wirtschaftliche, soziale und politische Veränderungen mit sich bringen.
Sowohl die Abnahme als auch eine mögliche zukünftige Erholung der Profite sind noch von anderen Krisenfaktoren abhängig. Seit Mitte der sechziger Jahre waren die Rezessionsphasen häufiger, länger, tiefergreifend und traten im übrigen auch gleichzeitig in den verschiedenen wichtigen Industrieländern auf. Ein Index für diese wachsenden Ausmaße ist die Entwicklung der Arbeitslosigkeit in den Mitgliedsländern der Organisation für Wirtschaftliche Zusammenarbeit und Entwicklung (OECD). Die in Nord-Amerika, Europa, Australien und Neuseeland registrierte Arbeitslosigkeit wuchs während der Rezession des Jahres 1967 auf fünf Millionen an, wobei die USA kaum betroffen waren, weil sie sich durch den Krieg gegen Vietnam über Wasser halten konnten. In den Rezessionsjahren 1969 bis 1971, in denen auch die USA einen wirtschaftlichen Abschwung erlebten, stieg die Arbeitslosenzahl in den Industrieländern auf zehn Millionen an. In der darauffolgenden Erholungsphase ging die Zahl von 1972 bis 1973 auf acht Millionen zurück. Während der nächsten Rezession in den Jahren 1973 bis 1975, von

der die gesamte kapitalistische Welt gleichermaßen betroffen war und die sich als die bis dahin tiefste Rezession seit den dreißiger Jahren erwies, stieg die Arbeitslosenzahl in den Industrieländern auf 15 Millionen, darunter neun Millionen (das sind ungefähr neun Prozent der Arbeitskräfte) in den USA. Seitdem ging die Arbeitslosigkeit in den USA wieder auf weniger als sechs Millionen zurück, in den kapitalistischen Ländern Europas sowie in Japan und ebenso in Kanada und Australien kletterte die Zahl aber noch weiter. Sie stieg in diesen Ländern sogar während des sogenannten Aufschwungs von 1975 bis heute so stark an, daß die Zahl der Arbeitslosen in der OECD von 15 Millionen während der Talsohle der letzten Rezession auf 17 bis 18 Millionen im Jahre 1979 anwuchs.
1979/80 begann in den USA und in Großbritannien eine neue Rezessionsphase, die sich überall sehr deutlich bemerkbar machte. Die Carter-Administration redete von einem sogenannten "soft-landing" und hoffte, daß der wirtschaftliche Abschwung glimpflich ablaufen und nicht lange andauern würde - schließlich standen 1980 Wahlen an. Zum Entsetzen Präsident Carters geriet jedoch der Inhalt eines vertraulichen Dokuments aus seiner Administration an die Öffentlichkeit. In diesem Papier wurde sachlich festgestellt, daß bis 1981 mit einer Arbeitslosenrate von abermals acht Prozent zu rechnen sei.
Es gibt gewichtige Gründe für die Annahme, daß die gegenwärtige Rezession noch schlimmer als die der Jahre 1973 bis 1975 ausfallen wird. Für das Kapital ist diese Krise willkommener, "notwendiger" als die vorangegangene, da jene noch nicht zu einer ausreichenden Anzahl von Unternehmenszusammenbrüchen geführt hatte. Das kapitalistische Haus war noch gründlich zu säubern. Außerdem konnte der organisierten und militanten Arbeiterschaft bislang keineswegs das Rückgrat gebrochen werden. Deshalb werden die kapitalistischen Staaten der Rezession diesmal auch nicht mit binnenwirtschaftlichen Maßnahmen begegnen.
Die "Schulden-Ökonomie", ein treffendes Schlagwort der Zeitschrift "Business Week", ist so spektakulär angewachsen, daß eine weitere Beschleunigung des Schuldenwachstums die Wahrscheinlichkeit eines Zusammensturzes des bereits schwankenden finanziellen Kartenhauses zu erhöhen droht. Das hat beunruhigte Bankiers noch vorsichtiger gemacht und den ökonomischen Konservativismus verstärkt. Die früher vorhandenen finanziellen und institutionellen Bollwerke gegen die Ausbreitung der Rezession, wie der Aufbau spekulativer Währungsmärkte in Europa und Asien, die entgegenwirkenden flexiblen Wechselkurse, die internationale Koordination durch Wirtschafts-Gipfel-Konferenzen und so fort, haben wesentlich an Wirkung verloren oder versagten völlig. International ist auch das Sicherheitsventil, das die sozialistischen Länder und die OPEC-Staaten dem Kapital über ihre wachsende Nachfrage nach westlichen Exporten garantierten, unsicherer geworden, und es ist kaum wahrscheinlich, daß sich daran im Laufe dieser Rezession etwas ändern wird. Nach ihrer letzten Expan-

sion waren diese Ökonomien gezwungen, ihre Importe einzuschränken, und sie können wahrscheinlich nicht, wie in den Jahren nach 1973, der Rettung des westlichen Kapitals dienen. Demnach wird es wohl enge Grenzen für Konsumtion, Investition und für die Exportnachfrage während dieser neuen Rezession geben. Und folglich sind auch wachsende Militärausgaben (und möglicherweise weitere Staatsausgaben zur Entwicklung neuer Energiequellen) die einzigen zusätzlichen Möglichkeiten einer weiteren Nachfrageentwicklung. Die Krisen in Iran und Afghanistan sollten mehr als Rechtfertigungen denn als Gründe für solche Ausgaben angesehen werden.
Die neue Rezession beginnt mit einem Arbeitslosenstand, der besonders in Europa und Japan wesentlich über dem der Rezession der Jahre 1973 bis 1975 liegt, und sie beginnt auf einem Investitionsniveau, das gerade an den Stand von 1973 heranreicht. Seriöse "wissenschaftliche" Prognostiker scheinen nicht in der Lage, diesen Faktoren bei der Erstellung ihrer allgemein optimistischen Vorhersagen gebührende Beachtung zu schenken. Der unerwartete Verlauf der Ereignisse in den Jahren 1979 und 1980 hat eine internationale Institution nach der anderen dazu veranlaßt, schweren Herzens neue Berechnungen vorzunehmen und ihre Wirtschaftsprognosen nach unten zu korrigieren. Die OECD war zum Beispiel gezwungen, ihrem "Economic Outlook" noch nach Druckbeginn eine nicht numerierte Seite hinzuzufügen, weil man die prognostizierte Wachstumsrate um ein Prozent heruntersetzen mußte. In seinem für die Jahresversammlung 1979 vorbereiteten Bericht prophezeite der Internationale Währungsfond (IMF) eine schwere und langandauernde weltweite Rezession, die in den frühen achtziger Jahren einsetzen werde und aus der Schwäche der US-Wirtschaft resultiere. Auf dieser Jahresversammlung im September 1979 in Belgrad berichtigte der IMF seine Vorhersage für das Jahr 1980 nach unten und ließ verlauten: "Das weltweite Wirtschaftswachstum wird geringer ausfallen als die im Jahresbericht angegebenen Prozentangaben." Als im August 1980 die ökonomischen Indexwerte um mehr als vier Prozent zurückgingen – der größte monatliche Rückgang überhaupt –, räumte auch Präsident Carter ein, daß die neue Rezession tiefer und anhaltender verlaufen werde, als er und seine Berater vorhergesehen hatten. Wirtschaftsforschungsinstitute in der BRD und in Großbritannien gaben schließlich Berichte heraus, in denen die Befürchtung krisenhafter Verhältnisse im In- und Ausland bis mindestens zur Mitte der achtziger Jahre ausgedrückt wurde. Darüber hinaus setzt diese neue Rezession mitten in einer schwachen Erholungsphase ein, in der die wirtschaftlichen, sozialen und politischen Folgen der letzten Rezession, die unter anderem mehr als 17 Millionen Arbeitslose in den kapitalistischen Industrieländern hinterließ, noch nicht überwunden sind. Dieser traurige Umstand ist seinerseits wieder ein Kennzeichen der sich verschärfenden Krise.

Ein anderer Ausdruck - und wesentlicher Bestandteil - der sich verschärfenden Krise ist der Versuch gewesen, die Produktionskosten durch eine Austerity-Politik einzuschränken, was zu größerer Arbeitslosigkeit geführt hat. Mehr noch: Es kann nachgewiesen werden, daß in den meisten kapitalistischen Industrieländern eine Politik betrieben worden ist, bei der die Arbeitslosigkeit absichtlich in Kauf genommen wurde. Rezessionen sind ein wesentlicher Bestandteil der Akkumulationskrise, die wiederum eine unvermeidliche Erscheinung der ungleichmäßigen kapitalistischen Entwicklung darstellt. Aber darüber hinaus wird diesen Rezessionen auch nachweislich durch Politiker Vorschub geleistet, die nicht nur in Washington gemacht werden, sondern auch in London, Bonn, Paris, Tokyo und andernorts.
Paul Volcker, der neue Vorsitzende des Federal Reserve Board, sagte zum Beispiel in einer Befragung durch den US-Senat, daß ihm von einer Rezession bisher noch nichts bekannt wäre, aber was auch komme, die Hauptaufgabe sei nicht die Bekämpfung der Rezession, sondern die der Inflation. Mit anderen Worten: Er schlug vor - und legte der Regierung nahe -, fiskalpolitische Maßnahmen mit dem Ziel zu treffen, die Löhne zu drücken und die Kaufkraft zu verringern, um dadurch die Arbeitslosigkeit zu bekämpfen. Es kommt deshalb nicht von ungefähr, daß Volckers Berufung in sein neues Amt in Bonn, Paris, Tokyo und allen anderen Finanzmetropolen und Hauptstädten der westlichen Welt lebhaft begrüßt wurde.
In der Tat haben politische Führer der kapitalistischen Welt wiederholt erklärt, daß sie konservative Maßnahmen, wie die deflationäre Fiskalpolitik, zur Bekämpfung der Inflation vorziehen würden - auch auf Kosten wachsender Arbeitslosigkeit und weiterer Stillegungen in der Industrie. Gleiches war von Präsident Carter zu hören, der im Wahlkampf gegen Reagan der Arbeitslosigkeit den Kampf angesagt hatte, aber in weiser Voraussicht schon bald umschwenkte und die Inflation als "Staatsfeind Nummer Eins" bezeichnete; ähnliche Äußerungen vom französischen Premierminister Raymond Barre, von den britischen Labour-Ministern Callaghan and Healey, ebenso wie von ihren konservativen Nachfolgern Thatcher, Howe and Joseph und von vielen anderen mehr.
Obwohl es für diese Inflation charakteristisch ist, daß die Realeinkommen aus abhängiger Beschäftigung zurückgehen, während die realen Vermögenswerte steigen, wird überall das gleiche Argument vorgebracht: Wir müssen die Inflation eindämmen, weil sie uns allen im Lande gleichermaßen schadet und besonders weil wir mit der Inflation im eigenen Lande auf dem Weltmarkt nicht mehr mithalten können, da unsere Exportkapazität beschnitten und somit Arbeitslosigkeit erzeugt wird. Obgleich die Lohnkosten nur einen kleinen und abnehmenden Teil der Verkaufspreise ausmachen und die Preise augenscheinlich durch den Versuch, die Profite der Monopolindustrien zu sichern, in

die Höhe getrieben werden, vermutet man als Hauptgründe der Inflation hohe öffentliche Ausgaben und hohe Lohnforderungen. Mit diesen Argumenten wird allerorts die Einführung der Austerity-Politik verteidigt; sie stützen die Forderung nach politischen Beschränkungen bei öffentlichen Ausgaben - außer natürlich für Verteidigung und ähnliches -, sie halten auch her für "verantwortungsbewußte" Lohnforderungen der Gewerkschaften, die sich unterhalb der Inflationsrate bewegen sollen. Und das führt zum Rückgang der Reallöhne und -einkommen, besonders am untersten Ende der Einkommensskala.
Abgesehen davon, daß man sich hier innenpolitisch auf sehr zweifelhafte Begründungen verläßt, beruhen diese Argumente auf einem logischen Trugschluß: Wenn jeder die gleiche Politik verfolgt und seine Ausgaben aufgrund der Inflation beschränkt, dann ist am Ende jeder schlechter dran als vorher. Diese Logik hat allerdings ihre Grenzen: Geringerer Wohlstand mag eine von allen völlig unbeabsichtigte Konsequenz sein, aber niedrigere Löhne sind mit Sicherheit beabsichtigt.
Es gibt in der Tat Grund zu der Annahme, daß das wichtigste ökonomische Ziel der Anti-Inflations-Politik (die jeden trifft) um den Preis der Arbeitslosigkeit (von der nur einige direkt betroffen sind) nicht nur die Senkung der Löhne, sondern auch die Schwächung der Arbeiterbewegung bei ihrer Verteidigung des Lohnniveaus und der Arbeitsbedingungen ist. So kann es nicht überraschen, daß die kapitalistische Weltpresse munter resümiert: "Die Welt braucht eine Rezession."
In allen kapitalistischen Ökonomien dient die Austerity-Politik dem Versuch, die Gürtel der Arbeiter enger zu schnallen. Diese Versuche verlaufen mit unterschiedlichem Erfolg. In den USA und in Großbritannien sind die Reallöhne mit Sicherheit zurückgegangen, während es in anderen Industrieländern noch erhebliche Konflikte um die Lohnquoten gibt. Betrachtet man jedoch die steigende Zahl der Arbeitslosen, die ja überhaupt keinen Lohn erhalten, dann sind die Summen der Reallöhne seit 1973 gefallen. Gleichzeitig hat die kapitalistische Welt gemeinsame Anstrengungen zur Senkung des Wohlstandes unternommen. Das Motto in der kapitalistischen Welt heißt heute: Verlagerung von "unproduktiven" zu "produktiven" Ausgaben, was Waffen natürlich einschließt. Wohlstand ade! Ein anderer entscheidender Versuch, die Produktionskosten herabzusetzen, ist die Reorganisation der Arbeitsabläufe in den Betrieben und Büros. Allgemein gesprochen: Die neuen Arbeitsprozesse beinhalten Produktionssteigerungen und verlangen weniger nach bestimmten Fertigkeiten der Beschäftigten.
Wo immer möglich, wurde diese Politik durchgesetzt, vielfach auch durch sozialdemokratische Regierungen und oft mit der Unterstützung von Parteien, die Arbeitern nahestehen oder kommunistisch sind. Die Unterstützung der Austerity-Politik durch Kommunisten wurde vor allem in Italien und Spanien deutlich. In Spanien schlug sogar der Generalsekretär der Kommunistischen Partei selbst, Santiago Carillo, der nach der Wahl von Premierminister Adolfo Suarez im Pakt von Mon-

cloa Austerity-Maßnahmen vor. Er mußte sich allerdings schon bald wieder von einer solchen Politik distanzieren.
Einkommenspolitik und Austerity-Maßnahmen werden häufig auch durch unmittelbare Zusammenarbeit von Gewerkschaftern und Kommunisten verwirklicht, wie zum Beispiel in Italien. Begründet wird dieses Vorgehen mit dem Argument, man verfolge eine Politik des kleineren Übels, es sei besser, freiwillig die Gürtel enger zu schnallen, als von irgendeiner rechten oder - wie die italienischen Kommunisten sagen würden - faschistischen Regierung dazu gezwungen zu werden. Diese Politik bewirkte, besonders in Großbritannien und Italien, eine erhebliche Militanz in den Betrieben und Revolten an der Basis, wo sich die Arbeiter den Austerity-Plänen der Gewerkschaften widersetzten.
Die schweren Kämpfe innerhalb und außerhalb der Betriebe bewirkten in Großbritannien, daß sich die neugewählte konservative Regierung mittlerweile entschlossen zeigt, die Zügel fest in die Hand zu nehmen. Mit verschiedenen gesetzlichen Maßnahmen geht sie gegen eine weitere Mobilisierung der Arbeiter und gegen die Gewerkschaften vor und versucht, die gewerkschaftlichen Kampfmittel, wie die Einrichtung der Streikposten, zu illegalisieren; unverblümt wird eine Politik betrieben, die die Zunahme der Arbeitslosigkeit geradezu beabsichtigt und ausnutzt, um die Arbeiter zu disziplinieren. In der Vergangenheit - und die Rechte hofft, daß dieses auch für die Zukunft gilt - haben sich wegen des horrenden Anwachsens der Arbeitslosigkeit militante Aktionen der Gewerkschaften als zunehmend schwierig erwiesen. Soll der Kapitalismus allerdings wieder angemessene Profite einbringen und einen erneuten Investitionsschub zuwege bringen, um die gegenwärtige Akkumulationskrise zu überwinden und eine neue Periode der Expansion zu erreichen, ist es nicht nur erforderlich, in eine neue Technologie zu investieren: Die Einführung neuer Techniken muß profitabel sein, und die Voraussetzung für Investitionen dieser Art ist eine umfassende politische Niederlage der Arbeiter, wie wir es schon zwischen 1920 und 1940 erlebt haben.
Diese Umstände haben in den meisten Industrieländern zu bemerkenswerten Verschiebungen nach rechts geführt. Bei den Präsidentschafts-Vorwahlen der Demokraten in den USA stieß der liberale Kandidat Edward Kennedy rundweg auf Ablehnung, während Präsident Carter sowohl innen- als auch außenpolitisch scharf nach rechts schwenkte. Sogar der unabhängige Kandidat John Anderson zeigte sich in fiskalischen und anderen innenpolitischen Fragen sehr konservativ, während sich der republikanische Kandidat Ronald Reagan als Erzkonservativer präsentierte. Der noch weiter rechts stehende Franz Joseph Strauß war konservativer Kanzlerkandidat in der BRD. In Japan hat sich ein beachtlicher Rechtsruck vollzogen - die Vorbereitungen für eine nationale Wiederaufrüstung werden dort beschleunigt; gleichzeitig sind Sozialisten und Kommunisten aus fast allen kommunalen und regionalen Regierungen ausgeschieden. Der allgemeine

Rechtsruck offenbart sich nicht nur auf dieser politischen Ebene, sondern auch in einer ganzen Reihe anderer Bereiche, wie bei der Gesetzgebung im Bildungs- und Gesundheitssektor, bei der Formulierung von Einwanderungs-Gesetzen und bei der Gestaltung von Bürgerrechten. Zusammengefaßt: Die "Neue Rechte" gewinnt in den meisten kapitalistischen Industrieländern auf der ideologischen Ebene rasch an Boden.
Der amerikanische Traum vom größeren, besseren und unaufhaltsamen Wohlstand ist in den USA und im übrigen Westen ausgeträumt. In seiner Rede zum Thema Vertrauenskrise, am 15. Juli 1979, sagte Präsident Carter, die überwiegende Mehrheit der Amerikaner glaube, die nächsten fünf Jahre würden schlimmer werden als die vergangenen fünf. Carters Einschätzung ist ganz realistisch, aber er hätte hinzufügen sollen, daß die letzten fünf Jahre schon schlimmer waren als die vorausgegangenen fünfundzwanzig. Die Vertrauenskrise konfrontiert das gesamte politische Spektrum mit einer wachsenden ideologischen Krise. Carters Rede selbst ist Ausdruck eines völligen ideologischen Bankrotts. In den weltweiten Kommentaren war man sich in einem Punkt einig: Carter hatte absolut keine Lösung für die Vertrauenskrise angeboten. Und das spiegelt den Niedergang der amerikanischen ökonomischen und politischen - in einem Wort imperialistischen - Macht.
Die gegenwärtige Situation hat auch eine Krise der Wirtschaftswissenschaften ausgelöst, die, so "Business Week", als zuverlässige Quelle für Vorhersagen, Analysen oder politische Maßnahmen nicht länger in Frage kommen. Auf der einen Seite zeigt sich dieser Bankrott in allen westlichen kapitalistischen Ländern deutlich in der sogenannten Stagflation - gleichzeitiger Arbeitslosigkeit und Inflation - oder wie 1975 in der sogenannten "Slumpflation". Andererseits schwanken Wachstum, Inflation und Wechselkurse von einen Land zum anderen und bewirken, daß die Versuche immer wieder scheitern, das internationale Währungs- und Wirtschaftssystem zu analysieren, geschweige denn zu regulieren. Die regelmäßigen "Wirtschaftsgipfel", die in Frankreich, Puerto Rico, London, Bonn und Tokyo von den Führern der wichtigsten westlichen Industriemächte abgehalten werden, sind nichts als ein offenes Eingeständnis, daß die internationale Wirtschaftskoordination - und auch die entsprechende Analyse - fehlgeschlagen ist; ein Zustand, der an das Fiasko der Weltwirtschaftskonferenz von 1931 in London während der letzten großen Depression erinnert.
Die keynesianische Wirtschaftstheorie sieht gegen die Inflation nur deflationäre und gegen die Arbeitslosigkeit nur inflationäre Heilmittel vor. Der entscheidende Grund für den Fehlschlag des Keynesianismus liegt darin, daß er den freien Wettbewerb voraussetzt, wohingegen die monopolisierte Struktur der Wirtschaft gleichzeitig Inflation und Arbeitslosigkeit erzeugt. Außerdem ist die keynesianische Politik im wesentlichen nur für Volkswirtschaften geeignet, in denen die Regierungen einen gewichtigen regulatorischen Einfluß ausüben können. Aber die Krise des Weltkapitalismus hat internationale Ausmaße, und seit dem

relativen Machtrückgang der USA kann kein einzelner Nationalstaat die Weltwirtschaft stabilisieren. Ebenso machtlos sind übernationale Einrichtungen angesichts der spekulierenden Privatbanken, des Euro-Dollar-Marktes und der nationalistischen Wirtschaftsmaßnahmen einzelner Staaten. Ironischerweise wurde der ursprünglich als Waffe zur Bekämpfung der Depression gedachte Keynesianismus ausgerechnet während (und wegen!) der Nachkriegsexpansion weltweit anerkannt und "erfolgreich". Beim ersten Anzeichen einer erneuten Weltrezession jedoch erwies sich die Theorie als nutzlos. In der Folge entstand eine "post-keynesianische Synthese", die auch die theoretische Begründung für die reaktionäre Exhumierung der simplen, neoklassischen und monetaristischen Wirtschaftstheorie der zwanziger Jahre liefert. Die Wiederbelebung der alten Theorien wird unterstrichen durch die Verleihung des Nobelpreises für Wirtschaftswissenschaften an Friedrich von Hayek, dessen theoretische Arbeit vor der Großen Depression entstanden war, und an Milton Friedman, dessen einsame Stimme lange Zeit ungehört blieb, bis die neue Weltwirtschaftskrise dazu führte, daß seine unpopulären und anti-populistischen Theorien auf den Tagesordnungen von Aufsichtsräten und Regierungskabinetten erschienen. Der wahre Grund für das neuerliche Interesse an fünfzig Jahre alten Theorien: Das Kapital sieht jetzt die Möglichkeit, seine Attacken auf den Wohlfahrtsstaat und auf "unproduktive" Sozialausgaben zu legitimieren, indem vorgegeben wird, daß man diese Mittel für "produktive" Investitionen in der Industrie, einschließlich der Rüstung, benötige.

Der Ausbruch einer Wirtschaftskrise mit niedrigen, manchmal sogar negativen Wachstumsraten, anhaltender Inflation und struktureller Arbeitslosigkeit sowie das Hervorkramen längst abgenutzter Wirtschaftsstrategien aus den zwanziger Jahren (und sogar aus den neunziger Jahren des vorigen Jahrhunderts) als Rettungsmaßnahmen – angesichts der Bankrotterklärung des Keynesianismus – wie auch das Bestreben, den Wohlfahrtsstaat aufzugeben, sind die Ursachen der ernsten ideologischen Krise im Westen. Parteien der Rechten und der Mitte können den "American Way of Life" nicht mehr so einfach als Vorbild an den Mann bringen; linke Parteien scheuen sich hingegen, die anderen Parteien grundsätzlich anzugreifen, um keinen weiteren Rechtsruck oder gar ein Abrutschen in den Faschismus zu riskieren. Folglich hat niemand im politischen Spektrum des Westens mehr zu bieten als das kleinere Übel. Es entwickelt sich mit anderen Worten ein politisches Schauspiel, das der "Reise nach Jerusalem" beziehungsweise der "Stuhlpolonaise" gleicht: Jede Partei oder Splittergruppe beeilt sich, den soeben zur Rechten freigewordenen Sitz einzunehmen – nur, daß einige die Spielregeln verletzen, indem sie gleich zwei oder drei Sitze nach rechts überspringen; das stiftet Verwirrung und läßt diejenigen, die langsamer nach rechts rücken, als radikale Linke erscheinen. Aber Angebot und Wahl des kleineren Übels können angesichts der sich verschärfenden Krise nur eine Übergangsmaßnahme sein, bis die politischen Kräfte eine neue, positiv klingende Ideologie gefunden haben, mit der sie ihre rückschrittliche und zunehmend reaktionäre Krisenpolitik rechtfertigen können. Diese neue (nationalsozialistische?) Ideologie ist bislang noch nicht entwickelt worden oder hat zumindest noch kein weitreichendes Echo gefunden. Aber was passiert nach der nächsten, vielleicht noch tieferen Rezession, sagen wir 1984? Wird dann die Zeit für George Orwells Großen Bruder gekommen sein?

DIE FOLGEN FÜR DIE DRITTE WELT

In der Dritten Welt haben sich Entwicklungs- und Modernisierungstheorien als ungeeignet erwiesen; die Kluft zwischen Arm und Reich ist sprunghaft angewachsen, und sogar die Zahl der Armen und das Ausmaß ihrer Armut nehmen zu. Das Versagen dieser Theorien und Modelle ist nun von ihren mächtigsten Fürsprechern zugegeben worden, etwa von Leontief für die Vereinten Nationen, vom ehemaligen Weltbank-Präsident Robert S. McNamara und vom früheren US-Aussenminister Henry Kissinger.

Vor dem Direktorium der Weltbank stellte Präsident McNamara 1977 nüchtern fest: "Trotz aller Anstrengungen der vergangenen 25 Jahre ist es mit dieser Entwicklungspolitik nicht gelungen, die Kluft im Pro-Kopf-Einkommen zwischen den Industrie- und Entwicklungsländern zu schließen. ... Das ist nun einmal eine Tatsache, doch kann die Schlußfolgerung nicht lauten, daß die Entwicklungsanstrengungen fehlgeschlagen sind, sondern eher, daß es von vornherein kein realistisches Ziel war, 'die Kluft zu schließen'. ... Es war - damals wie heute - einfach kein erreichbares Ziel. ... Selbst wenn es den Entwicklungsländern gelingen sollte, die Wachstumsrate ihres Pro-Kopf-Einkommens zu verdoppeln, während die Industrieländer gleichzeitig ihre Wachstumsrate beibehalten, wird es fast ein ganzes Jahrhundert dauern, um die Kluft im absoluten Einkommen zu schließen. Von den Entwicklungsländern mit dem schnellsten Wachstum könnten nur sieben die Kluft innerhalb von hundert Jahren schließen, und nur weitere neun wären dazu in den nächsten tausend Jahren imstande."

Allerdings ist die Wachstumsrate in den Industrieländern seit der Rezession der Jahre 1973 bis 1975 zurückgegangen; und die Wachstumsrate der nicht-ölexportierenden Länder der Dritten Welt hat sich halbiert. Für die Armen der Welt war die Vergangenheit trostlos - und die Zukunftsaussichten sind düster.

Der Weltentwicklungsbericht der Weltbank aus dem Jahre 1978 stellt auf der ersten Seite fest: "Das vergangene Vierteljahrhundert hat große Fortschritte in den Entwicklungsländern gebracht. ... Aber es bleibt noch viel zu tun. Die meisten Länder haben den Übergang zu

einer modernen Wirtschaft und Gesellschaft immer noch nicht geschafft, und ihr wirtschaftliches Wachstum wird durch zahlreiche lokale und internationale Faktoren gehemmt. Außerdem leben immer noch etwa 800 Millionen Menschen in absoluter Armut. Diese Menschen vegetieren hart am Rande des Existenzminimums, mit unzulänglichem Obdach, unzulänglicher Ausbildung. ... Viele dieser Menschen haben keinerlei Besserung ihres Lebensstandards erfahren; und in den Ländern mit geringem Wirtschaftswachstum mag sich der Lebensstandard der Armen sogar noch verschlechtert haben."
Aber die jüngsten Ereignisse in Iran und das Ende des brasilianischen "Wunders" lassen vermuten, daß sich selbst bei rapidem Wirtschaftswachstum ein Wunder und ein Take-off nach dem anderen als Falle und Wahnvorstellung erweisen - die wirklichen Grundlagen für eine derartige Entwicklung sind in der Regel rücksichtslose Ausbeutung, grausame Unterdrückung und der Ausschluß der Bevölkerungsmehrheit von "Entwicklung". Diese Erfahrung, die durch die gegenwärtige Krise nur noch deutlicher wird, hat inzwischen ernste Zweifel an einem bestimmten Konzept von Entwicklung als einem fortschrittlichen und umfassenden sozialen Prozeß in den Ländern der Dritten Welt aufkommen lassen. Obwohl es in der Dritten Welt nach wie vor strukturelle Widerstände gegen Entwicklung und Abhängigkeit gibt, scheint es doch die weltweite Krise der siebziger Jahre zu sein, durch die die Brauchbarkeit von strukturalistischen Theorien und von immer neuen Dependenztheorien in Frage gestellt wird. Die Achillesferse dieser Konzeptionen ist immer wieder die implizite und manchmal auch explizite Annahme gewesen, daß es so etwas wie eine "unabhängige" Alternative für die Dritte Welt gegeben habe. Diese theoretische Alternative hat es aber real nie gegeben - mit Sicherheit war es nicht der nicht-kapitalistische Weg und, wie heute deutlich erkennbar ist, auch nicht die Gestaltung der Zukunft über sogenannte sozialistische Revolutionen. Die neue Krise der realen Entwicklung im Weltmaßstab läßt deutlich werden, daß partielle Entwicklungskonzepte und beschränkte Dependenztheorien und die daraus abzuleitenden politischen Lösungen wertlos und unanwendbar sind.
Der kürzlich erklungene Ruf nach nationaler und kollektiver "self-reliance" (ohne volle Souveränität und Autarkie) im Rahmen einer kapitalistischen "Neuen Weltwirtschaftsordnung" ist offenbar die Folge ideologischer Verzweiflung. Beispielsweise stützt sich Angola wirtschaftlich immer noch weitgehend auf die Devisenzahlungen der amerikanischen Gulf Oil Company für das in Cabinda unter dem Schutz kubanischer Truppen produzierte Erdöl. Business Week schrieb am 25. Dezember 1978 über das Modell der "self-reliance" in Tansania, daß die Wirtschaft des afrikanischen Landes am Rande des Zusammenbruchs stehe. Und die International Herald Tribune berichtete in ihrer Ausgabe vom 7. Mai 1979: "Inmitten wirtschaftlicher Schwierigkeiten knüpft Tansania wieder engere Beziehungen zu den Vereinigten Staaten (und) sieht sich wieder nach westlicher Finanzhilfe und Beratung

um." Kein Wunder, daß Tansanias Präsident Nyerere den zehnten Jahrestag der Proklamation des Zieles von "self-reliance" und "ujamaa" in der Arusha-Deklaration mit der nüchternen Feststellung beging, daß "Tansania mit Sicherheit weder sozialistisch noch 'self-reliant' ist. ... Unsere Nation ist immer noch wirtschaftlich abhängig. ... (Das Ziel des Sozialismus) ist noch nicht einmal in Sicht" (International Herald Tribune vom 21. April 1977).
Die Dritte Welt war und ist ein wichtiger Teil der kapitalistischen Weltwirtschaft. Wenn es die Arbeiterklasse im Westen und Süden nicht verhindern kann, ist die Dritte Welt dazu bestimmt, den Hauptteil der Lasten zu tragen, die bei den Versuchen des internationalen Kapitals entstehen, die sich ausweitende Wirtschaftskrise abzuwenden. Weil die Dritte Welt ein Bestandteil der kapitalistischen Welt ist, hat sich die Krise über die wachsenden Zahlungsbilanzdefizite vom Zentrum in die Dritte Welt übertragen können. Genauso wie die Nachfrage in den Industrieländern zurückging oder nur langsam stieg, verhielten sich auch die Preise für die Rohstoffexporte - anders als beim Erdöl. Gleichzeitig bewirkte die weltweite Inflation in den Industrieländern, daß die Preise für Fertigwaren, die die Dritte Welt einführen muß, ansteigen. Trotz eines vorübergehenden Preisbooms für Rohstoffe im Jahre 1973 (was sich nach 1974 wieder völlig ins Gegenteil verkehrte) haben sich die Terms of trade abermals verschoben; die nicht-ölexportierenden Länder der Dritten Welt kämpfen gegen immer ernstere Zahlungsbilanzprobleme und gegen eine emporschnellende Auslandsverschuldung. Zudem ist es kein Zufall, daß der OPEC-Überschuß der Jahre 1974 bis 1978 mehr oder weniger im gleichen Maße anstieg wie das Zahlungsbilanzdefizit der Dritten Welt; vermutlich wurde der Anstieg des Ölpreises seit 1973 letztlich zum größten Teil von der Dritten Welt getragen.
Ein erheblicher Teil der OPEC-Gewinne ist über die Banken in den metropolitanen imperialistischen Länder auf dem Wege privater Anleihen, die ständig größer werdende Zinslasten mit sich bringen, in die Dritte Welt zurückgeflossen. Deren wachsende Schulden werden dann als politische Waffe benutzt, um eine harte Austerity-Politik in der Dritten Welt durchzusetzen. Zwar sorgen die Erpressungen bei der Neuverhandlung und Ausweitung von Schulden für Schlagzeilen auf den Titelseiten der Zeitungen, wie in der Türkei, in Peru, Zaire und Jamaika; ein solches Vorgehen gehört aber inzwischen überall in der Dritten Welt zum Standardrepertoire des Internationalen Währungsfonds (IMF) und privater Banken. So setzt der IMF bestimmte Bedingungen fest: Wenn die Regierung die Währung nicht abwertet, wenn sie nicht dafür sorgt, daß die Löhne gesenkt und die staatlichen Ausgaben besonders für den Sozialhaushalt eingeschränkt werden und wenn sie nicht Minister A durch Minister B ersetzt, der die Politik des IMF voraussichtlich stärker unterstützt, dann erhält das Land nicht das IMF-Zeugnis für gutes Betragen: Es wird weder öffentliche noch private Kredite erhalten. Dieser politisch-ökonomische Club ist dazu be-

nutzt worden, Regierungen in der Dritten Welt zurechtzustutzen und sie zu zwingen, eine Super-Austerity-Politik einzuleiten. Das gleiche ist allerdings auch in Portugal und in Großbritannien passiert: Als der IMF, angeführt von den USA, im Jahre 1976 einen 3,9 Millionen-Dollar-Kredit anbot, erfuhr Großbritannien im Grunde genommen die gleiche Behandlung, die ursprünglich für Bananenrepubliken vorgesehen war - vielleicht ein Zeichen dafür, daß Großbritannien zu einer Art Pseudo-Dritte-Welt-Land wird. Doch ebenso wie Arbeitslosigkeit und Rezession nicht einfach, beziehungsweise nicht in erster Linie, von den politischen Entscheidungen der Regierung abhängen, sind Austerity-Maßnahmen in der Dritten Welt auch nicht einfach das Resultat der von den kapitalistischen Industrieländern angewandten Zwänge. Diese externen politischen Zwänge verstärken nur solche Tendenzen, die eine andere, viel breitere ökonomische Basis haben, nämlich den kapitalistischen Versuch, die Profitrate zu halten oder wieder zu erhöhen: In der Dritten Welt (und in den sozialistischen Ländern) soll zu niedrigeren Kosten produziert werden.

Produktionskosten werden hauptsächlich durch die Verlagerung von arbeitsintensiven Industrien, manchmal aber auch von sehr kapitalintensiven Industrien, wie der Stahl- und Automobilproduktion, in die Dritte Welt gesenkt. Der VW-Käfer wird jetzt zum Beispiel in Mexiko und nicht mehr in Deutschland für den Export in andere Teile der Welt gefertigt. Aus der Sicht der kapitalistischen Weltökonomie ist dies die Verlagerung eines Teils der Industrieproduktion von Regionen mit hohen Kosten in solche mit niedrigen Kosten. Aus der Sicht der Dritten Welt steht diese Verlagerung für eine Politik der Exportförderung, insbesondere im Bereich nicht-traditioneller industrieller Produkte. Die Exportförderung in der Dritten Welt hat anscheinend zwei unterschiedliche Ursachen. Einerseits haben die Ökonomien, die besonders im Prozeß der Importsubstitution Fortschritte machten, wie Indien, Brasilien und Mexiko, diese Importsubstitutionen in die Erzeugung von Exportgütern verwandelt - von Textilien bis zu Autos, wovon einiges von multinationalen Konzernen produziert wird. Andererseits wurde ausländisches Kapital in manchen Ländern der Dritten Welt zum Aufbau von Fabriken eingesetzt, die ausschließlich für den Export und nicht für den Binnenmarkt produzieren. Diese Vorgänge konnte man in den sechziger Jahren zunächst in Mexiko (das die beiden Arten der Industrie kombinierte, allerdings in verschiedenen Regionen), in Süd-Korea, Taiwan, Hongkong und Singapur beobachten. In den siebziger Jahren dehnten sie sich aus auf Malaysia, die Philippinen und weiter von Indien, Pakistan, Sri Lanka, Ägypten, Tunesien, Marokko, der Elfenbeinküste bis nach fast der gesamten Karibik. Diese Ökonomien bieten billige Arbeitskräfte, und sie konkurrieren miteinander, indem sie staatliche Subventionen für Fabrikanlagen, für Elektrizität und Transportsysteme sowie Steuererleichterungen und andere Anreize für das ausländische Kapital anbieten, um für den Weltmarkt produzieren zu können. Im Fall Chile ging die Militärjunta so weit, einen Teil des

Hungerlohns zu übernehmen, damit das ausländische Kapital seine Kosten niedrig halten konnte.
Um diese Niedriglöhne zu sichern und um in den einzelnen Ländern sogar die Löhne noch weiter zu drücken, müssen diese Regierungen die Gewerkschaften zerschlagen und Streiks und andere gewerkschaftliche Aktivitäten verbieten. Systematische Inhaftierungen, Folter und die Ermordung von Arbeiterführern und politischen Gegnern, Ausnahmezustand, Kriegsrecht und die Einsetzung von Militärregierungen sind in den Ländern der Dritten Welt an der Tagesordnung. Sogar der gesamte Staatsapparat muß sich dieser neuen Rolle der Dritten Welt im Rahmen der internationalen Arbeitsteilung anpassen.
Diese Welle der Repression breitete sich im Laufe der siebziger Jahre systematisch über Asien, Afrika und Lateinamerika aus, und sie ist sicherlich nicht einfach als eine sich autonom entwickelnde Politik zur Bekämpfung des Kommunismus zu verstehen. Das war ohnehin eine recht zweifelhafte Strategie, zumal da inzwischen sogar die USA sozialistische Verbündete haben und einige sozialistische Länder mit den repressiven Regimen kollaborieren. Die Politik der Repression hat sehr klare ökonomische Ziele und Funktionen: Durch die Senkung der Löhne sollen die Volkswirtschaften auf dem Weltmarkt konkurrenzfähig gemacht und die im Binnenmarkt verankerten Teile der lokalen Bourgeoisien unterdrückt werden. Diese bürgerlichen Fraktionen hatten während der späten sechziger und frühen siebziger Jahre in einer Reihe von Ländern der Dritten Welt darauf gedrängt, die Operationen multinationaler Konzerne einzuschränken - Restriktionen, die seitdem immer häufiger zurückgenommen wurden: Eine Regierung nach der anderen überschlägt sich beim Versuch, dem internationalen Kapital noch günstigere Bedingungen anzubieten.
Das Motto heißt jetzt: Mehr für den Weltmarkt als für den Binnenmarkt arbeiten. Nicht die Nachfrage auf dem nationalen Markt soll die Produktion anfachen, sondern der Bedarf auf dem Weltmarkt. Es gibt also keinen Grund, die Löhne der unmittelbaren Produzenten anzuheben, denn diese sind nicht dazu bestimmt, die Waren, die sie produzieren, auch zu kaufen. Stattdessen wird davon ausgegangen, daß die Waren irgendwo auf dem Weltmarkt verkauft werden. Eine wichtige Ausnahme bildet der kleine lokale Markt der Bezieher hoher Einkommen, der sich noch ausweiten soll. Folglich gibt es eine Polarisierung der Einkommen, und zwar nicht nur global gesehen zwischen entwickelten und unterentwickelten Ländern, sondern auch auf nationaler Ebene, wo die Armen immer ärmer und die Reichen immer reicher werden.
In einigen Fällen, wie in Brasilien bis zum Jahre 1974, ist der Versuch, für einen Teil der lokalen Industrie einen Markt für höhere Einkommen einzurichten, sehr erfolgreich verlaufen. Doch in Brasilien wie auch andernorts in der Dritten Welt basiert dieses "Entwicklungsmodell" einerseits auf der Senkung des Lohnniveaus - in Brasilien, Uruguay, Argentinien und Chile bereits um ungefähr die Hälfte, und ähnlich werden die Löhne auch in Peru und in anderen Ländern gedrückt; an-

dererseits führt diese Politik auch zu einer weiteren Marginalisierung und Arbeitslosigkeit. Beide Prozesse bewirken ein rapides Anwachsen des Massenelends und eine rasche Polarisierung der Gesellschaft in der Dritten Welt. Weil der Binnenmarkt allgemein eingeschränkt wird, ist darüber hinaus - wie in Chile und Argentinien - auch der Teil der Bourgeoisie, der vom Binnenmarkt abhängig ist, Repressionen ausgesetzt. Das Großkapital muß daher eine Militärregierung einsetzen, die nicht nur die Arbeiter, sondern auch einen Teil der Bourgeoisie und der Kleinbourgeoisie unterdrückt. So entsteht ein Machtbündnis zwischen dem Teil der Bourgeoisie, der mit dem internationalen Kapital verbunden ist, und dessen militärischen und politischen Vollstreckern. Diese Allianz führt zu einer grundlegenden Neuordnung der Staaten der Dritten Welt und häufig zu ihrer Militarisierung - die Dritte Welt soll effektiver an der internationalen Arbeitsteilung mitwirken.
Seit Ende 1976, mancherorts auch erst seit 1977 und 1978, schienen sich nun diese Tendenzen zu Militärputsch, Ausnahmezustand und Kriegsrecht zu wandeln. Es gab Wahlen in Indien und in Sri Lanka, Pseudo-Wahlen in Bangla-Desh und auf den Philippinen, Wahlen in Ghana und in Nigeria, Wahlen oder ihre Ankündigung in verschiedenen Teilen Lateinamerikas und eine möglicherweise bezeichnende Liberalisierung in Brasilien. Diese Entwicklungen wurden oft der Menschenrechtspolitik Präsident Carters zugeschrieben, obwohl es ein wenig schwerfällt, die Wirksamkeit einer Politik anzuerkennen, von der in einigen kritischen Fällen entweder nichts zu bemerken war oder die wegen des "höheren nationalen Interesses" in vielen Fällen zurückgestellt wurde. Häufig wird die Liberalisierung auch mit der zunehmenden Massenmobilisierung in vielen Teilen der Dritten Welt oder mit dem vermeintlichen Fehlschlag der neuen Exportförderung politisch erklärt. Vielen Brasilianern jedenfalls scheint die neuerlich zunehmende Bedeutung der Politik der Importsubstitution und der Ausweitung des Binnenmarktes offensichtlich. Allerdings sind gegenwärtig solche Kehrtwendungen der Ökonomien in der Dritten Welt noch kaum auszumachen. Einer neuerlichen Importsubstitution würde objektiv durch weitreichende protektionistische Maßnahmen und durch einen wirklichen Zusammenbruch des internationalen Handels- und Finanzsystems Vorschub geleistet werden, und mit der sich verschärfenden Weltwirtschaftskrise wird diese Möglichkeit zugegebenermaßen wohl auch wahrscheinlicher - aber bis jetzt ist es noch nicht so weit. Eine fortschreitende Importsubstitution von Konsumwaren in der Dritten Welt - obwohl dies weniger für Luxusgüter gilt, die für den Exportmarkt produziert werden - würde nach einer relativ gleichmäßigen Einkommensverteilung und einem politisch wohlwollenden Regime, das eine breitere Klassenkoalition zuließe, verlangen. Mit anderen Worten: Manche Leute vertreten die Ansicht, daß die düsteren Tage aus der Mitte der siebziger Jahre vorüber seien und daß in vielen Teilen der Dritten Welt wieder die Aussicht auf eine Redemokratisierung bestehe, oder zumindest auf eine begrenzte Demokratie. Gerade diese demo-

kratischen Verhältnisse würden zu günstigeren Bedingungen für die Mobilisierung des Volkes und für den Anstoß zu nationalen Befreiungsbewegungen und sozialistischen Revolutionen oder deren Weiterentwicklung führen.
Dem muß entgegengehalten werden, daß diese neueren Entwicklungen keineswegs schon den Wandel zu einem neuen Modell der wirtschaftlichen Integration der Dritten Welt in die internationale Arbeitsteilung als Antwort auf die fortschreitende Weltkrise repräsentieren. Im Gegenteil: Die scheinbare Redemokratisierung ist einfach der Ausdruck eines Modells wirtschaftlichen Wachstums, das sich auf die Exportförderung gründet. Als Geburtshelferinnen dieses neuen Modells dienen die schweren politischen Repressionen; aber wenn das Modell erst einmal installiert ist, wird es möglich, die politische Repression etwas einzuschränken. Dann ist es nicht nur möglich, sondern sogar politisch notwendig und wünschenswert, eine breitere soziale Basis für das politische Regime zu errichten und eine begrenzte politische Demokratie durch die Übergabe der Regierungsgewalt von Militärs an Zivilisten zu ermöglichen. Aber die alte Politik wird nicht modifiziert, um die gegenwärtige Ordnung umzustürzen und um aufs neue die Importsubstitution oder sogar ein sogenanntes nicht-kapitalistisches Wachstum oder irgendeine Art von Sozialismus zu fördern. Stattdessen dient es dazu, die Einbindung der Dritten Welt in die internationale Arbeitsteilung als Niedrig-Lohn-Produzenten während der gegenwärtigen Weltwirtschaftskrise beizubehalten und zu institutionalisieren. Wenn wir realistisch auf das blicken, was in Asien, Afrika und Lateinamerika vorgeht, dann gibt es deutliche Belege wirtschaftlicher und politischer Art für die letzte Erklärung.
Ein politisches Gegenstück dieser ökonomischen Alternative ist eine neue populistische Allianz von Arbeitern und volkstümlichen bürgerlichen Kräften und Parteien. Diese Allianz pflegt auf die Verbesserung der Verhältnisse unter politisch repressiven Regierungen zu drängen. Sie besteht darauf, daß diese Regierungen nach und nach durch oberflächlich mehr demokratische, aber im wesentlichen technokratische Regierungen ersetzt werden, um die gleiche, im Grunde exklusive und antipopulistische, Wirtschaftspolitik zu betreiben. Um in der Dritten Welt solche unheiligen Allianzen zu bilden, scheint es nun angebracht, längst abgetretene Politiker wieder auferstehen zu lassen. Diese Politiker genossen in ihrer Blütezeit keine Unterstützung von links und vertrauten auch kaum einer fortschrittlichen Politik, erhalten aber nun auch durch die Linke Unterstützung für ein Programm, das erheblich weiter rechts angesiedelt ist als das, was sie früher vertraten. Diese rechte Politik erscheint, verglichen mit der vorangegangener (oft Militär-)Regierungen, nun als das geringere Übel. Mangels einer besseren Alternative sammelt sich die politische Opposition deshalb hinter Figuren wie Siles Suazo in Bolivien, Fernando Belaunde Terry in Peru, Awolowo und Azikwe in Nigeria, Benigno Aquino auf den Philippinen, Pramoj in Thailand, Indira Ghandi in Indien und sogar

hinter dem Geist von Ali Bhutto in Pakistan - sie alle stehen an der Spitze "fortschrittlicher" Bewegungen, die den Status quo wahrscheinlich im wesentlichen erhalten und bestimmt keine wirklichen Entwicklungsalternativen bieten werden.

DIE KRISE DER ENTWICKLUNGSTHEORIEN

In dem Maße, in dem diese neue Politik und ihre Vertreter eine reale Alternative in der Dritten Welt darstellen, mußten die orthodoxen Entwicklungstheorien und -ideologien, wie auch fortschrittliche Dependenz- und neue Dependenztheorien, allesamt Bankrott anmelden - ganz zu schweigen von der chinesischen "Drei-Welten-Theorie" und dem sowjetischen nicht-kapitalistischen Weg zu nationaler Befreiung und Demokratie und dessen Variationen. Heute stellt keine dieser Theorien und Ideologien irgendeine realistische Alternative dar oder bietet praktische politisch-ökonomische Richtlinien für die Beeinflussung wirtschaftlicher Entwicklung, für die nationale Befreiung, geschweige denn für einen sozialistischen Aufbau, an. Eine unabhängige nationale Entwicklung in der Dritten Welt hat sich als eine verhängnisvolle Selbsttäuschung erwiesen; und Self-reliance, sei sie kollektiv oder wie auch immer, ist ein Mythos, der die traurigen Lebensumstände im kapitalistischen Weltsystem nur verbirgt. Diese politischen Kompromisse der erklärten revolutionären Sozialisten und vor allem der kommunistischen Parteien, die in der Dritten Welt noch verblieben sind, sind nur ein weiteres Beispiel für die ideologische Krise der Linken in der gegenwärtigen Weltkrise.
Die stalinistischen Theorien eines historischen Fortschritts durch unvermeidliche, aufeinanderfolgende Stadien von Feudalismus, Kapitalismus, Sozialismus und Kommunismus; die Theorie von der vorübergehenden Existenz zweier Weltmärkte, eines kapitalistischen und eines sozialistischen, und der post-stalinistische Zusatz, der die Möglichkeit eines "nicht-kapitalistischen" Wegs" beim Übergang zum Sozialismus vorsieht - sie gehören nach den Erfahrungen der letzten Zeit mit Sicherheit auf den Müllhaufen der Geschichte. Chruschtschows Hoffnung, den Westen zu "begraben", ist selbst begraben worden; und die Sowjetunion versucht, ihre relative ökonomische, politische und ideologische Schwäche (die sich in den Volksdemokratien Osteuropas noch ausgeprägter zeigt) durch eine wachsende militärische Stärke auszugleichen, die nicht nur ihre potentiellen Feinde im Westen, sondern auch die Verbündeten im Osten bedroht. Die maoistische Theorie und Praxis der "neuen Demokratie", des "Gehen auf zwei Beinen", der Kulturrevolution und der "Drei Welten" (zwei Supermächte, die anderen Industrieländer und die Dritte Welt einschließlich China) ist durch Ereignisse innerhalb und außerhalb Chinas äußerst fragwürdig geworden und jüngst sogar durch die einst so treu ergebene Albanische Ar-

beiterpartei in Zweifel gezogen worden. Die internationale, wenn auch nicht allumfassende Sympathie mit den Modellen der kubanischen Guerilla und Volksbewegung, der koreanischen "juche" (der koreanischen Self-reliance) und der nationalen Befreiung Vietnams hat einer wachsenden Kritik und tiefgreifenden Zweifeln Platz gemacht. Trotzkistische und andere linke Bewegungen haben einen versprengten Haufen desillusionierter und enttäuschter ehemaliger Mitglieder zurückgelassen, die sich nun wieder ins Establishment eingliedern. Nach den weitgehend selbstverschuldeten Wahlniederlagen der kommunistischen Parteien in Frankreich, Spanien und Italien, aber auch in Japan auf kommunaler Ebene, schreiben die Beobachter von links bis rechts den Eurokommunismus ab, weil er weder europäisch noch kommunistisch war.

Deng Xiao Pings Theatralik anläßlich seines USA-Besuches im Jahre 1979, als er um westliche Technologie und Kredite für den Aufstieg Chinas zu einer Industriemacht bis zum Jahre 2000 warb, setzte der chinesischen Entwicklung der letzten Dekade wohl die Krone auf. Nach der Niederlage der Kulturrevolution und dem Fall Lin Biaos im Jahre 1969 - offensichtlich deshalb, weil er eine Wiederannäherung an die Sowjetunion der Annäherung an die USA vorzog - war der Weg für Tschu En Lai frei: für seine "versöhnliche" Linie der Ping-Pong-Diplomatie; für die Einladung an Nixon zu einem China-Besuch; für die Verkündung der vier Modernisierungsprogramme (Landwirtschaft, Industrie, Wissenschaft sowie Technologie und Verteidigung), die nicht mehr durch Self-reliance, sondern mit Auslandshilfe und durch Außenhandel - der sich in den siebziger Jahren mehr als vervierfacht hat und zu 85% mit den kapitalistischen Ländern abgewickelt wird - verwirklicht werden sollten; für die Rehabilitierung von Liu Shaoqi und für die Wiederaufnahme des kapitalistischen Weges mit Deng Xiao Ping an der Spitze. China macht nun einen "großen Sprung rückwärts" ins Jahr 1957, das Jahr vor dem "Großen Sprung nach vorn", um so mit fliegendem Start zum Sprung in den Großmachtstatus im nächsten Jahrhundert anzusetzen.

Im Gefolge ihrer eigenen wirtschaftlichen und der damit verbundenen politischen Probleme betreiben die "sozialistischen" Ökonomien der Sowjetunion und Osteuropas eine Detente mit dem Westen - bei gleichzeitigem Wettstreit mit China -, um westliche Technologien einzuführen. Bezahlt wird mit Exportgütern, die durch billige Arbeitskraft produziert werden. Es bestehen Tausende bilateraler und trilateraler Vereinbarungen mit westlichen Firmen und Ländern der Dritten Welt. Die osteuropäische und die sowjetische Nachfrage nach westlicher Technologie wächst so schnell, daß sich die Gesamtschulden gegenüber dem Westen von 8 Milliarden US-Dollar im Jahre 1972 auf über 60 Milliarden US-Dollar im Jahre 1979 erhöht haben, trotz des Zahlungsbilanzüberschusses, den der Osten gegenüber dem Süden besitzt, und mit dem er wiederum einen Teil des Defizits gegenüber dem Westen abbauen kann. Dazu stellt Breschnew ganz richtig fest: "Wegen der weitreichenden ökonomischen Verflechtungen zwischen kapitalistischen und sozialistischen Ländern haben sich die nachteiligen Folgen der gegenwärtigen Krise im Westen auch auf die sozialistische Welt ausgewirkt." Und deshalb, fügt sein Kollege, der Vorsitzende des bulgarischen Staatsrates, Schivkov, hinzu, "kann man nur hoffen, daß die Krise im Westen rasch zu Ende geht". Allerdings dauert die Krise weiter an, und die sozialistischen Ökonomien Osteuropas wachsen nur halb so schnell wie im letzten Fünf-Jahr-Plan vorgesehen war; einige verzeichnen für 1979 sogar einen Rückgang.

Man muß sich wohl fragen, wie die selbsternannten kommunistischen und revolutionär-sozialistischen Zentren, Parteien und Bewegungen in ihren offiziellen Verlautbarungen immer noch behaupten können: "Die Lage ist ausgezeichnet" (Peking), "Der Sozialismus ist stärker denn je auf dem Vormarsch" (Moskau) und "Die Revolution steht kurz bevor" - zumindest in Südeuropa (Trotzkisten). Das überrascht besonders angesichts der inneren und auswärtigen Politik - Repression zu Hause und Kriege im Ausland - der heutigen sozialistischen Länder, kommunistischen Parteien und revolutionären Bewegungen. Diese sind von einer schweren Krise des Marxismus betroffen, und das kostet die Sache des Sozialismus Millionen Anhänger in der ganzen Welt.

Das derzeitige ideologische und politische Dilemma des Sozialismus ist die völlige Preisgabe des berühmten Wahlspruchs aus dem Kommunistischen Manifest "Proletarier aller Länder, vereinigt Euch!" Sowohl die Theorie als auch die Praxis des proletarischen Internationalismus als Mittel und Zweck des Kommunismus sind ersetzt worden durch das Motto "Sozialismus in einem Land - in meinem". Mehr noch: Statt Kommunismus ist nun Sozialismus das Endziel der sozialen Entwicklung. Obwohl Sozialismus für Marx, Engels und Lenin nichts weiter bedeutete als ein Übergangsstadium auf dem Weg zum Kommunismus, wurde daraus eine Endstation oder ein bleibender Zustand. Einige Sozialisten behaupten, bereits angekommen zu sein, während andere (von den ersteren ironischerweise "Idealisten" genannt), beispielsweise Mao Tse Tung, nur beanspruchen, daß ihr Land sich im Übergang zum Sozialismus befinde. Im "vorrevolutionären" Chile war es üblich, vom Übergang zum Übergang zum Sozialismus zu reden, bevor die Militärjunta diese Illusionen gewaltsam zerstörte und nur noch eine "beschränkte Demokratie" als entferntes Ziel in Aussicht stellte. Um einem ähnlichen Schicksal zu entgehen, strebten die Eurokommunisten einen "historischen Kompromiß" an. Wenn nun allerdings mit Sozialismus nicht mehr der Übergang zum Kommunismus durch proletarischen Internationalismus gemeint ist, sondern im einen Land ein erreichter Zustand und im anderen ein entferntes Ziel, dann wird man sich auch endlos darüber streiten können, wie ein sozialistischer Staat zu definieren ist und mit welchen Mitteln und Wegen man dorthin gelangt. Ein Sozialist gleicht dann einem Menschen, der seine Uhr verloren hat und sie unter der nächstgelegenen Straßenlaterne sucht, weil er sie dort schneller und leichter zu finden glaubt. Doch die Uhr des

Sozialismus ist in einer ganz anderen Straße verloren gegangen, und die Stunde des Kommunismus ist längst in die unendliche Ferne gerückt.

Je mehr wir uns die marxistische Theorie, die doch diese sozialistische Praxis lenken und rechtfertigen soll, bei Lichte besehen, desto ununterscheidbarer wird der Marxismus von der orthodoxen, bürgerlich-kapitalistischen Allerweltstheorie und -praxis von "nationaler Entwicklung". Mit Blick auf die erklärten Ziele des Marxismus erscheint es als eine Ironie - von seinem analytischen Bezugsrahmen her ist es aber vielleicht nicht überraschend -, daß seit dem staatlich betriebenen Aufstieg des nichtkolonialisierten Japan in den erlauchten Zirkel der Industriemächte es außerhalb des Westens nur die "sozialistischen" Länder geschafft haben, in der kapitalistischen Weltökonomie mitzuhalten. Für keines der Länder der Dritten Welt zeichnet sich eine derartige Entwicklung für die vorhersehbare Zukunft ab - trotz brasilianischer, koreanischer, iranischer und mexikanischer Wirtschaftswunder oder Ölbooms - und keines dieser Länder konnte sich der abhängigen kapitalistischen Unterentwicklung entziehen. Nur weil einige wenige "sozialistische" Ökonomien zeitweilig relativ isoliert von der kapitalistischen internationalen Arbeitsteilung waren, können sie jetzt an die Tür zum kapitalistischen Allerheiligsten klopfen. Aber ihre Isolation war - oh, doppelte Ironie! - nicht etwa selbstgewählt, sondern vor allem deshalb entstanden, weil sie von den kapitalistischen Mächten während der Periode des Kalten Krieges dazu gezwungen waren: Deren Reaktion auf die sozialistische Umgestaltung von Politik, Eigentums- und Produktionsverhältnissen war der Grund für ihren Erfolg. Sogar die Länder der Dritten Welt, die am stärksten nationalistisch, abhängig und staats-kapitalistisch waren, wie Nassers Ägypten, haben nie versucht sich zu isolieren. Wenn nun China, Vietnam, Jugoslawien, Ungarn, Polen und nicht zuletzt die Sowjetunion ihren Aufstieg geschafft haben mögen, so besteht die weitere Ironie darin, daß diese Länder - mit ihren eigenen ökonomischen und politischen Krisen im Nacken - den "Sozialismus" gar nicht einsetzen wollen, um den Westen in der Zeit seiner Krise zu bedrohen; vielmehr wollen sie dem kapitalistischen Weltsystem als nationalistische Konkurrenten und Partner zu möglichst gleichen Ausgangsbedingungen beitreten und dadurch den Kapitalisten eine wirtschaftliche, politische und somit auch ideologische Hilfestellung bei der Überwindung der weltweiten Krise des Kapitalismus bieten. Irgendjemand in der DDR bemerkte einmal, daß die Sozialisten den Wettlauf mit dem Westen gewännen, wenn sie nur aufhörten, in die gleiche Richtung zu laufen. Aber solange sie stattdessen miteinander Haschen spielen, bleiben die sozialistischen Länder und mit ihnen die Sache des Sozialismus in vielen Teilen der Welt in einem Dilemma gefangen: Denn was sie auch tun, es ist verkehrt.

Es stellt sich eine Reihe von Fragen zur weiteren Entwicklung und Behebung der Weltkrise oder -krisen, zur entsprechenden Theorie und Ideologie. Hier ist es nur möglich, einige dieser Fragen aufzuwerfen und ihre Beantwortung für weitere Überlegungen offenzulassen, die in der nahen Zukunft anzustellen sind.

- Gibt es viele einzelne Krisen in den vielen Gesellschaften und den Aspekten des Lebens oder gibt es eine allgemeine Krise - im Sinne der anfangs vorgenommenen Definition - in einem einzigen Weltsystem?
- Handelt es sich dabei um gelegentlich wiederkehrende beziehungsweise zyklische Krisen, die sich möglicherweise beheben lassen?
- Oder verkörpert die Entwicklung der Krise einen Schritt - vielleicht
- Oder verkörpert die Entwicklung der Krise einen Schritt - vielleicht
sogar den letzten - hin zu einer allgemeinen Krise, die das Ende des kapitalistischen Weltsystems bringt?

Wir gehen bei unseren Beobachtungen und Ausführungen von der Annahme eines einzigen kapitalistischen Weltsystems aus, das eine Serie von langen, zyklischen Krisen durchzustehen hat, von denen es sich höchstens durch weitreichende und grundlegende ökonomische, soziale, politische und kulturelle Neuanpassungen erholen wird; aber diese Krise und ihre Überwindung tragen auch dazu bei, daß der Weltkapitalismus zunehmend degeneriert und daß nach weiteren Krisen in noch nicht absehbarer Zukunft schließlich der Zerfall steht.

- Verlangt die gegenwärtige Krise nach einer Alternative zwischen erhöhter Nachfrage auf dem Markt, um die Profitabilität auszuweiten, oder nach der Reduzierung der Produktionskosten, um die Profitabilität zu steigern (in marxistischer Terminologie: Realisierung von Werten versus Erhöhung der Mehrwertrate?)
- Zwingt die Krise das Kapital zur zweiten Alternative (weniger Beschäftigung und geringere allgemeine Nachfrage), noch bevor die erste Alternative einer erneuten Expansion gerade als Resultat des Vorrangs von Rationalisierung und Ausbeutung möglich wird?
- Bringt diese Option, das Gebot für einen kapitalistischen Aufschwung, eine vorübergehende Zunahme kapitalistischer Ausbeutung oder die Abschöpfung von Mehrwert durch eine Verminderung der Belegschaft, Reorganisierung und Beschleunigung der Arbeitsprozesse mit sich - bei niedrigeren Reallöhnen für die verbleibenden Arbeiter und weniger Wohlstand für die Bevölkerung im allgemeinen?
- Bedeutet die Überwindung der Krise, daß wieder für solche industriellen Produkte, die auf gesteigerter Überausbeutung beruhen, nach Standorten in der Dritten Welt gesucht wird?
- Führt die damit verbundene weltweite Krise der Kapitalakkumulation zur beschleunigten Wiedereingliederung der "sozialistischen" Ökonomien und der "feudalen" OPEC-Länder und anderer noch unberührter Gebiete in die kapitalistische Weltwirtschaft? Hier bieten sich zusätzliche Mehrwertquellen, hier sind neue Konsummärkte zu erschließen, um somit teilweise den Nachfragerückgang in den entwickelten und "sich entwickelnden" Sektoren der Weltwirtschaft auszugleichen. Werden sich die Operationen der Kräfte des Weltmarktes (und das Wertgesetz, in marxistischer Terminologie) vom Zentrum der kapitalistischen Weltökonomie aus gesehen ausweiten und sich in den soziali-

stischen Ökonomien sowie bei Völkern und in Räumen (im Nahen Osten, im Amazonasgebiet, in Sibirien, den Polargebieten, auf dem Meeresgrund und so weiter), die bislang weit jenseits der Grenzen des kapitalistischen Weltsystems lagen, intensivieren? Verkörpert dieser Prozeß eine Erweiterung der "internen Grenzen" des Kapitals, analog der Expansion der "externen Grenzen", als Antwort auf jede der bisherigen großen weltweiten Krisen des Kapitalismus?

- Bedeutet dieser fortschreitende Wandel von der Expansion des Kapitals zum Anwachsen der Einzelkapitale nur eine weitere Entwicklung oder den Anfang vom Ende des Kapitalismus?
- An welcher Stelle der Zeitskala ist dieser Prozeß der Entwicklung und Degeneration einzuordnen?

Es ist noch zu früh, die letzte Frage zu beantworten, nicht zuletzt, weil der Aufstieg und der Fall des Kapitalismus zum Teil vom sozialen Widerstand gegen seine Entwicklung und von der Erzeugung entgegengesetzter oder alternativer politischer Kräfte und Entwicklungen abhängen. Der Verlauf des politischen Prozesses ist aber noch nicht abzusehen, weder was die Überwindung der gegenwärtigen Krise angeht, und schon gar nicht im Hinblick auf die nachfolgende Entwicklung oder Degeneration des Kapitalismus und seiner Alternativen. Dieser politische Prozeß wirft allerdings eine Reihe weiterer Fragen über die Aussichten und die Politik der unmittelbaren Zukunft auf.

Wir wiesen schon darauf hin, daß die politisch reaktionären, konservativen und sozialdemokratischen Kräfte im Westen und Süden (und vielleicht auch im Osten) vor Krisen der Wirtschaftstheorie, der politischen Theorie und der Sozialpolitik stehen, für die sie noch keine Lösung gefunden haben. Die vorkeynesianische, neoklassische und monetaristische Wirtschaftstheorie, eine faschistische politische Ideologie sowie eine liberale Sozialpolitik, wie im neunzehnten Jahrhundert, scheinen wieder - trotz der gegenseitigen Widersprüche - beträchtliche Anziehungskraft zu besitzen. Denn es fehlt eine lebensfähige Alternative zur wachsenden Irrealität des "American Way of Life". Neue Situationen erfordern letztlich jedoch auch neue Lösungsvorschläge, und wer weiß, welche Kombinationen von noch bestehenden liberalen, technokratischen und korporativistischen Doktrinen oder neuen Denkmodellen sich dann durchsetzen? Zwar gibt es gegen die kapitalistische Rationalisierung und Reorganisation beträchtliche Widerstände von Arbeitern, Sozialisten und Umweltschützern, von feministischen, ethnischen, nationalistischen und von religiösen Bewegungen bis hin zu Aussteigern; aber diese Kräfte sind sehr zersplittert und in sich verworren. Bislang haben sie es nicht vermocht, eine ansprechende ideologische Alternative zu formulieren. Ein vitaler Widerstand der Arbeiter und der sozialistischen Opposition gegen die gegenwärtige kapitalistische Neuordnung scheint eher ab- als zuzunehmen. Und mit Sicherheit stehen die sozialdemokratische und marxistische Theorie und Ideologie sowie die Politik von sozialistischen und kommunistischen Parteien überall in der Welt vor schweren Orientierungs- und

Legitimationskrisen. Alternative, Umweltschützer und Feministinnen werden immer stärker; aber je stärker sie werden, desto mehr scheinen ihre Forderungen mit den Ansprüchen des Kapitals vereinbar zu sein und desto enger werden ihre Führungspersönlichkeiten in das politische Establishment eingebunden.

Die bei weitem stärkste und massivste Mobilisierung in der heutigen Welt hat unter ethnischen, nationalistischen und religiösen Bannern stattgefunden. Viele dieser Bewegungen sind Ausdruck des Widerstandes gegen die gegenwärtige kapitalistische und sozialistische Ordnung und ihre Rationalisierungsversuche. Die ethnischen, regionalistischen und nationalistischen Bewegungen haben eine größere Massenmobilisierung und einen sichtbareren Ausdruck der Unzufriedenheit mit der ökonomischen Situation erreicht als jede andere direkte "ökonomische" oder "politische" Bedrohung des Status quo. Forderungen nach Autonomie oder Souveränität und nationalistische, chauvinistische und patriotische Aufrufe fanden wachsenden Anhang bei den Massen. Doch viele dieser Bewegungen werden von der kapitalistischen Rechten manipuliert, und außerdem spalten sie die Linke; nur wenige von ihnen bedrohen die Macht des Staates per se, und keine von ihnen wendet sich gegen die Einbindung in die internationale Arbeitsteilung des kapitalistischen Weltwirtschaftssystems.

Religiöse Überzeugung verbunden mit nationalistischen Gefühlen - wie in Polen, Iran und Afghanistan - führten dazu, daß es dem katholischen Papst Johannes Paul II. und dem moslemischen Ayatollah Ruhollah Khomeyni gelingen konnte, Millionen von Menschen zu mobilisieren - in viel größerem Ausmaß als unter anderen Ideologien und Führern, obwohl es in Teilen Asiens, Afrikas und der Karibik auch zu fortschrittlichen Mobilisierungen unter sozialistischem Banner gekommen ist. All diese Bewegungen, die in den nächsten Jahren wahrscheinlich noch weiter um sich greifen werden, sind Ausdruck einer wachsenden Enttäuschung der Bevölkerung gegenüber den politischen und wirtschaftlichen Methoden, mit denen man der Krise begegnen wollte. Diese Bewegungen verkörpern aber nur beschränkt einen fundamentalen Widerstand gegen die Neuordnung des Weltsystems durch das Kapital und gegen die Kapitalakkumulation. Denn sie alle scheinen nur in geringem Maß durch die Zielvorstellung einer sozialistischen, das heißt antikapitalistischen, Politik zusammengehalten zu werden; es überwiegen religiöse Überzeugungen von Rechtschaffenheit oder die Abwehr von konkurrierenden Ideologien sowie äußerst starke nationale Identitätsgefühle gegen ausländische Interessen und Einflüsse.

Welche Sprengkraft diese oppositionellen Bewegungen wirklich besitzen, bleibt eine offene Frage. Wie das kapitalistische System den Bestrebungen, es zu zerstören, begegnen wird - und ob es Alternativen zum kapitalistischen Weltsystem gibt - muß sich erst noch zeigen.

DIE AUTOREN

Robert Brenner, Department of History, University of California at Los Angeles, UCLA Westwood, Los Angeles, California 90024, USA. Übersetzung des Beitrags aus dem Englischen: Elke Bähre. Robert Brenner arbeitet zur Wirtschafts- und Sozialgeschichte des Mittelalters. Wichtige Aufsätze: "Agrarian Class Structure and Economic Development in Preindustrial Europe", in: Past & Present 70 (1976); "The Origins of Capitalism: A Critique of Neo-Smithian Marxism", in: New Left Review 104 (1977). 1983 erscheint bei Princeton University Press "Merchants and Revolution. Commercial Development and Political Conflict in the London Merchant Community 1550-1660".

Andre Gunder Frank, School of Development Studies, University of East Anglia, Norwich, England NR4 7TJ. Übersetzung des Beitrags aus dem Englischen: Dieter Romann. Andre Gunder Frank arbeitet zu Problemen soziologischer Entwicklungstheorie, zur Zeit besonders zu Aspekten der gegenwärtigen Krise des Weltsystems. Wichtige Publikationen: "Capitalism and Underdevelopment in Latin America" (1967); Dependent Accumulation and Underdevelopment" (1978). 1982 erscheint bei Monthly Review Press "Dynamics of Global Crisis" (in Zusammenarbeit mit S. Amin, G. Arrighi und I. Wallerstein).

Ekkehart Krippendorff, John-F.-Kennedy-Institut der Freien Universität Berlin, Lansstr. 5-9, D 1000 Berlin 33. Ekkehart Krippendorff arbeitet zu den Gebieten Internationale Beziehungen, Friedensforschung und Geschichte. Wichtige Publikationen: "Internationales System und Geschichte" (1975); "Internationale Beziehungen als Wissenschaft" (1977). Er ist Herausgeber von "Weltpolitik - Jahrbuch für Internationale Beziehungen" (Jg. 2, 1982).

Ludolf Kuchenbuch, Institut für Geschichtswissenschaft, Technische Universität Berlin. Ernst-Reuter-Platz 7, D 1000 Berlin 10. Ludolf Kuchenbuch arbeitet zur Zeit zur Geschichte Ostfalens im Spätmittelalter. Wichtige Publikationen: "Feudalismus - Materialien zur Theorie und Geschichte" (1977); "Bäuerliche Gesellschaft und Klosterherrschaft im 9. Jahrhundert" (1978). 1984 erscheint bei Ullstein die Monographie "Marx und der Feudalismus".

Ulrich Menzel, Weberstraße 73, D 6000 Frankfurt/Main 1. Ulrich Menzel arbeitet zu Problemen der Entwicklungstheorie und zur Entwicklungssoziologie Ostasiens. Publikationen: "Theorie und Praxis des chinesischen Entwicklungsmodells" (1978); "Wirtschaft und Politik im modernen China" (1979). 1982 erscheint beim Westdeutschen Verlag "Autozentrierte Entwicklung trotz Weltmarktintegration".

Dieter Senghaas, Universität Bremen, Bibliotheksstraße, GW II, D 2800 Bremen 33, arbeitet auf dem Gebiet der Friedens- und Konfliktforschung sowie zu Problemen der Entwicklungspolitik. Publikationen: "Weltwirtschaftsordnung und Entwicklungspolitik. Plädoyer für Dissoziation" (1977); "Kapitalistische Weltökonomie. Kontroversen über ihren Ursprung und ihre Entwicklungsdynamik" (1979). 1982 erscheint im Suhrkamp-Verlag "Von Europa lernen. Entwicklungsgeschichtliche Betrachtungen".

Immanuel Wallerstein, Fernand Braudel Center for the Study of Economics, Historical Systems and Civilizations, State University of New York at Binghampton, Binghampton, New York 13901, USA. Übersetzung des Beitrags aus dem Englischen: Jochen Blaschke. Immanuel Wallerstein ist Afrikanist und Soziologe. Wichtige Publikationen: "The Modern World-System" (Bd. 1, 1974; Bd. 2, 1980); "The Capitalist World-Economy" (1979).

Peter Worsley, Department of Sociology, University of Manchester, Dover Street, Manchester M13 9PL, Great Britain. Übersetzung des Beitrags aus dem Englischen: Thomas Schwarz. Peter Worsley arbeitet zu Fragen der Entwicklungstheorie. Wichtige Publikationen: "The Trumpet Shall Sound" (1957); "The Third World" (1964). 1983 erscheint bei Weidenfeld und Nicolson "World Development".